에스겔 다니엘 강해

AN EXPOSITION ON
THE BOOK OF EZEKIEL
AND THE BOOK OF DANIEL

〔3판〕

김효성
Hyosung Kim
Th.M., Ph.D.

옛신앙
oldfaith
2024

머리말

주 예수 그리스도(마 5:18; 요 10:35)와 사도 바울(갈 3:6; 딤후 3:16)의 증거대로, 성경은 하나님의 말씀이다. 성경이 하나님의 말씀이며 우리의 신앙과 행위에 있어서 정확무오한 유일의 법칙이라는 고백은 우리의 신앙생활에 있어서 매우 기본적이고 중요하다.

웨스트민스터 신앙고백에 진술된 대로(1:8), 우리는 성경의 원본이 하나님의 감동으로 오류가 없이 기록되었고 그 본문이 "그의 독특한 배려와 섭리로 모든 시대에 순수하게 보존되었다"고 믿는다. 이것은 교회의 전통적 견해이다. 그러므로 구약성경에서 전통적 히브리어 마소라 본문을 중요히 여기며 야곱 벤 카임에 의해 편집한 제2 랍비 성경(봄버그판)을 표준적 본문으로 간주해야 한다고 본다.

성경은 성도 개인의 신앙생활뿐 아니라, 교회의 모든 활동들에도 유일한 규범이다. 오늘날처럼 다양한 풍조와 운동이 많은 영적 혼란의 시대에, 우리는 성경으로 돌아가 성경이 무엇을 말하는지 묵상하기를 원하며 성경에 계시된 하나님의 모든 뜻을 알기를 원한다.

성경으로 설교할지라도 그것을 바르게 해석하고 적용하지 않으면, 말씀의 기근이 올 것이다(암 8:11). 오늘날 많은 설교와 성경강해가 있지만, 순수한 성경 지식과 입장은 더 흐려지고 있는 것 같다.

그러므로 오늘날 요구되는 성경강해는 성경 본문의 뜻을 명료하게 해석하고 적용하는 것일 것이다. 실상, 우리는 성경책 한 권으로 충분하다. 성도들은, 유일한 선생님이신 성령님의 지도를 구하며 성경을 읽어야 하고, 성경강해는 오직 작은 참고서로만 사용해야 할 것이다.

심히 부족한 종에게 지혜와 분별력과 간절함과 건강을 주시고 또 약한 남편을 위해 일평생 헌신한 아내를 주시고 또 많은 기도와 물질로 후원한 성도들과 합정동 교회를 주신 하나님께만 영광을 돌린다.

에스겔 ·············· 5

다니엘 ············ 227

에스겔

내용 목차

서론 ··· 9
1장: 네 생물의 형상 ··· 11
2장: 패역한 백성에게 보내심 ································· 17
3장: 이스라엘의 파수꾼으로 세우심 ························ 21
4장: 예루살렘 멸망의 예표 ···································· 29
5장: 예루살렘의 멸망을 예언함 ······························ 32
6장: 이스라엘이 황폐할 것임 ································· 36
7장: 재앙이 임박함 ·· 39
8장: 이스라엘의 가증한 일들 ································· 42
9장: 탄식하며 우는 자의 이마에 표함 ····················· 46
10장: 그룹이 불을 내어줌 ····································· 49
11장: 이스라엘의 회복이 약속됨 ···························· 52
12장: 속히 포로로 잡혀갈 것 ································· 56
13장: 거짓 선지자들을 책망하심 ···························· 60
14장: 우상숭배에 대한 심판 ·································· 64
15장: 불에 던질 포도나무처럼 될 것 ······················· 69
16장: 예루살렘의 음란 ··· 72
17장: 독수리와 포도나무 비유 ······························· 83
18장: 하나님의 심판의 공평성 ······························· 87
19장: 이스라엘 방백들을 위한 애가 ························ 92
20장: 이스라엘의 패역함 ······································ 95
21장: 하나님의 심판의 칼이 옴 ······························ 105
22장: 이스라엘의 죄악들 ······································ 109
23장: 행음한 두 여자와 같음 ································· 112
24장: 가마솥 비유 ··· 119
25장: 암몬, 모압, 에돔, 블레셋에 대한 선언 ············· 123

내용 목차

26장: 두로에 대한 심판의 선언 ················· 126
27장: 두로를 위한 애가 ······················· 130
28장: 두로 왕에 대한 심판의 선언 ············· 134
29장: 애굽에 대한 심판의 선언 ················ 139
30장: 애굽의 멸망에 대한 예언 ················ 143
31장: 음부로 내려감 ·························· 147
32장: 바로에 대한 애가 ······················· 151
33장: 파수꾼의 사명 ·························· 155
34장: 부패한 목자들 ·························· 160
35장: 세일산에 대한 경고 ····················· 165
36장: 이스라엘의 회복 ························ 168
37장: 마른 뼈 환상 ··························· 174
38장: 곡이 이스라엘을 치러 옴 ················ 181
39장: 곡의 죽음 ······························ 185
40장: 새 성전 ································ 190
 ■ 에스겔이 본 성전 평면도 ················· 195
41장: 성소 ··································· 196
42장: 제사장을 위한 방 ······················· 199
43장: 번제단 ································· 202
44장: 제사장의 법들 ·························· 206
45상: 왕을 위한 법률 ························· 211
46장: 예배의 방식 ···························· 214
47장: 성소에서 흘러나오는 강물 ··············· 217
48장: 땅 분배 ································ 221

서론

에스겔은 유다 왕국의 멸망기에 바벨론의 제2차 침공으로 유다 왕 여호야긴이 포로로 잡혀갈 때 함께 잡혀간 것 같다. 그는 제사장으로 하나님의 환상과 계시의 말씀을 받아 선지 사역을 하였다.

에스겔서의 **주요 내용**은, 다른 선지서들과 같이, 심판과 회복이다. 본서에는 '칼'이라는 말이 89회 나오고, '황폐'라는 말이 40회 나온다. 또 '기근'이라는 말이 14회 나오고, '온역'이라는 말이 12회 나온다. 이 용어들은 하나님의 심판과 관계된다. 또 본서에는 '안다'는 말이 98회나 나오는데, 그것은 하나님의 심판과 회복의 궁극적 목적을 보인다. 사람들은 하나님의 심판을 통해 하나님의 공의를 깨닫고, 하나님의 구원과 회복을 통해 그의 긍휼과 사랑을 깨닫는다. 본서에는 '인자'(人子)라는 말(벤 아담 בֶּן־אָדָם)이 93회 나온다.

에스겔 40장부터 48장까지에 계시된 이스라엘 나라의 **회복에 대한 예언**에 관하여, 성전의 구조와 치수, 성전의 기구들, 제사와 절기의 규례 등은 레위기와 큰 차이점을 가진다. 그러나 이것은, 에스겔서의 기록되어 있는 예언이 모세 율법에 기록된 제도의 회복을 의미하는 것이 아니고 메시아 시대를 상징적으로 묘사하는 것이기 때문이라고 이해될 수 있다.

선지자 에스겔이 예언한 이스라엘 나라의 회복에 관하여 두 가지의 견해가 있다.

첫째는 에스겔의 예언이 매우 구체적이기 때문에 장차 문자적으로 그대로 이루어질 것이라는 견해이다. 세대주의자들은 이런 견해를 가진다. 엉거(Merrill F. Unger)는 이스라엘과 교회를 완전히 구별하여 그 예언을 이스라엘에게 문자적으로 성취될 것으로 이해한다. 아쳐(Gleason L. Archer, Jr.)는 피의 제사를 천년왕국에서 성례식처럼 문자 그대로 가능한 것으로 이해한다.

둘째는 에스겔의 예언을 천년왕국 혹은 천국에 대한 상징이라고 보는 견해이다. 그 견해에 의하면, 그것이 문자적으로 이루어질 수 없는 것은, 신약성경에 증거된 바대로, 예수 그리스도께서 십자가에서 단번에 이루신 속죄사역에 근거하여 구약의 성전 제도와 제사 제도가 폐지되었기 때문이다. 골로새서 2:16-17, "그러므로 먹고 마시는 것과 절기나 월삭이나 안식일을 인하여 누구든지 너희를 폄론[판단]하지 못하게 하라. 이것들은 장래 일의 그림자이나 몸은 그리스도의 것이니라." 히브리서 8:13, "새 언약이라 말씀하셨으매 첫것은 낡아지게 하신 것이니 낡아지고 쇠하는 것은 없어져 가는 것이니라." 우리는 이 두 번째 견해가 바르다고 본다. 개혁 신학은 이 견해를 취한다.

본문 혹은 각주에 자주 사용된 약어

KJV	영어 King James Version
NASB	영어 New American Standard Version
NIV	영어 New International Version
BH	히브리어 성경(*Biblia Hebraica*) 3판
LXX	고대 헬라어 70인역
Syr	고대 수리아어역
It	고대 라틴어역
Vg	고대 라틴어 Vulgate역
BDB	Brown-Driver-Briggs, *Hebrew Lexicon of the O. T.*
KB	Koehler-Baumgartner, *Lexicon in Veteris Testamenti Libros.*
Langenscheidt	*Langenscheidt Pocket Dictionary. Hebrew-English.*
Poole	Matthew Poole, *A Commentary on the Holy Bible.*
JFB	Jamieson, Faussett, Brown 주석.
NBD	*The New Bible Dictionary. IVP.*
NBC	*The New Bible Commentary. IVP.*

1장: 네 생물의 형상

1-14절, 네 생물의 형상

〔1-2절〕 제30년 4월 5일에 내가 그발 강가 사로잡힌 자 중에 있더니 하늘이 열리며 하나님의 이상(異像)을 내게 보이시니 여호야긴 왕의 사로잡힌 지 5년 그 달 5일이라.

'제30년'에 대해서는 여러 해석들이 있으나[1] 근거가 있어 보이지 않고 단순히 에스겔의 나이로 보는 해석이 적절하지 않을까 생각한다. 그 해는 여호야긴 왕이 사로잡힌 지 5년 곧 주전 592년경이었다. 그 해 4월 5일에 하늘이 열리고 하나님의 이상이 에스겔에게 보였다.

〔3절〕 갈대아 땅 그발 강가에서 여호와의 말씀이 부시의 아들 제사장 나 에스겔에게 특별히[확실히] 임하고 여호와의 권능이 내 위에 있으니라.

에스겔은 그발 강가에서 이 계시를 받았다. 그발 강은 유브라데 강의 하류에 있는 바벨론 도시 부근의 지류인 듯하다. 그 곳에서 하나님의 말씀과 하나님의 권능이 제사장 에스겔 위에 임하였다. 하나님의 특별계시는 역사의 한 시점에서, 즉 구체적 시간과 장소에서 주어졌다. 하나님께서는 역사상 구체적 방식으로 자신의 뜻을 알리셨다.

〔4-5절〕 내가 보니 북방에서부터 폭풍과 큰 구름이 오는데 그 속에서 불이 번쩍번쩍하여 빛이 그 사면에 비취며 그 불 가운데 단 쇠(카쉬말 חַשְׁמַל)[반짝이는 금속] 같은 것이 나타나 보이고 그 속에서 네 생물의 형상이 나타나는데 그 모양이 이러하니 사람의 형상이라.

북방에서부터 오는 폭풍과 큰 구름은 장차 유다에 임할 하나님의

---

1) 제롬은 유다 왕 요시야가 율법을 발견하고 개혁을 일으킨 해(주전 622년경)로부터 30년이라고 보았고, 칼빈은 유다의 마지막 희년으로부터 30년이라고 보았고, 카일은 갈대아 나라의 설립 때(아마 주전 625년경)로부터 30년이라고 보았고, 헹스텐버그는 단순히 에스겔의 나이로 보았다.

에스겔 1장: 네 생물의 형상

심판을 암시하는 것 같다. 에스겔이 이 계시를 받았을 때 아직 유다 나라와 예루살렘 성은 멸망하기 전이었다. 유다 나라와 예루살렘 성은 머잖아(주후 586년) 북쪽에서 내려오는 바벨론 군대에 의해 최종적 멸망을 당할 것이다. 불 가운데 '단 쇠'가 나타나 보이는 것은 하나님의 심판의 엄위함을 나타낸다. 네 생물은 하나님의 심판을 수행하는 천사들을 상징한 것 같다. 천사들은 사람의 모양으로 계시되었다.

〔6-9절〕 **각각 네 얼굴과 네 날개가 있고 그 다리는 곧고 그 발바닥은 송아지 발바닥 같고 마광한 구리같이 빛나며 그 사면 날개 밑에는 각각 사람의 손이 있더라. 그 네 생물의 얼굴과 날개가 이러하니 날개는 다 서로 연하였으며 행할 때에는 돌이키지 아니하고 일제히 앞으로 곧게 행하며.**

네 생물들의 다리가 곧음은 그들이 맡은 임무를 중도에 포기함이 없이 굳게 서서 수행함을 나타내는 것 같고, 그들의 발바닥이 송아지 발바닥 같고 마광한 구리같이 빛난 것은 잘 단련되어 인내하며 충성하는 것을 나타내는 것 같다. 그들의 사면 날개 밑에 각각 사람의 손이 있음은 그들이 하나님의 일을 잘 수행할 힘이 있음을 보이는 것 같고, 그 날개들이 서로 연하여 있음은 흐트러짐 없이, 일치단합하여 하나님의 일을 수행함을 보이는 것 같다. 그들이 행할 때에 뒤돌아서지 않고 일제히 앞으로 곧바르게 나아감은 그들이 변절함 없이 시종일관하게 충성함을 보이는 것 같다.

〔10-11절〕 그 얼굴들의 모양은 넷의 앞은 **사람의 얼굴이요 넷의 우편은 사자의 얼굴이요 넷의 좌편은 소의 얼굴이요 넷의 뒤는 독수리의 얼굴이니 그 얼굴은** 이러하며 **그 날개는 들어 펴서 각기 둘씩 서로 연하였고 또 둘은 몸을 가리웠으며.**

사람의 얼굴은 그들의 지혜와 총명을 나타내며, 사자의 얼굴은 그들의 용맹을 나타내며, 소의 얼굴은 그들의 충성을 나타내며, 독수리의 얼굴은 그들의 생명력과 민첩함을 나타내는 것 같다. 또 그 생물들이 두 날개를 들어 편 것은 그들이 하나님의 뜻을 잘 수행하는 것을 나타내고, 나머지 두 날개로 몸을 가린 것은 겸손하게 하나님을 섬기는 것을 나타낸다. 선한 천사들은 하나님의 충성된 일꾼들이다.

[12-14절] 신[영]이 어느 편으로 가려면 그 생물들이 그대로 가되 돌이키지 아니하고 일제히 앞으로 곧게 행하며 또 생물의 모양은 숯불과 횃불 모양 같은데 그 불이 그 생물 사이에서 오르락내리락하며 그 불은 광채가 있고 그 가운데서는 번개가 나며 그 생물의 왕래가 번개같이 빠르더라.

그 생물들 속에는 영이 있어서 그 영이 지시하는 곳으로 그 생물들이 그대로 갔고 뒤돌아서지 않고 일제히 앞으로 곧바르게 나아갔다. 그들은 변절함 없이 시종일관하게 충성하며 온전히 순종하였다. 또 그 생물들의 모양은 숯불과 횃불 모양 같았고 불이 그 생물 사이에서 오르락내리락하며 그 불은 광채가 있고 그 가운데는 번개가 났다. 그것은 그들이 수행하는 하나님의 심판의 엄위함을 보이는 것 같다. 그 생물들의 왕래는 번개같이 빨랐다. 그것은 그들의 지극히 민첩함을 나타낼 것이다. 천사들은 지극히 민첩한 봉사자들이다.

본문의 교훈을 정리해보자. **첫째로, 우리는 지혜 있는 자가 되어야 한다.** 사람과 짐승의 차이는 지혜이다. 주께서는 열 처녀 비유에서 우리가 지혜로운 자가 되어야 할 것을 교훈하셨다(마 25:1-13). 우리는 성경을 묵상하고 성령의 충만함을 받음으로 지혜를 얻어야 한다(잠 1:1-6).

둘째로, 우리는 사자처럼 담대해야 한다. 하나님께서는 여호수아에게 마음을 강하게 하고 담대하라고 말씀하셨다(수 1:6-7). "의인은 사자 같이 담대하다(잠 28:1). 우리는 환난 중에도 담대해야 한다(요 16:33).

셋째로, 우리는 소처럼 충성해야 한다. 요한계시록 2:10에서, 주께서는 서머나 교회 사자에게 죽도록 충성하라고 교훈하셨다. 바울은 고린도교인들에게, 맡은 자들에게 구할 것은 충성이라고 말했다(고전 4:2).

넷째로, 우리는 독수리처럼 민첩해야 한다. 사도 바울은 성도들에게 "세월을 아끼라. 때가 악하니라"고 교훈하였고(엡 5:16), 또 부지런하여 게으르지 말고 열심을 품고 주를 섬기라고 말하였다(롬 12:10).

에스겔 1장: 네 생물의 형상

15-28절, 네 생물의 바퀴

〔15-16절〕 내가 그 생물을 본즉 그 생물 곁 땅 위에 바퀴가 있는데 그 네 얼굴을 따라 하나씩 있고 그 바퀴(하오판님 הָאוֹפַנִּים)[바퀴들]의 형상과 그 구조는 넷이 한결 같은데 황옥(타르쉬스 תַּרְשִׁישׁ)[녹보석(beryl)(KJV, NASB, 출 28:20) 같고 그 형상과 구조는 바퀴 안에 바퀴가 있는 것 같으며.

네 생물들 곁에 각각 하나씩 모두 네 개의 바퀴가 있다는 뜻인 것 같다. 네 바퀴들과 그 구조의 모양은 같고 황옥 혹은 녹보석 같았다. 그것은 하나님의 섭리 방식의 선하고 아름답고 영광스러우심을 나타내는 것 같다. 또 그 바퀴는 바퀴 안에 바퀴가 있는 것 같은 구조이었다. 이것은 자유로이, 빠르게, 잘 굴러가는 것을 상징한 듯하다.

〔17-19절〕 행할 때에는 사방으로 향한 대로[사방 어느 쪽이든지] 돌이키지 않고 행하며 그 둘레는 높고 무서우며 그 네 둘레로 돌아가면서 눈이 가득하며 생물이 행할 때에 바퀴도 그 곁에서 행하고 생물이 땅에서 들릴 때에 바퀴도 들려서.

그 바퀴는 사방 어느쪽이든지 지시된 쪽으로 돌이키지 않고 행하였다. 그 바퀴가 크고 그 둘레가 높고 무서운 것은 하나님의 하시는 일이 크고 엄위로움을 나타내는 것 같다. 하나님께서는 세상의 모든 크고 작은 일들을 섭리하신다. 또 그 둘레로 돌아가며 눈이 가득한 것은 하나님의 전지하심을 나타낼 것이다. 하나님께서는 모든 일을 감찰하신다. 또 그 바퀴들은 그 생물들과 일체가 되어 움직였다.

〔20-21절〕 어디든지 신[그 영]이 가려 하면 생물도 신[그 영]의 가려 하는 곳으로 가고 바퀴도 그 곁에서 들리니 이는 생물의 신[영]이 그 바퀴 가운데 있음이라. 저들이 행하면 이들도 행하고 저들이 그치면 이들도 그치고 저들이 땅에서 들릴 때에는 이들도 그 곁에서 들리니 이는 생물의 신[영]이 그 바퀴 가운데 있음이더라.

네 생물들은 하나님의 심판을 수행하는 네 천사들을 가리킨다고 보인다. 천사는 영이다. 그 영이 가려하는 대로 그 바퀴는 행하였다.

에스겔 1장: 네 생물의 형상

생물이 가면 바퀴도 가고 생물이 서면 바퀴도 선다. 생물이 들리면 바퀴도 들린다. 생물과 바퀴는 일체가 되어 움직인다. 바퀴는 그 생물들이 하나님의 일을 수행하는 수행 방식을 상징하는 것 같다.

[22-23절] 그 생물의 머리 위에는 수정 같은 궁창의 형상이 펴 있어 보기에 심히 두려우며 그 궁창 밑에 생물들의 날개가 서로 향하여 펴 있는데 이 생물은 두 날개로 몸을 가리웠고 저 생물도 두 날개로 몸을 가리웠으며.

그 수정 같은 궁창은 하나님께서 계신 세계가 심히 아름답고 엄위함을 나타내는 것 같다. 또 각 생물이 두 날개로 몸을 가린 것은 그들이 겸손히 하나님의 뜻을 받드는 모습을 나타내는 것 같다.

[24-25절] 생물들이 행할 때에 내가 그 날개소리를 들은즉 많은 물소리와도 같으며 전능자의 음성과도 같으며 떠드는 소리 곧 군대의 소리와도 같더니 그 생물이 설 때에 그 날개를 드리우더라[아래로 젖히더라]. 그 머리 위에 있는 궁창 위에서부터 음성이 나더라. 그 생물이 설 때에 그 날개를 드리우더라[아래로 젖히더라].

생물들이 행할 때 나는 많은 물소리와 전능자의 음성과 군대 소리 같은 날개소리는 그들이 열심히 하나님의 일을 수행함을 나타낼 것이다. 또 생물들의 머리 위에 있는 궁창에서 나는 음성은 하나님의 음성이다. 그 생물들은 하나님의 명하시는 일을 수행하는 자들이다.

[26-28절] 그 머리 위에 있는 궁창 위에 보좌의 형상이 있는데 그 모양이 남보석(삽피르 סַפִּיר)(saphire, lapis lazuli) 같고 그 보좌의 형상 위에 한 형상이 있어 사람의 모양 같더라. 내가 본즉 그 허리 이상의 모양은 단 쇠[반짝이는 금속] 같아서 그 속과 주위가 불같고 그 허리 이하의 모양도 불같아서 사면으로 광채가 나며 그 사면 광채의 모양은 비 오는 날 구름에 있는 무지개 같으니 이는 여호와의 영광의 형상의 모양이라. 내가 보고 곧 엎드리어 그 말씀하시는 자의 음성을 들으니라.

네 생물들의 머리 위에 있는 궁창 위에 보좌의 형상은 남보석같이 엄위하며 영광스러웠다. 또 그 보좌 위에는 사람의 모양 같은 자가 있었다. 그는 분명히 하나님 또는 예수 그리스도이시다. 그의 모습은 매우 두려운 것이었다. 그 허리 이상의 모양은 '반짝이는 금속' 같으며 그 속과 주위가 불같고 그 허리 이하의 모양도 불같아서 사면으로 광채가 났고 모양은 무지개 같았다. 그것은 여호와의 영광의 형상의 모양이었다. 그것은 심판자 하나님의 위엄을 나타내는 것 같다. 에스겔은 즉시 엎드려 그 말씀하시는 이의 음성을 들었다.

본문의 교훈을 정리해보자. 첫째로, 우리는 잘 구르는 바퀴처럼 하나님께 순종하며 섬겨야 한다. 에스겔이 본 바퀴들은 네 생물들이 하나님의 일을 잘 받드는 것을 상징한다. 바퀴는 느리게 가거나 가다가 서거나 이탈하든지 하지 않고 잘 굴러가야 한다. 그것이 바퀴의 역할이고 사명이다. 하나님을 섬기는 모든 봉사자들, 즉 모든 성도들과 직분자들은 잘 굴러가는 좋은 바퀴들처럼 하나님께 순종하며 봉사해야 한다.

둘째로, 우리는 네 생물의 날개소리처럼 열심히 하나님의 일을 받들며 충성해야 한다. 새는 날개를 잘 흔들어야 잘 난다. 우리는 하나님의 일을 열심히 수행해야 한다. 하나님께서는 이스라엘 백성에게 또 우리 모두에게 "너는 마음을 다하고 성품을 다하고 힘을 다하여 네 하나님 여호와를 사랑하라"고 명령하셨다(신 6:5). 우리는 온 마음과 온 영혼과 온 힘을 쏟아 하나님을 사랑하고 하나님의 일을 받들어야 한다. 사도 바울은 "열심을 품고 주를 섬기라"고 말했다(롬 12:11). 우리는 요란한 날개소리를 내는 생물처럼 하나님을 위해 열심히 일해야 한다.

셋째로, 우리는 명령하시는 하나님께만 순종하고 죽도록 충성해야 한다. 하나님께서는 부모님보다, 회사의 사장보다, 대통령보다 높으시다. 그의 명령은 절대적 권위를 가지고 우리에게 절대적 순종을 요구한다. 우리는 하나님께 절대 순종하며 죽도록 충성해야 한다. 요한계시록 12:11은 "여러 형제가 어린양의 피와 자기의 증거하는 말을 인하여 저[사탄]를 이기었으니 그들은 죽기까지 자기 생명을 아끼지 아니하였도다"라고 말한다. 우리는 죽도록 충성하는 성도가 되어야 한다(계 2:10).

2장: 패역한 백성에게 보내심

〔1-2절〕 그가 내게 이르시되 인자(人子)야, 일어서라. 내가 네게 말하리라 하시며 말씀하실 때에 그 신(루아크 רוּחַ)[영]이[성령께서](NASB, NIV) 내게 임하사 나를 일으켜 세우시기로 내가 그 말씀하시는 자의 소리를 들으니.

1장 끝에 말한 대로, 네 생물들 위에 보좌 위에 사람 모양 같은 이가 계셨고 에스겔은 그 앞에 엎드렸고 그는 에스겔에게 말씀하셨다. 그는 하나님 혹은 구약시대에 자신을 계시하신 주 예수 그리스도이실 것이다. 그는 에스겔을 '인자(人子)[사람의 아들]야'라고 부르셨다. 구약성경에 사람을 '인자'라고 부른 것은 다니엘에게 한 번(단 8:17) 사용된 외에는 선지자들 중 에스겔에게만 사용되었다(에스겔서에 93회 나옴). 에스겔을 '인자'(人子) 곧 '사람의 아들'이라고 부르신 것은 그가 연약한 인생임을 잊지 않게 하시는 뜻이 있어 보인다.

〔3-4절〕 내게 이르시되 인자야, 내가 너를 이스라엘 자손 곧 패역한 백성, 나를 배반하는 자에게 보내노라. 그들과 그 열조가 내게 범죄하여 오늘날까지 이르렀나니[그들과 그 열조가 바로 이 날까지 내게 범죄하였나니] 이 자손은 얼굴이 뻔뻔하고 마음이 강퍅한 자니라. 내가 너를 그들에게 보내노니 너는 그들에게 이르기를 주 여호와의 말씀이 이러하시다 하라.

'주 여호와'(아도나이 예호와 אֲדֹנָי יְהוִה)라는 말은 하나님의 영원하신 주권과 통치권을 잘 나타낸다. "주 여호와의 말씀이 이러하시다"는 표현은 성경의 권위와 내용을 증거한다. 성경은 하나님의 말씀이다. 여기에 오늘날 설교자의 사명과 권위가 있다. 설교자는 성경의 내용에 충실해야 하고 그럴 때 그의 설교에도 권위가 있다.

'패역한,' '배반하는'이라는 원어는 동일하며(마라드 מָרַד) 그 뜻은 '거역하다, 불순종하다, 배반하다'라는 뜻이다. 하나님께서는 이스라엘 백성의 영적 상태를 그렇게 묘사하셨다. 반복된 범죄, 회개치 않는 마음의 상태는 패역하고 완고함을 만든다. 이스라엘의 영적 상태는 얼굴의 뻔뻔함, 마음의 딱딱하고 완고함, 즉 반성도 자책도 두려움도 부끄러움도 통회자복함도 없는 상태이었다. 선지자 예레미야도 예레미야 8:12에서 말하기를, "그들이 가증한 일을 행할 때에 부끄러워하였느냐? 아니라. 조금도 부끄러워 아니할 뿐 아니라 얼굴도 붉어지지 아니하였느니라"고 했었다. 그것이 사람의 죄성의 실상이다.

하나님께서는 선지자 에스겔을 이렇게 완고한 이스라엘 백성에게 보내고 계셨다. 이렇게 완고하고 패역한 백성에게 하나님의 말씀을 전하는 것은 선지자에게 큰 고통과 어려움이 아닐 수 없다. 이것은 또한 오늘날 설교자들의 고통과 어려움이기도 하다. 그러므로 사도 바울은 디모데에게 권면하기를, "때가 이르리니 사람이 바른 교훈을 받지 아니하며 귀가 가려워서 자기의 사욕을 좇을 스승을 많이 두고 또 그 귀를 진리에서 돌이켜 허탄한 이야기를 좇으리라. 그러나 너는 모든 일에 근신하여 고난을 받으며 전도인의 일을 하며 네 직무를 다 하라"고 하였다(딤후 4:3-5). 비록 말씀을 전해야 할 대상이 완고하고 세속화되어 있다 할지라도, 설교자는 낙망치 말고 고난을 각오하고 하나님의 말씀을 가감 없이 전해야 한다.

[5절] 그들은 패역한 족속이라. 듣든지 아니 듣든지 그들 가운데 선지자 있은 줄은 알지니라.

하나님께서는 이스라엘 백성을 '패역한 족속'이라고 거듭 부르셨다 (5, 6, 8절). 에스겔서에는 '패역한'이라는 말(메리 מְרִי)이 15번 나온다.[2] 이스라엘 백성은 하나님의 은혜를 입은 백성임에도 불구하고 하나님을 거역하고 계속 범죄함으로 마음이 굳어지고 패역한 족속이 되었다. "듣든지 아니 듣든지 그들 가운데 선지자 있은 줄은 알지니라"는 말씀은 하나님께서 그들에게 기회를 주셨기 때문에 그의 심판

---

2) 2:5, 6, 7, 8; 3:9, 26, 27; 12:2, 2, 3, 9, 25; 17:12; 24:3; 44:6.

에스겔 2장: 패역한 백성에게 보내심

이 공의로우시며 그들로 핑계치 못하게 하신다는 뜻이다.

[6-7절] 인자야, 너는 비록 가시와 찔레와 함께 처하며 전갈 가운데 거할지라도 그들을 두려워 말고 그 말을 두려워 말지어다. 그들은 패역한 족속이라도 그 말을 두려워 말며 그 얼굴을 무서워 말지어다. 그들은 심히 패역한 자라. 듣든지 아니 듣든지 너는 내 말로 고할지어다.

하나님께서는 이스라엘 백성을 가시와 찔레와 전갈에 비유하셨다. 가시와 찔레와 전갈은 사람의 몸을 찌르고 문다. 그것은 고통을 주고 때때로 치명적 상처를 입힌다. 그와 같이, 선지자는 이스라엘 백성 가운데 거하며 하나님의 말씀을 전할 때 비난과 욕을 먹으며 배척과 해를 당할 것이다. 구약시대에나 신약시대나 패역한 무리는 참 선지자들을 욕하고 핍박하고 치고 죽이기까지 하였다. 그러나 참 선지자는 패역한 무리를 두려워하지 말고 그들의 말을 두려워하지 말고 그들의 얼굴을 무서워하지 말아야 한다. 선지자는 회중이 듣든지 아니 듣든지 하나님의 말씀을 충실히 선포해야 한다. 그것이 선지자의 사명이다. 그것이 오늘날 전도자나 설교자의 사명이기도 하다.

[8-10절] 인자야, 내가 네게 이르는 말을 듣고 그 패역한 족속같이 패역하지 말고 네 입을 벌리고 내가 네게 주는 것을 먹으라 하시기로 내가 보니 한 손이 나를 향하여 펴지고 그 손에 두루마리 책이 있더라. 그가 그것을 내 앞에 펴시니 그 안팎에 글이 있는데 애가와 애곡과 재앙의 말이 기록되었더라.

하나님께서는 에스겔에게 "[너는] 그 패역한 족속같이 패역하지 말고 네 입을 벌리고 내가 네게 주는 것을 먹으라"고 말씀하셨다. 비록 이스라엘 백성은 하나님 앞에서 패역할지라도, 에스겔 선지자는 하나님께 순종해야 한다. 그는 하나님의 말씀을 그대로 받아먹고 하나님의 말씀을 그대로 전해야 한다. 그는 그 말씀을 가감치 말고 회중을 두려워하지 말아야 한다. 하나님께서는 에스겔에게 두루마리 책을 펴 보이셨는데 그 책에는 안팎에 글들이 가득하였다. 그 내용은 애가

에스겔 2장: 패역한 백성에게 보내심

와 애곡과 재앙의 말들이었다. 지금 이스라엘 백성을 향하신 하나님의 메시지는 복의 선포가 아니고 재앙의 선포이었다.

하나님께서 에스겔에게 펴 보이신 두루마리 책의 안팎에 글들이 가득한 것은 하나님의 계시의 말씀들의 충족함을 나타낸다. 하나님께서는 자신이 사람들에게 알리시고자 하시는 내용을 성경에 충분히 계시하셨다. 그러므로 하나님의 은혜로 열린 마음과 사모하는 심령으로 성경을 읽는 자마다 하나님의 뜻을 충분히 알 수 있다.

본장의 교훈을 정리해보자. 첫째로, 우리는 이스라엘 백성처럼 패역하지 말아야 한다. 이스라엘 백성은 하나님의 계명을 어기고 반복해 죄를 지었고 진정으로 회개하지 않았다. 그들의 마음은 마침내 굳어졌고 그들의 얼굴은 뻔뻔해졌다. 우리는 그렇게 패역하지 말아야 한다. 우리는 하나님을 두려워하며 온유함과 겸손함으로 하나님의 말씀을 듣고 그것을 하나님의 말씀으로 깨닫고(살전 2:13) 아멘으로 받아야 한다.

둘째로, 우리는 죄인들을 구원하시는 하나님의 뜻에 순종해야 한다. 죄인들을 사랑하고 말씀을 전하고 그들을 구원하는 일은 어려운 일이지만 그것은 하나님께서 에스겔에게 맡기고자 하시는 귀한 일이었다. 하나님께서는 죄인들을 향해 자비하시고 오래 참으신다. 우리가 죄 가운데 살고 하나님과 원수 되었을 때 하나님께서는 자기의 독생자 예수 그리스도를 십자가에 죽게 하심으로 하나님과 화목하게 하셨다. 우리는 죄인들을 구원하시려는 그 하나님의 뜻에 즐거이 순종해야 한다.

셋째로, 우리가 하나님의 일을 하려면 우리는 먼저 하나님의 말씀을 이해하고 믿어야 한다. 하나님께서는 에스겔에게 "네 입을 벌리고 내가 네게 주는 것을 먹으라"고 말씀하셨다. 성경은 하나님의 말씀이다. 그러므로 우리는 이 책을 많이 읽고 듣고 배우고 묵상함으로 온전케 되고 하나님의 일들을 하고 예수 그리스도의 교회를 세우는 덕스러운 사람이 되어야 하고(딤후 3:16-17) 하나님의 충성된 일꾼이 되어야 한다.

3장: 이스라엘의 파수꾼으로 세우심

1-15절, 에스겔을 준비시키심

〔1-3절〕 그가 또 내게 이르시되 인자야, 너는 받는 것을 먹으라. 너는 이 두루마리를 먹고 가서 이스라엘 족속에게[집에] 고하라 하시기로 내가 입을 벌리니 그가 그 두루마리를 내게 먹이시며 내게 이르시되 인자야, 내가 네게 주는 이 두루마리로 네 배에 넣으며 네 창자에 채우라 하시기에 내가 먹으니 그것이 내 입에서 달기가 꿀 같더라.

하나님께서는 에스겔에게 두루마리 책을 주시며 먹으라고 말씀하셨다(본문에 '두루마리'라는 말이 세 번 나옴). 그 두루마리에는 에스겔이 전해야 할 하나님의 모든 말씀이 기록되어 있었다. 에스겔은 입을 벌려 그것을 받아먹었다. 그것은 말씀을 즐거이 받아들이는 것을 상징하였다고 본다. 사람이 아무리 무엇을 먹이려 해도 입을 다물고 있으면 먹일 수 없다. 먹는 자는 입을 벌려야 먹을 수 있다. 말씀을 받는 자는 열린 마음, 즐거운 마음을 가져야 말씀을 잘 받을 수 있다(10절). 에스겔은 하나님의 말씀을 먹어야 가서 전할 수 있다. 그는 조금 먹을 것이 아니라 배에, 창자에 채워야 했다(3절). 하나님의 종들은 성경을 주야로 읽고 묵상하며 말씀의 충만함을 얻어야 하나님의 뜻을 바르게, 담대히 잘 전할 수 있다. 에스겔이 먹은 그 두루마리의 말씀은 그의 입에서 달기가 꿀 같았다. 하나님의 말씀은 우리에게 참으로 기쁘고 복된 말씀이다. 시편은 하나님의 말씀의 맛이 꿀보다 더 달고 송이꿀보다 더 달다고 증거했었다(시 19:10; 119:103).

〔4-7절〕 그가 또 내게 이르시되 인자야, 이스라엘 족속에게 가서 내 말로 그들에게 고하라. 너를 방언이 다르거나[말을 알아듣지 못하거나] 말이 어려운[방언이 어려운] 백성에게 보내는 것이 아니요 이스라엘 족속에게[집에] 보내는 것이라. 너를 방언이 다르거나 말이 어려워 네가 알아듣지 못할

에스겔 3장: 이스라엘의 파수꾼으로 세우심

열국에 보내는 것이 **아니니라. 내가 너를 그들에게 보내었더면 그들은 정녕 네 말을 들었으리라. 그러나 이스라엘 족속은 이마가 굳고 마음이 강퍅하여 네 말을 듣고자 아니하리니 이는 내 말을 듣고자 아니함이니라**[이스라엘 족속은 네 말을 듣고자 아니하리니 이는 내 말을 듣고자 아니함이니라. 이는 이스라엘 모든 족속이 이마가 굳고 마음이 강퍅함이니라].

하나님께서 에스겔을 보내시는 대상은 그들의 말을 알아듣지 못하거나 방언이 어려운 이방인들이 아니었다. 하나님께서는 만일 그가 그를 이방인들에게 보내셨더라면 그들이 그의 말을 들었을 것이라고 말씀하셨다. 신약시대에 사도 바울이 전도할 때도 유대인들은 바울의 말을 대적하였으나 이방인들은 듣고 기쁘게 받았다(행 13:44-48).

하나님께서 에스겔을 보내시는 대상은 이스라엘 족속이다(이스라엘 족속이라는 원어는 '이스라엘 집'이라는 말로 본서에 75회 나옴). 이스라엘 백성은 하나님께서 선지자를 통해 주신 말씀을 받아들여야 한다. 전도자나 설교자의 말을 듣는 것은 그를 보내신 하나님의 말씀을 듣는 것이요 그의 말을 거절하는 것은 그를 보내신 하나님과 그의 말씀을 배척하고 거절하는 것이다. 주께서는 제자들을 전도자로 보내시면서 "너희를 영접하는 자는 나를 영접하는 것이요 나를 영접하는 자는 나 보내신 이를 영접하는 것이니라"고 말씀하셨다(마 10:40).

〔8-11절〕 **내가 그들의 얼굴을 대하도록 네 얼굴을 굳게 하였고 그들의 이마를 대하도록 네 이마를 굳게 하였으되 네 이마로 화석(火石)**[부싯돌]**보다 굳은 금강석같이 하였으니 그들이 비록 패역한 족속이라도 두려워 말며 그 얼굴을 무서워 말라 하시고 또 내게 이르시되 인자야, 내가 네게 이를 모든 말을 너는 마음으로 받으며 귀로 듣고 사로잡힌 네 민족에게로 가서 그들이 듣든지 아니 듣든지 그들에게 고하여 이르기를 주 여호와의 말씀이 이러하시다 하라 하시더라.**

에스겔이 보냄을 받은 이스라엘 족속은 얼굴이 굳고 이마가 굳은 자들이기 때문에, 하나님께서는 에스겔의 얼굴과 그의 이마를 굳게 하시되, 부싯돌보다 더 굳은 금강석같이 굳게 하셨다. 그러므로 에스

에스겔 3장: 이스라엘의 파수꾼으로 세우심

겔은 그 패역한 족속을 두려워하거나 무서워하지 말아야 했다. 또 그는 하나님의 모든 말씀을 마음으로 받아 그들이 듣든지 아니 듣든지 그들에게 "주 여호와의 말씀이 이러하시다"라고 선포해야 했다. 사도 바울도 디모데에게 비슷한 교훈을 하였다. "너는 말씀을 전파하라. 때를 얻든지 못 얻든지 항상 힘쓰라. 범사에 오래 참음과 가르침으로 경책하며 경계하며 권하라. 때가 이르리니 사람이 바른 교훈을 받지 아니하며 귀가 가려워서 자기의 사욕을 좇을 스승을 많이 두고 또 그 귀를 진리에서 돌이켜 허탄한 이야기를 좇으리라"(딤후 4:2-4). 오늘날 설교자들은 성경에 계시된 하나님의 뜻을 가감 없이 전해야 한다.

〔12-15절〕때에 주의 신이[영께서] 나를 들어 올리시는데 내 뒤에 크게 울리는 소리가 들려 이르기를 여호와의 처소에서 나는 영광을 찬송할지어다 하니 이는 생물들의 날개가 서로 부딪히는 소리와 생물 곁에 바퀴 소리라. 크게 울리는 소리더라. 주의 신이[영께서] 나를 들어올려 데리고 가시는데 내가 근심하고 분한 마음으로 행하니 여호와의 권능이 힘있게 나를 감동하시더라. 이에 내가 델아빕에 이르러 그 사로잡힌 백성 곧 그발 강가에 거하는 자들에게 나아가 그 중에서 민답히[놀라서] 7일을 지내니라.

그때에 에스겔은 하나님의 영께서 그를 들어올리시는 것을 느꼈다. 그는 또 여호와의 영광을 찬송하라는 큰 소리를 들었는데, 그것은 네 생물들의 날개가 서로 부딪히는 소리와 그 생물들 곁의 바퀴 소리와 요란한 큰 소리이있다. 하나님의 영께서는 그를 들어올려 데려가셨고 그는 괴롭고 분한 심령으로 행하였다. 그가 괴롭고 분한 심령을 가진 것은 이스라엘 백성의 극심한 죄악과 그 죄악에 대한 하나님의 진노로 인한 바벨론 군대의 침공 때문이었을 것이다. 그러나 여호와의 손이 힘있게 그 위에 있었고 그의 권능이 힘있게 그를 감동하셨다. 하나님께서는 그를 그발 강가에 거하는 사로잡힌 백성들 가운데로 인도하셨다. 에스겔은 그 곳에서 당황하고 놀란 마음으로 7일 동안 지냈다. 하나님의 사명을 받은 그는 이스라엘 백성의 죄악됨과 패역

에스겔 3장: 이스라엘의 파수꾼으로 세우심

함 때문에 괴롭고 분한 심령과 당황하고 놀란 심령이었지만 힘을 잃지 않고 성령의 인도하심과 하나님의 권능의 손길 아래 있었다.

본문의 교훈을 정리해보자. 첫째로, 우리는 성경을 사랑해야 한다. 하나님께서는 에스겔에게 하나님의 말씀을 기록한 두루마리를 먹게 하셨다. 이것은 물론 상징적 사건이었다. 성경은 하나님의 말씀이다. 성경은 정금보다 더 귀한 말씀이며 꿀보다 더 단 말씀이다. 시편 19:10, "금 곧 많은 정금보다 더 사모할 것이며 꿀과 송이꿀보다 더 달도다." 시편 119:103, "주의 말씀의 맛이 내게 어찌 그리 단지요. 내 입에 꿀보다 더 하니이다." 그러므로 성경을 주야로 묵상하는 자는 복되다(시 1:2-3). 우리는 하나님의 기록된 말씀인 성경책을 사랑하고 읽고 묵상해야 한다.

둘째로, 우리는 패역한 사람들에게도 전도해야 한다. 에스겔은 이마가 굳고 마음이 강퍅한 자들에게 보내졌다. 그들은 그가 전하는 말씀을 들으려 하지 않는 자들이었다. 그러나 그는 "여호와의 말씀이 이러하시다"고 그들에게 전하여야 했다. 우리의 전도 대상자들도 때때로 패역한 자들이다. 그러나 우리는 그들에게도 "하나님의 말씀이 이러하다" "이것이 하나님의 뜻이다"라고 담대히 전해야 한다. 사도 바울은 디모데에게 "때가 이르리니 사람이 바른 교훈을 받지 아니하며 귀가 가려워서 자기의 사욕을 좇을 스승을 많이 두고 또 그 귀를 진리에서 돌이켜 허탄한 이야기를 좇으리라. 그러나 너는 모든 일에 근신하여 고난을 받으며 전도인의 일을 하며 네 직무를 다하라"고 교훈하였다(딤후 4:3-5).

셋째로, 전도를 위해서는 몇 가지가 필요하다. 첫째, 바른 말씀이다. 우리는 하나님의 바른 말씀을 전해야 한다. 둘째, 강한 마음이다. 하나님께서는 에스겔에게 부싯돌보다 더 굳은 금강석 같은 이마를 주셨다. 그는 에스겔에게 그들을 두려워하거나 무서워하지 말라고 말씀하셨다. 셋째, 하나님의 권능이다. 에스겔은 심령의 괴로움과 놀람 중에도 하나님의 권능이 그 위에 있었다. 주께서는 "성령이 너희에게 임하시면 너희가 권능을 받고 . . . 내 증인이 되리라"고 말씀하셨다(행 1:8).

에스겔 3장: 이스라엘의 파수꾼으로 세우심

16-27절, 파수꾼으로 세우심

〔16-17절〕 **7일 후에 여호와의 말씀이 내게 임하여 가라사대 인자야, 내가 너를 이스라엘 족속의 파숫군**[파수꾼]**으로 세웠으니 너는 내 입의 말을 듣고 나를 대신하여 그들을 깨우치라.**

에스겔이 델아빕 그발 강가에 거하는 그 사로잡힌 백성들 가운데서 7일을 지낸 후 하나님의 말씀이 그에게 임하였다. 하나님의 말씀은 구체적 시점과 상황에서 선지자에게 임하였다. 하나님께서는 그를 이스라엘 백성의 파수꾼으로 세우셨다고 말씀하셨다. 파수꾼은 군대의 경계병 혹은 보초병과 같다. 에스겔을 파수꾼이라 부르신 것은 하나님께서 하신 말씀을 듣고 하나님을 대신해 이스라엘 백성을 깨우치고 경고하게 하시기 위함이었다.

〔18-19절〕 **가령 내가 악인에게 말하기를 너는 꼭 죽으리라 할 때에 네가 깨우치지 아니하거나 말로 악인에게 일러서 그 악한 길을 떠나 생명을 구원케 하지 아니하면 그 악인은 그 죄악 중에서 죽으려니와 내가 그 피값**[핏값]**을 네 손에서 찾을 것이고 네가 악인을 깨우치되 그가 그 악한 마음과 악한 행위에서 돌이키지 아니하면 그는 그 죄악 중에서 죽으려니와 너는 네 생명을 보존하리라.**

파수꾼의 사명은 엄숙하였다. 악인의 경우, 만일 하나님께서 악인에게 너는 반드시 죽으리라고 말씀하셨는데, 파수꾼이 그 악인에게 경고하고 깨우치지 않았다면 그 악인은 그 죄악 중에 죽을 것이지만 하나님께서 그의 핏값을 파수꾼의 손에서 찾으실 것이다. 왜냐하면 파수꾼이 그 사명을 다하지 못했기 때문이다. 그러므로 사도 바울은 "헬라인이나 야만이나 지혜 있는 자나 어리석은 자에게 다 내가 빚진 자라. 그러므로 나는 할 수 있는 대로 로마에 있는 너희에게도 복음 전하기를 원하노라"고 말하였고(롬 1:14-15), 또 "[내가] 만일 복음을 전하지 아니하면 내게 화가 있을 것임이로라"고 하였다(고전 9:16). 그러나 파수꾼이 악인에게 경고하고 깨우쳤는데도 그 악인이 그 악한 마음과 악한 행위에서 떠나지 않고 회개치 않았다면 그는 그 죄악 중에 죽을 것이며 파수꾼의 영혼은 보존될 것이다. 이 경우에 파수꾼의 잘못은 없다는 것이다. 그는 파수꾼의 사명을 다한 것이다.

〔20-21절〕 또 의인이 그 의에서 돌이켜 악을 행할 때에는 이미 행한 그 의는 기억할 바 아니라. 내가 그 앞에 거치는 것을 두면 그가 죽을지니 이는 네가 그를 깨우치지 않음이라. 그가 그 죄 중에서 죽으려니와 그 피값[핏값] 은 내가 네 손에서 찾으리라. 그러나 네가 그 의인을 깨우쳐 범죄치 않게 하므로 그가 범죄치 아니하면 정녕 살리니 이는 깨우침을 받음이며 너도 네 영혼을 보존하리라.

의인의 경우에, 의인이 과거에 많은 의를 행했다 하더라도 파수꾼이 그를 경고하고 깨우치지 않으므로 그 의에서 떠나 악을 행하면 이미 행한 의는 아무 소용이 없으며 그는 죽을 것이다. 죄는 작은 죄라도 영혼을 멸망시킬 만하다. 야고보는 "누구든지 온 율법을 지키다가 그 하나에 거치면 모두 범한 자가 되나니"라고 말했다(약 2:10). 비록 우리의 선행이 질적으로 부족하고 시간적으로도 영속적이지 못하여 구원의 공로가 될 수 없고 우리의 의는 오직 예수 그리스도뿐이지만, 그러나 의롭다 하심을 얻은 성도가 계속 죄를 지어서는 안 되고 예수님의 의 안에서 성령의 도우심으로 의를 행하기 위해 노력해야 한다.

의인이 파수꾼의 경고와 깨우침이 없어서 범죄하여 멸망할 경우, 하나님께서는 그 핏값을 파수꾼에게서 찾으실 것이다. 그 파수꾼이 자기 사명을 다하지 못했기 때문이다. 그러나 그 파수꾼이 그 의인을 경고하고 깨우쳐 그가 범죄치 않으면 그 의인은 살 것이며 그 파수꾼도 그 영혼을 보존할 것이다. 그는 그의 사명을 다했기 때문이다.

〔22-23절〕 여호와께서 권능으로 거기서 내게 임하시고 또 내게 이르시되 일어나 들로 나아가라. 내가 거기서 너와 말하리라 하시기로 내가 일어나 들로 나아가니 여호와의 영광이 거기 머물렀는데 내가 전에 그발 강가에서 보던 영광과 같은지라. 내가 곧 엎드리니.

에스겔 3장: 이스라엘의 파수꾼으로 세우심

하나님께서는 권능으로 에스겔에게 임하시고 일어나 들로 나가게 하셔서 거기서 그와 말하기를 원하셨다. 하나님께서는 때때로 주의 종들을 조용한 곳으로 부르신다. 예수께서는 시시때때로 산이나 들판의 한적한 곳에서 기도하곤 하셨다(막 1:35; 14:23). 에스겔은 일어나 들로 나갔는데 거기서 그는 전에 그발 강가에서 보았던 여호와의 영광을 보았고 하나님과 대면하며 그 앞에 엎드렸다.

〔24-25절〕 주의 신[영]이 내게 임하사 나를 일으켜 세우시고 내게 말씀하여 가라사대 너는 가서 네 집에 들어가 문을 닫으라. 인자야, 무리가 줄로 너를 동여매리니 네가 그들 가운데서 나오지 못할 것이라.

이것은 에스겔이 무리들의 억압과 방해와 배척과 핍박으로 인해 자기 집에 은둔하게 될 것을 보이신 것 같다. 에스겔은 공적인 설교 사역을 잠시 중단하고 그의 집에서 하나님과 깊은 교통의 시간을 가지며 그에게 찾아오는 자들에게 하나님의 말씀을 전하는 사적 설교 사역을 어느 기간 동안 할 것이라는 뜻일 것이다.

〔26-27절〕 내가 네 혀로 네 입천장에 붙게 하여 너로 벙어리 되어 그들의 책망자가 되지 못하게 하리니 그들은 패역한 족속임이니라. 그러나 내가 너와 말할 때에 네 입을 열리니 너는 그들에게 이르기를 주 여호와의 말씀이 이러하시다 하라. 들을 자는 들을 것이요 듣기 싫은 자는 듣지 아니하리니 그들은 패역한 족속임이니라.

하나님께서 에스겔로 하여금 책망의 설교자가 되지 못하게 하신 것은 이스라엘 백성을 향한 징벌이었다. 설교자의 입은 하나님의 손에 달려 있다. 세례 요한의 아버지 스가랴를 벙어리 되게 하셨던 것처럼 그가 입을 닫으시면 설교자는 벙어리나 더듬거리는 자가 될 것이다. 하나님께서 말씀을 주지 않으실 때 바른 말씀을 전할 수 있는 자는 아무도 없다. 누구든지 위로부터 받지 않으면 하나님의 말씀을 바르게 전할 수 없다(요 3:27). 그러나 하나님께서 에스겔과 더불어 말씀하실 때 에스겔의 입은 열릴 것이다(겔 24:27; 33:21-22).

에스겔 3장: 이스라엘의 파수꾼으로 세우심

하나님께서 모세에게 말씀하신 대로 사람들의 입을 지으신 자가 하나님이시며(출 4:11-12), 그가 입을 여시면 선지자의 입이 열릴 것이다. 그때 그는 "주 여호와의 말씀이 이러하시다"라고 외칠 수 있을 것이다. 그러나 에스겔이 입을 열어 말씀을 전할 때에도 듣는 자는 들을 것이지만, 듣기 싫어하는 자는 듣지 않을 것이다.

본장의 교훈을 정리해보자. 첫째로, 파수꾼의 사명은 하나님의 말씀을 듣고 그 말씀을 하나님을 대신해 전하는 것이다. 파수꾼은 이 사명을 감당하기 위해 먼저 하나님의 말씀, 곧 성경말씀을 잘 들어야 할 것이다. 오늘날 전도자는 하나님의 말씀을 전하기 위해 먼저 성경을 주야로 읽고 묵상하고 성경을 배우고 연구하기를 힘써야 할 것이다. 넓은 의미에서 모든 성도는 다 파수꾼과 같다. 우리는 성경을 잘 읽고 듣고 배워 우리 주위의 믿지 않는 자들에게 파수꾼의 사명을 다해야 한다.

둘째로, 파수꾼의 사명은 악인을 경고하고 깨우쳐 그 죄악에서 떠나게 하며 의인도 경고하고 깨우쳐 범죄치 않도록 하는 것이다. 파수꾼이 죄를 경고하고 깨우치는 일을 바르게 하면, 듣는 자들이 비록 거역하여 멸망한다 할지라도 그의 책임은 없지만, 만일 경고하고 깨우치는 일을 하지 않으면 그 책임이 파수꾼에게로 돌아가고 하나님께서는 그 멸망하는 자의 핏값을 파수꾼에게 찾으실 것이다. 이것은 두려운 말씀이다. 우리는 사람들이 듣든지 안 듣든지 하나님의 뜻을 전해야 한다. 그래야 성도에게 주신 전도의 사명을 다하는 것이 된다. 우리가 전도의 사명을 다하지 않으면, 하나님께서는 그 책임을 우리에게 물으실 것이다.

셋째로, 파수꾼의 입은 하나님의 손 안에 있다. 파수꾼은 하나님의 도구로 쓰임을 받는 자이다. 하나님께서는 파수꾼의 입을 닫기도 하시고 열기도 하신다. 그가 그의 입을 여실 때 그는 말씀을 전하는 자가 될 것이다. 우리는 하나님께서 우리의 입을 열어 하나님의 말씀을 전하게 해주시기를 구하며 또 담대히 말씀을 전하는 자들이 되어야 한다.

에스겔 4장: 예루살렘 멸망의 예표

4장: 예루살렘 멸망의 예표

〔1-3절〕 너 인자야, 박석(磚石)(레베나 לְבֵנָה)[흰색의 토판(土版), 진흙판]을 가져다가 네 앞에 놓고 한 성읍 곧 예루살렘을 그 위에 그리고 그 성읍을 에워싸되 운제(雲梯)[포위벽]를 세우고 토둔(土屯)[둑]을 쌓고 진을 치고 공성퇴(攻城槌)[성벽을 부수는 큰 쇠망치나 나무망치]를 둘러 세우고 또 전철(煎鐵)[철판]을 가져다가 너와 성읍 사이에 두어 철성(鐵城)[철성벽]을 삼고 성을 향하여 에워싸는 것처럼 에워싸라. 이것이 이스라엘 족속에게 징조가 되리라.

하나님께서는 에스겔에게 예루살렘 성이 포위되는 모형을 만들게 하셨다. 그는 흰색의 토판(土版)을 가져다가 그 앞에 놓고 한 성읍 곧 예루살렘을 그 위에 그리게 하셨다. 또 그는 그 성읍을 에워싸되 포위벽을 세우고 둑을 쌓고 진을 치고 성벽을 부수는 큰 쇠망치나 나무망치를 둘러 세우게 하셨다. 또 그는 철판을 가져다가 에스겔과 성읍 사이에 두어 철성벽을 삼고 성을 향하여 에워싸는 것처럼 에워싸라고 말씀하신다. 하나님의 이 말씀은 예루살렘 성이 강한 군대에 의해 포위되어 결국 멸망할 것을 예시하신 것이다. 에스겔이 만든 그 모형은 예루살렘 성의 멸망의 징조가 될 것이다.

〔4-8절〕 너는 또 좌편으로 누워 이스라엘 족속의 죄악을 당하되 네 눕는 날수대로 그 죄악을 담당할지니라. 내가 그들의 범죄한 햇수대로 네게 날수를 정하였나니 곧 390일이니라. 너는 이렇게 이스라엘 족속의 죄악을 담당하고 그 수가 차거든 너는 우편으로 누워 유다 족속의 죄악을 담당하라. 내가 네게 40일로 정하였나니 1일이 1년이니라. 너는 또 에워싼 예루살렘을 향하여 팔을 벗어 메고[팔을 벗고 그것을 쳐서] 예언하라. 내가 줄로 너를 동이리니 네가 에워싸는 날이 맞도록 몸을 이리 저리 돌리지 못하리라.

하나님께서는 에스겔로 하여금 390일 동안 왼쪽으로 누워 이스라엘 족속의 죄악을 담당하게 하고, 40일 동안 오른쪽으로 누워 유다

에스겔 4장: 예루살렘 멸망의 예표

족속의 죄를 담당하게 하셨다. 1일은 1년을 의미했다. 또 그는 에스겔에게 예루살렘을 향해 팔을 걷고 예언하라고 말씀하시고 또 그가 줄로 그를 동이실 것이며 예루살렘 성이 에워싸이는 날이 마치도록 그가 몸을 이리저리 돌리지 못하리라고 말씀하신다. 본문의 숫자의 뜻은 잘 알 수 없으나, 390년은 대략 북방 이스라엘 왕 여로보암이 벧엘과 단에 금송아지를 세운 때(대략 주전 933년)로부터 그들이 바벨론 포로생활에서 돌아올 때(주전 537년)까지를 가리키는 것이 아닌가 생각되고, 40년은 남방 유다의 가장 악한 왕 므낫세의 약 40년간의 우상숭배적 통치 기간을 가리키는 것이 아닌가 생각된다.

[9-12절] 너는 밀과 보리와 콩과 팥(lentils)[렌즈콩]과 조(millet)[기장]와 귀리(spelt)[밀 종류]를 가져다가 한 그릇에 담고 떡을 만들어 네 모로 눕는 날수 곧 390일에 먹되 너는 식물을 달아서 하루 20세겔 중씩 때를 따라 먹고 물도 힌 6분 1씩 되어서 때를 따라 마시라. 너는 그것을 보리떡처럼 만들어 먹되 그들의 목전에서[앞에서] **인분(人糞)** 불을 피워 **구울지니라**.

하나님께서는 에스겔에게 밀과 보리와 콩과 팥과 조와 귀리를 가져다가 한 그릇에 담고 떡을 만들어 그가 옆으로 눕는 날수 곧 390일에 먹되 음식을 달아서 하루 20세겔 무게씩 때를 따라 먹고 물도 힌 6분의 1씩 되어서 때를 따라 마시라고 명하셨다. 1세겔은 약 10그램이며 1힌은 약 4리터이다. 그러면 떡 20세겔은 약 200그램의 떡을 가리키고, 물 6분의 1 힌은 약 0.7리터이다. 이것은 하루 동안 먹기에는 너무 작은 양이다. 그것은 그들이 양식과 물이 부족하고 겨우 연명하게 될 것을 보인다. 하나님께서 에스겔에게 그 떡을 보리떡처럼 만들되 이방사람들의 눈앞에서 인분(人糞) 불을 피워 구우라고 말씀하신 것은 그들이 얼마나 비천한 상태에 떨어질 것인지를 보인다.

[13-17절] 여호와께서 또 가라사대 내가 열국으로 쫓아 흩을 이스라엘 자손이 거기서 이와 같이 부정한 떡을 먹으리라 하시기로 내가 가로되 오호라, 주 여호와여, 나는 영혼을 더럽힌 일이 없었나이다. 어려서부터 지금까

에스겔 4장: 예루살렘 멸망의 예표

지 스스로 죽은 것이나 짐승에게 찢긴 것을 먹지 아니하였고 가증한 고기를 입에 넣지 아니하였나이다. 여호와께서 내게 이르시되 쇠똥으로 인분(人糞)을 대신하기를 허하노니 너는 그것으로 떡을 구울지니라. 또 내게 이르시되 인자야, 내가 예루살렘에서 의뢰하는 양식['양식의 지팡이,' '양식의 공급'(BDB, NIV)]을 끊으리니 백성이 경겁[근심](BDB) 중에 떡을 달아 먹고 민답[두려움] 중에 물을 되어 마시다가 떡과 물이 결핍하여 피차에 민답하여[두려워] 하며 그 죄악 중에서 쇠패하리라.

여호와께서는 이스라엘 자손이 잡혀간 이방 나라에서 이와 같이 부정한 떡을 먹으리라고 말씀하셨다. 그때 에스겔은 자신이 어려서부터 지금까지 스스로 죽은 것이나 짐승에게 찢긴 것을 먹지 않았고 가증한 고기를 입에 넣지 않았다고 말했다. 여호와께서는 쇠똥으로 사람 똥을 대신하기를 허락하셨다. 또 그는 "내가 예루살렘에서 의뢰하는 양식[양식의 지팡이, 양식의 공급]을 끊으리니 백성이 근심 중에 떡을 달아 먹고 두려움 중에 물을 되어 마시다가 떡과 물이 결핍하여 피차에 두려워하며 그 죄악 중에서 쇠패하리라"고 말씀하셨다.

본장의 교훈을 정리해보자. 첫째로, 예루살렘 성의 멸망이나 이스라엘의 포로생활은 하나님의 작정과 섭리 가운데 이루어질 것이다. 에스겔에게 지시하신 일들은 하나님의 뜻을 예시했다. 이 세상의 크고 작은 모든 일이 하나님의 작정과 섭리 가운데 이루어진다. 그러므로 우리는 하나님을 범사에 인정하고 경외하며 모든 일을 그에게 의탁해야 한다.

둘째로, 이스라엘 백성은 죄 때문에 비참하게 될 것이다. 이스라엘 백성은 온갖 우상들을 숭배하였고 부도덕하였다. 그 결과, 그들은 하나님의 진노로 멸망할 것이다. 그들은 먹을 양식이 부족하고 부정한 떡을 먹을 것이며, 이방 나라에 포로가 되어 많은 고생을 할 것이다. 그들은 그 죄악 중에서 쇠패할 것이다. 이것은 모든 사람에게 진리이다. 사람은 존귀하지만, 죄 때문에 비참하게 된다. 그러므로 우리는 우상숭배를 버리고 참 하나님을 섬기며 그의 계명을 순종하고 의와 선을 행해야 한다.

에스겔 5장: 예루살렘의 멸망을 예언함

5장: 예루살렘의 멸망을 예언함

〔1-4절〕 인자야, 너는 날카로운 칼을 취하여 삭도(타아르 학갈라빔 תַּעַר הַגַּלָּבִים)[면도칼]를 삼아 네 머리털과 수염을 깎아서 저울에 달아 나누었다가 그 성읍을 에워싸는 날이 차거든 너는 터럭 3분지 1은 성읍 안에서 불사르고 3분지 1은 가지고 성읍 사방에서 칼로 치고 또 3분지 1은 바람에 흩으라. 내가 그 뒤를 따라 칼을 빼리라. 너는 터럭 중에서 조금을 가져 네 옷자락에 싸고 또 그 가운데서 얼마를 가져 불에 던져 사르라. 그 속에서 불이 이스라엘 온 족속에게로 나오리라.

에스겔은 날카로운 면도칼로 머리털과 수염을 깎아서 보관했다가 예루살렘 성이 에워싸이는 날 그 3분지 1은 성 안에서 불사르고 3분지 1은 성 주위에서 칼로 치고 3분지 1은 바람에 흩어야 했다. 그러면 그 뒤를 따라 하나님께서 칼을 빼실 것이다. 에스겔은 또 그 털들 중 일부를 가져 그의 옷자락에 싸고 그 가운데서 조금 가져다가 불에 던져 살라야 하였다. 그러면 그 속에서 불이 이스라엘 온 족속에게로 나올 것이다. 이것은 예루살렘 멸망에 대한 예언이다.

〔5-7절〕 주 여호와께서 가라사대 이것이 곧 예루살렘이라. 내가 그를 이방인 가운데 두어 열방으로 둘러 있게 하였거늘 그가 내 규례를 거스려서 [거슬러서] 이방인보다 악을 더 행하며 내 율례도 그리함이 그 둘러 있는 열방보다 더하니 이는 그들이 내 규례를 버리고 내 율례를 행치 아니하였음이니라. 그러므로 나 주 여호와가 말하노라. 너희 요란함이 너희를 둘러 있는 이방인보다 더하여 내 율례를 행치 아니하며 내 규례를 지키지 아니하고 너희를 둘러 있는 이방인의 규례대로도 행치 아니하였느니라.

'주 여호와'는 개인과 국가와 세계의 모든 일들을 주관하시고 특히 자기 백성의 삶을 주장하시고 그의 공의로 다스리시는 주권적 섭리자 하나님을 뜻한다. 주 여호와께서 에스겔에게 주신 말씀은 예루살렘 성에 관한 것이다. 하나님께서는 우선 예루살렘 성의 죄에 대해

에스겔 5장: 예루살렘의 멸망을 예언함

말씀하신다. 예루살렘 성은 이방 나라들 가운데 처해 있으면서 하나님의 규례와 율례를 버리고 행하지 않았으며 이방인들보다 더 악을 행하였다. 부패한 교회는 이방 나라 사람들보다 더 악하였다. 그들은 심지어 그들 주위에 있는 이방인들의 규례대로도 행치 않았다. 그것은 그들이 이방 나라 사람들이 양심에 의거하여 만든 그들의 도덕적 규범들조차도 지키지 않았다는 뜻일 것이다.

〔8-10절〕그러므로 나 주 여호와가 말하노라. 나 곧 내가 너를 치며 이방인의 목전에서 너의 중에 벌을 내리되 네 모든 가증한 일로 인하여 내가 전무후무하게 네게 내릴지라. 그리한즉 너의 중에서 아비가 아들을 먹고 아들이 그 아비를 먹으리라. 내가 벌을 네게 내리고 너의 중에 남은 자를 다 사방에 흩으리라.

주 여호와 즉 주권적 섭리자이신 하나님께서는 이제 예루살렘 성에 징벌을 선언하신다. 그는 "나 곧 내가 너를 치며 이방의 목전에서 너의 중에 벌을 내리리라"고 말씀하신다. 예루살렘 성의 징벌은 그들의 죄에 대한 하나님의 징벌이었다. 그들의 죄는 하나님 앞에서 가증한 일들이었다. 하나님께서는 죄를 미워하신다. 그는 사람들의 가증한 죄악들에 대해 징벌하실 수밖에 없다. 그러므로 그들은 이방인들의 눈앞에서 하나님의 내리시는 전무후무한 벌을 받을 것이다. 심지어 아비가 아들을 먹고 아들이 그 아비를 먹는 참혹한 지경에 떨어질 것이고 또 그 중에 남은 자들은 사방에 흩어질 것이다.

〔11-13절〕그러므로 나 주 여호와가 말하노라. 내가 나의 삶을 두고 맹세하노니 네가 모든 미운 물건과 모든 가증한 일로 내 성소를 더럽혔은즉 나도 너를 아껴 보지 아니하며 긍휼을 베풀지 아니하고 미약하게 하리니(에그라 אגרע)[눈을 돌리리니](BDB, NASB) 너의 가운데서 3분지 1은 온역으로 죽으며 기근으로 멸망할 것이요 3분지 1은 너의 사방에서 칼에 엎드러질 것이며 3분지 1은 내가 사방에 흩고 또 그 뒤를 따라 칼을 빼리라. 이와 같이 내 노가 다한즉 그들에게 향한 분이 풀려서 내 마음이 시원하리라. 내 분이 그들에게 다한즉 나 여호와가 열심으로 말한 줄을 그들이 알리라.

에스겔 5장: 예루살렘의 멸망을 예언함

이스라엘 백성은 모든 미운 물건들과 모든 가증한 일들로 하나님의 성소를 더럽혔다. 그것은 그들의 우상숭배를 가리킨다. 그들은 심지어 성전 뜰에 해와 달과 별들을 위한 단들을 쌓음으로 성소를 더럽혔다. 열왕기하 21:4-5, "여호와께서 전에 이르시기를 내가 내 이름을 예루살렘에 두리라 하신 여호와의 전에 단들을 쌓고 또 여호와의 전 두 마당에 하늘의 일월성신(日月星辰)을 위해 단들을 쌓고." 그러므로 하나님께서는 "내가 나의 삶을 두고 맹세하노니"라고 말씀하시면서 반드시 그 성을 징벌하실 것을 말씀하신다. 그 성은 반드시 멸망할 것이다. 하나님께서는 그들을 아껴 보지 않으시고 긍휼을 베풀지 않으시고 그의 눈을 그들에게서 돌리실 것이다. 그는 사랑과 자비가 풍성하신 자이시지만, 죄에 대해서는 매우 진노하시고 징벌하신다.

또 하나님께서는 본장 서두에 에스겔에게 주신 모형적 행위의 뜻을 설명하신다. 그들 가운데 3분지 1은 온역과 기근으로 죽을 것이며 3분지 1은 칼에 엎드러질 것이며 3분지 1은 사방에 흩어질 것이다. 이와 같이 하나님의 노가 다하면 그들을 향한 그의 분이 풀려서 그의 마음이 시원할 것이다. 공의의 하나님께서는 사람들의 죄, 특히 자기 백성의 죄악들에 대해 진노하시고 징벌하신다.

[14-17절] 내가 또 너로 황무케 하고 너를 둘러 있는 이방인 중에서 모든 지나가는 자의 목전에 능욕거리가 되게 하리니 내 노와 분과 중한 책망으로 네게 벌을 내린즉 너를 둘러 있는 이방인에게 네가 수욕과 조롱을 당하고 경계와 괴이한 것이 되리라. 나 여호와의 말이니라. 내가 멸망케 하는 기근의 독한 살로 너희를 멸하러 보내되 기근을 더하여 너희의 의뢰하는 양식[양식의 지팡이]을 끊을 것이라. 내가 기근과 악한 짐승을 너희에게 보내어 외롭게 하고 너희 가운데 온역과 살륙으로 행하게 하고 또 칼이 너희에게 임하게 하리라. 나 여호와의 말이니라.

하나님의 진노와 징벌로 예루살렘 성은 황폐해지고 이방 나라들 중에서 모욕거리가 되고 수치와 조롱을 당하며 경계와 두려움이 될

에스겔 5장: 예루살렘의 멸망을 예언함

것이다. 하나님께서는 사람의 죄에 대해 엄격한 공의로 징벌하심으로 사람의 교만을 꺾으시고 사람이 아무것도 아님을 깨닫게 하실 것이다. 그는 또 멸망케 하는 기근의 독한 살로 그들을 멸하려 보내실 것이다. 기근은 하나님께서 내리시는 무서운 징벌과 재앙의 하나이다. 그는 그들의 '양식의 지팡이' 혹은 양식의 공급을 끊으실 것이다. 이와 같이 하나님께서는 그들에게 기근과 악한 짐승과 무서운 전염병과 전쟁과 사방에 흩어짐으로 그들을 징벌하실 것이다.

본장의 교훈을 정리해보자. 첫째로, 사람은 범죄하면 하나님의 벌을 받는다. 창세기 2:16-17, "여호와 하나님이 그 사람에게 명하여 가라사대 동산 각종 나무의 실과는 네가 임의로 먹되 선악을 알게 하는 나무의 실과는 먹지 말라. 네가 먹는 날에는 정녕 죽으리라." 시편 1:6, "대저 의인의 길은 여호와께서 인정하시나 악인의 길은 망하리로다." 로마서 6:23, "죄의 삯은 사망이요." 범죄자는 하나님의 징벌을 각오해야 한다.

둘째로, 하나님의 벌은 매우 무섭고 혹독하다. 하나님께서는 기근과 악한 짐승과 무서운 전염병과 전쟁과 사방에 흩어짐으로 징벌하실 것이며 심지어 아비가 아들을 먹고 아들이 그 아비를 먹는 끔찍한 일까지 벌어질 것이다. 우리는 노아 시대에 세상 사람들의 음란과 강포로 인한 홍수 심판과, 동성애의 도시 소돔 고모라의 유황불비 심판을 알고 있고 또 온 세상의 마지막 불 심판과 지옥 형벌의 경고를 안다. 그러므로 우리는 사람의 죄에 대한 하나님의 벌을 두려워하고 죄를 회개해야 한다.

셋째로, 성도들의 복된 길은 하나님의 계명대로 사는 것이다. 신명기 10:13, "내가 오늘날 네 행복을 위해 네게 명하는 여호와의 명령과 규례를 지킬 것이 아니냐?" 이사야 48:18, "슬프다, 네가 나의 명령을 듣지 아니하였도다. 만일 들었더면 네 평강이 강과 같았겠고." 시편 119:1-2, "행위 완전하여 여호와의 법에 행하는 자가 복이 있음이여, 여호와의 증거를 지키고 전심으로 여호와를 구하는 자가 복이 있도다."

6장: 이스라엘이 황폐할 것임

[1-4절] 여호와의 말씀이 내게 임하여 가라사대 인자야, 너는 이스라엘 산을 향하여 그들에게 예언하여 이르기를 이스라엘 산들아, 주 여호와의 말씀을 들으라. 주 여호와께서 산과 작은 산과 시내와 골짜기를 대하여 말씀하시기를 나 곧 내가 칼로 너희에게 임하게 하여 너희 산당을 멸하리니 너희 제단이 황무하고 태양상(캄마님 חַמָּנִים)[분향단(KB, NASB, NIV), 태양상(sun-pillars)(BDB)]이 훼파될 것이며 내가 또 너희 중에서 살륙을 당하여[살육 당한 자들이](KJV, NASB) 너희 우상 앞에 엎드러지게 할 것이라.

하나님께서는 이방 나라로 이스라엘 땅을 침공케 하실 것이다. 그 때 특히 그들의 우상숭배의 장소인 산당들이 없어질 것이다. 그들의 제단들이 황무할 것이며 그들의 태양상들 혹은 분향단들이 훼파될 것이며 살육 당한 자들은 그들의 우상들 앞에 엎드러질 것이다.

[5-7절] 이스라엘 자손의 시체를 그 우상 앞에 두며 너희 해골을 너희 제단 사방에 흩으리라. 내가 너희 거하는 모든 성읍으로 사막이 되며 산당으로 황무하게 하리니 이는 너희 제단이 깨어지고 황폐하며 너희 우상들이 깨어져 없어지며 너희 태양상들이 찍히며 너희 만든 것이 다 폐하며 또 너희 중에서 살륙을 당하여 엎드러지게 하여 너희로 나를 여호와인 줄 알게 하려 함이니라.

그들이 산당들에, 제단들 주위에, 우상들 앞에 엎드러진다는 말은 그 우상들이 그들을 보호해주지 못하고 구원해주지 못함을 나타낸다. 우상들은 생명 없는 허무한 것들이며 실상 아무것도 아니다. 하나님께서는 "너희로 나를 여호와인 줄 알게 하려 함이니라"고 말씀하신다.3) 그것은 여호와 하나님을 참 하나님으로, 영원자존자로, 주권적 섭리자와 심판자로 알게 하신다는 뜻이다. 사람이 참 하나님을 아는

---

3) 에스겔서에는 '안다'는 말(야다 יָדַע)이 98회나 나오며 본장에도 '나를 여호와인 줄 안다'는 말이 4번 나온다(7, 10, 13, 14절).

것이 구원이며 영생이다(요 17:3). 거기에 땅 위에서의 평안도 있다.

[8-10절] 그러나 너희가 열방에 흩어질 때에 내가 너희 중에서 칼을 피하여 이방 중에 남아 있는 자가 있게 할지라. 너희 중 피한 자가 사로잡혀 이방인 중에 있어서 나를 기억하되 그들이 음란한 마음으로 나를 떠나고 음란한 눈으로 우상을 섬겨 나로 근심케 한 것을 기억하고 스스로 한탄하리니 이는 그 모든 가증한 일로 악을 행하였음이라. 그때에야 그들이 나를 여호와인 줄 알리라. 내가 이런 재앙을 그들에게 내리겠다 한 말이 헛되지 아니하니라.

하나님께서 그들을 열방에 흩으실 때 그들 중에 칼을 피해 이방인들 중에 남아 있는 자들이 있을 것이다. 큰 진노 중에도 남은 자들, 피하는 자들이 있을 것이다. 이것은 그들을 향하신 하나님의 긍휼이다. 그들은 이방 나라에서 포로생활을 하며 자신들이 음란한 마음으로 하나님을 떠났고 음란한 눈으로 우상들을 섬겨 그를 근심케 한 것을 기억하고 스스로 한탄할 것이다. 그들은 그때에야 자신들이 불신실하게 떠났던 여호와 하나님에 대해 바르게 알게 되며 또한 재앙을 선언하셨던 하나님의 말씀이 진실하였음을 알게 될 것이다.

[11-14절] 주 여호와께서 가라사대 너는 손뼉을 치고 발을 구르며 말할지어다. 오호라, 이스라엘 족속이 모든 가증한 악을 행하므로 필경 칼과 기근과 온역에 망하되 먼데 있는 자는 온역에 죽고 가까운 데 있는 자는 칼에 엎드러지고 남아 있어 에워싸인 자는 기근에 죽으리라. 이같이 내 진노를 그들에게 이룬즉 그 살륙 당한 시체가 그 우상 사이에, 제단 사방에, 각 높은 고개에, 모든 산꼭대기에, 모든 푸른 나무 아래에, 무성한 상수리나무 아래 곧 그 우상에게 분향하던 곳에 있으리니 너희가 나를 여호와인 줄 알리라. 내가 내 손을 그들의 위에 펴서 그 거하는 온 땅 곧 광야에서부터 디블라까지[그 거하는 온 땅에서 디블라를 향한 광야보다 더](KJV, NASB) 처량하고 황무하게 하리니 그들이 나를 여호와인 줄 알리라.

하나님께서 에스겔에게 손뼉을 치고 발을 구르며 말하라고 말씀하신 것은 사람들을 주목시키며 강조하여 말하라는 뜻이다. 이스라엘

에스겔 6장: 이스라엘이 황폐할 것임

족속은 모든 가증한 악을 행하므로 필경 칼과 기근과 무서운 전염병에 망할 것이다. 먼데 있는 자들은 전염병에 죽고 가까운 데 있는 자들은 칼에 엎드러지고 남아 있어 에워싸인 자들은 기근에 죽을 것이다. 하나님의 진노는 이렇게 이루어질 것이다. 하나님의 진노는 칼과 기근과 무서운 전염병으로 임할 것이다. 그 살육 당한 자들의 시체들은 그 우상들 사이에, 제단들 사방에, 각 높은 고개들에, 모든 산꼭대기들에, 모든 푸른 나무들 아래에, 무성한 상수리나무들 아래 곧 그 우상들에게 분향하던 곳들에 있을 것이다. 그들이 하나님을 저버리고 음란하듯이 그렇게 열렬히 섬겼던 우상들은 가짜 신들이었고 헛것임이 증명될 것이다. 그들이 거하는 온 땅은 황무하게 될 것이다. 그때 그들은 여호와 하나님께서 참 하나님이심을 알게 될 것이다.

본장의 교훈을 정리해보자. 첫째로, 이스라엘 백성이 열심히 섬겼던 우상들은 헛되었다. 그들이 섬겼던 그 모든 산당들과 제단들과 태양상들은 다 헛되었다. 예레미야 10:11, "너희는 이같이 그들에게 이르기를 천지를 짓지 아니한 신들은 땅 위에서, 이 하늘 아래서 망하리라 하라." 현대인들의 우상은 돈과 육신의 즐거움과 과학 등이다. 그러나 그것들도 사람에게 참 평안과 행복과 영생을 주지 못하는 헛된 것들이다.

둘째로, 하나님께서는 우상숭배를 진노하시고 전쟁과 기근과 무서운 전염병으로 치시고 그 땅을 황폐케 하실 것이다. 우상숭배는 죄 중에 큰 죄이며 그 최종적 보응은 지옥 불못이다. 요한계시록 21:8, "살인자들과 행음자들과 술객들과 우상숭배자들과 모든 거짓말하는 자들은 불과 유황으로 타는 못에 참여하리니 이것이 둘째 사망이라." 우리는 다 부족한 자들이지만, 주 예수님 믿고 죄사함과 의롭다 하심을 얻었다.

셋째로, 우리는 여호와께서 영원자존하신 참 하나님이시며 창조자이시며 섭리자이시며 심판자이심을 바로 알아야 하고 또 모든 우상들과 죄악들을 버리고 오직 그의 계명대로 의와 선을 힘써 행해야 한다.

7장: 재앙이 임박함

〔1-4절〕 여호와의 말씀이 또 내게 임하여 가라사대 너 인자야, 주 여호와 내가 이스라엘 땅에 대하여 말하노라. 끝났도다, 이 땅 사방의 일이 끝났도다. 이제는 네게 끝이 이르렀나니 내가 내 진노를 네게 발하여 네 행위를 국문(鞫問)하고(쇼파트 שׁפט)[판단하고, 심판하고] 너의 모든 가증한 일을 보응하리라. 내가 너를 아껴 보지 아니하며 긍휼히 여기지도 아니하고 네 행위대로 너를 벌하여 너의 가증한 일이 너희 중에 나타나게 하리니 너희가 나를 여호와인 줄 알리라.

〔5-9절〕 주 여호와께서 가라사대 재앙이로다, 비상한 재앙이로다. 볼지어다, 임박하도다. 끝이 났도다, 끝이 났도다, 끝이 너를 치러 일어났나니 볼지어다, 임박하도다. 이 땅 거민아, 정한 재앙(체피라 צְפִירָה)[멸망의 때](NASB, NIV)이 네게 임하도다. 때가 이르렀고 날이 가까왔으니 요란한 날이요 산에서 즐거이 부르는 날이 아니로다. 이제 내가 속히 분을 네게 쏟고 내 진노를 네게 이루어서 네 행위대로 너를 심판하여 네 모든 가증한 일을 네게 보응하되 내가 너를 아껴 보지 아니하며 긍휼히 여기지도 아니하고 네 행위대로 너를 벌하여 너의 가증한 일이 너희 중에 나타나게 하리니 나 여호와가 치는 줄을 네가 알리라.

〔10-13절〕 볼지어다, 그 날이로다. 볼지어다, 임박하도다. 정한 재앙[멸망의 때]이 이르렀으니 몽둥이가 꽃 피며 교만이 싹 났도다. 포학이 일어나서 죄악의 몽둥이가 되었은즉 그들도, 그 무리도, 그 재물도 하나도 남지 아니하고 그 중의 아름다운 것(노하 נֹהַּ)[뛰어난 것](NASB)도 없어지리로다. 때가 이르렀고 날이 가까왔으니 사는 자도 기뻐하지 말고 파는 자도 근심하지 말 것은 진노가 그 모든 무리에게 임함이로다. 판 자가 살아 있다 할지라도 다시 돌아가서 그 판 것을 얻지 못하리니 이는 묵시로 그 모든 무리를 가리켜 말하기를 하나도 돌아갈 자가 없겠고 악한 생활로 스스로 강하게 할 자도 없으리라 하였음이로다.

〔14-22절〕 그들이 나팔을 불어 온갖 것을 예비하였을지라도 전쟁에 나갈 사람이 없나니 이는 내 진노가 그 모든 무리에게 미쳤음이라. 밖에는 칼

에스겔 7장: 재앙이 임박함

이 있고 안에는 온역과 기근이 있어서 밭에 있는 자는 칼에 죽을 것이요 성읍에 있는 자는 기근과 온역에 망할 것이며 도망하는 자는 산 위로 피하여 다 각기 자기 죄악 까닭에 골짜기 비둘기처럼 슬피 울 것이며 모든 손은 피곤하고 모든 무릎은 물과 같이 약할 것이라. 그들이 굵은 베로 허리를 묶을 것이요 두려움이 그들을 덮을 것이요 모든 얼굴에는 수치가 있고 모든 머리는 대머리가 될 것이며 그들이 그 은을 거리에 던지며 그 금을 오예물(<u>닛다</u> <u> הנִדָּה</u>)[더러운 것, 가증한 것]같이 여기리니 이는 여호와 내가 진노를 베푸는 날에 그 은과 금이 능히 그들을 건지지 못하며 능히 그 심령을 족하게 하거나 그 창자를 채우지 못하고 오직 죄악에 빠치는 것이 됨이로다. 그들이 그 화려한 장식으로 인하여 교만을 품었고 또 그것으로 가증한 우상과 미운 물건을 지었은즉 내가 그것으로 그들에게 오예물[더러운 것, 가증한 것]이 되게 하여 외인의 손에 붙여 노략하게 하며 세상 악인에게 붙여 그들로 약탈하여 더럽히게 하고 내가 또 내 얼굴을 그들에게서 돌이키리니 그들이 내 은밀한 처소를 더럽히고 강포한 자도 거기 들어와서 더럽히리라.

[23-27절] 너는 쇠사슬을 만들라. 이는 피 흘리는 죄가 그 땅에 가득하고 강포가 그 성읍에 찼음이라. 내가 극히 악한 이방인으로 이르러 그 집들을 점령하게 하고 악한 자(<u>앗짐</u> <u>עָרִיצַי</u>)[강한 자들, 사나운 자들]의 교만을 그치게 하리니 그 성소가 더럽힘을 당하리라. 패망이 이르리니 그들이 평강을 구하여도 없을 것이라. 환난에 환난이 더하고 소문에 소문이 더할 때에 그들이 선지자에게 묵시를 구하나 헛될 것이며 제사장에게는 율법이 없어질 것이요 장로에게는 모략이 없어질 것이며 왕은 애통하고 방백은 놀람을 옷 입듯하며 거민의 손은 떨리리라. 내가 그 행위대로 그들에게 갚고 그 죄악대로[그들의 공과(功過)대로(KJV), 그들의 판단들대로(NASB)] **그들을 국문(鞫問)한즉**[판단한즉, 심판한즉] **그들이 나를 여호와인 줄 알리라.**

본장의 교훈을 정리해보자. 첫째로, <u>이스라엘 백성은 교만하고 강포하였고 가증한 우상들을 섬겼다.</u> 20절, "그들이 그 화려한 장식으로 인하여 교만을 품었고 또 그것으로 가증한 우상과 미운 물건을 지었은즉." 23절, "피 흘리는 죄가 그 땅에 가득하고 강포가 그 성읍에 찼음이라." 24절, "내가 . . . 악한 자의 교만을 그치게 하리니." 이스라엘 백성

에스겔 7장: 재앙이 임박함

은 교만하였고 강포하며 우상숭배에 빠져 있었다. 교만과 강포와 우상숭배는 하나님 앞에서 큰 죄악들, 하나님께서 미워하시는 죄악들이다.

둘째로, 하나님께서는 사람의 죄에 대해 진노하시며 그 진노는 매우 혹독하고 참으로 무서울 것이다. 3절, "내가 내 진노를 네게 발하여 네 행위를 판단하고 너의 모든 가증한 일을 보응하리라." 4절, "내가 너를 아껴 보지 아니하며 긍휼히 여기지도 아니하고 네 행위대로 너를 벌하여." 5절, "주 여호와께서 가라사대 재앙이로다, 비상한 재앙이로다." 8절, "이제 내가 속히 분을 네게 쏟고 내 진노를 네게 이루어서 네 행위대로 너를 심판하여 네 모든 가증한 일을 네게 보응하되." 15-17절, "밖에는 칼이 있고 안에는 온역과 기근이 있어서 밭에 있는 자는 칼에 죽을 것이요 성읍에 있는 자는 기근과 온역에 망할 것이며 도망하는 자는 산 위로 피하여 다 각기 자기 죄악 까닭에 골짜기 비둘기처럼 슬피 울 것이며 모든 손은 피곤하고 모든 무릎은 물과 같이 약할 것이라." 우리는 하나님의 진노를 두려워하고 모든 죄를 미워하고 회개해야 한다.

셋째로, 재앙의 날에는 은금이 아무 소용이 없을 것이다. 19절, "그들이 그 은을 거리에 던지며 그 금을 더러운 것같이 여기리니 이는 여호와 내가 진노를 베푸는 날에 그 은과 금이 능히 그들을 건지지 못하며 능히 그 심령을 족하게 하거나 그 창자를 채우지 못하고 오직 죄악에 빠치는 것이 됨이로다." 그러므로 우리는 은금을 의지하지 말아야 한다.

넷째로, 이스라엘 백성은 하나님의 징벌과 재앙을 통해 하나님을 알게 될 것이다. 4절, "너희가 나를 여호와인 줄 알리라." 9절, "나 여호와가 치는 줄을 네가 알리라." 27절, "그들이 나를 여호와인 줄 알리라." 우리가 하나님을 안다면 우리는 하나님을 경외하고 그의 계명과 교훈대로 순종하며 살 것이다. 우리는 교만하거나 강포하지 말고 온유하고 겸손한 자가 되고 서로 사랑하는 자가 되어야 하고, 우상들을 섬기지 말고 하나님만 섬기며 성경말씀을 늘 묵상하며 기도하며 그를 찬송하고 그의 영광을 위하고 그의 계명대로 사는 자가 되어야 한다.

8장: 이스라엘의 가증한 일들

[1-4절] 제6년 6월 5일에 나는 [나의] 집에 앉았고 유다 장로들은 내 앞에 앉았는데 주 여호와의 권능[손]이 거기서 내게 임하기로 내가 보니 불같은 형상이 있어 그 허리 이하 모양은 불같고 허리 이상은 광채가 나서 단쇠 같은데 그가 손 같은 것을 펴서 내 머리털 한 모숨[한 줌]을 잡으며 주의 신[영]이 나를 들어 천지 사이로 올리시고 하나님의 이상 가운데 나를 이끌어 예루살렘으로 가서 안뜰로 들어가는 북향한 문에 이르시니 거기는 투기의 우상 곧 투기를 격발케 하는[일으키는] 우상의 자리가 있는 곳이라. 이스라엘 하나님의 영광이 거기 있는데 내가 들에서 보던 이상과 같더라.

'제6년'은 여호야긴이 사로잡힌 때로부터 제6년, 즉 주전 591년경이다. 에스겔은 자신의 집에서 유다 장로들과 함께 있을 때 이 계시를 받았다. 주 여호와의 손이 그에게 임하였고 그는 불같은 형상을 보았다. 그 형상의 허리 이하는 불같은 모양이었고 허리 이상은 광채가 나서 반짝이는 금속 같았다. 그것은 에스겔 1:27에서도 증거된 여호와의 영광의 형상으로서 하나님의 심판의 위엄을 나타내는 것 같다. 에스겔은 하나님의 이상 중에 주의 영의 이끌림을 받아 예루살렘 성전 뜰 안으로 갔고 안뜰로 들어가는 북향한 문에 이르렀다. 거기는 투기의 우상 곧 질투를 일으키는 우상의 자리가 있는 곳이었다. 우상은 하나님의 질투를 일으킨다(출 20:4-5).

[5-6절] 그가 내게 이르시되 인자야, 이제 너는 눈을 들어 북편을 바라보라 하시기로 내가 눈을 들어 북편을 바라보니 제단 문 어귀 북편에 그 투기의 우상이 있더라. 그가 또 내게 이르시되 인자야, 이스라엘 족속의 행하는 일을 보느냐? 그들이 여기서 크게 가증한 일을 행하여 나로 내 성소를 멀리 떠나게 하느니라. 너는 다시 다른 큰 가증한 일을 보리라 하시더라.

에스겔은 성전의 제단 문 어귀 북편에 투기의 우상이 있는 것을 보았다. 이스라엘 백성의 우상숭배는 성전 뜰 안까지 들어와 있었다. 그

에스겔 8장: 이스라엘의 가증한 일들

들은 성전 뜰에서 크게 가증한 일을 행하였다. 그들의 가증한 일들 때문에 하나님께서는 그의 성소를 멀리 떠나실 수밖에 없었다. 성막이나 성전은 하나님께서 이스라엘 백성과 함께하시는 표이었고 하나님께서는 그 곳에서 그들에게 응답하시고 그들을 복 주셨으나, 그러나 그들이 범죄할 때 그는 더 이상 그들과 함께하실 수 없었다. 그런데 이제 이것보다 더 큰 가증한 일들이 또 있었다.

〔7-11절〕 그가 나를 이끌고 뜰 문에 이르시기로 내가 본즉 담에 구멍이 있더라. 그가 내게 이르시되 인자야, 너는 이 담을 헐래[뚫으라] 하시기로 내가 그 담을 허니[뚫으니] 한 문이 있더라. 또 내게 이르시되 들어가서 그들이 거기서 행하는 가증하고 악한 일을 보라 하시기로 내가 들어가보니 각양 곤충과 가증한 짐승과 이스라엘 족속의 모든 우상을 그 사면 벽에 그렸고 이스라엘 족속의 장로 중 70인이 그 앞에 섰으며 사반의 아들 야아사냐도 그 가운데 섰고 각기 손에 향로를 들었는데 향연이 구름같이 오르더라.

하나님께서는 또 에스겔로 뜰의 담을 뚫고 들어가 한 문을 통과하여 그 안에서 행해지는 가증하고 악한 일들을 보게 하셨다. 에스겔은 성전 뜰 안의 방 사면 벽에 각양 곤충과 가증한 짐승들과 모든 우상들이 그려져 있고 이스라엘 장로 70인이 그 앞에 서서 손에 향로를 들고 분향하는 것을 보았다. 그 중에는 사반의 아들 야아사냐도 있었다. 장로들의 분향하는 연기는 구름같이 올랐다. 이스라엘 장로들, 즉 나이든 어른들이 우상늘 앞에서 열심히 분향하고 있었던 것이다!

〔12-13절〕 또 내게 이르시되 인자야, 이스라엘 족속의 장로들이 각각 그 우상의 방안 어두운 가운데서 행하는 것을 네가 보았느냐? 그들이 이르기를 여호와께서 우리를 보지 아니하시며 이 땅을 버리셨다 하느니라. 또 내게 이르시되 너는 다시 그들의 행하는 바 다른 큰 가증한[더 큰 가증한 것들](KJV, NASB) 일을 보리라 하시더라.

그 곳은 우상을 섬기는 어두운 방이었다. 이스라엘 장로들은 거기서 우상들에게 분향하며 말하기를, 여호와께서는 우리를 보지 아니하시며 이 땅을 버리셨다고 말했다. 이스라엘의 장로들, 나이든 노인들

에스겔 8장: 이스라엘의 가증한 일들

은 회개할 줄 모르고 오히려 참된 신앙을 포기하였다. 그것은 순전한 불신앙이었다. 그러나 또 다른 큰 가증한 일들이 있었다.

[14-15절] 그가 또 나를 데리고 여호와의 전으로 들어가는 북문에 이르시기로 보니 거기 여인들이 앉아 담무스(수메르의 신; 니므롯의 아들)를 위하여 애곡하더라. 그가 또 내게 이르시되 인자야, 네가 그것을 보았느냐? 너는 또 이보다 더 큰 가증한 일을 보리라 하시더라.

에스겔은 여호와의 전으로 들어가는 북문에 여인들이 앉아 담무스를 위해 애곡하는 광경을 보았다. 담무스는 바벨론 사람들이 섬기던 신이었다. 그것은 여인들까지 우상숭배에 빠져 있음을 증거한다. 그러나 이보다 더 큰 가증한 일이 또 있었다.

[16절] 그가 또 나를 데리고 여호와의 전 안뜰에 들어가시기로 보니 여호와의 전 문 앞 현관과 제단 사이에서 약 25인이 여호와의 전을 등지고 낯을 동으로 향하여 동방 태양에 경배하더라.

하나님께서 환상 중에 에스겔을 여호와의 전 안뜰로 인도하셨는데, 에스겔은 거기서 여호와의 전 문 앞, 곧 성소로 들어가는 문 앞, 현관과 번제단 사이에서 약 25인이 여호와의 전을 등지고 낯을 동쪽으로 향해 동방 태양에 경배하는 광경을 보았다. 현관 앞은 성소로 들어가는 문 앞에 세워진 야긴과 보아스라는 두 기둥 사이를 말한다. 이 곳은 제사장들만 들어올 수 있는 곳이다. 그러면 여기 25인은 제사장들이며, 24인은 일반 제사장들이고 1인은 대제사장일 것이다. 그 제사장들은 거기서 성소를 등지고 태양을 향해 경배하고 있었다. 제사장들이 여호와 하나님을 섬기는 대신 태양신을 섬기고 있었던 것이다!

[17-18절] 또 내게 이르시되 인자야, 네가 보았느냐? 유다 족속이 여기서 행한 가증한 일을 적다 하겠느냐? 그들이 강포로 이 땅에 채우고 또 다시 내 노를 격동하고 심지어 나무가지[나뭇가지]를 그 코에 두었느니라. 그러므로 나도 분노로 갚아 아껴 보지 아니하고 긍휼을 베풀지도 아니하리니 그들이 큰 소리로 내 귀에 부르짖을지라도 내가 듣지 아니하리라.

제사장들의 우상숭배는 심히 가증한 일이며 작은 악이 아니었다.

에스겔 8장: 이스라엘의 가증한 일들

하나님께서는 또 그들이 강포로 이 땅에 채우고 그들이 우상숭배로 그의 노를 격동시키고 있다고 말씀하셨다. "심지어 나뭇가지를 그 코에 두었느니라"는 표현은 태양 숭배의 한 의식으로 태양신에게 바쳐진 나뭇가지를 소중히 여기는 행위인 것 같다. 이스라엘 백성의 우상숭배는 하나님의 진노를 일으켰다. 하나님께서는 분노로 그들의 악을 갚으시겠다고 말씀하신다. 또 그는 그들을 아껴 보지 않으시고 긍휼을 베풀지도 않으실 것이며 또 그들이 큰 소리로 부르짖어 기도하여도 듣지 않으시겠다고 말씀하셨다.

본장의 교훈을 정리해보자. 첫째로, 이스라엘 백성은 많은 우상숭배에 빠져 있었다. 그들의 우상숭배는 성전의 제단 문 어귀 북편, 즉 성전 뜰 안까지 들어와 있었다. 그들은 성전 뜰에서 크게 가증한 일을 행하였다. 이스라엘 장로 70인은 성전 뜰 안의 방 사면 벽에 각양 곤충과 가증한 짐승들과 우상들을 그려 놓고 그 앞에 서서 손에 향로를 들고 분향하였다. 여인들은 성전의 북문에 앉아 담무스를 위해 애곡하기도 하였다. 또 성소로 들어가는 문 앞, 현관과 번제단 사이에서 약 25명의 제사장들이 성전을 등지고 낯을 동쪽 태양을 향해 경배하였다.

둘째로, 하나님께서는 우상숭배 죄를 매우 미워하셨고 분노로 갚으시고 그들의 기도를 외면하셨다. 3절, "투기를 격발케 하는 우상." 6절, "크게 가증한 일." 15절, "더 큰 가증한 일." 18절, "그러므로 나도 분노로 갚아 아껴 보지 아니하고 긍휼을 베풀지도 아니하리니 그들이 큰 소리로 내 귀에 부르짖을지라도 내가 듣지 아니하리라."

셋째로, 우리는 이 세상 풍조를 따르지 말고 하나님만 섬기는 자들이 되어야 한다. 우리는 큰 가치를 두는 모든 우상을 버려야 하고 오늘날 돈이나 육신의 쾌락의 우상도 경계해야 한다. 로마서 12:2, "너희는 이 세대를 본받지 말고 오직 마음을 새롭게 함으로 변화를 받아 하나님의 선하시고 기뻐하시고 온전하신 뜻이 무엇인지 분별하도록 하라."

에스겔 9장: 탄식하며 우는 자의 이마에 표함

9장: 탄식하며 우는 자의 이마에 표함

〔1-2절〕 그가 또 큰 소리로 내 귀에 외쳐 가라사대 이 성읍을 관할하는 자들로 각기 살륙하는 기계를 손에 들고 나아오게 하라 하시더라. 내가 본즉 여섯 사람이 북향한 윗문 길로 좇아오는데 각 사람의 손에 살륙하는 기계를 잡았고 그 중에 한 사람은 가는 베옷[아마포 옷]을 입고 허리에 서기관의 먹그릇을 찼더라 그들이 들어와서 놋제단 곁에 서더라.

'이 성읍을 관할하는 자들'은 하나님의 심판을 수행하는 천사들을 가리킨다. 천사들은 하나님의 심판을 수행하는 자들이다. 하나님께서는 그들을 주관하시며 그들은 하나님의 뜻과 명령에 순종한다. 그들은 살육하는 기계를 손에 들고 있었다. 그 여섯 중 아마포 옷을 입고 허리에 서기관의 먹그릇을 찬 천사는 특별한 임무를 맡은 자이었다.

〔3-4절〕 그룹에 머물러 있던 이스라엘 하나님의 영광이 올라 성전 문지방에 이르더니 여호와께서 그 가는 베옷을 입고 서기관의 먹그릇을 찬 사람을 불러 이르시되 너는 예루살렘 성읍 중에 순행하여 그 가운데서 행하는 모든 가증한 일로 인하여 탄식하며 우는 자의 이마에 표하라 하시고.

그 특별한 임무를 맡은 천사에게 준 임무는 신약성경 요한계시록 7장에 나오는 14만 4천명의 이마에 인을 치는 천사의 임무와 비슷했다. 예루살렘 성에서 탄식하며 우는 자들은 자신들과 동료 이스라엘 사람들이 행하는 가증한 일들이 하나님 앞에서 심히 죄악됨을 느끼기 때문이요 또 하나님의 진노와 심판을 피할 수 없다는 느낌을 가지고 있기 때문이었을 것이다. 그들에게는 선악 분별의 양심이 있었고 하나님을 두려워하는 마음이 조금은 남아 있었던 자들일 것이다.

〔5-6절〕 나의 듣는데 또 그 남은 자에게 이르시되 너희는 그 뒤를 좇아 성읍 중에 순행하며 아껴 보지도 말며 긍휼을 베풀지도 말고 쳐서 늙은 자와 젊은 자와 처녀와 어린아이와 부녀를 다 죽이되(타하레구 레마쉬키스 הַרְגוּ לְמַשְׁחִית)[죽여 멸하되] 이마에 표 있는 자에게는 가까이 말라. 내

에스겔 9장: 탄식하며 우는 자의 이마에 표함

성소에서 시작할지니라 하시매 그들이 성전 앞에 있는 늙은 자들로부터 시작하더라.

이마에 표를 받은 자들은 죽음을 모면할 것이다. 그것은 요한계시록에 나오는 이마에 인 맞은 자들의 경우와 비슷하다(계 9:4). 천사들은 성전 앞에 있는 노인들에게서부터 심판을 시작했다. 주를 섬기는 일에 종사하는 자들이 먼저 심판을 받을 것이다. 마지막 심판 날에도 교인들이, 그것도 교회 안에서 위선적이게 행하던 자들이 먼저 심판을 받을 것이다. 베드로전서 4:17-18, "하나님 집에서 심판을 시작할 때가 되었나니 만일 우리에게 먼저 하면 하나님의 복음을 순종치 아니하는 자들의 그 마지막이 어떠하며 또 의인이 겨우 구원을 얻으면 경건치 아니한 자와 죄인이 어디 서리요."

〔7-9절〕 그가 또 그들에게 이르시되 너희는 성전을 더럽혀 시체로 모든 뜰에 채우라. 너희는 나가라 하시매 그들이 나가서 성읍 중에서 치더라. 그들이 칠 때에 내가 홀로 있는지라. 엎드리어 부르짖어 가로되 오호라, 주 여호와여, 예루살렘을 향하여 분노를 쏟으시오니 이스라엘 남은 자를 모두 멸하려 하시나이까? 그가 내게 이르시되 이스라엘과 유다 족속의 죄악이 심히 중하여(가돌 비메오드 메오드 בִּגְדוֹל בִּמְאֹד מְאֹד)[심히, 심히 커서] 그 땅에 피가 가득하며 그 성읍에 불법(뭇테 הֻטֶּה)[왜곡된 정의]이 찼나니 이는 그들이 이르기를 여호와께서 이 땅을 버리셨으며 보지 아니하신다 함이라.

하나님께서 시체로 성전 뜰에 채우게 하신 것은 이스라엘 백성이 모든 우상숭배로 성전을 더럽혔기 때문이다(겔 8:6). 하나님의 진노는 참으로 두렵고 무섭다. 그들의 죄악은 심히, 심히 컸고 그 땅은 피들이 가득했다. 그것은 의인들의 피를 흘리는 것 같은 정당하지 않은 살인들을 가리킨다. 또 그 성에는 불법 즉 왜곡된 정의가 가득했다. 또 그들은 하나님의 주권적 섭리자 되심을 부정하였다.

〔10-11절〕 그러므로 내가 그들을 아껴 보지 아니하며 긍휼을 베풀지 아니하고 그 행위대로 그 머리에 갚으리라 하시더라. 가는 베옷을 입고 허리에 먹그릇을 찬 사람이 복명(復命)하여[보고하여] 가로되 주께서 내게 명하

에스겔 9장: 탄식하며 우는 자의 이마에 표함

신 대로 내가 준행하였나이다 하더라.

　하나님의 진노는 참으로 두렵다. 그가 노하시면 그에게서 긍휼과 자비를 기대할 수 없다. 그는 사람의 행위대로 공의롭게 보응하실 것이다. 사람의 생각과 마음은 말과 행위로 나타나며 그 인격은 행동으로 나타난다. 그러므로 사람의 행위대로 보응하시는 하나님의 심판은 공정하다. 천사는 "주께서 내게 명하신 대로 내가 준행하였나이다"라고 보고했다. 하나님의 심판은 그대로 다 이루어질 것이다.

　본장의 교훈을 정리해보자. 첫째로, 하나님의 심판은 참으로 두렵다. 하나님께서는 살육하는 기계를 든 천사들을 동원하셨다. 그는 심판받을 자들을 긍휼히 여기지 않으셨고 천사들에게 그들을 죽여 멸하라고 명하셨다. 하나님의 심판 대상에는 남녀노소의 구별이 없었다. 하나님께서는 오래 참으시지만 한번 노하시면 그의 노를 막을 자가 세상에 아무도 없다. 우리는 하나님의 심판을 두려워해야 한다.

　둘째로, 이스라엘 나라가 망하는 것은 그들의 죄악이 심히 컸기 때문이었다(9절). 이스라엘 땅에 무고한 자들의 피흘림이 가득하였고 예루살렘 성에는 불법 곧 왜곡된 정의가 찼다. 하나님께서는 사람들의 행위들을 보신다. 그는 그들의 행위들대로 그 머리에 갚으시겠다고 말씀하셨다(10절). 사람의 악한 행위들은 하나님의 진노의 벌을 받을 것이다. 우리는 우리의 말들과 행위들을 바르게 하고 모든 죄를 버려야 한다.

　셋째로, 하나님께서는 그의 엄위하신 심판 중에도, 자신과 다른 사람들의 죄와 그의 진노로 인해 탄식하며 우는 자들에게 그 이마에 표를 하게 하심으로 죽음을 피할 길을 주셨고 멸망의 심판에서 그들을 제외케 하셨다(4-6절). 우리는 우리 자신의 부족과 다른 이들의 죄악을 인해 탄식하며 울어야 한다. 우리는 죄악된 세상 사람들과 함께 기뻐하지 말아야 한다. 이 세상은 장망성(將亡城)이다. 우리는 우리의 죄악들과 이 세상의 죄악들과 하나님의 심판을 인해 탄식하며 울어야 한다.

10장: 그룹이 불을 내어줌

〔1-2절〕 이에 내가 보니 그룹[천사]들 머리 위 궁창에 남보석 같은 것이 나타나는데 보좌 형상 같더라. 하나님이[께서] 가는 베옷 입은 사람에게 일러 가라사대 너는 그룹 밑 바퀴 사이로 들어가서 그 속에서 숯불을 두 손에 가득히 움켜 가지고 성읍 위에 흩으라 하시매 그가 내 목전에 들어가더라.

그룹들 머리 위 궁창에 나타난 남보석 같은 보좌 형상은 심판자로서의 하나님의 영광의 모습이라고 보인다. 그 아마포 옷 입은 사람이 그룹 밑 바퀴 사이로 들어가 받은 숯불은 심판의 불을 나타낸다.

〔3-5절〕 그 사람이 들어갈 때에 그룹들은 성전 우편에 섰고 구름은 안뜰에 가득하며 여호와의 영광이 그룹에서 올라 성전 문지방에 임하니 구름이 성전에 가득하며 여호와의 영화로운 광채가 뜰에 가득하였고 그룹들의 날개 소리는 바깥뜰까지 들리는데 전능하신 하나님의 말씀하시는 음성 같더라.

구름이 성전과 그 안뜰에 가득한 것은 하나님의 임재의 표이었다. 전능하신 하나님의 음성과 같이 요란한 그 그룹들의 날개 소리는 그들이 하나님의 일을 수행하기 위해 열심을 다하는 모습을 나타낸다.

〔6-8절〕 하나님이[하나님께서] 가는 베옷 입은 자에게 명하시기를 바퀴 사이 곧 그룹들 사이에서 불을 취하라 하셨으므로 그가 들어가 바퀴 옆에 서매 한 그룹이 그룹들 사이에서 손을 내밀어 그 그룹들 사이에 있는 불을 취하여 가는 베옷 입은 자의 손에 주매 그가 받아 가지고 나가는데 그룹들의 날개 밑에 사람의 손 같은 것이 나타났더라.

〔9-11절〕 내가 보니 그룹들 곁에 네 바퀴가 있는데 이 그룹 곁에도 한 바퀴가 있고 저 그룹 곁에도 한 바퀴가 있으며 그 바퀴 모양은 황옥(타르쉬스 שישרת)[녹보석](beryl)(출 28:20) 같으며 그 모양은 넷이 한결 같은데 마치 바퀴 안에 바퀴가 있는 것 같으며 그룹들이 행할 때에는 사방으로 향한 대로 돌이키지 않고 행하되 돌이키지 않고 그 머리 향한 곳으로 행하며.

황옥 혹은 녹보석 같은 그 바퀴 모양은 하나님의 섭리 방식이 선하고 아름답고 영광스러움을 나타내는 것 같고 바퀴 안에 바퀴가 있는 것 같은 모양은 자유로이, 빠르게 잘 굴러가는 것을 나타낸 것 같다. 그룹들이 행할 때 그 바퀴들이 머리 향한 곳으로 행하는 것은 그룹들이 하나님의 일을 일치단합하여 충성되이 수행하는 것을 보인다.

〔12절〕 그 온 몸과 등과 손과 날개와 바퀴 곧 네 그룹의 바퀴의 둘레에 다 눈이 가득하더라.

에스겔 1:18도, "그 네 둘레로 돌아가면서 눈이 가득하며"라고 말했다. 신약시대에 사도 요한이 본 환상도 비슷했다. 요한계시록 4:8, "[네 생물의] 그 안과 주위에 눈이 가득하더라." 눈이 가득한 것은 그들이 주위 환경을 두루 감찰하는 것을 나타낼 것이다. 하나님의 일을 수행하는 자들은 주위 환경을 자세히 관찰하며 행해야 할 것이다.

〔13절〕 내가 들으니 그 바퀴들을 도는 것이라 칭하며.

'도는 것'이라는 원어(학갈갈 הַגַּלְגַּל)는 '회리바람같이 도는 것'을 가리킨다. 그것은 천사들이 하나님의 일을 수행할 때 매우 민첩하게 수행함을 나타낼 것이다.

〔14-15절〕 그룹들은 각기 네 면이 있는데 첫 면은 그룹의 얼굴이요 둘째 면은 사람의 얼굴이요 셋째는 사자의 얼굴이요 넷째는 독수리의 얼굴이더라. 그룹들이 올라가니 그들은 내가 그발 강가에서 보던 생물이라.

그룹의 첫 번째 얼굴인 그룹의 얼굴은 소의 형상을 가리킨다(겔 1:10). 그룹의 네 얼굴은 그룹의 특성을 나타낼 것이다. 소는 충성을, 사람은 지혜를, 사자는 용맹을, 독수리는 생명력과 민첩함을 나타낼 것이다. 그 특성들은 하나님의 일을 수행하는 봉사자들이 갖추어야 할 덕들, 즉 충성과 지혜와 용기와 민첩함을 보인다.

〔16-17절〕 그룹들이 행할 때에는 바퀴도 그 곁에서 행하고 그룹들이 날개를 들고 땅에서 올라가려 할 때에도 바퀴가 그 곁을 떠나지 아니하며 그들이 서면 이들도 서고 그들이 올라가면 이들도 함께 올라가니 이는 생물의 신[영]이 바퀴 가운데 있음이더라.

에스겔 10장: 그룹이 불을 내어줌

그룹들과 바퀴들은 함께 움직였다. 그것은 그 영이 그 바퀴 가운데 있기 때문이었다. 그 생물은 천사들을 상징한다고 본다. 그 생물들의 활동은 영의 활동이며, 그것은 일사불란하였다.

〔18-22절〕 여호와의 영광이 성전 문지방을 떠나서 그룹들 위에 머무르니 그룹들이 날개를 들고 내 목전에 땅에서 올라가는데 그들이 나갈 때에 바퀴도 그 곁에서 함께하더라. 그들이 여호와의 전으로 들어가는 동문에 머물고 이스라엘 하나님의 영광이 그 위에 덮였더라. 그것은 내가 그발 강가에서 본 바 이스라엘 하나님의 아래 있던 생물이라. 그들이 그룹들인 줄을 내가 아니라. 각기 네 얼굴과 네 날개가 있으며 날개 밑에는 사람의 손 형상이 있으니 그 얼굴의 형상은 내가 그발 강가에서 보던 얼굴이며 그 모양과 몸둥이도 그러하며 각기 곧게 앞으로 행하더라.

하나님의 영광은 그룹들 위에 머무셨고 그 그룹들은 날개를 들고 에스겔이 보는 데서 땅에서 올라가 여호와의 전으로 들어가는 동문에 머물었다. 그 천사들은 하나님의 명령에 순종하며 충성하였다.

본장은 하나님께서 천사에게 심판의 숯불을 두 손에 가득히 움켜 예루살렘 성 위에 흩으라고 명령하신 것을 기록하였다. 그것은 하나님의 심판이 곧 시행될 것을 보인다. 아마포 옷 입은 천사는 하나님의 명대로 그룹들 밑의 바퀴 사이에서 숯불을 손에 받아 나왔다. 그는 이제 그 숯불을 예루살렘 성에 흩을 것이다. 예루살렘 성의 멸망이 임박하였다. 그것은 유다 백성의 죄악 때문이었다. 그들의 죄의 결과는 멸망이었다.

본문은 하나님의 작정하신 일들을 수행하는 천사들의 특성도 증거한다. 그것은 특히 그룹들의 네 얼굴을 통해 증거된다. 그것은 천사들이 하나님의 일들을 수행할 때 지혜와 충성과 용기와 민첩함을 가지고 함을 보인다. 이 네 가지 덕들은 주를 섬기는 우리 모두에게 요구된다. 우리는 지혜와 충성, 용기와 생명력과 민첩함을 가지고 주를 섬겨야 한다. 우리는 지혜롭고 충성된 종들이 되어야 하고, 또 죄와 마귀와 악령들과 싸우는 세상의 현실에서 용기와 민첩함을 가진 종들이 되어야 한다.

11장: 이스라엘의 회복이 약속됨

〔1절〕 때에 주의 신이[영께서] 나를 들어 데리고 여호와의 전 동문 곧 동향한 문에 이르시기로 본즉 그 문에 25인이 있는데 내가 그 중에서 앗술의 아들 야아사냐와 브나야의 아들 블라댜를 보았으니 그들은 백성의 방백(사레 하암 שָׂרֵי הָעָם)[백성의 지도자들](NASB)이라.

이 25인은 8:16에 언급된, 여호와의 전 안뜰 성전문 현관에서 동쪽 태양을 향해 경배하던 대표적 제사장들이며 24인은 일반 제사장들이고 한 명은 대제사장일 것이다. 그들은 이스라엘의 지도자들이었다.

〔2절〕 그가 내게 이르시되 인자야, 이 사람들은 불의를 품고 이 성중에서 악한 꾀를 베푸는 자니라.

지도자들이 불의를 품고 악한 꾀를 베풀고 있으니 그 성이 얼마나 부패했겠는가. 어느 도시나 나라나 지도자가 바른 사상과 인격을 가지지 않으면 그 도시나 나라는 부패하고 결국 멸망하게 될 것이다.

〔3절〕 그들의 말이 집 건축할 때가 가깝지 아니한즉 이 성읍은 가마가 되고 우리는 고기가 된다 하나니.

이 말은 예루살렘 성이 안전할 것이라는 뜻 같다. 그것은 예레미야의 예언을 비웃는 말이었다고 본다. 그는 바벨론에 잡혀간 유대인들에게 "때가 오래리니 너희는 집을 짓고 거기 거하며 전원을 만들라"고 말했었다(렘 29:28). 하나님의 뜻은 예루살렘 성의 멸망이었다.

〔4절〕 그러므로 인자야, 너는 그들을 쳐서 예언하고 예언할지니라.

선지자를 통해 주신 하나님의 말씀과 예루살렘의 악한 지도자들의 말은 이와 같이 서로 달랐다. 예루살렘이나 바벨론에서 잘못된 말이 떠돌 때 그것을 반박하지 않으면 하나님의 뜻이 가리어질 것이다. 그런 때의 침묵은 하나님의 진리와 뜻을 양보하는 일이 될 것이다.

〔5절〕 여호와의 신이[영께서] 내게 임하여 가라사대 너는 말하기를 여호

에스겔 11장: 이스라엘의 회복이 약속됨

와의 말씀에 이스라엘 족속아, 너희가 이렇게 말하였도다. 너희 마음에서 일어나는 것을 내가 다 아노라.

하나님께서는 이스라엘 족속의 불신앙적인 말을 다 아신다. 그는 우리의 마음 깊은 곳에 숨겨진 생각까지도 다 아신다(계 2:23).

〔6절〕 너희가 이 성읍에서 많이 살륙하여 그 시체로 거리에 채웠도다.

예루살렘 지도자들의 다른 문제점은 그들이 그 성읍에서 사람들을 많이 죽였다는 것이다. 그들은 의인의 피를 많이 흘렸다(왕하 21:16).

〔7-11절〕 그러므로 나 주 여호와가 말하노라. 이 성읍 중에서 너희가 살륙한 시체는 그 고기요 이 성읍은 그 가마려니와 너희는 그 가운데서 끌려 나오리라. 나 주 여호와가 말하노라. 너희가 칼을 두려워하니 내가 칼로 너희에게 임하게 하고 너희를 그 성읍 가운데서 끌어내어 타국인의 손에 붙여 너희에게 벌을 내리리니 너희가 칼에 엎드러질 것이라. 내가 이스라엘 변경(邊境)에서 너희를 국문[심판]하리니 너희가 나를 여호와인 줄 알리라. 이 성읍은 너희 가마가 되지 아니하고 너희는 그 가운데 고기가 되지 아니할지라. 내가 너희를 이스라엘 변경에서 국문[심판]하리니.

지도자들이 죽인 자들의 시체는 그 성에 안전히 묻혀 있지만, 그들은 성에서 끌려 나와 다른 나라 사람들의 손에 붙여 칼에 죽을 것이다. 그것은 하나님의 징벌이다. 하나님께서는 예루살렘 성이 그들에게 안전하지 않다는 것을 말씀하신 것이다. 그들은 성에서 끌려 나와서 이스라엘 국경 부근에서 죽을 것이다. 그때 그들은 여호와 하나님께서 살아계시며 공의로우심을 알게 될 것이다.

〔12-13절〕 너희가 나를 여호와인 줄 알리라. 너희가 내 율례를 행치 아니하며 규례를 지키지 아니하고 너희 사면에 있는 이방인의 규례대로 행하였느니라 하셨다 하라. 이에 내가 예언할 때에 브나야의 아들 블라댜가 죽기로 내가 엎드리어 큰 소리로 부르짖어 가로되 오호라, 주 여호와여, 이스라엘의 남은 자를 다 멸절하고자 하시나이까 하니라.

그들이 이런 하나님의 징벌을 받는 까닭은 그들이 하나님의 율례와 규례를 지켜 행하지 않고 그들 주위에 있는 이방인들의 규례대로 행하였기 때문이다. 이방인들의 규례는 우상숭배와 부도덕한 것이다. 하나님의 요구하심은 사람이 하나님을 경외하고 섬기며 그 계명을 힘써 순종하며 행하는 것이다(신 10:12-13). 그러나 그들은 하나님의 계명과 규례를 저버리고 이방인들의 종교와 풍습을 따랐다.

〔14-15절〕 여호와의 말씀이 내게 임하여 가라사대 인자야, 예루살렘 거민이 너의 형제 곧 너의 형제와 친속과 이스라엘 온 족속을 향하여 이르기를 너희는 여호와에게서 멀리 떠나라. 이 땅은 우리에게 주어 기업이 되게 하신 것이라 하였나니.

예루살렘 사람들은 포로로 잡혀간 자들을 냉소하며 그들은 이 땅에서 멀리 떠나며 여호와에게서 멀리 떠나지만, 자기들은 하나님의 기업인 이 곳에서 안전히 거할 것이라고 말했다. 그러나 그것은 헛된 말이었다. 하나님께서는 범죄하는 그 성을 보존치 않으실 것이다.

〔16-17절〕 그런즉 너는 말하기를 주 여호와의 말씀에 내가 비록 그들을 멀리 이방인 가운데로 쫓고 열방에 흩었으나 그들이 이른 열방에서 내가 잠간 그들에게 성소가 되리라 하셨다 하고 너는 또 말하기를 주 여호와의 말씀에 내가 너희를 만민 가운데서 모으며 너희를 흩은 열방 가운데서 모아내고 이스라엘 땅으로[땅을] 너희에게 주리라 하셨다 하라.

예루살렘 성은 자동적으로 하나님의 성소가 되는 것이 아니었다. 하나님께서는 오히려 예루살렘 성을 떠나 바벨론 포로 생활 중에 있는 유대인들에게 일시적으로 성소가 되실 것이며, 또 그런 후에 그들을 모아서 다시 이스라엘 땅으로 돌아오게 하실 것이며 이 땅을 그들에게 주실 것이다. 그는 이스라엘 나라를 다시 회복시키실 것이다.

〔18-20절〕 그들이 그리로 가서 그 가운데 모든 미운 물건과 가증한 것을 제하여 버릴지라. 내가 그들에게 일치한 마음[한 마음](one heart)(KJV, NASB)을 주고 그 속에 새 신[영]을 주며 그 몸에서 굳은[돌 같은] 마음을 제하고 부드러운[고기 같은] 마음을 주어서 내 율례를 좇으며 내 규례를 지켜 행하게 하리니 그들은 내 백성이 되고 나는 그들의 하나님이 되리라.

이스라엘 나라의 회복은 단지 사람들만 고국 땅으로 돌아오는 것이 아니고 영적인 회복이 될 것이다. 돌아올 자들은 그 가운데 모든 가증한 것들, 즉 우상들을 제하여 버릴 것이다. 그들은 경건의 회복을 가질 것이다. 하나님께서는 그들에게 일치한 마음을 주시고 새 영을 주실 것이며 굳은 마음을 제하고 부드러운 마음을 주셔서 그의 계명과 율례를 행케 하시며 하나님과 바른 관계를 가지게 하실 것이다.

[21-25절] 그러나 미운 것과 가증한 것을 마음으로 좇는 자는 내가 그 행위대로 그 머리에 갚으리라. 나 주 여호와의 말이니라. 때에 그룹들이 날개를 드는데 바퀴도 그 곁에 있고 이스라엘 하나님의 영광도 그 위에 덮였더니 여호와의 영광이 성읍 중에서부터 올라가서 성읍 동편 산에 머물고 주의 신이[영께서] 나를 들어 하나님의 신[영]의 이상 중에 데리고 갈대아에 있는 사로잡힌 자 중에 이르시더니 내가 보는 이상이 나를 떠난지라. 내가 사로잡힌 자들에게 여호와께서 내게 보이신 모든 일로 고하니라.

회복의 시대라 할지라도, 마음으로 가증한 것을 좇는 자는 그 행위대로 보응을 받을 것이다. 신약성경도 구원 얻은 성도들에게 "너희가 육신대로 살면 반드시 죽을 것이라"고 경고하였다(롬 8:13).

본장의 교훈을 정리해보자. 첫째로, 악한 지도자들은 예루살렘 성이 안전하다고 말했으나 하나님께서는 그 성의 멸망을 선언하셨다. 진리와 비진리가 뒤섞여 있는 배교와 혼란의 시대에 우리는 말을 분별해야 한다. 우리는 성경말씀으로 분별하고 성경대로만 믿고 행해야 한다.

둘째로, 우상숭배하며 무고한 자들의 피를 많이 흘린 성은 멸망할 것이다. 죄는 반드시 하나님의 보응을 받을 것이다. 개인도 가정도 교회도 국가도 온 세계도 그러할 것이다. 범죄하는 땅은 결코 안전하지 않다. 그러므로 우리 개인과 가정과 교회와 나라는 죄를 멀리해야 한다.

셋째로, 이스라엘 나라는 하나님의 긍휼로 회복될 것이다. 하나님께서는 그들을 고국으로 돌아오게 하실 것이다. 몸만 돌아오는 것이 아니고 그들에게 마음의 변화, 즉 일치된 마음과 부드러운 마음을 주셔서 그의 계명을 지키게 하시고 그와의 관계의 회복을 주실 것이다.

에스겔 12장: 속히 포로로 잡혀갈 것

12장: 속히 포로로 잡혀갈 것

〔1-2절〕 여호와의 말씀이 또 내게 임하여 가라사대 인자야, 네가 패역한 (메리 מְרִי)[반항적인] 족속 중에 거하도다. 그들은 볼 눈이 있어도 보지 아니하고 들을 귀가 있어도 듣지 아니하나니 그들은 패역한 족속임이니라.

이스라엘 백성은 볼 눈이 있어도 보지 않고 들을 귀가 있어도 듣지 않는 패역한 족속, 즉 반항적인 족속이었다. 패역하고 반항적이라는 말의 반대말은 온순하고 순종적이라는 말이다. 그들은 온순한 자들, 순종적인 자들이 아니었다. 그러나 우리는 그렇게 되지 말아야 한다. 예수께서는 "나는 마음이 온유하고 겸손하니 나의 멍에를 메고 내게 배우라. 그러면 너희 마음이 쉼을 얻으리라"(마 11:29)고 말씀하셨다. 우리는 하나님의 은혜로 예수 그리스도의 온유하심과 겸손하심을 본 받고 배워 온순한 자가 되고 순종적인 자가 되어야 한다.

〔3-7절〕 인자야, 너는 행구[짐]를 준비하고 낮에 그들의 목전에서 이사하라. 네가 네 처소를 다른 곳으로 옮기는 것을 그들이 보면 비록 패역한 족속이라도 혹 생각이 있으리라. 너는 낮에 그 목전에서 네 행구[짐]를 밖으로 내기를 이사하는 행구[짐]같이 하고 저물 때에 너는 그 목전에서 밖으로 나가기를 포로 되어 가는 자같이 하라. 너는 그 목전에서 성벽을 뚫고 그리로 좇아 옮기되 캄캄할 때에 그 목전에서 어깨에 메고 나가며 얼굴을 가리우고 땅을 보지 말지어다. 이는 내가 너를 세워 이스라엘 족속에게 징조(모페스 מוֹפֵת)가 되게 함이니라 하시기로 내가 그 명대로 행하여 낮에 나의 행구[짐]를 이사하는 행구[짐]같이 내어 놓고 저물 때에 내 손으로 성벽을 뚫고 캄캄할 때에 행구[짐]를 내어다가 그 목전에서 어깨에 메고 나가니라.

하나님께서는 에스겔에게 낮에 사람들의 눈앞에서 짐을 준비하고 이사하는 것처럼 혹은 포로로 잡혀가는 것처럼 하라고 말씀하셨다. 그러면 그들이 비록 패역한 족속이라도 혹 생각이 있으리라고 하셨다. 그는 그에게 낮에 짐을 밖에 내어놓고 저물 때에 밖으로 나가기

에스겔 12장: 속히 포로로 잡혀갈 것

를 포로 되어 가는 자같이 하며 성벽을 뚫고 짐을 옮기되 캄캄할 때 그들의 눈앞에서 어깨에 메고 나가며 얼굴을 가리고 땅을 보지 말라고 하셨다. 그는 에스겔을 이스라엘 족속에게 징조가 되게 하셨다. 에스겔은 하나님의 명하신 대로 했다. 하나님께서는 에스겔의 행위를 통해 그의 뜻을 이스라엘 백성에게 생생하게 증거하기를 원하셨다.

〔8-11절〕 이튿날 아침에 여호와의 말씀이 또 내게 임하여 가라사대 인자야, 이스라엘 족속 곧 그 패역한 족속이 네게 묻기를 무엇을 하느냐 하지 아니하더냐? 너는 그들에게 말하기를 주 여호와의 말씀에 이것은 예루살렘 왕과 그 가운데 있는 이스라엘 온 족속에 대한 예조(맛사 אשָּׂמ)[무거운 짐 burden(KJV, NASB), 말씀 oracle(NIV)]라 하셨다 하고 또 말하기를 나는 너희 징조라. 내가 행한 대로 그들이 당하여 사로잡혀 옮겨갈지라.

하나님께서는 에스겔에게 이스라엘 족속이 물으면 이것이 그들에 대한 말씀이라고 대답하게 하셨다. 에스겔은 그들에게 징조가 되었다. 그가 보인 바대로, 유다 왕과 백성들은 사로잡혀갈 것이다.

〔12-15절〕 무리가 성벽을 뚫고 행구[짐]를 그리로 가지고 나가고 그 중에 왕은 어두울 때에 어깨에 행구[짐]를 메고 나가며 눈으로 땅을 보지 아니하려고 자기 얼굴을 가리우리라 하라. 내가 또 내 그물을 그의 위에 치고 내 올무에 걸리게 하여 그를 끌고 갈대아 땅 바벨론에 이르리니 그가 거기서 죽으려니와 그 땅을 보지 못하리라. 내가 그 호위하는 자와 부대들을 다 사방으로 흩고 또 그 뒤를 따라 칼을 빼리라. 내가 그들을 이방인 가운데로 흩으며 열방 중에 헤친 후에야 그들이 나를 여호와인 줄 알리라.

하나님께서는 또 에스겔에게 유다 왕에 대한 말씀을 주셨다. 그것은 세 가지 내용이다. 첫째, 유다 왕은 갈대아인의 땅으로 끌려갈 것이다. 둘째, 그는 거기서 죽을 것이다. 셋째, 그는 그 땅을 보지 못할 것이다. 이 세 가지 내용은 그대로 다 이루어졌다. 유다의 마지막 왕 시드기야는 두 눈이 뽑혀 앞을 보지 못하게 되었고 바벨론으로 끌려가서 거기서 죽었다. 그러나 그는 그 땅을 보지 못하였다. 하나님께서는 왕을 호위하는 자들과 부대들도 다 흩어지고 칼에 죽임을 당하게

에스겔 12장: 속히 포로로 잡혀갈 것

하실 것이라고 말씀하셨다. 이스라엘 백성이 멸망하고 흩어진 후에야 그들은 하나님께서 공의로 그의 뜻을 다 이루셨음을 알 것이다.

〔16절〕 그러나 내가 그 중 몇 사람을 남겨 칼과 기근과 온역을 벗어나게 하여 그들로 이르는 이방인 중에 자기의 모든 가증한 일을 자백하게 하리니 그들이 나를 여호와인 줄 알리라.

그러나 이스라엘의 멸망이라는 이런 재앙 중에서도 하나님께서는 그들 중에 몇 사람을 남겨두시고 칼과 기근과 전염병을 벗어나게 하실 것이다. 또 그들은 이방나라에 포로로 잡혀가 생활하는 가운데 뒤늦게나마 자신들의 죄와 허물을 깨닫고 인정하고 고백하고 용서를 구할 것이며 하나님의 살아계심과 공의를 알게 될 것이다.

〔17-20절〕 여호와의 말씀이 또 내게 임하여 가라사대 인자야, 너는 떨면서 네 식물을 먹고 놀라고 근심하면서 네 물을 마시며 이 땅 백성에게 말하되 주 여호와께서 예루살렘 거민과 이스라엘 땅에 대하여 이르시기를 그들이 근심하면서 그 식물을 먹으며 놀라면서 그 물을 마실 것은 이 땅 모든 거민의 강포를 인하여 땅에 가득한 것이 황무하게 됨이라. 사람의 거하는 성읍들이 황폐하며 땅이 황무하리니 너희가 나를 여호와인 줄 알리라 하셨다 하라.

하나님께서는 또한 에스겔로 하여금 떨면서 음식을 먹고 놀라고 근심하면서 물을 마시면서 예루살렘 거민과 이스라엘 땅이 그러할 것이라고 말하게 하셨다. 예루살렘 성이 그렇게 멸망할 이유는 거기에 사는 자들의 강포함 때문이었다. 죄인의 특징은 강포함이며 의인의 특징은 온유함이다. 그들의 강포함이 땅에 가득하였기 때문에 그 땅은 황무하게 될 것이다. 이 일을 통해 유다의 남은 백성은 하나님의 의와 심판을 알게 될 것이다.

〔21-28절〕 여호와의 말씀이 또 내게 임하여 가라사대 인자야, 이스라엘 땅에서 이르기를 날이 더디고 모든 묵시가 응험[이루어짐]이 없다 하는 너희의 속담이 어찜이뇨? 그러므로 너는 그들에게 이르기를 주 여호와의 말씀에 내가 이 속담을 그치게 하리니 사람이 다시는 이스라엘 가운데서 이 속담을

못하리라 하셨다 하고 또 그들에게 이르기를 날과 모든 묵시의 응함[이루어짐]이 가까우니 이스라엘 족속 중에 허탄한 묵시나 아첨하는 복술이 다시 있지 못하리라 하라. 나는 여호와라. 내가 말하리니 내가 하는 말이 다시는 더디지 아니하고 응하리라[이루어지리라]. 패역한 족속아, 내가 너희 생전에 말하고 이루리라. 나 주 여호와의 말이니라 하셨다 하라. 여호와의 말씀이 또 내게 임하여 가라사대 인자야, 이스라엘 족속의 말이 그의 보는 묵시는 여러 날 후의 일이라. 그가 먼 때에 대하여 예언하는도다 하나니 그러므로 너는 그들에게 이르기를 주 여호와의 말씀에 나의 말이 하나도 다시 더디지 않을지니 나의 한 말이 이루리라. 나 주 여호와의 말이니라 하셨다 하라.

하나님께서는 이스라엘 백성이 다시는 그의 말씀이 더디다고 말하지 못하게 하실 것이다. 그는 그의 말씀들이 하나도 더디지 않고 다 이루어지게 하실 것이다. 예루살렘의 멸망은 곧 이루어질 것이다.

본장의 교훈을 정리해보자. 첫째로, 이스라엘 백성은 하나님 앞에서 패역하고 반항적이고 강포하였으므로 멸망했다. 예루살렘 성에 거하던 유다의 왕과 그 거민들은 포로로 잡혀갈 것이며 예루살렘 성과 유다 땅은 황무해질 것이다. 예루살렘 멸망에 대한 하나님의 이 예언은 속히 이루어질 것이다. 우리는 패역하거나 반항적이지 말고 온유하고 겸손한 마음으로 하나님께 순종해야 한다. 예수께서는 "나는 마음이 온유하고 겸손하니 나의 멍에를 메고 내게 배우라"고 말씀하셨다(마 11:29). 우리는 성경 교훈에 대해 반항적이지 말고 온유함으로 순종해야 한다.

둘째로, 이스라엘 백성은 하나님의 심판을 받아 멸망한 후에 비로소 하나님을 알 것이다. 그러나 우리는 성경을 통해 지금 하나님의 심판의 경고를 진지하게 받고, 천국과 영생에 대한 그의 은혜로운 약속을 감사하게 받아야 한다. 우리는 하나님께서 살아계시며 우리 개인과 나라와 온 세계의 모든 일을 주권적으로 섭리하심을 알아야 한다. 우리는 성경을 통해 하나님을 알고 그가 창조자시요 주권적 섭리자이심을 더욱 확실히 알고 경고된 미래의 심판을 두려워하며 준비해야 한다.

13장: 거짓 선지자들을 책망하심

〔1-3절〕 여호와의 말씀이 내게 임하여 가라사대 인자야, 너는 이스라엘의 예언하는 선지자를 쳐서 예언하되 자기 마음에서 나는 대로 예언하는 자에게 말하기를 너희는 여호와의 말씀을 들으라. 주 여호와의 말씀에 본 것이 없이 자기 심령을 따라 예언하는 우매한 선지자에게 화가 있을진저.

하나님께서는 에스겔에게 본 것이 없이 자기 마음대로 예언하는 우매한 선지자들, 즉 거짓 선지자들에게 화를 선언하게 하셨다.

〔4-5절〕 이스라엘아, 너의 선지자들은 황무지에 있는 여우같으니라. 너희 선지자들이 성 무너진 곳에 올라가지도 아니하였으며 이스라엘 족속을 위하여 여호와의 날에 전쟁을 방비하게 하려고 성벽을 수축하지도 아니하였느니라.

여우는 성을 세우는 자가 아니고 성을 허무는 짐승이다. 거짓 선지자들은 황무지에 있는 여우같았다. 그들은 이스라엘 족속을 위하여 여호와의 날에 전쟁을 대비하여 성의 무너져 갈라진 틈이나 성벽을 보수하게 하지 않는 자들이다. 그들은 이스라엘 백성의 죄악을 지적해 회개시킴으로 하나님의 징벌을 피하게 준비시키지 못하고 있었다.

〔6-7절〕 여호와께서 말씀하셨다고 하는 자들이 허탄한 것과 거짓된 점괘를 보며 사람으로 그 말이 굳게 이루기를 바라게 하거니와 여호와가 보낸 자가 아니라. 너희가 말하기는 여호와의 말씀이라 하여도 내가 말한 것이 아닌즉 어찌 허탄한 묵시를 보며 거짓된 점괘를 말한 것이 아니냐?

거짓 선지자들의 예언은 허탄한 묵시와 거짓된 점괘에 불과하였다(6, 7, 8, 9, 23절). 그들은 하나님께서 보내신 자들이 아니고(6절) 그들의 예언은 하나님께서 말씀하신 것이 아니었다(7절). 그들의 예언은 단지 그들의 마음과 심령 속에서 나온, 그들이 지어낸 말들에 불과하였다(2, 3, 17절). 그것들은 결국 다 거짓말이었다.

〔8-9절〕 그러므로 나 주 여호와가 또 말하노라. 너희가 허탄한 것을 말

에스겔 13장: 거짓 선지자들을 책망하심

하며 거짓된 것을 보았은즉 내가 너희를 치리라. 나 주 여호와의 말이니라. 그 선지자들이 허탄한 묵시를 보며 거짓 것을 점쳤으니 내 손이 그들을 쳐서 내 백성의 공회에 들어오지 못하게 하며 이스라엘 족속의 호적에도 기록되지 못하게 하며 이스라엘 땅에도 들어가지 못하게 하리니 너희가 나를 여호와인 줄 알리라.

그 선지자들이 허탄하고 거짓된 것을 전하였으므로 하나님께서는 그들을 치시겠다고 말씀하신다(2, 8, 9, 17절). 그들은 하나님의 백성의 회에 들어오지 못하며 이스라엘 족속의 호적에 기록되지 못하고 이스라엘 땅에 들어오지 못할 것이다. 그때 그들은 하나님의 하나님 되심과 살아계심과 그의 엄위하신 공의를 깨닫게 될 것이다.

[10절] 이렇게 칠 것은 그들이 내 백성을 유혹하여 평강이 없으나 평강이 있다 함이라. 혹이 담을 쌓을 때에 그들이 회칠을 하는도다.

거짓 선지자들은 하나님의 백성을 유혹하여 그들에게 평안이 없음에도 불구하고 거짓된 평안을 선언하였다(10, 16절). 그들은 사람이 담을 쌓을 때 회칠하는 자들과 같았다. 본장은 그들의 예언 사역을 반복하여 회칠에다 비교하였다(10, 11, 12, 14, 15절). 그것은 거짓된 위로와 소망을 가리킨다. 이스라엘 백성이 죄 때문에 하나님의 징벌로 멸망할 상황인데도 평안을 말한 것은 거짓된 위로와 소망이었다.

[11-13절] 그러므로 너는 회칠하는 자에게 이르기를 그것이 무너지리라. 폭우가 내리며 큰 우박덩이가 떨어지며 폭풍이 열파하리니 그 담이 무너진즉 혹이 너희에게 말하기를 그것에 칠한 회가 어디 있느뇨 하지 아니하겠느냐? 그러므로 나 주 여호와가 말하노라. 내가 분노하여 폭풍으로 열파하고 내가 진노하여 폭우를 내리고 분노하여 큰 우박덩이로 훼멸하리라.

그들이 회칠한 담은 무너질 것이다. 그들이 말한 평안, 위로, 소망의 말은 헛될 것이다. 재앙의 날에 회칠한 담은 정녕 무너질 것이다.

[14-16절] 회칠한 담을 내가 이렇게 훼파하여 땅에 넘어뜨리고 그 기초를 드러낼 것이라. 담이 무너진즉 너희가 그 가운데서 망하리니 나를 여호와인 줄 알리라. 이와 같이 내가 내 노를 담과 회칠한 자에게 다 이루고 또

에스겔 13장: 거짓 선지자들을 책망하심

너희에게 말하기를 담도 없어지고 칠한 자들도 없어졌다 하리니 이들은 예루살렘에 대하여 예언하여 평강이 없으나 평강의 묵시를 본다 하는 이스라엘의 선지자들이니라. 나 주 여호와의 말이니라 하셨다 하라.

거짓 선지자들의 평안의 묵시, 즉 그들이 말한 그 듣기 좋은 위로와 소망의 말은 헛된 말임이 드러날 것이다. 그 날에 그들은 망할 것이며 여호와 하나님의 살아계심과 공의로우심을 알게 될 것이다.

[17-18절] 너 인자야, 너의 백성 중 자기 마음에서 나는 대로 예언하는 부녀들을 대면하여 쳐서 예언하여 이르기를 주 여호와의 말씀에 사람의 영혼을 사냥하고자 하여 방석을 모든 팔뚝에 꿰어 매고 수건을 키가 큰 자나 작은 자의 머리를 위하여 만드는 부녀들에게 화 있을진저. 너희가 어찌하여 내 백성의 영혼을 사냥하면서 자기를 위하여 영혼을 살리려 하느냐?

이스라엘 백성이 영적으로 어두웠을 때에 여자들도 예언 사역을 많이 하였다. 그들도 자기 마음에서 나는 대로 예언하였다. 하나님께서는 에스겔로 하여금 또한 그들도 쳐서 예언케 하셨다. 그들은 사람들의 영혼을 사냥하기 위해 방석을 모든 팔뚝에 꿰어 매고 수건을 키가 큰 자나 작은 자의 머리를 위해 만들었다. 그 방석과 수건은 마술 팔찌로 번역되기도 하는(NASB) 일종의 부적이나 호신부이었다고 보인다. 그것은 하나님의 백성을 위한 잘못된 처방이며 하나님의 뜻과 정반대의 조치이었다. 그런 여선지자들에게도 화가 있을 것이다.

[19절] 너희가 두어 웅큼[움큼] 보리와 두어 조각 떡을 위하여 나를 내 백성 가운데서 욕되게 하여 거짓말을 곧이 듣는 내 백성에게 너희가 거짓말을 지어서 죽지 아니할 영혼을 죽이고 살지 못할 영혼을 살리는도다.

거짓 선지자들은 두어 움큼 보리와 두어 조각 떡을 위해 그런 거짓된 예언을 하고 있었다. 그것은 하나님의 백성 중에서 하나님의 이름을 욕되게 하는 일이지만, 거짓말을 곧이 듣는 이스라엘 백성은 그들의 말에 사로잡혀 있었다. 그들은 경건하고 바르게 살려는 영혼들에게는 위로 대신 낙심을 주었고, 죄 가운데 사는 영혼들에게는 불안

에스겔 13장: 거짓 선지자들을 책망하심

대신에 용기를 주었던 것이다.

〔20-21절〕 그러므로 나 주 여호와가 말하노라. 너희가 새를 사냥하듯 영혼들을 사냥하는 그 방석[마술 팔찌]을 내가 너희 팔에서 떼어버리고 너희가 새처럼 사냥한 그 영혼들을 놓으며 또 너희 수건[머리 수건]을 찢고 내 백성을 너희 손에서 건지고 다시는 너희 손에 사냥물이 되지 않게 하리니 너희가 나를 여호와인 줄 알리라.

하나님께서는 그들의 팔에서 방석을 떼어버리시고 그들이 사로잡은 자들을 놓으시며 그들의 머리 수건을 찢고 친히 자기 백성을 그들의 손에서 건지시며 다시는 그들의 사냥물이 되지 않게 하실 것이다.

〔22-23절〕 내가 슬프게 하지 아니한 의인의 마음을 너희가 거짓말로 근심하게 하며 너희가 또 악인의 손을 굳게 하여 그 악한 길에서 돌이켜 떠나 삶을 얻지 못하게 하였은즉 너희가 다시는 허탄한 묵시를 보지 못하고 점복도 못할지라. 내가 내 백성을 너희 손에서 건져내리니 너희가 나를 여호와인 줄 알리라 하셨다 하라.

본장의 교훈을 정리해보자. 첫째로, 우리는 거짓된 예언을 조심해야 한다. 오늘날에도 하나님의 보내지 않으신 자들이 하나님의 말씀하지 않으신 내용을 자기 심령을 따라 말하는 일이 많은 것 같다. 우리는 그런 거짓된 설교를 분별하고 조심해야 한다. 우리는 하나님께서 우리의 신앙과 생활의 표준으로 주신 성경을 자세히 읽고 듣고 연구하고 배우고 묵상하고 믿고 소망하고 실천해야 한다(시 119:105; 딤후 3:16).

둘째로, 우리는 비성경적인 헛된 소망과 확신을 버려야 하고 미신적 의식이나 물건에도 미혹되지 말아야 한다. 죄를 회개하고 의를 행함이 없이는 결코 어떤 평안의 보장도 있을 수 없다. 악인에게는 평안이 없다(사 48:22). 평안은 회개하고 의를 행하는 자에게만 기대되는 복이다.

셋째로, 우리는 하나님의 구원을 감사해야 한다. 하나님께서는 친히 자기 백성을 다 건지실 것이다. 세상에는 회개와 순종의 말씀이 아직 선포되고 하나님의 은혜로 구원 얻은 친 백성이 아직은 있을 것이다.

14장: 우상숭배에 대한 심판

〔1-5절〕 이스라엘 장로 두어 사람이 나아와 내 앞에 앉으니 여호와의 말씀이 내게 임하여 가라사대 인자야, 이 사람들이 자기 우상을 마음에 들이며 죄악의 거치는 것을 자기 앞에 두었으니 그들이 내게 묻기를 내가 조금인들 용납하랴? 그런즉 너는 그들에게 말하여 이르라. 나 주 여호와가 말하노라. 이스라엘 족속 중에 무릇 그 우상을 마음에 들이며 죄악의 거치는 것을 자기 앞에 두고 선지자에게 나아오는 자에게는 나 여호와가 그 우상의 많은 대로 응답하리니 이는 이스라엘 족속이 다 그 우상으로 인하여 **나를 배반하였으므로 내가 그들의 마음에 먹은 대로 그들을**[그들의 마음을](KJV, NASB, NIV) **잡으려 함이니라.**

하나님께서는 이스라엘 장로들이든지 일반 백성이든지 그들의 우상을 마음에 세우고 죄악의 거치는 것을 자기 앞에 두는 모든 사람(3, 4, 7절에 반복됨)을 용납지 않으시고 그들의 우상의 많은 대로 그들에게4) 보응하겠다고 말씀하신다. 우상을 마음에 들인다는 말은 우상을 마음에 둔다는 뜻이다. 또 하나님께서는 그들이 다 그 우상으로 그를 배반했으므로 그가 그들의 마음을 붙잡으리라고 말씀하신다.

〔6절〕 그런즉 너는 이스라엘 족속에게 이르기를 주 여호와의 말씀에 너희는 마음을 돌이켜 우상을 떠나고 얼굴을 돌이켜 모든 가증한 것을 떠나라.

하나님께서는 이스라엘 백성이 마음을 돌이켜 모든 가증한 우상을 떠나라고 명하신다. 하나님의 원하시는 뜻은 우리가 모든 죄를 버리고 하나님 중심으로 살며 그의 계명들을 순종하며 사는 것이다. 그것이 성경 전체의 요점이다(신 10:12-13; 전 12:13).

〔7-8절〕 이스라엘 족속과 이스라엘 가운데 우거하는 외인 중에 무릇 나를 떠나고 자기 우상을 마음에 들이며[세우고] 죄악의 거치는 것을 자기 앞

---

4) 쓰여진 원문(K) 로 바흐 לֹ֣ו בָּ֔הּ는 '그 일에 대해 그에게'(NASB)라는 뜻이며 제안된 원문(Q) 로 바 לֹ֣ו בָּ֣א는 '오는 그에게'(KJV)라는 뜻이다.

에스겔 14장: 우상숭배에 대한 심판

에 두고 자기를 위하여 내게 묻고자 하여 선지자에게 나아오는 자에게는 나 여호와가 친히 응답하여 그 사람을 대적하여 그들로 [놀라움과] 감계[표적](sign)와 속담거리가 되게 하여 내 백성 가운데서 끊으리니 너희가 나를 여호와인 줄 알리라.

이스라엘 백성이나 그들 가운데 우거하는 외국인들 중에 하나님을 떠나고 자기 우상을 마음에 두고 죄악의 거치는 것을 자기 앞에 두고 하나님에 관하여 그에게 묻고자 하여5) 선지자에게 나아오는 자에게 하나님께서는 그를 대적하여 그로 징표와 이야깃거리가 되게 하여 그 백성 가운데서 끊으실 것이다. 이로써 이스라엘 백성은 하나님의 살아계심과 그의 공의의 심판을 알게 될 것이다.

[9-11절] 만일 선지자가 유혹을 받고 말을 하면 나 여호와가 그 선지자로 유혹을 받게 하였음이어니와 내가 손을 펴서 내 백성 이스라엘 가운데서 그를 멸할 것이라. 선지자의 죄악과 그에게 묻는 자의 죄악이 같은즉 각각 자기의 죄악을 담당하리니 이는 이스라엘 족속으로 다시는 미혹하여 나를 떠나지 않게 하며 다시는 모든 범죄함으로 스스로 더럽히지 않게 하여 그들로 내 백성을 삼고 나는 그들의 하나님이 되려 함이니라. 나 주 여호와의 말이니라 하셨다 하라.

하나님께서는 또 거짓 선지자들이 유혹을 받아 말들을 하는 것도 그의 주권적 섭리 가운데 된 일이지만 그들의 악에 대해서는 벌하셔서 그들을 이스라엘 백성 가운데서 멸하실 것이다. 선지자의 죄악의 형벌이나 그에게 묻는 자의 죄악의 형벌이 똑같으며 각자가 자기의 죄악의 형벌을 담당할 것이다. '죄악'이라는 원어(아본 עָוֹן)는 '죄악의 형벌'이라는 뜻도 있다. 하나님의 심판은 공정하시다. 하나님께서는 각 사람의 행위대로 심판하신다.

하나님의 뜻은 이스라엘 백성이 다시는 미혹하여 하나님을 떠나지

---

5) "자기를 위하여 내게 묻고자 하여"라는 원문은 "나에 관해 그에게 묻고자 하여"(KJV)라는 뜻일 것이다.

않게 하시고 다시는 모든 범죄함으로 그들 자신을 더럽히지 않게 하셔서 그들로 하나님의 친 백성을 삼으시고 하나님께서 그들의 하나님이 되시는 것이다. 그것이 인류를 향한 하나님의 구원 섭리의 목표이다. 구원은 죄로부터의 구원이며, 하나님의 뜻은 우리가 의로운 친 백성이 되는 것이다. 천국은 죄가 전혀 없는 세계이며, 성경 맨 마지막에서 천국과 지옥에 대해 말씀하실 때에도 하나님께서는 "나는 저의 하나님이 되고 그는 내 아들이 되리라"고 말씀하셨다(계 21:7).

〔12-14절〕여호와의 말씀이 또 내게 임하여 가라사대 인자야, 가령 어느 나라가 불법하여 내게 범죄하므로 내가 손을 그 위에 펴서 그 의뢰하는 양식을 끊어 기근을 내려서 사람과 짐승을 그 나라에서 끊는다 하자. 비록 노아, 다니엘, 욥, 이 세 사람이 거기 있을지라도 그들은 자기의 의로 자기의 생명만 건지리라. 나 주 여호와의 말이니라.

하나님께서는 다시 자신의 심판이 공평함을 강조하신다. 노아, 다니엘, 욥은 에스겔 당시에도 알려진 의로운 인물이었다. 노아와 욥은 오래 전의 인물이지만, 다니엘은 동시대의 인물인데도 널리 알려진 인물이었다. 하나님의 말씀은, 구원의 문제가 각 사람의 문제라는 것이다. 각 사람은 자신의 구원을 준비해야지 다른 사람이 그것을 준비할 수 없다. 각 사람은 자기의 행위대로 보응을 받을 것이다.

〔15-20절〕가령 내가 사나운 짐승으로 그 땅에 통행하여 적막케 하며 황무케 하여 사람으로 그 짐승을 인하여 능히 통행하지 못하게 한다 하자. 비록 이 세 사람이 거기 있을지라도 나의 삶을 두고 맹세하노니 그들은 자녀도 건지지 못하고 자기만 건지겠고 그 땅은 황무하리라. 나 주 여호와의 말이니라. 가령 내가 칼로 그 땅에 임하게 하고 명하기를 칼아, 이 땅에 통행하라 하여 사람과 짐승을 거기서 끊는다 하자. 비록 이 세 사람이 거기 있을지라도 나의 삶을 두고 맹세하노니 그들은 자녀도 건지지 못하고 자기만 건지리라. 나 주 여호와의 말이니라. 가령 내가 그 땅에 온역을 내려 죽임으로[피로](KJV, NASB, NIV) 내 분을 그 위에 쏟아 사람과 짐승을 거기서 끊는다 하자. 비록 노아, 다니엘, 욥이 거기 있을지라도 나의 삶을 두고 맹세

에스겔 14장: 우상숭배에 대한 심판

하노니 그들은 자녀도 건지지 못하고 자기의 의로 자기의 생명만 건지리라. 나 주 여호와의 말이니라 하시니라.

하나님께서는 비슷한 말씀을 사나운 짐승으로 징벌하시는 경우와 칼로 징벌하시는 경우와 무서운 전염병으로 징벌하시는 경우를 들어 반복해 말씀하셨다. 또 하나님께서는 세 번이나 공통적으로 "나의 삶을 두고 맹세하노니"라는 말씀을 하셨다. 그것은 이것이 꼭 유념해야 할 진리임을 강조하신 것이다. 또 그는 세 번이나 반복해서서 비록 노아, 다니엘, 욥이라 할지라도 자기 자녀도 건지지 못하고 자기 생명만 건지리라고 말씀하셨다. 특히 하나님께서는 자녀의 구원에 대해 말씀하셨다. 우리는 이 점을 마음에 새기어야 한다. 우리가 하나님을 경외하고 경건하게 살고자 하는 마음이 있다고 우리 자녀는 자동으로 은혜를 받을 것이라고 생각하지 말아야 한다. 우리 자녀는 자신의 구원을 위해 그 자신이 깨어 있어야 하고 죄를 회개해야 하고 참된 믿음을 가져야 하고, 또 구원 얻은 자마다 의와 선을 행해야 한다.

[21절] 주 여호와께서 가라사대 내가 나의 네 가지 중한 벌 곧 칼과 기근과 사나운 짐승과 온역을 예루살렘에 함께 **내려 사람과 짐승을 그 중에서 끊으리니** 그 해가 **더욱 심하지 않겠느냐?**

칼과 기근과 사나운 짐승과 무서운 전염병 중 한가지만 내려도 큰 해를 입겠는데, 네 가지가 동시에 내리니 얼마나 큰 해를 당하겠는가!

[22-23절] 그러나 [보라] **그 가운데 면하는 자가 남아 있어 끌려 나오리니 곧 자녀들이라. 그들이 너희에게로 나아오리니 너희가 그 행동과 소위를 보면 내가 예루살렘에 내린 재앙 곧 그 내린 모든 일에 대하여 너희가 위로를 받을 것이라. 너희가 그 행동과 소위를 볼 때에 그들로 인하여 위로를 받고 내가 예루살렘에서 행한 모든 일이 무고히 한 것이 아닌 줄을 알리라. 나 주 여호와의 말이니라.**

하나님의 심판이 이스라엘 백성을 완전히 멸절시키는 것은 아니다. 그 징벌 중에서도 그것을 모면하고 남은 자녀들은 유다 백성이 있는 바벨론 땅으로 오게 될 것이다. 또 "그 자녀들의 행동과 소위를 보면"(2번 언급됨) 그들은 위로를 받고 하나님께서 예루살렘에 행하신 모든 일이 까닭 없는 일이 아님을 알게 될 것이다. 그들은 먼저 잡혀 온 자신들이 오히려 작은 고통을 당했음을 알고 위로를 받을 것이다.

본장의 교훈을 정리해보자. 첫째로, 하나님께서는 이스라엘 백성에게 마음을 돌이켜 우상을 떠나고 얼굴을 돌이켜 모든 가증한 것을 떠나라고 명하셨다. 그가 사람의 뜻과 마음을 살피시고 그 행위대로 갚으시기 때문에(계 2:23), 우리는 우리의 마음에 숨겨진 모든 가증한 우상들과 모든 은밀한 죄악들을 다 버려야 한다. 그렇지 않으면 우리는 결코 하나님께서 주시는 참된 평안의 복을 땅에서 얻을 수 없을 것이다.

둘째로, 하나님의 뜻은 우리의 경건함과 거룩함이다. 하나님을 경외하고 그 계명을 지키는 것이 사람의 본분이며 죄를 짓지 않고 거룩과 의와 선을 실천하는 것이 성도의 본분이다. 전도서 12:13, "일의 결국을 다 들었으니 하나님을 경외하고 그 명령을 지킬지어다. 이것이 사람의 본분이니라." 로마서 6:22, "이제는 너희가 죄에게서 해방되고 하나님께 종이 되어 거룩함에 이르는 열매를 얻었으니 이 마지막은 영생이라." 데살로니가전서 4:3, "하나님의 뜻은 이것이니 너희의 거룩함이라. 곧 음란을 버리라." 우리는 하나님을 떠나지 말고 범죄함으로 자신을 더럽히지 말고 하나님의 백성답게 경건하고 거룩하고 선하게 살아야 한다.

셋째로, 구원은 개인의 문제이다. 자녀의 구원은 자녀의 몫이다. 부모가 그의 구원을 위해 무엇을 대신해 줄 수 없다. 노아와 다니엘과 욥이라 하더라도 자기 자녀를 위해 무엇을 해 줄 수 없다. 그들은 그들의 의로 그들 자신만, 그들의 생명만 구원할 수 있을 뿐이다. 그러므로 우리는 우리 자신뿐 아니라, 우리의 자녀들의 구원을 위해 그들에게 믿음과 의의 말씀으로 교훈해야 하고 눈물로 하나님의 은혜를 간구해야 한다. 자녀들은 자신의 구원을 위해 회개하고 믿고 바르게 살아야 한다.

에스겔 15장: 불에 던질 포도나무처럼 될 것

15장: 불에 던질 포도나무처럼 될 것

〔1-2절〕 여호와의 말씀이 내게 임하여 가라사대 인자야, 포도나무가 모든 나무보다 나은 것이 무엇이랴? 삼림 중 여러 나무 가운데 있는 그 포도나무 가지가 나은 것이 무엇이랴?

포도나무가 다른 나무보다 나은 점은 무엇인가? 그것은 포도 열매를 맺는 데 있다. 포도 열매는 맛있고 몸에도 아주 유익한 열매이다. 그것은 포도 쥬스와 건포도와 포도주를 만드는 데 쓰인다.

〔3-6절〕 그 나무를 가지고 무엇을 제조할 수 있겠느냐? 그것으로 무슨 그릇을 걸 못을 만들 수 있겠느냐? 불에 던질 화목(火木)[땔감]이 될 뿐이라. 불이 그 두 끝을 사르고 그 가운데도 태웠으면 제조에 무슨 소용이 있겠느냐? [보라] 그것이 온전할 때에도 아무 제조에 합당치 않았거든 하물며 불에 살라지고 탄 후에 어찌 제조에 합당하겠느냐? 그러므로 주 여호와 내가 말하노라. 내가 수풀 가운데 포도나무를 불에 던질 화목[땔감]이 되게 한 것같이 내가 예루살렘 거민도 그같이 할지라.

포도나무가 만일 포도 열매를 맺지 않는다면 그 외의 용도는 별로 없을 것이다. 그것은 무슨 물건을 제조할 수 있는 나무로 쓸 수 없다. 그것은 그릇을 걸 못을 만들기도 어렵다. 포도나무는 그렇게 단단한 나무가 아니다. 그것은 고작해야 불태우는 땔감으로 쓰일 정도이다. 그것은 굵은 가지가 없고 잔가지만 많기 때문에 땔감으로라도 좋지 않다. 그것은 장작 같은 굵은 나무에 비해 빈약한 땔감이다. 더욱이, 불이 포도나무 가지의 두 끝을 사르거나 그 가운데를 태웠을 때 그 포도나무는 무엇에 쓰이겠는가? 열매 없는 포도나무는 온전할 때도 별 쓸모가 없는데, 불에 탄 후에는 더욱 더 쓸모가 없을 것이다.

하나님께서는 수풀 가운데 포도나무를 불에 던질 땔감이 되게 하셨듯이 예루살렘 거민을 그렇게 하시겠다고 말씀하신다. 그는 이스라엘 백성에게 경건과 도덕성의 좋은 열매 맺기를 원하셨으나, 그들은 좋은 열매 대신에 악한 일들만 행했다. 이사야 5:1-2, "나의 사랑하는 자에게 포도원이 있음이여, 심히 기름진 산에로다. 땅을 파서 돌을 제하고 극상품 포도나무를 심었었도다. 그 중에 망대를 세웠고 그 안에 술틀을 팠었도다. 좋은 포도 맺기를 바랐더니 들 포도를 맺혔도다." 하나님께서는 선한 행실의 열매를 맺지 않고 좋지 않은 행실의 열매를 맺은 예루살렘 성과 유다 백성을 불로 멸망시키실 것이다.

[7절] 내가 그들을 대적한즉 그들이 그 불에서 나와도 불이 그들을 사르리니 내가 그들을 대적할 때에 너희가 나를 여호와인 줄 알리라.

하나님께서는 "내가 그들을 대적한다"고 본절에 두 번이나 말씀하신다. 예루살렘 성의 멸망은 하나님의 징벌이다. 하나님께서는 포도나무를 불태우듯이 그들을 멸망시키실 것이다. 바벨론 군대가 예루살렘 성을 침공하는 것은 예루살렘 성 거민들에게 불같은 고난일 것이다. 예루살렘 성 거민들의 다수는 그 침공으로 죽임을 당하고 예루살렘 성은 멸망할 것이다. 이스라엘 백성은 그 성이 멸망할 때 비로소 하나님의 살아계심과 세상을 공의로 심판하심을 알게 될 것이다.

[8절] 내가 그 땅을 황무케 하리니 이는 그들이 범법함이니라(마알 마알 מָעַל מַעַל)[불신실하게, 배신적이게 행함이니라](BDB, NASB, NIV). 나 주 여호와의 말이니라 하시니라.

하나님께서는 그 땅을 황무케 하실 것이다. 예루살렘 성의 멸망은 그 땅을 황폐케 만들 것이다. 성벽은 무너지고 집들은 부서지고 그 성은 사람들이 살 만하지 못하고 짐승들의 거처가 될 정도로 황량해지고 황폐해질 것이다. 하나님께서 예루살렘을 황무케 하시는 까닭은 그들이 불신실하였기 때문이다. '범법함' 혹은 '불신실함'이라는 말은 아내의 부정(不貞)을 가리키는 말로서 다음 장에 나오는 이스라엘 백성의 영적 음행, 즉 우상숭배를 가리키는 말로 쓰인다. 우상숭배나 부도덕은 하나님의 언약을 어기는 것이고 하나님께 대해 불신실한 일이다. 모든 죄는 하나님께 대해 불신실한 행위이며 하나님의 언약

에스겔 15장: 불에 던질 포도나무처럼 될 것

을 배반하는 배신적인 행위이다.

본장의 교훈을 정리해보자. 첫째로, 하나님께서는 이스라엘 백성에게 선한 열매를 원하셨다. 그는 이스라엘 백성을 포도나무에 비유하셨고 포도나무가 좋은 포도 열매를 맺기를 원하셨다. 이것은 하나님의 뜻이며 성경의 한 요점이기도 하다. 모세는 신명기 10장에서 하나님께서 이스라엘 백성에게 요구하시는 바가 그를 경외하고 그의 모든 말씀을 행하는 것이라고 말했었다(신 10:12-13). 성경의 요점은 우리가 하나님을 경외하고 그의 모든 계명들을 지키는 것이다. 이것은 주 예수께서 요한복음 15장의 포도나무의 비유에서 말씀하신 바이기도 하다. 주께서는 포도나무 가지가 포도나무에 붙어 있어 열매를 맺듯이 우리가 주 안에 거하며 주께서 우리 안에 거함으로써, 즉 믿음과 순종의 삶 속에서 선한 열매를 많이 맺어야 함을 교훈하신 것이다. 그것은 오늘날에도 변함 없는 하나님의 뜻이다. 선행은 참된 신앙의 열매이며 표이다.

둘째로, 이스라엘 백성의 선한 열매는 그들의 신실함의 문제이었다. 8절, "내가 그 땅을 황무케 하리니 이는 그들이 불신실함이니라." 계명 순종의 문제는 창조자, 섭리자 하나님과 우리와의 바른 관계의 문제이다. 하나님을 경외하며 믿는 자라면, 특히 하나님께 대한 순종을 맹세한 언약 백성이라면 마땅히 지켜야 할 일이다. 우리가 계명을 지키지 않고 죄를 짓는다면, 우리는 하나님 앞에 불신실한 자들이 될 것이다.

셋째로, 하나님께서는 이스라엘 백성의 불신실함에 대해 징벌하실 것이다. 7-8절, "내가 그들을 대적한즉 그들이 그 불에서 나와도 불이 그들을 사르리니 내가 그들을 대적할 때에 너희가 나를 여호와인 줄 알리라. 내가 그 땅을 황무케 하리니 이는 그들이 불신실함이니라." 공의의 하나님께서는 이스라엘 백성이 그의 계명들을 어기고 우상숭배하고 서로 다투고 미워하며 음란하고 거짓말하는 등의 죄악된 일들에 대해 노하시고 그들을 대적하시고 그 죄악들에 대해 벌하실 것이다. 그것은 이스라엘 땅과 예루살렘 성의 멸망과 황폐함으로 나타날 것이다.

16장: 예루살렘의 음란

1-22절, 예루살렘의 과거와 현재

〔1-5절〕 여호와의 말씀이 또 내게 임하여 가라사대 인자야, 예루살렘으로 그 가증한 일을 알게 하여 이르기를 주 여호와께서 예루살렘에 대하여 말씀하시되 네 근본과 난 땅[네 출생]은 가나안이요 네 아비는 아모리 사람이요 네 어미는 헷 사람이라. 너의 난 것을 말하건대 네가 날 때에 네 배꼽줄을 자르지 아니하였고 너를 물로 씻어 정결케 하지 아니하였고 네게 소금을 뿌리지 아니하였고 너를 강보로 싸지도 아니하였나니 너를 돌아보아 이 중에 한 가지라도 네게 행하여 너를 긍휼히 여긴 자가 없었으므로 네가 나던 날에 네 몸이 꺼린 바 되어 네가 들에 버리웠었느니라.

하나님께서는 예루살렘 성 거민들로 그 가증한 일 즉 우상숭배를 알게 하기를 원하신다. 사람은 자신의 잘못과 문제를 알아야 회개할 수 있고 구원을 얻을 수 있다. 예루살렘의 근본과 출생은 가나안이며 그 아비는 아모리 사람이요 그 어미는 헷 사람이다. 그러나 그 곳은 후에 이스라엘 나라의 수도가 되었다. 본문의 예루살렘은 물론 육신적 의미가 아니고 영적 의미일지도 모른다. 이스라엘 백성의 조상은 본래 우상숭배하던 이방인이었다. 여호수아는 이스라엘 모든 백성에게 이스라엘 하나님 여호와의 말씀에 옛적에 너희 조상들 곧 아브라함의 아비, 나홀의 아비 데라가 강 저편에 거하여 다른 신들을 섬겼었다고 말했다(수 24:2). 이스라엘 백성의 본래 모습은 배꼽줄을 자르지 않고 물로 씻지 않고 소금도 뿌리지 않은 불결한 자 같았었다.

〔6-8절〕 내가 네 곁으로 지나갈 때에 네가 피투성이가 되어 발짓하는 것을 보고 네게 이르기를 너는 피투성이라도 살라. 다시 이르기를 너는 피투성이라도 살라 하고 내가 너로 들의 풀같이 많게 하였더니 네가 크게 자라고 심히 아름다우며 유방이 뚜렷하고 네 머리털이 자랐으나 네가 오히려 벌거벗은 적신이더라. 내가 네 곁으로 지나며 보니 네 때가 사랑스러운 때라.

내 옷으로 너를 덮어 벌거벗은 것을 가리우고 네게 맹세하고 언약하여 너로 내게 속하게 하였었느니라. 나 주 여호와의 말이니라.

　하나님께서는 죄인이었던 이스라엘의 선조를 불러 죄 씻음을 주셨다. 원문에 '피투성이가 되어' 혹은 '피투성이인'이라는 반복된 표현은 이스라엘의 선조가 본래 죄악되었음을 나타낸다. 그러나 하나님께서는 이스라엘의 선조인 아브라함에게 은혜를 주셔서 하나님을 알게 하시고 경외하게 하셨고 하나님께 단을 쌓는 자가 되게 하셨다. 아브라함이 쌓은 단은 짐승의 피를 흘린 제물로 제사를 드린 단이었다.

　또 하나님께서는 아브라함에게 큰 민족이 되게 하겠다고 약속하셨다. 그는 아브라함과 이삭과 야곱의 자손들인 이스라엘 백성을 살리셨고 번성케 하셨다. 애굽에 내려갔던 이스라엘 백성들은 자녀들의 출산이 많았고 수가 크게 늘었고 창성하고 심히 강대한 나라가 되었다. 출애굽기 1:7, "이스라엘 자손은 생육이 중다(衆多)하고 번식하고 창성하고 심히 강대하여 온 땅에 가득하게 되었더라."

　또 하나님께서는 아브라함과 할례의 언약을 맺으셨고 그 자손들인 이스라엘 민족을 애굽에서 이끌어내셔서 시내산에서 그들과 언약을 맺으셔서 그들로 언약 백성이 되게 하셨고 자기의 특별한 소유로 삼으셨다. 출애굽기 19:5, "세계가 다 내게 속하였나니 너희가 내 말을 잘 듣고 내 언약을 지키면 너희는 열국 중에서 내 소유가 되리라."

　[9-14절] 내가 물로 너를 씻겨서 네 피를 없이 하며 네게 기름을 바르고 수놓은 옷을 입히고 물돼지 가죽신을 신기고 가는 베로 띠우고 명주[비단]로 덧입히고 패물을 채우고 팔고리를 손목에 끼우고 사슬을 목에 드리우고 코고리를 코에 달고 귀고리를 귀에 달고 화려한 면류관을 머리에 씌웠나니 이와 같이 네가 금, 은으로 장식하고 가는 베와 명주와 수놓은 것을 입으며 또 고운 밀가루와 꿀과 기름을 먹음으로 극히 곱고 형통하여 왕후의 지위에 나아갔느니라. 네 화려함을 인하여 네 명성이 이방인 중에 퍼졌음은 내가 네게 입힌 영화로 네 화려함이 온전함이니라. 나 주 여호와의 말이니라.

하나님께서는 이스라엘 백성을 물로 씻듯이 속죄의 피로 씻으셨고 기름을 바르듯이 성령의 은혜를 덧입혀 주셨다. 하나님께서는 이스라엘 백성에게 많은 은혜를 주셨고 그들은 하나님의 주신 특권과 복된 지위를 누렸다. 출애굽기 19:5-6, "너희가 내 말을 잘 듣고 내 언약을 지키면 너희는 열국 중에서 내 소유가 되겠고 너희가 내게 대하여 제사장 나라가 되며 거룩한 백성이 되리라." 이스라엘 나라의 수도인 예루살렘 성은 부와 영광을 얻었고 그 명성은 온 세계에 널리 알려졌었다. 그것은 솔로몬 왕 때 절정을 이루었다.

〔15-16절〕 그러나 네가 네 화려함을 믿고 네 명성을 인하여 행음하되 무릇 지나가는 자면 더불어 음란을 많이 행하므로 네 몸이 그들의 것이 되도다. 네가 네 의복을 취하여 색스러운[다양한 색깔의] 산당을 너를 위하여 만들고 거기서 행음하였나니 이런 일은 전무후무하니라.

사람이 부유하고 명성을 얻으면 교만해지고 해이해져서 범죄하기 쉽다. 모세는 이스라엘 백성에게, "네가 먹어서 배불리고 아름다운 집을 짓고 거하게 되며 또 네 우양이 번성하며 네 은금이 증식되며 네 소유가 다 풍부하게 될 때에 두렵건대 네 마음이 교만하여 네 하나님 여호와를 잊어버릴까 하노라"고 말했었다(신 8:12-14). 또 성경은, 유다 왕 웃시야가 강성해질 때 그 마음이 교만하여 악을 행하였다고 증거했다(대하 26:16). 이것이 인생인 것 같다. 그러므로 가난도 유익하다. 가난하면서 교만한 자도 없지 않으나, 그런 자는 부유했더라면 더 교만했을 것이다. 이스라엘 백성은 부유하며 해이해졌다.

〔17-22절〕 네가 또 나의 준 금, 은 장식품으로 너를 위하여 남자 우상을 만들어 행음하며 또 네 수놓은 옷으로 그 우상에게 입히고 나의 기름과 향으로 그 앞에 베풀며 또 내가 네게 주어 먹게 한 내 식물 곧 고운 밀가루와 기름과 꿀을 네가 그 앞에 베풀어 향기를 삼았나니 과연 그렇게 하였느니라. 나 주 여호와의 말이니라. 또 네가 나를 위하여 낳은 네 자녀를 가져 그들에게 드려 제물을 삼아 불살랐느니라. 네가 너의 음행을 작은 일로 여겨서 나의 자녀들을 죽여 우상에게 붙여 불 가운데로 지나가게 하였느냐? 네 어렸

에스겔 16장: 예루살렘의 음란

을 때에 벌거벗어 적신이었으며 피투성이가 되어서 발짓하던 것을 기억지 아니하고 네가 모든 가증한 일과 음란을 행하였느니라.

이스라엘 백성이 우상들을 만들고 그것들에게 장식한 금은은 하나님의 주신 것들이며 그들이 그 앞에 제사하고 불사른 고운 밀가루와 기름과 향은 다 하나님의 주신 것들이며 또 그들이 그 앞에 불살라 죽게 한 그 자녀들은 하나님의 자녀들이며 하나님을 위해 낳은 자들이었다. 그들은 하나님의 것들을 가지고 하나님의 금하시고 노하시는 우상숭배에 사용했던 것이다. 그들은 무지하게 범죄했고 타락하고 하나님을 멀리 떠났다. 그 결과, 그들은 멸망을 당할 것이다.

본문의 교훈을 정리해보자. <u>첫째로, 우리는 우리의 과거의 죄와 불행과, 하나님의 구원의 은혜와 새 삶을 잊지 말고 항상 기억하여야 한다.</u> 사도 바울은 에베소서 2장에서 우리가 과거에 이 세상의 풍속을 좇고 마귀를 따라 살았고 본질상 진노의 자녀이었으나 긍휼에 풍성하신 하나님의 크신 사랑과 은혜로 구원을 얻었다고 말했다(엡 2:2-5). 우리는 우리의 과거의 죄와 불행과, 하나님의 구원의 은혜를 기억해야 하고 결코 과거의 죄악되고 불결한 삶으로 다시 돌아가지 말아야 한다.

<u>둘째로, 우리는 현재 우리의 가지고 있는 모든 좋은 것이 다 하나님께서 주신 것임을 알고 결코 교만하거나 해이해지지 말고, 또 하나님의 것을 가지고 악하고 허무한 일을 위해 쓰지 말고, 오직 하나님의 영광을 위해 또 그의 선하신 뜻을 이루기 위해 써야 한다.</u> 우리는 우리의 몸을 하나님이 기뻐하시는 거룩한 산 제사로 드려야 한다(롬 12:1).

<u>셋째로, 우리는 결코 우상숭배에 떨어지지 말아야 한다.</u> 우상숭배는 사람이 범하는 죄들 가운데서 하나님께서 가장 미워하시는 죄이다. 우리는 오직 하나님을 경외하고 성경에 근거한 순수한 경건과 보수 신앙을 지켜야 하고, 성경에 기록해주신 하나님의 모든 진리들과 교리들을 다 믿고 소망해야 하며 또 모든 생활 교훈들을 다 힘써 행해야 한다.

23-43절, 예루살렘의 음란과 그 결과

〔23-26절〕 나 주 여호와가 말하노라. 너는 화 있을진저, 화 있을진저. 네가 모든 악을 행한 후에 너를 위하여 누(樓)(갑 גַּב)[둔덕(mound)(BDB, NIV), 사당(shrine)(NASB)]를 건축하며 모든 거리에 높은 대(臺)(라마 רָמָה)[산당 (high place)]를 쌓았도다. 네가 높은 대[산당]를 모든 길 머리에 쌓고 네 아름다움을 가증하게 하여 모든 지나가는 자에게 다리를 벌려 심히 행음하고 하체가 큰(기들레 바사르 גִּדְלֵי בָשָׂר)[신체가 큰] 네 이웃나라 애굽 사람과도 행음하되 심히 음란히 하여 내 노를 격동하였도다.

주 여호와께서는 유다 백성에게 화를 선언하신다. 하나님께서 그들에게 화를 선언하신 것은 그들이 모든 악을 행한 후 우상을 섬기는 단을 쌓았기 때문이었다. 그들은 자신을 위해 사당을 건축하며 모든 거리에 산당을 쌓았다. 곳곳에 우상숭배의 단들을 쌓았던 것이다.

그들은 모든 길 머리에 사당을 세우고 모든 지나가는 자와 행음하였다. 그들은 애굽 사람들과도 행음하였다. 본문의 행음이라는 말은 우상숭배를 가리키는 비유이다. 그들의 우상숭배는 심했고 그 우상숭배의 행위들은 하나님의 노를 격동시켰다.

〔27-29절〕 그러므로 내가 내 손을 네 위에 펴서 네 일용 양식을 감하고 너를 미워하는 블레셋 여자 곧 네 더러운[음탕한] 행실을 부끄러워하는 자에게 너를 붙여 임의로 하게 하였거늘 네가 음욕이 차지 아니하여[만족이 없으므로] 또 앗수르 사람과 행음하고 그들과 행음하고도 오히려 부족히 여겨 장사하는 땅 갈대아에까지 심히 행음하되 오히려 족한 줄을 알지 못하였느니라.

하나님께서는 그들의 우상숭배에 대한 징벌로 그들의 일용할 양식을 감소시키셨고 또 그들의 음탕한 행실을 부끄러워하는 블레셋 여자들에게 그들을 붙여 임의로 하게 하셨다. 그러나 유다 백성은 그 음행으로 만족하지 않고 앗수르 사람들과 행음하였고 그것도 부족하여 갈대아 사람들과도 행음했다. '음욕이 차지 않다'는 원어는 '만족이 없다'는 뜻이다. 유다 사람들의 우상숭배는 끝이 없었다. 사람이

에스겔 16장: 예루살렘의 음란

하나님 대신 사랑하는 우상들은 참된 만족을 주지 못한다.

〔30-34절〕 나 주 여호와가 말하노라. 네가 이 모든 일을 행하니 이는 방자한 음부(淫婦)(잇솨 조나 솰라텟 אִשָּׁה זוֹנָה שַׁלָּטֶת)[뻔뻔스런 창녀]**의 행위라. 네 마음이 어찌 그리 약한지. 네가 누(樓)**[둔덕, 사당]**를 모든 길 머리에 건축하며 높은 대(臺)**[산당]**를 모든 거리에 쌓고도 값을 싫어하니 창기 같지도 않도다. 그 지아비 대신에 외인과 사통하여 간음하는 아내로다. 사람들은 모든 창기에게 선물을 주거늘 오직 너는 네 모든 정든 자에게 선물을 주며 값을 주어서 사방에서 와서 너와 행음하게 하니 너의 음란함이** 다른 여인과 같지 아니함은 행음하려고 너를 따르는 자가 없음이며 또 네가 값을 받지 아니하고 도리어 줌이라. 그런즉 다른 여인과 **같지 아니하니라.**

하나님께서는 유다 백성이 행하는 모든 우상숭배의 일을 '뻔뻔스런 창녀의 행위'라고 말씀하신다. 하나님의 언약 백성인 그들의 마음은 너무 약하였다. 그러나 그들은 일반적 창녀와 같지 않았고 자기 남편을 두고 다른 사람과 간통하는 아내와 같았다. 보통 창녀는 사람에게 선물을 받고 값을 받고 행음하지만, 유다 백성은 그를 따르는 자가 없고 오히려 그 자신이 값을 주며 행음하였다.

〔35-37절〕 그러므로 너 음부(淫婦)[창녀]**야, 여호와의 말을 들을지어다. 나 주 여호와가 말하노라. 네가 네 누추한 것**(네코쉣 נְחֻשְׁתֵּךְ)[누추한 것 (KJV), 음탕함(NASB, BDB)]**을 쏟으며 네 정든 자와 행음함으로 벗은 몸을 드러내며 또 가증한 우상을 위하며 네 자녀의 피를 그 우상에게 드렸은즉 내가 너의 즐거워하는 정든 자와 사랑하던 모든 자와 미워하던 모든 자를 모으되 사방에서 모아 너를 대적하게 할 것이요 또 네 벗은 몸을 그 앞에 드러내어 그들로 그것을 다 보게 할 것이며.**

유다 백성이 우상숭배로 그 누추함을 쏟고 그 벗은 몸을 드러내며 자녀들의 피를 우상에게 드렸으므로, 하나님께서는 그가 즐거워하는 정든 자들과 사랑하는 자들과 또 그의 미워하는 자들을 다 사방에서 모아 그를 대적하게 하실 것이며 그의 벗은 몸을 보게 하실 것이다.

〔38-43절〕 내가 또 간음하고 사람의 피를 흘리는 여인을 국문[심판]**함**

에스겔 16장: 예루살렘의 음란

같이 너를 국문[심판]하여 진노의 피와 투기의 피를 네게 돌리고 내가 또 너를 그들의 손에 붙이리니 그들이 네 누(樓)[둔덕, 사당]를 헐며 네 높은 대(臺)[산당]를 훼파하며 네 의복을 벗기고 네 장식품을 빼앗고 네 몸을 벌거벗겨 버려두며 무리를 데리고 와서 너를 돌로 치며 칼로 찌르며 불로 너의 집들을 사르고 여러 여인의 목전에서 너를 벌할지라. 내가 너로 곧 음행을 그치게 하리니 네가 다시는 값을 주지 아니하리라. 그리한즉 내가 네게 대한 내 분노가 그치며 내 투기가 네게서 떠나고 마음이 평안하여 다시는 노하지 아니하리라. 네가 어렸을 때를 기억지 아니하고 이 모든 일로 나를 격노케 하였은즉 내가 네 행위대로 네 머리에 보응하리니 네가 이 음란과 네 모든 가증한 일을 다시는 행하지 아니하리라. 나 주 여호와의 말이니라.

외도한 여자가 사람들 앞에서 수치와 형벌을 받듯이, 유다 백성은 이방 나라들 가운데서 수치와 멸망을 당할 것이다. 우상숭배의 결과는 수치와 고통과 멸망이다. 그러나 하나님께서 유다를 징벌하시는 목적은 그들로 그 음행을 그치게 하시기 위함이다. 유다가 멸망할 때 하나님의 분노가 그칠 것이며 또 그들의 음행도 그칠 것이다.

본문의 교훈을 정리해보자. 첫째로, 이스라엘 백성은 우상숭배에 빠져 있었다. 그들은 곳곳에 사당들과 산당들을 건축했다. 그들은 애굽과 앗수르와 갈대아의 우상들을 들여왔다. 구약교회는 심히 타락했다.

둘째로, 하나님께서는 그 우상숭배를 미워하셨고 이방인들을 불러 그들을 징벌하실 것이다. 23절, "너는 화 있을진저, 화 있을진저." 26절, "내 노를 격동하였도다." 37절, "[내가] 사방에서 모아 너를 대적하게 할 것이요." 39절, "내가 또 너를 그들의 손에 붙이리니."

셋째로, 이스라엘 백성은 그런 후에야 다시는 그런 가증한 일을 하지 않을 것이다. 41절, "내가 너로 곧 음행을 그치게 하리니." 43절, "네가 이 음란과 네 모든 가증한 일을 다시는 행하지 아니하리라."

우리는 우상숭배하지 말고 세상 사랑, 돈 사랑, 쾌락 사랑도 멀리하고 오직 성경 교훈대로 삼위일체 하나님만 믿고 그 교훈만 행해야 한다.

에스겔 16장: 예루살렘의 음란

44-63절, 유다의 죄와 하나님의 긍휼

〔44-46절〕 무릇 속담하는 자가 네게 대하여 속담하기를 어미가 어떠하면 딸도 그렇다 하리라. 너는 그 남편과 자녀를 싫어한 어미의 딸이요 너는 그 남편과 자녀를 싫어한 형의 동생이로다. 네 어미는 헷 사람이요 네 아비는 아모리 사람이며 네 형은 그 딸들과 함께 네 좌편에 거하는 사마리아요 네 아우는 그 딸들과 함께 네 우편에 거하는 소돔이라.

어머니가 어떠하면 딸도 그러하다는 속담은 예나 지금이나 똑같다. 타고난 기질도 있고 듣고 보고 배운 것도 있기 때문이다. 유다 백성은 그 남편과 자녀들을 싫어한 어미의 딸과 같고 그 남편과 자녀들을 싫어한 여형제와 같았다. 하나님께서는 유다의 어미가 헷 사람이며 아비가 아모리 사람이라고 말씀하시며 그 형이 사마리아요 그 아우가 소돔이라고 말씀하신다. 영적인 의미에서 그렇다는 뜻이다. 그들은 다 불경건하고 우상숭배적인 점에서 비슷하였다.

〔47-48절〕 네가 그들의 행위대로만 행치 아니하며 그 가증한 대로만 행치 아니하고 그것을 적게 여겨서 네 모든 행위가 그보다 더욱 부패하였도다. 나 주 여호와가 말하노라. 내가 나의 삶을 두고 맹세하노니 네 아우 소돔 곧 그와 그 딸들은 너와 네 딸들의 행위같이 행치 아니하였느니라.

유다 백성은 주위 백성보다 더 우상을 섬겼다. 그들은 그들보다 더 부패했다. 소돔 백성들은 유다 백성처럼 행치는 않았다. "내가 나의 삶을 두고 맹세하노니"라는 원어(카이 아니 חַי אָנִי)는[6] "내가 살아있거니와"라는 뜻이다. 사람은 보통 살아계신 하나님을 두고 맹세한다. 여기서는 하나님께서 자신의 살아계심을 언급하며 말씀하신다. 그것은 살아계신 그가 모든 사람의 행위를 보고 계심을 말한다.

〔49-50절〕 네 아우 소돔의 죄악은 이러하니 그와 그 딸들에게 교만함과 식물의 풍족함과 태평함[안이함]이 있음이며 또 그가 가난하고 궁핍한 자를

---

6) 에스겔서에만 16번이나 나온다. 5:11; 14:16, 18, 20; 16:48; 17:16, 19; 18:3; 20:3, 31, 33; 33:11, 27; 34:8; 35:6, 11.

도와주지 아니하며 거만하여 가증한 일을 내 앞에서 행하였음이라. 그러므로 내가 보고 곧 그들을 없이하였느니라.

소돔의 죄악은 첫째, 교만하고 거만하였다. 교만은 모든 죄의 근원이다. 모든 죄는 하나님을 거역하며 하나님을 무시하고 사람이 자기 자신을 높이는 결과이다. 둘째, 그들은 식물의 풍족함에도 불구하고 가난한 자를 도와줄 줄 모르고 안이하였다. 셋째, 그들은 하나님 앞에서 가증한 일을 행하였다. 가증한 일이란 음란과 우상숭배를 가리킨다. 하나님께서는 우상숭배와 음란을 가장 미워하신다. 사람의 삶은 하나님 앞에 있다. 그러므로 사람의 모든 선악의 행위들은 하나님의 공의로운 판단을 받을 것이다. 소돔의 음란과 우상숭배의 행위들은 하나님의 공의로운 판단을 받았고 하나님께서는 그들을 없이하셨다.

[51-52절] 사마리아는 네 죄의 절반도 범치 아니하였느니라. 네가 그들보다 가증한 일을 심히 행한[심히 많이 행한] 고로 너의 가증한 행위로 네 형과 아우를 의롭게 하였느니라. 네가 네 형과 아우를 논단하였은즉 너도 네 수치를 담당할지니라. 네가 그들보다 더욱 가증한 죄를 범하므로 그들이 너보다 의롭게 되었나니 네가 네 형과 아우를 의롭게 하였은즉 너는 놀라며 네 수치를 담당할지니라.

북방 이스라엘은 남방 유다 백성의 죄의 절반도 범치 않았다. 유다 백성은 그들보다 가증한 일을 심히 많이 행했다. 그것이 성경에 기록된 므낫세 때의 상황이었다(왕하 21장). 그들의 가증한 행위 때문에 북방 이스라엘은 오히려 의롭게 보일 정도이었다. 그러나 유다 백성은 하나님의 징벌로 수치를 당할 것이다. 본문은 이 사실을 두 번 말함으로 강조한다. 유다 백성의 부패는 교회가 타락하면 세상보다 더 타락함을 보인다. 이단 종파들이 심지어 사회의 지탄받는 것을 보면 그러하다. 그들의 어떤 악들은 보통 상식 있는 사회에서도 상상하기 어려운 일이다. 그들은 신도들의 물질을 교묘히 취하고 그들의 인권을 심히 유린하며 성적으로도 매우 문란하다고 알려져 있다.

에스겔 16장: 예루살렘의 음란

〔53-55절〕 [그러나](웨 ㄱ)(NASB, NIV) 내가 그들의 사로잡힘 곧 소돔과 그 딸들의 사로잡힘과 사마리아와 그 딸들의 사로잡힘과 그들 중에 너의 사로잡힌 자의 사로잡힘을 돌이켜서 너로 네 수욕을 담당하고 너의 행한 모든 일을 인하여 부끄럽게 하리니 이는 네가 그들에게 위로가 됨이라. 네 아우 소돔과 그 딸들이 옛 지위를 회복할 것이요 사마리아와 그 딸들도 그 옛 지위를 회복할 것이며 너와 네 딸들도 너희 옛 지위를 회복할 것이니라.

이 세상이 이처럼 부패하고 타락했을지라도, 어느 날 하나님께서는 소돔과 같고 사마리아와 같은 죄인들을 돌이키실 것이다. 그때 유다 백성은 자신들의 과거의 악한 행위들을 인해 부끄러워할 것이다.

〔56-59절〕 네가 교만하던 때에 네 아우 소돔을 네 입으로 말하지도 아니하였나니 곧 네 악이 드러나기 전에며 아람 딸들이 너를 능욕하기 전에며 너의 사방에 둘러 있는 블레셋 딸들이 너를 멸시하기 전에니라. 네 음란과 네 가증한 일을 네가 담당하였느니라. 나 여호와의 말이니라. [이는] 나 주 여호와가 말하노라. 네가 맹세를 멸시하여 언약을 배반하였은즉 내가 네 행한 대로 네게 행하리라[행할 것임이니라].

유다 백성은 과거에 교만하여 이방인들을 무시하며 말도 걸지 않았지만 그들은 그 우상숭배로 인해 하나님의 징벌을 받고 주위 백성들에게 능욕과 멸시를 받은 후, 그러나 또 하나님의 회복의 은혜를 받은 후, 자신의 죄와 부족을 깨닫고 부끄러워할 것이다. 유다 백성이 죗값으로 하나님의 징벌을 받는 것은 그들이 하나님 앞에서 언약하고 맹세한 제1, 2계명을 어기고 그 맹세를 멸시했기 때문이다. 하나님께서는 그들의 행한 대로 그들에게 갚으실 것이다.

〔60-63절〕 그러나 내가 너의 어렸을 때에 너와 세운 [내] 언약을 기억하고 너와 영원한 언약을 세우리라. 네가 네 형과 아우를 접대할 때에 네 행위를 기억하고 부끄러워할 것이라. 내가 그들을 네게 딸로 주려니와 네 언약으로 말미암음이 아니니라. 내가 네게 내 언약을 세워서 너로 나를 여호와인 줄 알게 하리니 이는 내가 네 모든 행한 일을 용서한 후에 너로 기억하고 놀라고 부끄러워서 다시는 입을 열지 못하게 하려 함이니라. 나 주 여호와의 말이니라 하셨다 하라.

에스겔 16장: 예루살렘의 음란

유다 백성이 부패하고 패역했고 하나님께서 그들의 행위대로 그들에게 갚으실 수밖에 없으셨지만, 하나님께서는 이스라엘과 어릴 때 맺은 언약을 기억하시고 그들과 영원한 언약을 세우실 것이다(61, 62절). 그때 이방인들은 하나님께로 돌아올 것이며 유다 백성은 그들을 영접할 것이다. 그것은 이방인들의 구원을 암시한다. 이러한 세계적 회복은 전적으로 하나님의 은혜의 언약 때문이다. 이 언약으로 유다 백성은 여호와 하나님을 참으로 알게 될 것이다. 그것은 하나님께서 그들의 모든 죄악된 일들을 용서하신 후 이루어질 것이다. '용서한다'는 원어(킵페르 כָּפַר)는 '덮다, 속죄하다'는 뜻이다. 그것은 다니엘 9:24에 말한 "죄악이 영속(永贖)되며[영원히 속해지며] 영원한 의가 드러나는" 일이다. 그것은 주 예수 그리스도의 십자가 대속 사역으로 말미암은 온 세상을 향하신 하나님의 새 언약의 은혜를 가리킨다.

본문의 교훈을 정리해보자. 첫째로, <u>유다 백성은 소돔 사람들보다 더 부패했다</u>. 그것은 사람의 전적 부패성을 잘 보인다. 이런 죄성은 우리 속에도 남아 있다. 사람의 본성은 전적으로 부패되어 있다. 로마서 8:7, "육신의 생각은 하나님과 원수가 되나니 이는 하나님의 법에 굴복치 아니할 뿐 아니라 할 수도 없음이라." 우리는 이 죄성과 싸워야 한다.

둘째로, <u>하나님께서는 소돔 사람들이나 이스라엘 백성보다 우상숭배에 더 빠진 유다 백성을 징벌하시고 버리실 것이다</u>. 하나님의 공의는 매우 두렵고 변함이 없다. 로마서 8:13, "너희가 육신대로 살면 반드시 죽을 것이라." 구원 얻은 우리도 하나님의 공의를 두려워해야 한다.

셋째로, <u>하나님께서는 이스라엘과 영원한 언약을 세우시고 그들의 죄를 용서하실 것이다</u>. 선지자 예레미야는 하나님의 그 언약을 예언했고(렘 31:33-34), 그것은 예수님의 십자가 대속 사역으로 이루어졌다. 우리는 그것을 감사하며 하나님 중심으로만 살고 늘 근신하고 모든 죄악을 버리고 거룩하며 성경의 교훈을 충실히 순종하며 살아가야 한다.

17장: 독수리와 포도나무 비유

〔1-6절〕여호와의 말씀이 내게 임하여 가라사대 인자야, 너는 수수께끼와 비유를 이스라엘 족속에게 베풀어 이르기를 주 여호와의 말씀에 채색이 구비하고 날개가 크고 깃이 길고 털이 숱한 큰 독수리가 레바논에 이르러 백향목 높은 가지를 취하되 그 연한 가지 끝을 꺾어 가지고 장사하는 땅에 이르러 상고(商賈)의 성읍에 두고 또 그 땅의 종자를 취하여 옥토에 심되 수양버들 가지처럼 큰 물가에 심더니 그것이 자라며 퍼져서 높지 아니한 포도나무 곧 굵은 가지와 가는 가지가 난 포도나무가 되어 그 가지는 독수리를 향하였고 그 뿌리는 독수리의 아래 있었더라.

하나님께서는 두 독수리와 포도나무의 수수께끼와 비유를 말씀하셨다. 여러 색깔을 가지고 날개가 크고 깃이 길고 털이 많은 한 큰 독수리는 바벨론 왕 느부갓네살을 가리켰다(12절). 하나님께서는 11절 이하에서 그 수수께끼와 비유를 설명해주셨다.

〔7-10절〕또 날개가 크고 털이 많은 큰 독수리 하나가 있었는데 그 포도나무가 이 독수리에게 물을 받으려고 그 심긴 두둑에서 그를 향하여 뿌리가 발하고 가지가 퍼졌도다. 그 포도나무를 큰 물가 옥토에 심은 것은 가지를 내고 열매를 맺어서 아름다운 포도나무를 이루게 하려 하였음이니라. 너는 이르기를 주 여호와의 말씀에 그 나무가 능히 번성하겠느냐? 이 독수리가 어찌 그 **뿌리를** 빼고 실과를 따며 그 나무로 시들게 하지 아니하겠으며 그 연한 잎사귀로 마르게 하지 아니하겠느냐? 많은 백성이나 강한 팔이 아니라도 그 뿌리를 뽑으리라. 볼지어다, 그것이 심겼으나 번성하겠느냐? 동풍이 부딪힐 때에 아주 마르지 아니하겠느냐? 그 자라던 두둑에서 마르리라 하셨다 하라.

7절의 다른 한 큰 독수리는 애굽 왕 바로를 가리킨다고 보인다. 또 9절에 그 포도나무의 뿌리를 빼고 실과를 따며 그 나무로 시들게 한 '이 독수리'는 바벨론 왕 느부갓네살을 가리켰다고 보인다.

〔11-15절〕여호와의 말씀이 또 내게 임하여 가라사대 너는 패역한 족속

에스겔 17장: 독수리와 포도나무 비유

에게 묻기를 너희가 이 비유를 깨닫지 못하겠느냐 하고 그들에게 고하기를 바벨론 왕이 예루살렘에 이르러 왕과 방백을 사로잡아 바벨론 자기에게로 끌어가고 그 왕족 중에 하나를 택하여 언약을 세우고 그로 맹세케 하고 또 그 땅의 능한 자들을 옮겨 갔나니 이는 나라를 낮추어 스스로 서지 못하고 그 언약을 지켜야 능히 서게 하려 하였음이어늘 [그러나] 그가 사자를 애굽에 보내어 말과 군대를 구함으로 바벨론 왕을 배반하였으니 형통하겠느냐? 이런 일을 행한 자가 피하겠느냐? 언약을 배반하고야 피하겠느냐?

하나님께서는 그 수수께끼 비유에 대해 설명해주셨다. 그 처음의 큰 독수리는 바벨론 왕 느부갓네살을 가리켰고 레바논은 유대 땅을 가리켰다. 그 바벨론 왕은 유다 땅 예루살렘에 와서 왕과 방백들을 사로잡아 바벨론으로 끌어갈 것이다. '연한 가지'는 유다의 어린 왕 여호야긴(18세)을 가리켰고, 장사하는 땅과 상인들의 성읍은 바벨론 땅을 가리켰다. 바벨론 왕 느부갓네살은 유다 나라와 예루살렘 성을 침공하여 여호야긴 왕을 사로잡고 그와 여러 방백들을 바벨론으로 사로잡아 갈 것이다(왕하 24:8, 15-16). 바벨론 왕은 그 땅의 한 씨로 비유된 여호야긴의 삼촌인 시드기야를 택하여 언약을 세우고 그로 맹세케 하고 그 땅에 재능 있는 자들을 옮겨갔다. 그것은 유다 나라로 하여금 스스로 서지 못하게 하려 함이었다(왕하 24:17).

그러나 시드기야 왕이 사자를 애굽에 보내어 말과 군대를 구함으로 바벨론 왕을 배반하였다. 그가 바벨론 왕과의 언약을 배반하였으니(왕하 24:20; 대하 36:13) 재난을 피할 수 있겠는가? 시드기야 왕이 바벨론 왕을 배반하고 친(親)애굽 정책을 취하였기 때문에, 바벨론 왕은 예루살렘 성을 다시 침공하였고 유다는 멸망하게 될 것이다.

[16-18절] 나 주 여호와가 말하노라. 내가 나의 삶을 두고 맹세하노니 바벨론 왕이 그를 왕으로 세웠거늘 그가 맹세를 업신여겨 언약을 배반하였은즉 그 왕의 거하는 곳 바벨론 중에서 왕과 함께 있다가 죽을 것이라. 대적이 토성(土城)을 쌓으며 운제(雲梯)[포위벽]를 세우고 많은 사람을 멸절하려 할 때에 바로가 그 큰 군대와 많은 무리로도 그 전쟁에 그를 도와 주지

못하리라. 그가 이미 손을 내어 밀어 언약하였거늘 맹세를 업신여겨 언약을 배반하고 이 모든 일을 행하였으니 피하지 못하리라.

바벨론 왕이 시드기야를 왕으로 세웠는데, 그가 맹세를 업신여기고 언약을 배반하였기 때문에 그는 바벨론 왕의 거하는 곳에서 왕과 함께 있다가 죽을 것이다. 또한 예루살렘 성을 침공할 바벨론 군대가 토성을 쌓고 포위벽을 세우고 많은 사람을 멸절하려 할 때, 즉 유다 멸망 때, 애굽의 바로와 그 큰 군대와 많은 무리가 그 전쟁에서 유다 왕 시드기야를 도와주지 않을 것이다. 시드기야가 손을 내밀어 바벨론 왕과 언약했으나 맹세를 업신여겨 언약을 배반하고 그 모든 일을 행하였으므로 그 멸망을 피하지 못할 것이다.

〔19-21절〕 그러므로 나 주 여호와가 말하노라. 내가 나의 삶을 두고 맹세하노니 그가 내 맹세를 업신여기고 내 언약을 배반하였은즉 내가 그 죄를 그 머리에 돌리되 내 그물을 그 위에 베풀며 내 올무에 걸리게 하여 [내가] 끌고 바벨론으로 가서 나를 반역한 그 반역을 거기서 국문[심판](NASB, NIV)할지며 그 모든 군대에서 도망한 자들은 다 칼에 엎드러질 것이요 그 남은 자는 사방으로 흩어지리니 나 여호와가 이것을 말한 줄을 너희가 알리라.

시드기야 왕의 배신 행위는 하나님의 이름으로 한 맹세를 업신여기고 하나님의 언약을 배반한 것이었다. 그것은 바벨론 왕이 시드기야에게 맹세시킬 때 하나님의 이름으로 하였기 때문이다(대하 36:13). 그 맹세와 언약은 하나님 앞에서, 하나님의 이름으로 한 것이며 물론 바벨론 왕과도 맺은 언약이었다. 하나님께서는 시드기야의 그 언약 배반에 대한 죄를 그 머리에 돌리실 것이다. 또 하나님께서는 그를 끌고 바벨론으로 가서 그 반역을 심문할 것이며 또 이스라엘의 모든 군대에서 도망한 자들은 다 칼에 엎드러질 것이요 남은 자들은 사방으로 흩어질 것이며, 이로써 그들은 하나님의 말씀을 알게 될 것이다. 바벨론 군대에 의한 유다 나라의 멸망은 곧 하나님의 심판이었다.

〔22-24절〕 나 주 여호와가 말하노라. 내가 또 백향목 꼭대기에서 높은

에스겔 17장: 독수리와 포도나무 비유

가지를 취하여 심으리라. 내가 그 높은 새 가지 끝에서 연한 가지를 꺾어 높고 빼어난 산에 심되 이스라엘 높은 산에 심으리니 그 가지가 무성하고 열매를 맺어서 아름다운 백향목을 이룰 것이요 각양 새가 그 아래 깃들이며 그 가지 그늘에 거할지라. 들의 모든 나무가 나 여호와는 높은 나무를 낮추고 낮은 나무를 높이며 푸른 나무를 말리우고 마른 나무를 무성케 하는 줄 알리라. 나 여호와는 말하고 이루느니라 하라.

하나님께서는 백향목 꼭대기에서 한 높은 가지를 취하여 이스라엘 산에 심으실 것이며 그 가지는 무성하고 열매를 맺어 아름다운 백향목을 이룰 것이요 각양 새가 그 아래 깃들일 정도로 커질 것이다. 그 가지는 열매 맺는 아름다운 백향목이 될 것이다. 이것은 하나님의 전적인 은혜로 되는 이스라엘의 회복의 예언 곧 메시아 예언이라고 본다. 이것은 구약의 다른 성경들과 일맥상통한다(사 11:1, 10; 53:2; 렘 23:5; 슥 3:8). 하나님께서는 이 일을 이루시는 주권적 하나님이시다.

본문의 교훈을 정리해보자. 첫째로, 하나님께서는 주권적 섭리자이시다. 바벨론 왕의 유다 침공, 유다 왕이 포로로 잡혀감, 다른 유다 왕이 세움 받음, 그 왕의 배신과 유다 나라의 멸망은 다 주 여호와 하나님의 섭리로 되어진다. 우리는 하나님께서 개인의 생사화복, 가정과 교회의 일들, 우리나라의 흥망성쇠와 세계 역사를 주관하심을 알아야 한다.

둘째로, 우리는 하나님의 언약을 배반치 말아야 한다. 이스라엘 백성은 하나님과 맺은 언약을 배반함으로 멸망하였다. 우리는 세례 서약이나 결혼 서약이나 임직 서약에서 하나님과 약속한 것을 저버리지 말고 잘 지켜야 한다. 우리는 하나님과 맺은 언약을 배반치 말아야 한다.

셋째로, 우리는 하나님만 의지하며 그의 은혜를 감사해야 한다. 우리는 하나님의 전적인 은혜로 구원 얻었다. 하나님께서는 택하신 자들을 회개시키시고 예수님 믿게 하시고 순종케 하신다. 우리는 우리를 죄와 지옥 형벌에서 구원하신 하나님만 의지하며 그의 은혜를 감사하고 그의 뜻을 따라 거룩하고 의롭고 선하고 진실한 삶을 살아야 한다.

18장: 하나님의 심판의 공평성

〔1-4절〕 여호와의 말씀이 또 내게 임하여 가라사대 너희가 이스라엘 땅에 대한 속담에 이르기를 아비가 신 포도를 먹었으므로 아들의 이가 시다고 함은 어찜이뇨? 나 주 여호와가 말하노라. 내가 나의 삶을 두고 맹세하노니 너희가 이스라엘 가운데서 다시는 이 속담을 쓰지 못하게 되리라. 모든 영혼이 다 내게 속한지라. 아비의 영혼이 내게 속함같이 아들의 영혼도 내게 속하였나니 범죄하는 그 영혼이 죽으리라.

이스라엘 백성들은 이스라엘 땅에 대해 "아비가 신 포도를 먹었으므로 아들의 이가 시다"는 속담을 하였다. 그것은 그 땅이 황폐해진 것이 조상탓이라는 뜻이다. 그것은 자신들의 죄악됨을 인정치 않고 회개치 않는 데서 나온 속담이었다. 하나님께서는 그들이 그 속담을 더 이상 쓰지 못하게 될 것이라고 말씀하셨다. 그는 이스라엘 백성이 자신의 죄와 부족을 철저히 깨닫게 되기를 원하셨다. 그들의 속담에 대조되는 하나님의 말씀은 "범죄하는 그 영혼이 죽으리라"는 것이다. 아비의 영혼이나 아들의 영혼이나 모든 영혼은 다 하나님께 속하며, 각 사람은 하나님 앞에 개인적으로 심판을 받으며, 누구든지 범죄하는 그 사람은 자기의 죗값으로 인해 죽을 것이다.

〔5-9절〕 사람이 만일 의로워서 법과 의를 따라 행하며 산 위에서 제물을 먹지 아니하며 이스라엘 족속의 우상에게 눈을 들지 아니하며 이웃의 아내를 더럽히지 아니하며 월경 중에 있는 여인을 가까이 하지 아니하며 사람을 학대하지 아니하며 빚진 자의 전당물을 도로 주며 억탈하지 아니하며 주린 자에게 식물을 주며 벗은 자에게 옷을 입히며 변(네쉑, נֶשֶׁךְ)[이자, 혹은 높은 이자(KJV, NIV)]을 위하여 꾸이지[돈을 빌려주지] 아니하며 이식[이재]을 받지 아니하며 스스로 손을 금하여 죄악을 짓지 아니하며 사람 사람 사이에 진실히 판단하며 내 율례를 좇으며 내 규례를 지켜 진실히 행할진대 그는 의인이니 정녕 살리라. 나 주 여호와의 말이니라.

하나님께서는 의인의 예를 드신다. 어떤 사람이 의로워서 하나님

에스겔 18장: 하나님의 심판의 공평성

의 법을 행하며 산 위에서 드려진 우상제물을 먹지 않고 우상숭배치 않고, 이웃의 아내와 간음하지 않으며 월경 중에 있는 여인을 가까이 하지 않으며(레 18:19), 사람을 학대하지 않으며 빚진 자의 전당물을 해가 지기 전에 돌려주며(출 22:26) 강제로 남의 물건을 빼앗지 않으며, 굶주린 사람이 있으면 그에게 먹을 것을 주고 헐벗은 사람이 있으면 옷을 입히고, 이자를 받고 돈을 빌려주지 않으며, 손으로 남을 해치는 죄를 범치 않으며 사람 사이에 진실히 판단하며, 하나님의 율례를 좇으며 그의 규례를 지켜 진실하게 행한다면, 그는 의인이며 그는 죽지 않고 참으로 살 것이다.

〔10-13절〕 가령 그가 아들을 낳았다 하자. 그 아들이 이 모든 선은 하나도 행치 아니하고 이 악 중 하나를 범하여 강포하거나 살인하거나 산 위에서 제물을 먹거나 이웃의 아내를 더럽히거나 가난하고 궁핍한 자를 학대하거나 억탈하거나 빚진 자의 전당물을 도로 주지 아니하거나 우상에게 눈을 들거나 가증한 일을 행하거나 변(邊)[고리대금]을 위하여 꾸이거나 이식[이자]을 받거나 할진대 그가 살겠느냐? 살지 못하리니 이 모든 가증한 일을 행하였은즉 정녕 죽을지라. 자기의 피가 자기에게로 돌아가리라.

만일 그 의인이 아들을 낳았는데, 그 아들이 이 모든 선은 하나도 행하지 않고 이 악들 중 하나를 범하여 강포하거나 살인하거나 산 위에서 우상제물을 먹거나 이웃의 아내를 더럽히거나 가난하고 궁핍한 자를 학대하거나 강제로 물건을 빼앗거나 빚진 자의 전당물을 돌려주지 않거나 우상에게 눈을 들거나 가증한 일을 행하거나 고리대금 한다면, 그는 살지 못할 것이다. 그는 이 모든 가증한 일을 행하였기 때문에 참으로 죽을 것이며 자기의 피가 자기에게로 돌아갈 것이다.

〔14-18절〕 또 가령 그가 아들을 낳았다 하자. 그 아들이 그 아비의 행한 모든 죄를 보고 두려워하여(와이르에 הָרְאֶה)[생각하여](KJV, NASB, NIV) 그대로 행하지 아니하고 산 위에서 제물을 먹지도 아니하며 이스라엘 족속의 우상에게 눈을 들지도 아니하며 이웃의 아내를 더럽히지도 아니하며 사람을 학대하지도 아니하며 전당을 잡지도 아니하며 억탈하지도 아니하고 주

에스겔 18장: 하나님의 심판의 공평성

린 자에게 식물을 주며 벗은 자에게 옷을 입히며 손을 금하여 가난한 자를 압제하지 아니하며 변이나 이식을 취하지 아니하여 내 규례를 지키며 내 율례를 행할진대 이 사람은 그 아비의 죄악으로 인하여 죽지 아니하고 정녕 살겠고 그 아비는 심히 포학하여 그 동족을 억탈하고 민간에 불선을 행하였으므로 그는 그 죄악으로 인하여 죽으리라.

또 그 악인의 아들 즉 처음에 말한 그 의인에게는 손자가 되는 그 아들이 그 아비의 행한 모든 죄를 보고 두려워하여[생각하여][7] 그대로 행하지 않고 산 위에서 제물을 먹지도 않고 우상에게 눈을 들지도 않고 이웃의 아내를 더럽히지도 않고 사람을 학대하지도 않고 전당물을 취하지도 않고 강제로 무엇을 빼앗지도 않고 굶주린 사람에게 먹을 것을 주며 헐벗은 자에게 옷을 입히며 손을 금하여 가난한 자를 압제하지 않고 고리대금하지 않고 하나님의 규례를 지키며 그 율례를 행한다면, 그는 그 아비의 죄악으로 인해 죽지 않고 참으로 살 것이며, 그 아비는 심히 포학하여 그 동족을 강탈하고 사람들에게 선하지 않은 일들을 행했기 때문에 그 죄악으로 인해 죽을 것이다.

[19-20절] 그런데 너희는 이르기를 아들이 어찌 아비의 죄를 담당치 않겠느뇨 하는도다. 아들이 법과 의를 행하며 내 모든 율례를 지켜 행하였으면 그는 정녕 살려니와 범죄하는 그 영혼은 죽을지라. 아들은 아비의 죄악을 담당치 아니할 것이요 아비는 아들의 죄악을 담당치 아니하리니 의인의 의도 자기에게로 돌아가고 악인의 악도 자기에게로 돌아가리라.

그러므로 "아들이 어찌 아비의 죄를 담당치 않겠느냐?"는 속담은 옳지 않다. 아들이 법을 행하며 하나님의 모든 율례를 지켜 행하였으면 그는 참으로 살 것이며 범죄하는 그 영혼은 죽을 것이다. 또 아들은 아비의 죄악을 담당치 않을 것이요 아비는 아들의 죄악을 담당치 않을 것이며, 의인의 의도 자기에게로 돌아가고 악인의 악도 자기에

---

[7] 고대 헬라어 70인역이나 어떤 옛 라틴어역, 및 라틴어 벌겟역 등은 와이라 וַיִּרָא(두려워한다)라고 읽는다.

에스겔 18장: 하나님의 심판의 공평성

게로 돌아갈 것이다. 각 사람은 자신의 죄벌을 자기가 받을 것이다.

〔21-24절〕 그러나 악인이 만일 그 행한 모든 죄에서 돌이켜 떠나 내 모든 율례를 지키고 법과 의를 행하면 정녕 살고 죽지 아니할 것이라. 그 범죄한 것이 하나도 기억함이 되지 아니하리니 그 행한 의로 인하여 살리라. 나 주 여호와가 말하노라. 내가 어찌 악인의 죽는 것을 조금인들 기뻐하랴. 그가 돌이켜 그 길에서 떠나서 사는 것을 어찌 기뻐하지 아니하겠느냐? 만일 의인이 돌이켜 그 의에서 떠나서 범죄하고 악인의 행하는 모든 가증한 일대로 행하면 살겠느냐? 그 행한 의로운 일은 하나도 기억함이 되지 아니하리니 그가 그 범한 허물과 그 지은 죄로 인하여 죽으리라.

악인이 그 행한 모든 죄에서 돌이켜 떠나서 하나님의 모든 율례를 지키고 법과 의를 행하면, 정녕 살고 죽지 않을 것이며 그 범죄한 것이 하나도 기억함이 되지 않을 것이며 그 행한 의로 인해 살 것이다. 하나님께서는 악인의 죽는 것을 기뻐하지 않으시고 그가 그 길에서 떠나서 사는 것을 기뻐하신다. 한편, 의인이 그 의에서 떠나서 범죄하고 악인의 행하는 모든 가증한 일대로 행하면, 그는 살지 못하고 그의 행한 의로운 일은 하나도 기억함이 되지 않을 것이며 그는 그가 범한 허물과 그 지은 죄로 인해 죽을 것이다. 이와 같이, 하나님께서는 사람의 행위대로 선악간에 공의로 심판하시고 보응하실 것이다.

〔25-29절〕 그런데 너희는 이르기를 주의 길이 공평치 않다 하는도다. 이스라엘 족속아, 들을지어다. 내 길이 어찌 공평치 아니하냐? 너희 길이 공평치 않은 것이 아니냐? 만일 의인이 그 의를 떠나 죄악을 행하고 인하여 죽으면 그 행한 죄악으로 인하여 죽는 것이요 만일 악인이 그 행한 악을 떠나 법과 의를 행하면 그 영혼을 보전하리라. 그가 스스로 헤아리고[생각하여] 그 행한 모든 죄악에서 돌이켜 떠났으니 정녕 살고 죽지 아니하리라. 그런데 이 스라엘 족속은 이르기를 주의 길이 공평치 않다 하는도다. 이스라엘 족속아, 나의 길이 어찌 공평치 아니하냐? 너희 길이 공평치 않은 것이 아니냐?

이스라엘 백성은 하나님께서 불공정한 재판관인 것처럼 불평하였으나, 하나님께서는 자신의 심판이 공평하다고 말씀하신다. 그는 그

에스겔 18장: 하나님의 심판의 공평성

의 심판이 사람들의 선악의 행위에 근거한 공평한 심판임을 강조하셨다. 의인이라도 그 의를 떠나 악을 행하면 그 악을 인해 죽을 것이며, 악인이라도 그 악을 떠나 의를 행하면 살 것이다.

[30-32절] 나 주 여호와가 말하노라. 이스라엘 족속아, 내가 너희 각 사람의 행한 대로 국문[심판]할지라. 너희는 돌이켜 회개하고 모든 죄에서 떠날지어다. 그리한즉 죄악이 너희를 패망케 아니하리라. 너희는 범한 모든 죄악을 버리고 마음과 영을 새롭게 할지어다. 이스라엘 족속아, 너희가 어찌하여 죽고자 하느냐? 나 주 여호와가 말하노라. 죽는 자의 죽는 것은 내가 기뻐하지 아니하노니 너희는 스스로 돌이키고 살지니라.

하나님께서 사람의 행한 대로 심판하실 것이므로, 이스라엘 백성은 돌이켜 회개하고 모든 죄에서 떠나야 한다. 하나님께서는 죽는 자의 죽는 것을 기뻐하지 않으신다. 회개는 새 마음과 새 영을 가지는 것이다. 우리는 모든 죄악을 버리고 마음과 영을 새롭게 해야 한다.

본장의 교훈을 정리해보자. 첫째로, 하나님의 심판은 공평하시다. 우리는 하나님의 심판의 공평성을 알아야 한다. 그는 결코 불의한 재판관이 아니시다. 그는 사람의 행한 대로 공의롭게 심판하신다. 그러므로 사람은 자신의 죄를 깨닫고 자신의 행위에 대해 책임을 져야 한다. 모든 사람은 공평하신, 공의로우신 하나님의 심판 앞에 잠잠해야 한다.

둘째로, 구원은 각 사람의 문제이다. 아무리 경건한 부모라 하더라도 그가 그의 자녀의 구원을 얻을 수 없다. 구원 얻은 사람은 믿고 순종해야 하며, 그 일에 있어서 각 사람은 책임을 가져야 한다. 구원은 하나님의 은혜이지만, 순종의 행위는 사람이 얻는 구원의 과정이며 증표이다.

셋째로, 모든 사람은 회개하고 죄를 떠나야 한다. 범죄하는 그 영혼은 죽을 것이다. 이 진리는 신약성경에서도 여전히 강조된 진리이다. 로마서 8:13, "너희가 육신대로 살면 반드시 죽을 것이라." 우리는 새 마음과 새 영, 즉 심령의 새로움을 가져야 한다. 우리에게 중요한 것은 실제로 죄를 짓지 않고 하나님의 계명들을 다 즐거이 순종하는 것이다.

19장: 이스라엘 방백들을 위한 애가

〔1-4절〕 너는 이스라엘 방백들을 위하여 애가(哀歌)[슬픈 노래]를 지어 부르기를 네 어미는 무엇이냐? 암사자라. 그가 사자들 가운데 엎드리어 젊은 사자 중에서 그 새끼[새끼들]를 기르는데 그 새끼 하나를 키우매 젊은 사자가 되어 식물 움키기를 배워 사람을 삼키매 이방이 듣고 함정으로 그를 잡아 갈고리로 꿰어 끌고 애굽 땅으로 간지라.

'이스라엘 방백들'은 유다 왕국 말기의 왕들, 즉 여호아하스, 여호야김, 여호야긴, 시드기야를 가리켰다고 본다. 유다 나라는 암사자에 비유되고 그 왕들은 사자 새끼로 비유되었고, 사슬에 묶여 애굽 땅으로 끌려간 젊은 사자는 여호아하스 왕을 가리켰다고 보인다. 열왕기하 23장에 보면, 여호아하스는 23세에 왕이 되었으나, 그 열조의 모든 행위대로 하나님 보시기에 악을 행하다가 애굽 왕 바로느고의 침공으로 석달 만에 폐위되고 애굽으로 잡혀가 거기서 죽었다.

〔5-7절〕 암사자가 기다리다가 소망이 끊어진 줄을 알고 그 새끼 하나를 또 취하여 젊은 사자가 되게 하니 젊은 사자가 되매 여러 사자 가운데 왕래하며 식물 움키기를 배워 사람[들]을 삼키며 그의 궁실들을 헐고 성읍들을 훼파하니 그 우는 소리로 인하여 땅과 그 가득한 것이 황무[황폐](국한문)한지라.

암사자가 두 번째로 키운 젊은 사자는 여호야김을 가리켰다고 보인다. 그는 활동적이고 이웃 나라들과의 교제도 활발하였다. 여호야김은 25세에 유다 왕이 되어 11년간 통치했다. 그러나 그도 잔인하고 난폭하였다. 성경은 여호야김도 그 열조의 모든 행한 일들을 본받아 하나님 보시기에 악을 행했다고 증거한다(왕하 23:37). '그의 궁실들을 헐었다'는 원어(와예다 알메노사우 וַיֵּדַע אַלְמְנוֹתָיו)[8]는 '그의 과부들을 알았다'는 뜻이다. '그의 과부들을 알았다'는 말은 그가 사

---

8) '궁실들'이라는 번역은 아람어 탈굼역을 따른 것이다(BH, BDB).

에스겔 19장: 이스라엘 방백들을 위한 애가

람들을 죽이고 그의 과부들을 학대하였다는 뜻일 것이다. 예레미야 22:17은 여호야김이 탐람과 무죄한 피를 흘림과 압박과 강포를 행하였다고 증거한다. 왕이 악하고 난폭하므로 온 땅이 황폐하였다.

[8-9절] 이방이 둘려 있는 지방에서 그를 치러 와서 그의 위에 그물을 치고 함정에 잡아 갈고리로 꿰고 철롱에 넣어 끌고 바벨론 왕에게 이르렀나니 그를 옥에 가두어서 그 소리로 다시 이스라엘 산에 들리지 않게 하려 함이니라.

하나님께서는 이웃 나라들을 통해 그를 징벌하셨다. 열왕기하 24:2는 "여호와께서 그 종 선지자들로 하신 말씀과 같이 갈대아의 부대와 아람의 부대와 모압의 부대와 암몬 자손의 부대를 여호야김에게로 보내어 유다를 쳐 멸하려 하시니라"고 기록한다. 이방 나라들은 그물을 치고 그를 함정에 잡아 사슬에 매고 철롱에 넣어 끌고 바벨론 왕에게로 데려갔고 그를 옥에 가두었다. 여호야김은 바벨론으로 잡혀갔다. 역대하 36:6은, "바벨론 왕 느부갓네살이 올라와서 치고 저[여호야김]를 쇠사슬로 결박하여 바벨론으로 잡아가고."

[10-12절] 네 피의 어미는 물가에 심긴 포도나무 같아서 물이 많으므로 실과가 많고 가지가 무성하며 그 가지들은 견강하여 권세 잡은 자의 홀이 될 만한데 그 하나의 키가 굵은 가지 가운데서 높았으며 많은 가지 가운데서 뛰어나서 보이다가 분노 중에 뽑혀서 땅에 던짐을 당하매 그 실과는 동풍에 마르고 그 견강한 가지들은 꺾이고 말라 불에 탔더니.

"네 피의 어미"라는 말은 "네가 피를 이어받은 네 어미" 혹은 "네가 피투성이었을 때에 네 어미"(겔 16:6)라는 뜻일 것이다. 유다 민족은 물가에 심긴 포도나무 같아서 열매를 많이 맺고 가지가 무성하고 튼튼하였다. 그 굵은 가지들 중 뛰어난 한 가지가 꺾이고 말라 불에 탄 것은 여호야긴 왕을 가리켰다고 보인다. 여호야긴은 18세에 왕이 되었으나 석달 만에 폐위되었고 바벨론으로 잡혀갔다(왕하 24:15).

[13-14절] 이제는 광야, 메마르고 가물이 든 땅에 심긴 바 되고 불이

에스겔 19장: 이스라엘 방백들을 위한 애가

그 가지 중 하나에서부터 나와서 그 실과를 태우니 권세 잡은 자의 홀이 될 만한 건강한 가지가 없도다. 이것이 애가라. 후에도 **애가가 되리라.**

유다 땅은 광야 같고 메마르고 가물이 든 땅같이 되었다. 한 가지는 유다의 마지막 왕 시드기야를 가리켰다고 보인다. 그러나 그로 말미암아 유다의 왕권은 완전히 몰락했다. 이제는 왕의 권위도, 왕의 힘과 영광도 없었다. 그가 바벨론 왕을 배반함으로 유다는 결국 멸망하게 되었다. 그 후에는 유다에 권세 잡은 자의 홀이 될 만한 가지가 없었다. 이것이 이스라엘 방백들을 위한 애가의 내용이었다.

본장의 교훈을 정리해보자. 첫째로, 하나님께서는 악하고 난폭한 왕들을 징벌하실 것이다. 유다 나라 말기에 왕들은 악한 왕들이었다. 그들은 사람을 삼키는 난폭하고 잔인한 자들이었다. 그들은 무고한 자들의 피를 많이 흘렸다. 하나님께서는 악한 왕들을 애굽이나 바벨론에 잡혀가게 하셨다. 세상의 모든 권세는 다 하나님께서 주신 것이며(롬 13:1-2) 하나님께서는 그들을 세우기도 하시고 멸하기도 하신다(롬 14:4).

둘째로, 왕이 악하면 그 나라는 약해지고 그 온 땅은 불행해진다. 이것은 유다 나라 멸망의 역사에서 증거되었다. 그러나 성경은 왕이 의와 진리와 선으로 통치하면 그 왕위가 견고하고 그 나라도 든든히 설 것이라고 말한다. 잠언 14:34, "의는 나라로 영화롭게 하고 죄는 백성을 욕되게 하느니라." 잠언 20:28, "왕은 인자와 진리로 스스로 보호하고 그 위(位)도 인자함으로 말미암아 견고하니라." 통치자의 인품이 중요하다.

셋째로, 우리는 통치자를 위해 기도해야 하고 바른 통치자들을 세워야 한다. 우리는 우리나라의 통치자들을 위해 기도해야 한다. 디모데전서 2:1-2, "모든 사람을 위하여 간구와 기도와 도고와 감사를 하되 임금들과 높은 지위에 있는 모든 사람을 위하여 하라." 또 우리는 건전한 사상과 선한 인격과 도덕성을 가진 통치자들을 뽑아야 한다. 우리나라가 평안하려면 지도자들이 바른 식견과 인격과 도덕성을 가져야 한다. 그래야 그들이 의와 선으로 백성을 다스리며 나라를 인도할 것이다.

20장: 이스라엘의 패역함

1-9절, 애굽에서의 패역함

〔1-4절〕제7년 5월 10일에 이스라엘 장로 두어 사람이 여호와께 물으려고 와서 내 앞에 앉으니 여호와의 말씀이 내게 임하여 가라사대 인자야, 이스라엘 장로들에게 고하여 이르기를 주 여호와의 말씀에 너희가 내게 물으려고 왔느냐? 나 주 여호와가 말하노라. 내가 나의 삶을 두고 맹세하노니 너희가 내게 묻기를 내가 용납지 아니하리라 하셨다 하라. 인자야, 네가 그들을 국문[판단]하려느냐? 네가 그들을 국문[판단]하려느냐? 너는 그들로 그 열조의 가증한 일을 알게 하여.

"제7년"은 여호야긴 왕이 사로잡힌 때로부터 계산한 것이다.[9] "내가 나의 삶을 두고 맹세하노니"라는 원어는 "내가 살아 있거니와"라는 뜻이다. 하나님께서는 살아계시며 모든 일을 보시고 판단하시고 보응하신다. 그는 에스겔에게 온 장로들이 그에게 묻기를 용납하지 않으시며 또 그들로 그 열조의 우상숭배의 가증한 일을 알게 하기를 원하신다. 그가 그들이 하나님께 묻기를 용납지 않으시는 까닭은 그들이 우상숭배의 죄를 마음에 품고 있었기 때문이라고 보인다.

〔5-8절〕이르기를 주 여호와의 말씀에 옛날에 내가 이스라엘을 택하고 야곱 집의 후예[후손들]를 향하여 맹세하고 애굽 땅에서 그들에게 나타나서 맹세하여 이르기를 나는 여호와 너희 하나님이라 하였었노라. 그 날에 내가 그들에게 맹세하기를 애굽 땅에서 인도하여 내어서 그들을 위하여 찾아두었던 땅 곧 젖과 꿀이 흐르는 땅이요 모든 땅 중의 아름다운 곳에 이르게 하리라 하고 또 그들에게 이르기를 너희는 눈을 드는 바 가증한 것을 각기 버리고 애굽의 우상들로 스스로 더럽히지 말라. 나는 여호와 너희 하나님이니라 하였으나 그들이 내게 패역하여 내 말을 즐겨 듣지 아니하고 그 눈을

---

9) 에스겔서에는 그 사로잡힌 때로부터의 연도가 13번 나온다. 1:2; 8:1; 20:1; 24:1; 26:1; 29:1, 17; 30:20; 31:1; 32:1, 17; 33:21; 40:1.

에스겔 20장: 이스라엘의 패역함

드는 배[두는] 가증한 것을 각기 버리지 아니하며 애굽의 우상들을 떠나지 아니하므로 내가 말하기를 내가 애굽 땅에서 나의 분을 그들의 위에 쏟으며 노를 그들에게 이루리라 하였었노라.

하나님께서는 옛날에 그가 이스라엘을 택하시고 그 자손을 향해 맹세하셨고 애굽 땅에서 그들에게 나타나 맹세하며 몇 가지 내용을 말씀하셨다. 그 첫 번째는 "나는 여호와 너희 하나님이라"는 말씀이었다. 이것은 하나님과 이스라엘 백성의 특별한, 친밀한 관계를 말한다. 이것은 하나님과 아브라함의 언약에 근거한 것이었다(창 17:7-8).

그 두 번째 내용, 특히 그가 맹세하시며 말씀하신 것은 그가 그들을 애굽 땅에서 이끌어내시어 가나안 땅으로 인도하시겠다는 것이다. 하나님께서는 가나안 땅을, "그들을 위해 찾아두었던 땅," "젖과 꿀이 흐르는 땅," "모든 땅 중의 아름다운 곳"이라고 말씀하셨다. 그 땅은 하나님께서 구별하신 복된 땅이었다. 하나님께서는 그 땅을 반드시 이스라엘 백성에게 주시겠다고 약속하셨다.

하나님께서 말씀하신 세 번째 내용은 그들이 여호와 하나님만 참 하나님으로 섬기고 애굽의 우상들로 자신을 더럽히지 말라는 것이었다. 하나님께서는 애굽의 우상들을 "눈을 드는 바 가증한 것" 즉 "눈의 가증한 우상들"이라는 표현하셨다. 그것은 그것들이 눈으로 보기에 그럴 듯하나 사람을 속이는 가증한 것들이었다는 뜻이다.

그러나 이스라엘 백성은 하나님께 패역했고 그의 말씀을 듣기를 즐거워하지 않았다. 그들은 애굽의 우상들을 버리지 않았고 떠나지 않았다. 그들은 광야에서만 우상을 섬긴 것이 아니고 애굽에서부터 그러했다. 그러므로 하나님께서는 애굽 땅에서부터 이스라엘을 향해 진노하셨다. 그는 거기에서 그의 분을 그들의 위에 쏟으리라고 말씀하셨다. 이것은 성경 다른 곳에서는 증거되어 있지 않은 내용이다.

[9절] 그러나 내가 그들의 거하는 이방인의 목전에서 그들에게 나타나서 그들을 애굽 땅에서 인도하여 내었었나니 이는 내 이름을 위함이라. 내 이

에스겔 20장: 이스라엘의 패역함

름을 그 이방인의 목전에서 더럽히지 않으려 하여 행하였음이로라.

하나님께서는 이런 이스라엘, 즉 하나님을 거역하고 우상숭배적인 이스라엘 백성을 애굽 땅에서 인도하여 내셨던 것이다. 하나님께서는 심히 죄악된 이스라엘 백성을 왜 구원하셨는가? 여기에 하나님의 크신 긍휼의 구원이 있다. 그것은 하나님의 이름을 위해, 그의 이름을 이방인들의 앞에서 더럽히지 않게 하시기 위함이었다. 그것은 하나님께서 사람을 창조하신 목적에 맞는다. 이사야 43:7, "무릇 내 이름으로 일컫는 자 곧 내가 내 영광을 위하여 창조한 자를 오게 하라."

본문의 교훈을 정리해보자. <u>첫째로, 하나님께서는 이스라엘 백성에게 "나는 너희 하나님이라"고 말씀하셨다.</u> 오늘날 신약교회는 하나님의 백성이 된 복을 누린다. 예수 그리스도를 믿는 사람들은 하나님의 자녀의 특권을 얻었고(요 1:12) 하나님의 택하신 족속과 그의 소유된 백성이 되었다(벧전 2:9). 우리는 이 하나님의 백성의 특권을 잘 지켜야 한다.

<u>둘째로, 이스라엘 백성은 애굽에서부터 하나님께 패역하고 우상들로 자신을 더럽혔다.</u> 그러나 우리는 하나님께 패역하지 말고 하나님 대신 하나님처럼 사랑하는 모든 우상을 버려야 하고 자신을 더럽히지 말아야 한다. 우리는 이 세상이나 세상에 있는 것들을 사랑치 말아야 한다(요일 2:15-17). 우리는 오직 하나님만 섬기며 사랑하고(시 73:25) 성경에 증거된 그의 모든 교훈들을 다 믿고 소망하며 행해야 한다.

<u>셋째로, 하나님께서는 패역한 이스라엘 백성을 오직 하나님의 긍휼 때문에 또 그의 이름의 영광을 위해 땅에서 인도해 내셨다.</u> 이와 같이 하나님께서는 전적으로 부패한 우리를 택하시고 구원하셨고 또 성화의 길로 인도하신다. 세상의 많은 사람들 중에 특히 우리를 택하심은 그의 긍휼 외에는 다른 이유가 없다. 또 그는 모든 일을 그의 영광을 위해 섭리하신다. 그러므로 우리는 우리를 구원하신 하나님의 긍휼을 깨닫고 하나님께 감사하고 찬송하며 오직 그를 위해서만 살아야 한다.

에스겔 20장: 이스라엘의 패역함

10-26절. 광야에서의 패역함

〔10-12절〕 그러므로 내가 그들로 애굽 땅에서 나와서 광야에 이르게 하고 사람이 준행하면 그로 인하여 삶을 얻을 내 율례를 주며 내 규례를 알게 하였고 또 나는 그들을 거룩하게 하는 여호와인 줄 알게 하려 하여 내가 내 **안식일**[안식일들]을 주어 그들과 나 사이에 표징을 삼았었노라.

하나님께서는 애굽에서 패역했던 이스라엘 백성을 참으시고 그들로 애굽 땅에서 나와서 광야에 이르게 하셨고 사람이 준행하면 그로 인해 삶을 얻을 그의 율법을 주셨다. 그것은 사람이 그것을 온전히 지키면 의롭다고 인정받고 영생에 이르게 할 법이었다. 또 그는 그들에게 그의 안식일들을 주셔서 그들과 하나님 사이에 표를 삼으셨고 그들로 하나님께서 그들을 거룩하게 하시는 하나님인 줄 알게 하려 하셨다. '안식일들'은 주간 안식일과 연중 절기 안식일들 일곱이다.

〔13-14절〕 그러나 이스라엘 족속이 광야에서 내게 패역하여 사람이 준행하면 그로 인하여 삶을 얻을 나의 율례를 준행치 아니하며 나의 규례를 멸시하였고 나의 안식일[안식일들]을 크게 더럽혔으므로 내가 이르기를 내가 내 분노를 광야에서 그들의 위에 쏟아 멸하리라 하였으나 내가 내 이름을 위하여 달리 행하였었나니 내가 그들을 인도하여 내는 것을 목도한 열국 앞에서 내 이름을 더럽히지 아니하려 하였음이로라.

이스라엘 백성은 광야에서 하나님께 패역하여 사람이 행하면 그로 인해 생명을 얻을 하나님의 율례를 준행하지 않았고 하나님의 규례를 멸시했고 하나님의 안식일들을 크게 더럽혔다. 그러므로 하나님께서는 그의 분노를 광야에서 그들 위에 쏟아 멸하려고 하셨으나 그의 이름을 위해 달리 행하셨다. 그것은 그가 그들을 인도해 내는 것을 본 열국 앞에서 그의 이름을 더럽히지 않으려 하셨기 때문이다.

〔15-17절〕 또 내가 광야에서 그들에게 맹세하기를 내가 그들에게 허한 땅 곧 젖과 꿀이 흐르는 땅이요 모든 땅 중의 아름다운 곳으로 그들을 인도하여 들이지 아니하리라 한 것은 그들이 마음으로 우상을 좇아 나의 규례를 업

에스겔 20장: 이스라엘의 패역함

신여기며 나의 율례를 행치 아니하며 나의 안식일[들]을 더럽혔음이니라. 그러나 내가 그들을 아껴 보아 광야에서 멸하여 아주 없이하지 아니하였었노라.

이스라엘 백성이 마음으로 우상들을 좇아 그의 규례를 업신여겨 행치 않고 그의 안식일들을 더럽혔기 때문에, 하나님께서는 그들을 약속의 땅으로 인도하지 않겠다고 맹세하셨다. 그러나 그는 그들을 아끼셔서 광야에서 멸하여 아주 없애지는 않으셨다.

〔18-20절〕 내가 광야에서 그들의 자손에게 이르기를 너희 열조의 율례를 좇지 말며 그 규례를 지키지 말며 그 우상들로 스스로 더럽히지 말라. 나는 여호와 너희 하나님이라. 너희는 나의 율례를 좇으며 나의 규례를 지켜 행하고 또 나의 안식일[들]을 거룩하게 할지어다. 이것이 나와 너희 사이에 표징이 되어 너희로 내가 여호와 너희 하나님인 줄 알게 하리라 하였었노라.

하나님께서는 광야에서 이스라엘 백성에게 그들의 조상들의 율례와 규례를 좇지 말며 그 우상들로 자신들을 더럽히지 말고 하나님의 안식일들을 거룩하게 하라고 말씀하셨다. 안식일들은 하나님과 이스라엘 백성 사이에 표가 되어 그들로 하나님을 알게 할 것이다.

〔21-22절〕 그러나 그 자손이 내게 패역하여 사람이 준행하면 그로 인하여 삶을 얻을 나의 율례를 좇지 아니하며 나의 규례를 지켜 행하지 아니하였고 나의 안식일[들]을 더럽혔는지라. 이에 내가 이르기를 내가 광야에서 내 분을 그들의 위에 쏟으며 내 노를 그들에게 이루리라 하였으나 내가 내 이름을 위하여 내 손을 금하고 달리 행하였었나니 내가 그들을 인도하여 내는 것을 목도한 열국 앞에서 내 이름을 더럽히지 아니하려 하였음이로라.

이스라엘 백성은 하나님께 패역하여 사람이 준행하면 그로 인하여 생명을 얻을 하나님의 율례를 좇지 아니하며 하나님의 규례를 지켜 행하지 않았고 하나님의 안식일들을 더럽혔다. 그러므로 하나님께서는 광야에서 분노를 그들 위에 쏟으려 하셨으나 그의 이름을 위해 그의 손을 금하고 달리 행하셨다. 이는 그가 그들을 인도하여 내는 것을 본 이방 나라들 앞에서 그의 이름을 더럽히지 않으려 하심이었다.

〔23-26절〕 또 내가 광야에서 그들에게 맹세하기를 내가 그들을 이방인

에스겔 20장: 이스라엘의 패역함

중에 흩으며 열방 중에 헤치리라 하였었나니 이는 그들이 나의 규례를 행치 아니하며 나의 율례를 멸시하며 내 안식일[들]을 더럽히고 눈으로 그 열조의 우상들을 사모함이며 또 내가 그들에게 선치 못한 율례와 능히 살게 하지 못할 규례를 주었고 그들이 장자를 다 화제로 드리는 그 예물로 내가 그들을 더럽혔음은 그들로 멸망케 하여 나를 여호와인 줄 알게 하려 하였음이니라.

이스라엘 백성이 하나님의 규례를 멸시하고 그의 안식일들을 더럽히고 그 조상들의 우상들을 사모했기 때문에, 하나님께서는 광야에서 그들을 이방인들 중에 흩으리라고 맹세하셨다. 또 그는 그들이 선하지 아니한 율례와 생명을 줄 수 없는 규례를 지키고 모든 맏아들들을 불태워 드림으로써 자신을 더럽히도록 내버려두셨다. 이방 종교들이나 이단 종파들의 부흥은 사람들의 죄에 대한 하나님의 징벌이다.

본문의 교훈을 정리해보자. 첫째로, 이스라엘 백성의 죄는 하나님의 진노를 일으켰다. 13절, "내가 내 분노를 . . . 그들의 위에 쏟아 멸하리라." 21절, "내가 . . . 내 분을 그들의 위에 쏟으며 내 노를 그들에게 이루리라." 죄는 하나님의 진노를 일으킨다. 그러므로 예수님 믿고 구원 얻은 우리는 모든 죄를 멀리하고 죄 짓지 않는 자가 되어야 한다.

둘째로, 하나님께서는 자기 이름을 위해 그의 긍휼로 이스라엘 백성을 벌하지 않으셨다. 14절, "내가 내 이름을 위하여 달리 행하였었나니 . . . 내 이름을 더럽히지 아니하려 하였음이로라." 17절, "그러나 내가 그들을 아껴 보아 광야에서 멸하여 아주 없이하지 아니하였었노라." 22절, "내가 내 이름을 위하여 내 손을 금하고 달리 행하였었나니 . . . 내 이름을 더럽히지 아니하려 하였음이로라." 구원 얻은 우리는 하나님의 긍휼과 예수 그리스도의 대속(代贖)의 은혜만 항상 감사해야 한다.

셋째로, 우리는 하나님의 말씀대로 믿고 순종해야 한다. 11절, "사람이 준행하면 그로 인하여 삶을 얻을 내 율례를 주며 내 규례를 알게 하였고." 19-20절, "너희는 나의 율례를 좇으며 나의 규례를 지켜 행하고 또 나의 안식일을 거룩하게 할지어다." 하나님의 뜻은 믿음과 순종이다.

에스겔 20장: 이스라엘의 패역함

27-49절, 가나안 땅에서의 패역과 징벌과 회복

〔27-29절〕 그런즉 인자야, 이스라엘 족속에게 고하여 이르기를 주 여호와의 말씀에 너희 열조가 또 내게 범죄하여 나를 욕되게 하였느니라. 내가 그들에게 주기로 맹세한 땅으로 그들을 인도하여 들였더니 그들이 모든 높은 산과 모든 무성한 나무를 보고 거기서 제사를 드리고 격노케 하는 제물을 올리며 거기서 또 분향하고 전제(奠祭)를 부어드린지라. 이에 내가 그들에게 이르기를 너희가 다니는 산당이 무엇이냐 하였노라. (그것을 오늘날까지 바마라 일컫느니라.)

이스라엘 백성의 조상들은 범죄하여 하나님을 욕되게 했다. 그들은 하나님께서 주신 제1, 2계명을 어기고 우상들을 섬겼다. 하나님께서는 그들에게 주기로 맹세하신 가나안 땅으로 그들을 인도하셨으나 그들은 모든 높은 산과 나무들을 보고 거기서 제사 드렸고 하나님을 격노케 하는 제물을 올리며 분향하고 전제(奠祭)를 부어드렸다.

〔30-32절〕 그러므로 너는 이스라엘 족속에게 이르기를 주 여호와의 말씀에 너희가 열조의 풍속을 따라 스스로 더럽히며 그 모든 가증한 것을 좇아 행음하느냐? 너희가 또 너희 아들로 화제(火祭)를 삼아 예물로 드려 오늘날까지 우상들로 스스로 더럽히느냐? 이스라엘 족속아, 너희가 내게 묻기를 내가 용납하겠느냐? 나 주 여호와가 말하노라. 내가 나의 삶을 두고 맹세하노니 너희가 내게 묻기를 내가 용납지 아니하리라. 너희가 스스로 이르기를 우리가 이방인 곧 열국 족속같이 되어서 목석(木石)을 숭배하리라 하거니와 너희 마음에 품은 것을 결코 이루지 못하리라.

이스라엘 백성은 그 조상들의 풍속대로 자신을 더럽히며 그 모든 가증한 것들을 좇아 우상을 섬겼다. 그들은 심지어 그들의 아들들을 불태워 우상에게 제물로 드렸다. 그러므로 하나님께서는 그들이 그를 섬기는 모양을 내고 그에게 무엇을 묻는 일을 용납하지 않겠다고 말씀하신다. 왜냐하면 그것은 형식에 불과하였기 때문이다. 하나님의 원하시는 바는 우상숭배의 죄를 버리고 하나님만 섬기며 그의 계명을 지키는 것이다. 이스라엘 백성은 이방인들처럼 나무나 돌을 숭배

에스겔 20장: 이스라엘의 패역함

하겠다고 말하지만, 그들의 마음에 품은 것을 결코 이루지 못할 것이다. 하나님께서는 그들을 죄 가운데 버려두지 않으실 것이다.

〔33-38절〕 나 주 여호와가 말하노라. 내가 나의 삶을 두고 맹세하노니 내가 능한 손과 편 팔로 분노를 쏟아 너희를 단정코 다스릴지라. 능한 손과 편 팔로 분노를 쏟아 너희를 열국 중에서 나오게 하며 너희의 흩어진 열방 중에서 모아내고 너희를 인도하여 열국 광야에 이르러 거기서 너희를 대면하여 국문[심판]하되 내가 애굽 땅 광야에서 너희 열조를 국문[심판]한 것같이 너희를 국문하리라. 나 주 여호와의 말이니라. 내가 너희를 막대기 아래로 지나게 하며 언약의 줄로 매려니와 너희 가운데서 패역한 자와 내게 범죄한 자를 모두 제하여 버릴지라. 그들을 그 우거하던 땅에서는 나오게 하여도 이스라엘 땅에는 들어가지 못하게 하리니 너희가 나를 여호와인 줄 알리라.

하나님께서는 능한 손과 편 팔로 분노를 쏟아 그들을 다스리실 것이다. 또 그는 그들을 흩어졌던 나라들에서 모아낼 것이지만 열국의 광야에서 심판하셔서 그들 중에 패역한 자들과 범죄자들을 다 제거하실 것이며 그들로 이스라엘 땅에 들어가지 못하게 하실 것이다.

〔39-40절〕 나 주 여호와가 말하노라. 이스라엘 족속아, 너희가 내 말을 듣지 아니하려거든 가서 각각 그 우상을 섬기고 이 후에도 그리하려무나 마는 다시는 너희 예물과 너희 우상들로 내 거룩한 이름을 더럽히지 말지니라. 나 주 여호와가 말하노라. 이스라엘 온 족속이 그 땅에 있어서 내 거룩한 산 곧 이스라엘의 높은 산에서 다 나를 섬기리니 거기서 내가 그들을 기쁘게 받을지라. 거기서 너희 예물과 너희 천신(薦新)하는[새로 드리는] 첫 열매와 너희 모든 성물을 요구하리라.

하나님께서는 이스라엘 백성에게 우상숭배를 고집하면 해보라고 말씀하시면서도 그의 본심은 우상숭배하지 말라는 것이다. 그것이 하나님의 본심이다. 이스라엘 온 백성은 그 땅에 있어서 그의 거룩한 산에서 그를 섬길 것이며 하나님께서는 거기서 그들을 기쁘게 받으실 것이다. 또 그는 거기서 그들의 예물과 첫 열매들과 모든 성물을 요구하실 것이다. 그는 우리 모두에게 참된 예배를 요구하신다.

에스겔 20장: 이스라엘의 패역함

〔41-43절〕 내가 너희를 인도하여 열국 중에서 나오게 하고 너희의 흩어진 열방 중에서 모아낼 때에 내가 너희를 향기로 받고 내가 또 너희로 말미암아 내 거룩함을 열국의 목전에서 나타낼 것이며 내가 너희 열조에게 주기로 맹세한 땅 곧 이스라엘 땅으로 너희를 인도하여 들일 때에 너희가 나를 여호와인 줄 알고 거기서 너희의 길과 스스로 더럽힌 모든 행위를 기억하고 이미 행한 모든 악을 인하여 스스로 미워하리라.

하나님께서는 이스라엘 백성을 열국 중에서 인도하여 나오게 하시고 그 흩어진 열방 중에서 그들을 모아내실 때 그들을 향기로 받으시고 그들을 통해 하나님의 거룩함을 열국 앞에 나타내실 것이다. 또 하나님께서 열조들에게 맹세한 땅으로 이스라엘 백성을 인도해 들이실 때, 그들은 하나님을 알게 될 것이며 그들의 과거의 길들과 더러운 모든 행위를 기억하고 그 모든 부끄러운 악을 미워할 것이다.

〔44절〕 이스라엘 족속아, 내가 너희의 악한 길과 더러운 행위대로 하지 아니하고 내 이름을 위하여 행한 후에야[때에](KJV, NASB, NIV) 너희가 나를 여호와인 줄 알리라. 나 주 여호와의 말이니라 하셨다 하라.

하나님께서는 이스라엘 백성을 그들의 악한 길과 더러운 행위대로 갚지 아니하시고 자신의 이름을 위해 구원하시고 회복시키실 것이다. 구원은 전적으로 하나님의 은혜의 행위이다. 우리는 오직 하나님의 긍휼과 구주 예수 그리스도의 십자가 대속 사역으로 구원을 얻었다. 우리는 우리의 의로운 행위로 하나님 앞에 설 수 없었고 오직 구주 예수님의 대속 사역으로 죄사함과 의롭다 하심의 구원을 얻었다.

〔45-49절〕 여호와의 말씀이 또 내게 임하여 가라사대 인자야, 너는 얼굴을 남으로 향하라. 남으로 향하여 소리내어 남방들의 삼림을 쳐서 예언하라. 남방 삼림에게 이르기를 여호와의 말씀을 들을지어다. 주 여호와의 말씀에 내가 너의 가운데 불을 일으켜 모든 푸른 나무와 모든 마른 나무를 멸하리니 맹렬한 불꽃이 꺼지지 아니하고 남에서 북까지 모든 얼굴[표면]이 그슬릴지라. 무릇 혈기 있는 자는 나 여호와가 그 불을 일으킨 줄 알리니 그것이 꺼지지 아니하리라 하셨다 하라 하시기로 내가 가로되 오호라, 주

에스겔 20장: 이스라엘의 패역함

여호와여, 그들이 나를 가리켜 말하기를 그는 비유로 말하는 자가 아니냐 하나이다 하니라.

본문은 다시 예루살렘의 멸망에 대한 예언이다. 남쪽은 유다 땅을 가리키고 남방 삼림은 유다 백성을 가리킨다. 하나님께서는 유다 땅에 불을 일으켜 푸른 나무나 마른 나무, 즉 부자나 가난한 자를 다 멸할 것이며 맹렬한 불꽃이 남에서 북까지 모든 얼굴[표면]을 그슬릴 것이다. 에스겔은 하나님의 말씀을 전했으나 사람들은 그가 비유로 말하는 자라고 반응했다. 그들은 그 말씀을 진지하게 받지 않았다.

본문의 교훈을 정리해보자. 첫째로, 하나님께서는 이스라엘 백성의 우상숭배에 대해 진노하셨다. 33절, "내가 능한 손과 편 팔로 분노를 쏟아 너희를 단정코 다스릴지라." 38절, "너희 가운데서 패역한 자와 내게 범죄한 자를 모두 제하여 버릴지라." 47절, "내가 너의 가운데 불을 일으켜 모든 푸른 나무와 모든 마른 나무를 멸하리니." 하나님께서는 죄에 대해, 특히 우상숭배의 죄에 대해 노하시는 공의의 하나님이시다.

둘째로, 하나님의 뜻은 이스라엘 백성이 우상숭배하지 않는 것이다. 39절, "다시는 너희 예물과 너희 우상들로 내 거룩한 이름을 더럽히지 말지니라." 40절, "내 거룩한 산 곧 이스라엘의 높은 산에서 다 나를 섬기리니 거기서 내가 그들을 기쁘게 받을지라." 43절, "거기서 너희의 길과 스스로 더럽힌 모든 행위를 기억하고 이미 행한 모든 악을 인하여 스스로 미워하리라." 우리는 특히 돈 사랑, 세상 사랑을 멀리해야 한다. 우리는 하나님만 섬기며 그의 계명대로 거룩하고 선하게 살아야 한다.

셋째로, 하나님께서는 열방에 흩어진 백성을 그의 긍휼로 불러내실 것이다. 41절, "내가 너희를 인도하여 열국 중에서 나오게 하고 너희의 흩어진 열방 중에서 모아낼 때에 내가 너희를 향기로 받아." 이것은 오직 그의 은혜로 말미암음이고 그의 이름을 위해 행하신 일이다. 그때 이스라엘 백성은 은혜의 하나님을 참으로 알게 될 것이다(44절).

21장: 하나님의 심판의 칼이 옴

〔1-5절〕 여호와의 말씀이 또 내게 임하여 가라사대 인자야, 너는 얼굴을 예루살렘으로 향하며 성소를 향하여 소리내어 이스라엘 땅을 쳐서 예언하라. 이스라엘 땅에게 이르기를 여호와의 말씀에 내가 너를 대적하여 내 칼을 집에서 빼어 의인과 악인을 네게서 끊을지라. 내가 의인과 악인을 네게서 끊을 터이므로 내 칼을 집에서 빼어 무릇 혈기 있는 자를 남에서 북까지 치리니 무릇 혈기 있는 자는 나 여호와가 내 칼을 집에서 빼어낸 줄을 알지라. 칼이 다시 꽂혀지지 아니하리라 하셨다 하라.

하나님께서는 이스라엘 땅을 대적하며 그의 칼을 빼어 모든 사람들을 죽이시겠다고 말씀하신다. 그것은 그들이 범죄했기 때문이다. 하나님께서는 칼을 빼어 그 백성들을 의인과 악인을 막론하고, 산 자를 남에서 북까지 죽이실 것이며 그 칼을 칼집에 꽂지 않으실 것이다.

〔6-7절〕 인자야, 너는 탄식하되 허리가 끊어지는듯이 그들의 목전에서 슬피 탄식하라. 그들이 네게 묻기를 네가 어찌하여 탄식하느냐 하거든 대답하기를 소문을 인함이라. 재앙이 오나니 각 마음이 녹으며 모든 손이 약하여지며 각 영이 쇠하며 모든 무릎이 물과 같이 약하리라. 보라, 재앙이 오나니 정녕 이루리라. 나 주 여호와의 말이니라 하라.

에스겔은 재앙의 소문 때문에 이스라엘 백성 앞에서 허리가 끊어지듯 슬피 탄식해야 했다. 무서운 재앙이 올 것이며 각 사람의 마음은 녹으며 모든 손은 약해지고 각 영혼이 쇠하며 모든 무릎이 물같이 약해질 것이다. 하나님께서 선언하신 재앙은 반드시 올 것이다.

〔8-11절〕 여호와의 말씀이 또 내게 임하여 가라사대 인자야, 너는 예언하여 이르기를 여호와의 말씀에 칼이여, 칼이여, 날카롭고도 마광되었도다. 그 칼이 날카로움은 살륙을 위함이요 마광됨은 번개같이 되기 위함이니 우리가 즐거워하겠느냐? 내 아들의 홀이 모든 나무를 업신여기는도다[그것이 모든 나무처럼 내 아들의 홀을 경멸하도다](KJV, NIV). 그 칼이 손에 잡아 쓸 만하도록 마광되되 살륙하는 자의 손에 붙이기 위하여 날카롭고도 마광되

에스겔 21장: 하나님의 심판의 칼이 옴

었도다 하셨다 하라.

모든 나무는 이방 나라들을 가리키며 '내 아들의 홀'은 유다의 왕을 가리킬 것이다. 이방 나라들이 유다를 경멸할 것이다. 하나님의 칼은 날카롭고 마광되어 번개같이 사람들을 살육할 것이다.

〔12-14절〕 인자야, 너는 부르짖어 슬피 울지어다. 이것이 내 백성에게 임하며 이스라엘 모든 방백에게 임함이로다. 그들과 내 백성이 함께 칼에 붙인 바 되었으니 너는 네 넓적다리를 칠지어다. 이것이 시험이라. 만일 업신여기는 홀이 없어지면 어찌할꼬?[그 칼이 그 홀을 업신여기면 어찌하리요? 그것이 더 이상 없으리라](KJV, NIV). 나 주 여호와의 말이니라. 그러므로 인자야, 너는 예언하며 손뼉을 쳐서 칼로 세 번 거듭 씌우게 하라[세 번째는 칼로 거듭 해치게 하라](KJV, NASB). 이 칼은 중상(重傷)케 하는 칼이라. 밀실에 들어가서 대인을 중상케 하는 칼이로다[이 칼은 살해된 대인들을 위한, 그들을 둘러싼 칼이라](NASB, BDB).

에스겔은 하나님의 칼이 그의 백성 이스라엘에게 임하며 그 모든 방백에게 임하기 때문에 부르짖어 슬피 울어야 했다. 그들이 다함께 칼에 붙인 바 될 것이다. 하나님의 칼은 유다 왕도 업신여길 것이며 그 칼은 날카로워서 대인들도 살해하는 칼이 될 것이다.

〔15-17절〕 내가 그들로 낙담하여 많이 엎드러지게 하려고 그 모든 성문을 향하여 번쩍 번쩍하는 칼을 베풀었도다. 오호라, 그 칼이 번개같고 살륙을 위하여 날카로왔도다. 칼아, 모이라. 우향하라. 항오를 차리라. 좌향하라. 향한 대로 가라. 나도 내 손뼉을 치며 내 분을 다 하리로다[가라앉히리로다](KJV, NASB, NIV). 나 여호와의 말이니라.

하나님께서는 사람들로 낙담케 하시며 많이 엎드러지게 하실 것이다. 그의 칼은 모든 성문을 향해 번쩍이며 번개같고 날카로울 것이다. 하나님께서는 군대를 지휘하시듯이 칼에게 명령하신다고 표현되었다. 그는 손을 치시며 그의 분노가 가라앉기까지 행하실 것이다.

〔18-23절〕 여호와의 말씀이 내게 임하여 가라사대 인자야, 너는 바벨론 왕의 칼이 올 두 길을 한 땅에서 나오도록 그리되 곧 성으로 들어가는 길

에스겔 21장: 하나님의 심판의 칼이 옴

머리에다가 길이 나뉘는 지시표를 하여 칼이 암몬 족속의 랍바에 이르는 길과 유다 견고한 성 예루살렘에 이르는 길을 그리라. 바벨론 왕이 갈랫길 곧 두 길 머리에 서서 점을 치되 살들을 흔들어 우상에게 묻고 희생의 간을 살펴서 오른손에 예루살렘으로 갈 점괘를 얻었으므로 공성퇴(성을 공격하는 무기)를 베풀며 입을 벌리고 살륙하며 소리를 높여 외치며 성문을 향하여 공성퇴를 베풀고 토성을 쌓고 운제[포위벽]를 세우게 되었나니 전에 그들에게 맹약한 자들은 그것을 헛점으로 여길 것이나 바벨론 왕은 그 죄악을 기억하고 그 무리를 잡으리라.

하나님의 칼은 바벨론 왕의 칼을 의미했다. 하나님께서는 에스겔에게 바벨론 왕이 행할 일을 미리 그리게 하셨다. 바벨론 왕은 갈랫길 곧 두 길 머리에 서서 점을 칠 것이며 예루살렘으로 갈 점괘를 얻어 그 성을 향해 공격하는 무기를 베풀며 살육하며 소리를 높여 외치며 토성을 쌓고 포위벽을 세울 것이다. 바벨론 왕과 맹약했던 이스라엘 사람들은 그 점을 헛되다고 생각하나, 바벨론 왕은 그들의 죄악을 기억하고 그들을 잡을 것이다.

[24-27절] 그러므로 나 주 여호와가 말하노라. 너희의 악이 기억을 일으키며 너희의 건과(愆過)[범죄들]가 드러나며 너희 모든 행위의 죄가 나타났도다. 너희가 기억한 바 되었은즉 그 손에 잡히리라. 너 극악하여 중상을 당할 이스라엘 왕아[너 속되고 악한 이스라엘 왕아](KJV, NIV), 네 날이 이르렀나니 곧 죄악의 끝 때니라. 나 주 여호와가 말하노라. 관을 제하며 면류관을 벗길지라. 그대로 두지 못하리니 낮은 자를 높이고 높은 자를 낮출 것이니라. 내가 엎드러뜨리고 엎드러뜨리고 엎드러뜨리려니와 이것도 다시 있지 못하리라. 마땅히 얻을 자가 이르면 그에게 주리라.

이스라엘 왕은 죄로 인해 심판의 날을 맞을 것이며 그 왕관이 제거될 것이다. 하나님께서는 낮은 자를 높이시고 높은 자를 낮추실 것이다. 하나님께서 엎드러뜨리시면 그것을 막을 자가 없을 것이다.

[28-32절] 인자야, 주 여호와께서 암몬 족속과 그 능욕에 대하여 말씀하셨다고 너는 예언하라. 너는 이르기를 칼이 뽑히도다. 칼이 뽑히도다. 살륙하며 멸절하며 번개같이 되기 위하여 마광되었도다. 네게 대하여 허무한

것을 보며 네게 대하여 거짓 복술을 하는 자가 너를 중상을 당한 악인의 목 위에 두리니 이는 그의 날 곧 죄악의 끝 때가 이름이로다. 그러나 칼을 그 집에 꽂을지어다. 네가 지음을 받은 곳에서, 너의 생장한 땅에서 내가 너를 국문[심판]하리로다. 내가 내 분노를 네게 쏟으며 내 진노의 불을 네게 불고 너를 짐승 같은 자 곧 멸하기에 익숙한 자의 손에 붙이리로다. 네가 불에 섶과 같이[땔감이] 될 것이며 네 피가 나라[땅] 가운데 있을 것이며 네가 다시 기억되지 못할 것이니 나 여호와가 말하였음이니라 하라.

28절 이하에서는 암몬 족속에 대한 심판도 비슷하게 선언되었다. 하나님께서는 그들도 심판하셔서 그의 분노를 그들에게 쏟으실 것이며 그들은 불에 섶같이 탈 것이며 그들의 피는 땅 가운데 있을 것이며 그들은 다시 기억되지 못할 것이다.

본장의 교훈을 정리해보자. 하나님께서는 불경건하고 악한 이스라엘을 대적하셔서 칼을 보내실 것을 선언하셨다. 세상에는 두 부류의 사람들이 있다. 하나는 하나님을 경외하고 의를 행하는 자들이며, 다른 하나는 하나님을 두려워하지 않고 부인하고 악을 행하는 자들이다. 하나님께서는 후자의 사람들을 대적하시고 그들에게 칼을 보내실 것이다.

그러나 우리는 하나님의 은혜로 주 예수 그리스도의 대속을 믿음으로 그의 십자가 공로로 죄씻음과 의롭다 하심의 구원을 얻었다(롬 3:24; 엡 2:8). 주 예수 그리스도 안에 있는 자에게는 결코 정죄함이 없고(롬 8:1) 하나님께서 우리를 위하시면 우리를 대적할 자가 세상에 아무도 없다(롬 8:31). 그 어떤 것도 하나님의 사랑의 줄을 끊을 자가 없다(롬 8:35-39). 그러므로 복음 신앙, 속죄 신앙은 성도에게 생명줄과 같다.

그러나 이와 동시에, 우리는 중생한 성도가 죄 가운데 살 수 없다는 진리도 잊지 말아야 한다. 중생한 자는 계속 죄 가운데 거할 수 없다(요일 3:6). 우리는 죄에게 복종해서는 안 된다(롬 6:15). 참 믿음은 순종의 삶으로 나타난다. 행함이 없는 믿음은 그 자체가 죽은 것이다(약 2:17). 하나님께서는 오직 경건하고 바르게 사는 성도들의 미래를 보장하신다.

22장: 이스라엘의 죄악들

〔1-5절〕 여호와의 말씀이 또 내게 임하여 가라사대 인자야, 네가 국문[판단]하려느냐? 이 피 흘린 성읍을 국문[판단]하려느냐? 그리하려거든 자기의 모든 가증한 일을 그들로 알게 하라. 너는 이르기를 주 여호와의 말씀에 자기 가운데 피를 흘려 벌받을 때로 이르게 하며 우상을 만들어 스스로 더럽히는 성아, 네가 흘린 피로 인하여 죄가 있고 네가 만든 우상으로 인하여 스스로 더럽혔으니 네 날이 가까왔고 네 연한이 찼도다. 그러므로 내가 너로 이방의 능욕을 받으며 만국의 조롱거리가 되게 하였노라. 너 이름이 더럽고 어지러움[소란함]이 많은 자여, 가까운 자나 먼 자나 다 너를 조롱하리라.

하나님께서는 예루살렘 성에서 많은 사람들의 피가 부당하게 흘려졌고 가증한 일들 곧 우상숭배가 많았음을 지적하시며, 그들이 이방인들의 능욕을 받고 만국의 조롱거리가 될 것을 예언하셨다.

〔6-12절〕 이스라엘 모든 방백은 각기 권세대로 피를 흘리려고 네 가운데 있었도다. 그들이 네 가운데서 부모를 업신여겼으며 네 가운데서 나그네를 학대하였으며 네 가운데서 고아와 과부를 해하였도다. 너는 나의 성물들을 업신여겼으며 나의 안식일[들]을 더럽혔으며 네 가운데 피를 흘리려고 이간을 붙이는 자도 있었으며 네 가운데 산 위에서 제물을 먹는 자도 있었으며 네 가운데 음란하는 자도 있었으며 네 가운데 자기 아비의 하체를 드러내는 자도 있었으며 네 가운데 월경하는 부정한 여인에게 구합(媾合)하는 자도 있었으며 혹은 그 이웃의 아내와 가증한 일을 행하였으며 혹은 그 며느리를 더럽혀 음행하였으며 네 가운데 혹은 그 자매 곧 아비의 딸과 구합하였으며 네 가운데 피를 흘리려고 뇌물을 받는 자도 있었으며 네가 변전(邊錢)(네쉐크 נֶשֶׁךְ)[고리대금]과 이식(利息)[이자]을 취하였으며 이(利)를 탐하여 이웃에게 토색[강탈]하였으며 나를 잊어버렸도다. 나 주 여호와의 말이니라.

하나님께서는 이스라엘 모든 지도자들의 여러 죄악들, 즉 피흘림, 부모 멸시, 나그네 학대, 고아와 과부를 해침, 성물 무시, 안식일 더럽힘, 이간 붙임, 우상제물을 먹음, 근친상간 등의 음행들, 뇌물을 받음,

에스겔 22장: 이스라엘의 죄악들

고리대금, 강제로 빼앗음, 하나님을 잊어버림 등의 죄를 지적하셨다. 그것들은 십계명의 여러 계명들을 어긴 죄들이었다.

[13-16절] 너의 불의를 행하여 이(利)를 얻은 일과 네 가운데 피 흘린 일을 인하여 내가 손뼉을 쳤나니 내가 네게 보응하는 날에 네 마음이 견디겠느냐? 네 손이 힘이 있겠느냐? 나 여호와가 말하였으니 이룰지라. 내가 너를 열국 중에 흩으며 각 나라에 헤치고 너의 더러운 것을 네 가운데서 멸하리라. 네가 자기 까닭으로 열국의 목전에서 수치를 당하리니[네가 열국 앞에서 자신을 더럽히리니](BDB, NASB) **나를 여호와인 줄 알리라 하셨다 하라.**

하나님께서는 그들의 죄악에 대한 보응을 말씀하셨다. 그는 그들을 흩으시고 그들의 더러운 우상들을 멸하실 것이라고 말씀하셨다. 그때 그들은 하나님의 살아계심과 공의를 알게 될 것이다.

[17-22절] 여호와의 말씀이 내게 임하여 가라사대 인자야, 이스라엘 족속이 내게 찌끼가 되었나니 곧 풀무 가운데 있는 놋이나 상납[주석]이나 철이나 납이며 은의 찌끼로다. 그러므로 나 주 여호와가 말하노라. 너희가 다 찌끼가 되었은즉 내가 너희를 예루살렘 가운데로 모으고 사람이 은이나 놋이나 철이나 납이나 상납[주석]이나 모아서 풀무 속에 넣고 불을 불어 녹이는 것같이 내가 노와 분으로 너희를 모아 거기 두고 녹일지라. 내가 너희를 모으고 내 분노의 불을 너희에게 분즉 너희가 그 가운데서 녹되 은이 풀무 가운데서 녹는 것같이 너희가 그 가운데서 녹으리니 나 여호와가 분노를 너희 위에 쏟은 줄을 너희가 알리라.

이스라엘 백성은 광물의 찌끼같이 하나님 앞에 무가치한 자들이 되었다. 광물을 용광로에 넣어 녹여 찌끼를 걸러내어 순수한 광물을 만들어내듯이, 하나님께서는 그들을 분노의 불로 녹이실 것이다.

[23-31절] 여호와의 말씀이 내게 임하여 가라사대 인자야, 너는 그에게 이르기를 너는 정결함을 얻지 못한 땅이요 진노의 날에 비를 얻지 못한 땅이로다 하라. 그 가운데서 선지자들의 배역함(케쉐르 קֶשֶׁר)[공모(共謀)](BDB, KJV, NASB, NIV)이 우는 사자가 식물을 움킴 같았도다. 그들이 사람의 영혼[생명들]을 삼켰으며 전재(錢財)[재산]와 보물을 탈취하며 과부로 그 가운데 많게 하였으며, 그 제사장들은 내 율법을 범하였으며 나의 성물을 더럽혔으며

에스겔 22장: 이스라엘의 죄악들

거룩함과 속된 것을 분변치 아니하였으며 부정함과 정한 것을 사람으로 분변하게 하지 아니하였으며 그 눈을 가리워 나의 안식일[들]을 보지 아니하였으므로 내가 그 가운데서 더럽힘을 받았느니라. 그 가운데 그 방백들은 식물을 삼키는 이리 같아서 불의의 이(利)를 취하려고 피를 흘려 영혼[생명들]을 멸하거늘, 그 선지자들이 그들을 위하여 회를 칠하고 스스로 허탄한 이상을 보며 거짓 복술을 행하며 여호와가 말하지 아니하였어도 주 여호와의 말씀이라 하였으며, 이 땅 백성은 강포하며 늑탈하여 가난하고 궁핍한 자를 압제하였으며 우거한 자를 불법하게 학대하였으므로 이 땅을 위하여 성을 쌓으며 성 무너진 데를 막아서서 나로 멸하지 못하게 할 사람을 내가 그 가운데서 찾다가 얻지 못한 고로 내가 내 분으로 그 위에 쏟으며 내 진노의 불로 멸하여 그 행위대로 그 머리에 보응하였느니라. 나 주 여호와의 말이니라.

하나님께서는 이스라엘의 지도자들과 백성의 죄악을 구체적으로 열거하신다. 거짓 선지자들은 물질적 이욕을 구하며 사람들의 생명들을 죽이며 재물을 탈취하며 과부를 많게 하였고, 제사장들은 율법을 범하고 성물을 더럽히며 거룩함과 속됨, 깨끗함과 더러움을 분별치 않았고, 방백들은 물질적 이욕을 구하며 사람들을 죽였고, 선지자들은 그들을 합리화시키며 헛되고 거짓된 예언들을 했다. 백성들은 이웃에게 강포하고 늑탈하고 압제하며 학대했다. 하나님께서는 그의 진노를 막을 자가 없으므로 마침내 분노를 그들 위에 내리셨다.

본장의 교훈을 정리해보자. 첫째로, 우리는 경건하게 살아야 한다. 우리는 제1, 2계명대로 우상숭배치 말고 여호와 하나님만 섬겨야 한다.
둘째로, 우리는 서로 사랑해야 한다. 우리는 미움을 버려야 하고 새 계명대로 서로 사랑해야 한다(요 13:34). 사랑은 상대를 위하는 것이다.
셋째로, 우리는 거룩해야 한다. 음란을 버리고, 결혼의 의무와 순결을 지켜야 한다. 남편은 그 아내에 대한 의무를 다해야 하고 아내도 남편에 대한 의무를 다해야 하고, 사탄의 시험에 틈을 주지 말아야 한다.
넷째로, 우리는 불의의 재물을 취하지 말아야 한다. 우리는 정당하게 수고하여 먹고 살고 자족하며 살고 또 근검 절약하며 살아야 한다.

23장: 행음한 두 여자와 같음

1-24절, 오홀라와 오홀리바의 행음

〔1-4절〕 여호와의 말씀이 또 내게 임하여 가라사대 인자야, 두 여인이 있었으니 한 어미의 딸이라. 그들이 애굽에서 행음하되 어렸을 때에 행음하여 그들의 유방이 눌리며 그 처녀의 가슴이 어루만진 바 되었었나니 그 이름이 형은 오홀라요 아우는 오홀리바라. 그들이 내게 속하여 자녀를 낳았나니 그 이름으로 말하면 오홀라는 사마리아요 오홀리바는 예루살렘이니라.

애굽에서부터 행음한 두 여자는 북방 이스라엘인 사마리아와 남방 유다인 예루살렘을 가리켰다. 그들은 하나님의 특별한 소유인 언약 백성이었다. 이 두 여자가 애굽에 있었을 때 행음했다는 것은 이스라엘 백성이 애굽에서 나오기 전에 우상을 섬겼었다는 것을 보인다. 그것은 에스겔 20:7-8에서도 말씀하신 바이었다.

〔5-8절〕 오홀라가 내게 속하였을 때에 행음하여 그 연애하는 자 곧 그 이웃 앗수르 사람을 사모하였나니 그들은 다 자색 옷을 입은 방백과 감독[장관들]이요 준수한 소년, 말 타는 자들이라. 그가 앗수르 중에 잘 생긴 그 모든 자들과 행음하고 누구를 연애하든지 그들의 모든 우상으로 스스로 더럽혔으며 그가 젊었을 때에 애굽 사람과 동침하매 그 처녀의 가슴이 어루만진 바 되며 그 몸에 음란을 쏟음을 당한 바 되었더니 그가 그때부터 행음함을 마지아니하였느니라.

언니 오홀라, 즉 이스라엘 백성은 자색 옷을 입은 앗수르 방백과 장관들과 준수하고 잘 생긴 자들과 말 타는 자들의 우상을 섬겼다. 그러나 그들의 우상숭배는 하루아침에 된 것이 아니고 뿌리깊은 것이었다. 그것은 그들이 애굽에 거주했을 때부터 가졌던 습성이었다. 사람의 우상숭배적 죄성은 매우 오래된, 뿌리깊은 것이다.

〔9-10절〕 그러므로 내가 그를 그 정든 자 곧 그 연애하는 앗수르 사람의 손에 붙였더니 그들이 그 하체를 드러내고 그 자녀를 빼앗으며 칼로 그를

죽여 그 누명을 여자에게 드러내었나니[여자들 가운데 말거리가 되었나니](KJV, NASB) 이는 그들이 그에게 심문(쉐푸팀 שְׁפוּטִים)[심판들]을 행함이니라.

하나님께서는 북방 이스라엘 백성을 그 정든 자 앗수르 사람의 손에 붙이셨고, 앗수르 사람들은 이스라엘 백성의 수치를 드러내었고 그 자녀들을 빼앗으며 칼로 그들을 죽여 이방 나라들 가운데 말거리가 되게 하였다. 그것은 그들이 그에게 심판들을 행했기 때문이었다.

[11-12절] 그 아우 오홀리바가 이것을 보고도 그 형보다 음욕을 더하며 그 형의 간음함보다 그 간음이 더 심하므로 그 형보다 더 부패하여졌느니라. 그가 그 이웃 앗수르 사람을 연애하였나니 그들은 화려한 의복을 입은 방백과 감독[장관들]이요 말 타는 자들과 준수한 소년이었느니라.

그 동생 오홀리바 즉 남방 유다 백성은 북방 이스라엘 백성의 우상숭배와 그 멸망을 보고도 그 언니보다 음욕을 더하며 그 언니의 간음함보다 그 간음이 더 심하므로 그보다 더 부패해졌다. 오홀리바는 그 이웃 앗수르 사람들과 연애했는데, 그들은 화려한 의복을 입은 방백들과 장관들이며 말 타는 자들과 준수한 소년들이었다. 유다 사람들은 이스라엘 사람들의 외도(外道)와 부패와 멸망을 보았으면 조심해야 했는데도 조심하지 않고 오히려 더 부패하였던 것이다.

[13-15절] 그 두 여인이 한길로 행하므로 그도 더러워졌음을 내가 보았노라. 그가 음행을 더하였음은 붉은 것으로 벽에 그린 사람의 형상 곧 갈대아 사람의 형상을 보았음이니 그 형상은 허리를 띠로 동이고 머리를 긴 수건으로 쌌으며 용모는 다 존귀한 자 곧 그 고토 갈대아 바벨론 사람 같은 것이라.

북방 이스라엘 백성이나 남방 유다 백성이나 똑같이 부패하였다. 그들은 다 한길로 행하였고 다 더러워졌다. 하나님의 은혜가 아니고서는 아무도 바른 길로 행하지 못한다. 하나님의 많은 은혜를 받은 자도 계속 하나님의 은혜와 긍휼 가운데 있지 않고서는 마찬가지다. 유다 사람들이 음행을 더하였던 것은 붉은 것으로 벽에 그린 갈대아

에스겔 23장: 행음한 두 여자와 같음

사람들의 형상을 보았기 때문이었다. 그 형상은 그들의 본토 갈대아의 바벨론 사람들의 모양을 따라 허리를 띠로 동이고 머리를 긴 수건으로 쌌으며 용모는 다 존귀한 자들이었다.

[16-17절] 그가 보고 곧 연애하여 사자를 갈대아 그들에게로 보내매 바벨론 사람이 나아와 연애하는 침상에 올라 음란으로 그를 더럽히매 그가 더럽힘을 입은 후에 그들을 싫어하는 마음이 생겼느니라.

오홀리바는 그 그림을 보고 곧 연애하여 사자를 갈대아 사람들에게로 보내었고 바벨론 사람들은 나아와 연애하는 침상에 올라 음란으로 그를 더럽혔다. 그러나 오홀리바는 더럽힘을 입은 후에 그들을 싫어하는 마음이 생겼다. 싫어하는 마음이 생긴 것은 사랑으로 행한 것이 아니고 욕망을 좇아 행한 것이었기 때문일 것이다. 인간 관계의 사랑도 마찬가지다. 참된 사랑은 일시적, 충동적 욕망과 다르다.

[18-21절] 그가 이와 같이 그 음행을 나타내며 그 하체를 드러내므로 내 마음이 그 형을 싫어한 것같이 그를 싫어하였으나 그가 그 음행을 더하여 그 젊었을 때 곧 애굽 땅에서 음행하던 때를 생각하고 그 하체는 나귀 같고 그 정수(精水)[정액]는 말 같은 음란한 간부(姦婦)[연인들]를 연애하였도다. 네가 젊었을 때에 행음하여 애굽 사람에게 네 가슴과 유방이 어루만진 바 되었던 것을 오히려 생각하도다.

하나님께서는 오홀리바의 음행 때문에 그를 싫어하셨으나, 오홀리바는 젊었을 때에 애굽 사람들과 행음하여 그들에게 가슴과 유방이 어루만진 바 되었던 것을 생각하며 그 음행을 더하여 그 하체는 나귀 같고 그 정액은 말 같은 음란한 연인들을 연애하였다.

[22-24절] 그러므로 오홀리바야, 나 주 여호와가 말하노라. 내가 너의 연애하다가 싫어하던 자들을 격동시켜서 그들로 사방에서 와서 너를 치게 하리니 그들은 바벨론 사람과 갈대아 모든 무리 브곳과 소아와 고아 사람과 또 그와 함께 한 모든 앗수르 사람 곧 준수한 소년이며 다 방백과 감독이며 귀인과 유명한 자, 다 말 타는 자들이라. 그들이 병기와 병거와 수레와 크고 작은 방패를 이끌고 투구 쓴 군대를 거느리고 치러 와서 너를 에워쌀지라.

에스겔 23장: 행음한 두 여자와 같음

내가 심문권을 그들에게 맡긴즉 그들이 그 심문권대로 너를 심문하리라[내가 심판을 그들에게 맡긴즉 그들이 그 판단들대로 너를 심판하리라].

하나님께서는 바벨론 사람들과 앗수르 사람들을 불러 유다 나라를 에워쌀 것이다. 그는 바벨론 사람들에게 심판의 권한을 주셔서 이스라엘 백성을 심판하게 하실 것이다.

본문의 교훈을 정리해보자. 첫째로, 우리는 우리의 몸으로도 음행하지 말아야 한다. 하나님께서는 우리의 몸의 연약을 아시기 때문에 결혼 제도를 주셨다. 결혼한 자들은 부부의 관계를 거룩하고 선하고 아름답게 지켜야 한다. 잠언 5:18-19, "네 샘으로 복되게 하라. 네가 젊어서 취한 아내를 즐거워하라. 그는 사랑스러운 암사슴 같고 아름다운 암노루 같으니 너는 그 품을 항상 족하게 여기며 그 사랑을 항상 연모하라."

둘째로, 우리는 우상숭배치 말아야 한다. 이것이 본문의 주된 교훈이다. 우상숭배는 하나님 아닌 것을 하나님처럼 섬기는 행위이다. 우리는 우리의 참 소유자이신 하나님만 섬겨야 하기 때문에 우상숭배는 영적 음행이다. 우리는 세상의 헛된 것들, 즉 돈이나 육신의 쾌락이나 명예나 권세에 큰 가치를 두어 사랑하지 말아야 한다. 우리는 세상 사람들이 가지는 가치관을 버리고 하나님께서 교훈하신 가치관을 가져야 한다. 우리는 하나님만 섬기며 천국을 소망하며 그의 명령을 순종해야 한다.

셋째로, 우리는 역사를 거울삼아 바로 살아야 한다. 북방 이스라엘과 남방 유다는 그 우상숭배 때문에 하나님의 미워하심을 받고 죄의 형벌을 받았다. 오홀리바는 오홀라의 실패, 즉 그의 죄와 하나님의 징벌을 거울삼아 조심했어야 하였다. 고린도전서 10:6-12, "그런 일은 우리의 거울[실례(實例)]이 되어 우리로 하여금 저희가 악을 즐겨한 것같이 즐겨하는 자가 되지 않게 하려 함이니 저희 중에 어떤 이들과 같이 너희는 우상숭배하는 자가 되지 말라," "저희에게 당한 이런 일이 거울[실례(實例)]이 되고 또한 말세를 만난 우리의 경계로 기록하였느니라." 역사는 하나님의 섭리, 특히 그가 공의로 세상을 다스리심을 교훈한다.

에스겔 23장: 행음한 두 여자와 같음

25-49절, 행음에 대한 형벌

〔25-27절〕 내가 너를 향하여 투기를 발하리니 그들이 분노로 네게 행하여 네 코와 귀를 깎아버리고[제거하고] 남은 자를 칼로 엎드러뜨리며 네 자녀를 빼앗고 그 남은 자를 불에 사르며 또 네 옷을 벗기며 네 장식품을 빼앗을지라. 이와 같이 내가 네 음란과 애굽 땅에서부터 음행하던 것을 그치게 하여 너로 그들을 향하여 눈을 들지도 못하게 하며 다시는 애굽을 기억하지도 못하게 하리라.

하나님께서는 유다 나라를 향해 질투하시며 그들이 애굽 땅에서부터 음란하며 우상숭배하던 것을 이방 사람들을 통해 징벌하셔서 그치게 하실 것이다. 하나님의 징벌의 목적은 그들의 정결함에 있다.

〔28-30절〕 나 주 여호와가 말하노라. 내가 너의 미워하는 자와 네 마음에 싫어하는 자의 손에 너를 붙이리니 그들이 미워하는 마음으로 네게 행하여 네 모든 수고한 것을 빼앗고 너를 벌거벗겨 적신(赤身)으로 두어서 네 음행의 벗은 몸 곧 네 음란하며 음행하던 것을 드러낼 것이라. 네가 이같이 당할 것은 네가 음란히 이방을 좇고 그 우상들로 더럽혔음이로다.

하나님께서는 유다 나라를 그들이 미워하는 자들의 손에 붙이실 것이다. 그는 그들의 행한 대로 그들에게 갚으실 것이다. 그들은 이방 나라의 우상들로 자신을 더럽혔기 때문에 수치를 당할 것이다.

〔31-34절〕 네가 네 형의 길로 행하였은즉 내가 그의 잔을 네 손에 주리라. 나 주 여호와가 말하노라. 깊고 크고 가득히 담긴 네 형의 잔을 네가 마시고 비소와 조롱을 당하리라. 네가 네 형 사마리아의 잔 곧 놀람과 패망의 잔에 넘치게 취하고 근심할지라. 네가 그 잔을 다 기울여 마시고 그 깨어진 조각을 씹으며 네 유방을 꼬집을 것은 내가 이렇게 말하였음이니라. 나 주 여호와의 말이니라.

유다 나라는 이스라엘 나라의 길로 행했기 때문에 그 멸망의 잔을 마시고 조롱을 당할 것이다. 이 일이 그러할 것은 하나님께서 이렇게 말씀하셨기 때문이다. 하나님께서는 주권적 작정자요 섭리자이시다.

〔35절〕 그러므로 나 주 여호와가 말하노라. 네가 나를 잊었고 또 나를 네

등 뒤에 버렸은즉 너는 네 음란과 네 음행의 죄를 담당할지니라 하시니라.

유다 백성은 하나님을 잊었고 그를 무시하고 멸시하였고 우상숭배의 죄를 범하였기 때문에 그 죄의 벌을 담당할 것이다.

〔36-39절〕 여호와께서 또 내게 이르시되 인자야, 네가 오홀라와 오홀리바를 국문[판단]하려느냐? 그러면 그 가증한 일을 그들에게 고하라. 그들이 행음하였으며 피를 손에 묻혔으며 또 그 우상과 행음하며 내게 낳아준 자식들을 우상을 위하여 화제로 살랐으며 이 외에도 그들이 내게 행한 것이 있나니 당일에 내 성소를 더럽히며 내 안식일[안식일들](원문)을 범하였도다. 그들이 자녀를 죽여 그 우상에게 드린 당일에 내 성소에 들어와서 더럽혔으되 그들이 내 성전 가운데서 그렇게 행하였으며.

하나님께서는 에스겔에게 이스라엘 백성과 유다 백성의 가증한 일들 곧 음행과 살인과 우상숭배를 지적하신다. 그들은 심지어 하나님을 위해 주신 자식들을 우상을 위해 제물로 불태워드렸다. 그들의 손에는 그 제물의 피가 묻어 있었다. 또 그들은 자녀를 죽여 우상에게 드린 날에 하나님의 성소를 더럽혔고 하나님의 안식일들을 범하였다. 그들은 율법에 규정된 절기들을 잘 지키지 않았다.

〔40-42절〕 또 사자를 원방에 보내어 사람을 불러오게 하고 그들이 오매 그들을 위하여 목욕하며 눈썹을 그리며 스스로 단장하고 화려한 자리에 앉아 앞에 상을 베풀고 내 향과 기름을 그 위에 놓고 그 무리와 편히 지꺼리고 즐겼으며 또 광야에서 잡류와 술 취한 사람을 정하여 오매 그들이 팔쇠를 그 손목에 끼우고 아름다운 면류관을 그 머리에 씌웠도다.

유다 사람들은 이방 사람들과 함께 음행을 행했다. 그들은 영적인, 육적인 음행들을 행하였고, 특히 우상숭배들에 빠져 있었다.

〔43-45절〕 내가 음행으로 쇠한 여인을 가리켜 말하노라. 그가 그래도 그들과 피차 행음하는도다[그들이 그와 행음하겠느뇨?](KJV, NASB). 그들이 그에게 나아오기를 기생에게 나아옴같이 음란한 여인 오홀라와 오홀리바에게 나아왔은즉 의인이 음부(淫婦)를 심문함같이 심문하며 피를 흘린 여인을 심문함같이 심문하리니 그들은 음부요 또 피가 그 손에 묻었음이니라.

에스겔 23장: 행음한 두 여자와 같음

이방 사람들은 오홀라와 오홀리바에게 나아와 의인이 간부(姦婦)들이나 피를 흘린 여인들을 심판하듯이 그들을 심판할 것이다.

[46-49절] 나 주 여호와가 말하노라. 내가 군대를 거느리고 와서 치게 하여 그들로 학대와 약탈을 당하게 하리니 그 군대가 그들을 돌로 치며 칼로 죽이고 그 자녀도 죽이며 그 집들을 불사르리라. 이와 같이 내가 이 땅에서 음란을 그치게 한즉 모든 여인이 경성하여 너희 음행을 본받지 아니하리라. 그들이 너희 음란으로 너희에게 보응한즉 너희가 모든 우상을 위하던 죄를 담당할지라. 너희가 나를 주 여호와인 줄 알리라 하시니라.

바벨론 군대의 침공과 예루살렘 멸망은 하나님께서 내리시는 징벌이다. 그 결과, 하나님께서는 그 땅에서 음란과 우상숭배를 그치게 하실 것이며, 또 모든 사람들이 깨어 그들의 우상숭배를 본받지 않을 것이다. 그런 후에 유다 백성은 하나님을 바로 알게 될 것이다.

본문의 교훈을 정리해보자. 첫째로, <u>우상숭배는 구약시대에 이스라엘 백성의 역사에서 가장 큰 죄악이다.</u> 신약성경도 변함 없이 우상숭배를 경계하였다. 요한일서 5:21, "자녀들아, 너희 자신을 지켜 우상에서 멀리하라." 우상은 하나님 대신 하나님처럼 가치 있게 여기는 모든 것이다. 탐심은 우상숭배이다. 현대인의 우상은 돈이나 육신의 쾌락이다. 우리는 우상숭배하지 말아야 하고 모든 종류의 우상을 버려야 한다.

둘째로, <u>우리는 하나님을 바로 알고 하나님만 섬겨야 한다.</u> 하나님을 바로 아는 것이 영생이요 평안이요 행복이다. 우리는 천지만물을 창조하시고 지금도 살아계신 십자가 하나님, 곧 우리에게 성경을 주신 삼위일체 하나님을 바로 알고 오직 그를 섬겨야 한다. 신명기 6:4-5, "이스라엘아, 들으라. 우리 하나님 여호와는 오직 하나인 여호와시니 너는 마음을 다하고 성품을 다하고 힘을 다하여 네 하나님 여호와를 사랑하라." 하나님을 아는 자는 우상숭배를 포함하여 모든 악을 떠난다. 요한일서 3:6, "그 안에 거하는 자마다 범죄하지[계속 죄 안에 거하지] 아니하나니 범죄하는 자마다 그를 보지도 못하였고 그를 알지도 못하였느니라."

24장: 가마솥 비유

〔1-2절〕 제9년 10월 10일에(왕하 25:1) 여호와의 말씀이 내게 임하여 가라사대 인자야, 너는 날짜 곧 오늘날을 기록하라. 바벨론 왕이 오늘날 예루살렘에 핍근하였느니라(사마크 סָמַךְ)[에워쌌느니라](NASB, NIV).

제9년은 여호야긴 왕이 사로잡힌 지 제9년이며 시드기야 왕 9년, 즉 주전 588년경이다. 그 해에 바벨론 왕이 예루살렘 성을 에워쌌다.

〔3-5절〕 너는 이 패역한 족속에게 비유를 베풀어 이르기를 주 여호와의 말씀에 한 가마를 걸라. 건 후에 물을 붓고 양떼에서 고른 것을 가지고 각을 뜨고[토막을 내고] 그 넓적다리와 어깨고기의 모든 좋은 덩이를 그 가운데 모아 넣으며 고른 뼈를 가득히 담고 그 뼈를 위하여 가마 밑에 나무를 쌓아 넣고 잘 삶되 가마 속의 뼈가 무르도록 삶을지어다.

하나님께서는 에스겔이 패역한 이스라엘 족속에게 가마솥을 걸고 양떼에서 좋은 것들을 넣고 뼈가 무르도록 삶는 비유를 하게 하셨다.

〔6-8절〕 그러므로 나 주 여호와가 말하노라. 피 흘린 성읍, 녹슨 가마 곧 그 속의 녹을 없이 하지 아니한 가마여 화 있을진저. 제비 뽑을 것도 없이 그 덩이를 일일이 꺼낼지어다. 그 피가 그 가운데 있음이여, 피를 땅에 쏟아서 티끌이 덮이게 하지 않고 말간 반석 위에 두었도다. 내가 그 피를 말간 반석 위에 두고 덮이지 않게 함은 분노를 발하여 보응하려 함이로라.

가마솥 비유는 예루살렘 성에 대한 비유이다. 하나님께서는 예루살렘 성을 "피 흘린 성읍, 녹슨 가마"라고 표현하신다. 므낫세 왕 때 예루살렘 성은 무죄한 자들의 피를 많이 흘렸다(왕하 21:16). 그래서 하나님께서는 그 피를 흙에 덮이게 하지 않고 맨 반석 위에 두었다고 표현하셨다. 그것은 그의 분노가 정당함을 보이시기 위함이다.

〔9-12절〕 그러므로 나 주 여호와가 말하노라. 화 있을진저 피를 흘린 성읍이여, 내가 또 나무 무더기를 크게 하리라. 나무를 많이 쌓고 불을 피워 그 고기를 삶아 녹이고 국물을 졸이고(하르카크 함메르카카 הַרְקַח הַמֶּרְקָחָה)[양념을 치고](KJV, NASB, NIV) 그 뼈를 태우고 가마가 빈 후에는 숯불 위에

놓아 뜨겁게 하며 그 가마의 놋을 달궈서 그 속에 더러운 것을 녹게 하며 녹이 소멸하게 하라. 이 성읍이 수고하므로 스스로 곤비하나 많은 녹이 그 속에서 벗어지지 아니하며 불에서도 없어지지 아니하는도다.

하나님께서는 나무 무더기를 크게 해 불을 피워 솥 안의 고기를 푹 삶고 양념을 치고 빈 가마솥을 뜨겁게 달궈 그 속에 더러운 것을 녹게 하고 녹이 없어지게 하듯이, 범죄한 예루살렘을 징벌하실 것이다.

〔13절〕너의 더러운 중에 음란이 하나이라. [왜냐하면](야안 יַעַן)(KJV, NASB, NIV)내가 너를 정하게 하나 네가 정하여지지 아니하니[아니함이니] 내가 네게 향한 분노를 풀기 전에는 네 더러움이 다시 정하여지지 아니하리라.

가마솥의 녹은 그들의 죄악을 가리킨다. 그들은 음란하였고 특히 우상숭배했다. 이런 죄악은 하나님의 크신 분노로만 깨끗게 될 것이다. 유다와 예루살렘의 멸망은 그들의 정결함을 위해 불가피하였다.

〔14절〕나 여호와가 말하였은즉 그 일이 이룰지라. 내가 돌이키지도 아니하며 아끼지도 아니하며 뉘우치지도 아니하고 행하리니 그들이 네 모든 행위대로 너를 심문[심판]하리라. 나 주 여호와의 말이니라 하셨다 하라.

하나님의 심판 의지는 단호하시다. 하나님께서는 참으로 죄악을 미워하시고 끝까지 회개치 않고 고집을 부리는 자들을 엄하게 징벌하실 것이다. 바벨론 군대는 와서 그들의 모든 행위대로 그들을 심판할 것이다. 이것은 유다 백성의 죄에 대한 하나님의 심판이다.

〔15-19절〕여호와의 말씀이 또 내게 임하여 가라사대 인자야, 내가 네 눈에 기뻐하는 것(마크마드 מַחְמַד)[원하는 것](KJV, NASB)을 한번 쳐서 빼앗으리니 너는 슬퍼하거나 울거나 눈물을 흘리거나 하지 말며 죽은 자들을 위하여 슬퍼하지 말고 종용히 탄식하며 수건으로 머리를 동이고 발에 신을 신고 입술을 가리우지 말고 사람의 부의(賻儀)하는[사람들의] 식물을 먹지 말라 하신지라. 내가 아침에 백성에게 고하였더니 저녁에 내 아내가 죽기로 아침에 내가 받은 명령대로 행하매 백성이 내게 이르되 네가 행하는 이 일이 우리에게 무슨 상관이 되는지 너는 우리에게 고하지 아니하겠느냐 하므로.

하나님께서는 에스겔에게 그의 눈에 원하는 것을 빼앗겠다고 말씀

에스겔 24장: 가마솥 비유

하시며 그때 슬퍼하거나 울거나 눈물을 흘리거나 하지 말고 조용히 탄식하고 수건으로 머리를 동이고 발에 신을 신고 입술을 가리지 말고 음식을 먹지 말라고 하셨다. 에스겔은 아침에 백성에게 이 말씀을 고하였는데 저녁에 그의 아내가 죽었다. 에스겔은 다음날 아침에 그가 받은 명령대로 행하였다. 그때 이스라엘 백성은 그에게 물었다.

〔20-24절〕 내가 그들에게 대답하기를 여호와의 말씀이 내게 임하여 가라사대 너는 이스라엘 족속에게 이르기를 주 여호와의 말씀에 내 성소는 너희 세력의 영광이요 너희 눈의 기쁨이요 너희 마음에 아낌이 되거니와 내가 더럽힐 것이며 너희의 버려 둔 자녀를 칼에 엎드러지게 할지라. 너희가 에스겔의 행한 바와 같이 행하여 입술을 가리우지 아니하며 사람의 식물을 먹지 아니하며 수건으로 머리를 동인 채, 발에 신을 신은 채로 두고 슬퍼하지도 아니하며 울지도 아니하되 죄악 중에 쇠패하여 피차 바라보고 탄식하리라. 이와 같이 에스겔이 너희에게 표징이 되나니 그가 행한 대로 너희가 다 행할지라. 이 일이 이루면 너희가 나를 주 여호와인 줄 알리라 하라 하셨느니라.

하나님께서는, 그들의 힘의 영광이요 그들의 눈에 원하는 바요 그들의 마음에 아끼는 바인 하나님의 성소 곧 예루살렘 성전을 더럽히실 것이며 그들의 버려 둔 자녀들을 칼에 엎드러지게 하실 것이다. 그들은 에스겔처럼 입술을 가리우지 않고 음식을 먹지 않고 수건으로 머리를 동이고 발에 신을 신은 채로 슬퍼하거나 울지 않고 조용히 탄식할 것이다. 그들은 그 죄악 가운데서 쇠잔하여 멸망할 것이다. 이와 같이, 에스겔은 그들에게 표징이 되었다. 그가 행한 대로 그들은 행할 것이며, 이 일이 이루어질 때 그들은 하나님을 알 것이다.

〔25-27절〕 인자야, 내가 그 힘과 그 즐거워하는 영광과 그 눈의 기뻐하는[원하는] 것과 그 마음의 간절히 생각하는 자녀를 제하는 날 곧 그 날에 도피한 자가 네게 나아와서 네 귀에 그 일을 들리지 아니하겠느냐? 그 날에 네 입이 열려서 도피한 자에게 말하고 다시는 잠잠하지 아니하리라. 이와 같이 너는 그들에게 표징이 되고 그들은 내가 여호와인 줄 알리라.

하나님께서, 그들의 힘과 그 즐거워하는 영광과 그 눈의 원하는 바인 예루살렘 성과 특히 하나님의 성전과 또 그 마음의 간절히 생각하는 자녀들을 제하시는 날에, 예루살렘 성에서 도피한 자는 그에게 와서 그 일을 알려줄 것이며 그 날에 에스겔의 입은 열려서 잠잠하지 않고 그에게 말할 것이다. 그때 그들은 하나님을 알게 될 것이다.

본장의 교훈을 정리해보자. 첫째로, 하나님께서는 피 흘린 성읍(6, 9절)과 이스라엘 백성의 음란한 죄악을 진노하셨다. 예루살렘 성은 무죄한 자들의 피를 많이 흘렸고 육적으로, 영적으로 음란했다. 우리는 음행을 버려야 하고 우상숭배를 버려야 한다. 하나님을 경외하는 자는 그의 계명들을 지켜 자신을 정결케 해야 하고 하나님을 사랑하고 또 이웃을 사랑해야 한다. 하나님께서는 우리의 정결함을 원하신다. 우리는 모든 우상들을 버리고 우상숭배를 버리고 하나님께 순종해야 한다.

둘째로, 하나님께서는 에스겔의 사랑하는 아내를 데려가셨고 이스라엘 백성이 사랑하며 아끼던 예루살렘 성전을 멸망시키시고 또 그들이 사랑하는 자녀들을 죽이실 것이다(16, 21, 25절). 하나님보다 더 사랑하는 것은 다 우상숭배이다. 만일 우리가 우상을 품고 범죄하고 불결하다면 하나님께서는 우리의 기뻐하고 원하는 바를 빼앗으실 것이다. 우리의 아내도, 자녀도, 돈도 빼앗아 가실 것이다. 우리는 만물의 주인이신 여호와 하나님만 사랑하며 오직 그의 계명들을 순종해야 한다.

셋째로, 이스라엘 백성은 하나님의 징벌과 예루살렘 성의 멸망 후에 하나님을 알 것이다(24, 27절). 에스겔서에는 '안다'는 말(야다 יָדַע)이 98번 나오고, 본문에도 두 번 나온다. 그러나 우리는 그의 징벌을 통해서가 아니고 그의 징벌을 받기 전에 평소에 성경을 통해 하나님을 알아야 한다. 호세아 6:3, 6, "우리가 여호와를 알자. 힘써 여호와를 알자," "나는 인애를 원하고 제사를 원치 아니하며 번제보다 하나님을 아는 것을 원하노라." 하나님을 아는 것이 영생이다(요 17:3). 하나님을 참으로 아는 자만이 모든 죄를 버리고 의와 선을 행할 것이다(고전 15:34).

25장: 암몬, 모압, 에돔, 블레셋에 대한 선언

 [1-3절] 여호와의 말씀이 또 내게 임하여 가라사대 인자야, 암몬 족속을 향하여 그들을 쳐서 예언하라. 너는 암몬 족속에게 이르기를 너희는 주 여호와의 말씀을 들을지어다. 주 여호와의 말씀에 내 성소를 더럽힐 때에[내 성소가 더럽힘을 당할 때에] 네가 그것을 대하여, 이스라엘 땅이 황무할 때에 네가 그것을 대하여, 유다 족속이 사로잡힐 때에 네가 그들을 대하여 이르기를 아하 좋다 하였도다.

 암몬 족속은 하나님의 성소가 더럽힘을 당할 때에, 이스라엘 땅이 황무할 때에, 유다 족속이 사로잡힐 때에 그 일을 기뻐하였다.

 [4-5절] 그러므로 내가 너를 동방 사람에게 기업으로 붙이리니 그들이 네 가운데 진을 치며 네 가운데 그 거처를 베풀며 네 실과를 먹으며 네 젖을 마실지라. 내가 랍바로 약대의 우리(나웨 הוֶנ)[거처]를 만들며 암몬 족속의 땅으로 양무리의 눕는 곳을 삼은즉 너희가 나를 여호와인 줄 알리라.

 하나님께서는 암몬 사람들이 유다 나라의 멸망을 기뻐하였기 때문에 노하셨고 그들을 동방 사람들에게 정복당하게 하실 것이다. 암몬의 수도 랍바는 약대의 거처가 될 것이다. 또 그 멸망의 날에 그들은 주권적 섭리자이신 여호와 하나님을 알게 될 것이다.

 [6-7절] [이는] 나 주 여호와가 말하노라. 네가 이스라엘 땅을 대하여 손뼉을 치며 발을 구르며 마음을 다하여 멸시하며 즐거워하였나니[즐거워하였음이니] 그런즉 내가 손을 네 위에 펴서 너를 다른 민족에게 붙여 노략을 당하게 하며 너를 만민 중에 끊어버리며 너를 열국 중에서 패망케 하여 멸하리니 네가 나를 여호와인 줄 알리라 하셨다 하라.

 암몬 족속의 땅이 약대의 거처와 양무리의 눕는 곳이 되게 하시는 이유는 그들이 이스라엘 나라의 멸망에 대해 손뼉을 치며 발을 구르며 마음을 다하여 멸시하며 즐거워하였기 때문이다. 하나님께서는 그들의 행위를 불쾌하게 여기시며 그들로 다른 민족들에게 멸망을

에스겔 25장: 암몬, 모압, 에돔, 블레셋에 대한 선언

당하게 하실 것이다. 그러나 암몬 족속들은 이 일로 인해 섭리자이신 영원하신 여호와 하나님을 알게 될 것이다.

[8-11절] 나 주 여호와가 말하노라. 모압과 세일이 이르기를 유다 족속은 모든 이방과 일반이라 하도다. 그러므로 내가 모압의 한편(카세프 כָּתֵף) [옆구리](KJV, NASB, NIV) 곧 그 나라 변경에 있는 영화로운 성읍들 벧여시못과 바알므온과 기랴다임을 열고 암몬 족속 일반으로[암몬 족속과 함께] 동방 사람에게 붙여 기업을 삼게 할 것이라. 암몬 족속으로 다시는 이방 가운데서 기억되지 아니하게 하려니와 내가 모압에 벌을 내리리니 그들이 나를 여호와인 줄 알리라.

하나님께서는 모압과 세일 곧 에돔에 대해서도 심판을 선언하셨다. 그들은 하나님의 특별한 은혜를 받은 유다 백성을 멸시하며 그들이 모든 이방 사람들과 일반이라고 말했었다. 그러므로 하나님께서는 모압의 옆구리 곧 그 나라 변경에 있는 영화로운 성읍들을 열고 암몬 족속과 함께 동방 사람에게 붙여 기업을 삼게 할 것이다. 암몬 족속은 세상에서 다시 기억되지 않을 것이며 하나님께서 모압에게도 벌을 내리실 것이며 그들은 그때 여호와 하나님을 알게 될 것이다.

[12-14절] 나 주 여호와가 말하노라. 에돔이 유다 족속을 쳐서 원수를 갚았고 원수를 갚음으로 심히 범죄하였도다. 그러므로 나 주 여호와가 말하노라. 내가 내 손을 에돔 위에 펴서 사람과 짐승을 그 가운데서 끊어 데만에서부터 황무하게 하리니 드단까지 칼에 엎드러지리라. 내가 내 백성 이스라엘의 손을 빙자하여[이스라엘의 손으로] 내 원수를 에돔에게 갚으리니 그들이 내 노와 분을 따라 에돔에 행한즉 내가 원수를 갚음인 줄을 에돔이 알리라. 나 주 여호와의 말이니라.

하나님께서는 에돔 족속에 대해서도 징벌을 선언하셨다. 그들은 유다 족속을 쳐서 원수를 갚음으로 심히 범죄하였었다. 에돔은 데만에서부터 드단까지 칼에 엎드러질 것이다. 데만은 에돔의 주요 성이며 드단은 에돔의 최남단의 성이다. 하나님께서는 자기 백성 이스라엘의 손으로 에돔에게 원수를 갚으실 것이며 에돔 사람은 하나님께

에스겔 25장: 암몬, 모압, 에돔, 블레셋에 대한 선언

서 원수를 갚음인 줄을 알게 될 것이다.

〔15-17절〕 나 주 여호와가 말하노라. 블레셋 사람이 옛날부터 미워하여 멸시하는 마음으로 원수를 갚아 진멸코자 하였도다. 그러므로 나 주 여호와가 말하노라. 내가 블레셋 사람 위에 손을 펴서 그렛 사람을 끊으며 해변에 남은 자를 진멸하되 분노의 책벌로 내 원수를 그들에게 크게 갚으리라. 내가 그들에게 원수를 갚은즉 그들이 나를 여호와인 줄 알리라 하시니라.

하나님께서는 블레셋에 대해서도 심판을 선언하셨다. 블레셋 사람들은 옛날부터 유다를 향하여 미워하며 멸시하는 마음으로 원수를 갚아 유다를 없애려고 했다. 그러므로 하나님께서는 블레셋 사람들 위에 손을 펴서 그 원수를 그들에게 크게 갚으실 것이다. 그때 그들은 섭리자이신 영원하신 여호와 하나님을 알게 될 것이다.

본장의 교훈을 정리해보자. 첫째로, 암몬 족속, 모압 족속, 에돔 족속, 블레셋 족속은 다 하나님의 손안에 있다. 이 세상 나라들과 세계 정세는 하나님의 손안에 있다. 우리는 오늘날에도 하나님께서 세계 역사의 주관자이시며 주권적 섭리자이심을 알아야 한다(7, 11, 14, 19절).

둘째로, 하나님께서는 암몬 족속, 모압의 성읍들, 에돔 족속, 블레셋 사람들의 악을 심판하실 것이다. 하나님의 심판은 역사 속에서도 있었고 최종적으로도 있을 것이다. 하나님의 마지막 심판이 있다. 주께서는 곡식과 가라지 비유에서와 양과 염소의 비유에서 그것을 말씀하셨고(마 13:40-42; 25:31-46), 사도 요한도 요한계시록에서 그것을 증거했다(계 20:12). 하나님께서는 장차 세상 나라들의 악을 심판하실 것이다.

셋째로, 암몬 자손들이나 모압 자손들은 이스라엘 백성이 멸망할 때 손뼉치며 멸시하며 기뻐하였고 에돔 자손들은 유다 백성을 쳐서 원수를 갚음으로 심히 범죄했고 블레셋 사람들은 옛날부터 이스라엘 백성을 미워하고 멸시하였다. 하나님께서는 사람들이 성도들을 미워하고 핍박한 죄를 심판하실 것이다. 우리는 이웃을 멸시하는 죄를 범치 말고 특히 믿는 형제들을 미워하거나 해치는 죄를 범해서는 안 된다.

26장: 두로에 대한 심판의 선언

〔1-2절〕 제11년 어느 달 초 1일에 여호와의 말씀이 내게 임하여 가라사대 인자야, 두로가 예루살렘을 쳐서 이르기를 아하 좋다. 만민의 문이 깨어져서 내게로 돌아왔도다. 그가 황무하였으니 내가 충만함을 얻으리라 하였도다.

제11년은 유다 왕 여호야긴이 포로로 잡혀온 지 제11년 곧 주전 586년경이다. 그 해에 예루살렘 성은 바벨론 군대에 의해 멸망당하였다. 그 해에 두로에 대한 심판을 선언하신 하나님의 말씀이 에스겔에게 임했다. 두로는 이스라엘 나라의 북서쪽에 위치한 매우 부요한 항구이며 그 주위를 통치하는 성이었다. 하나님께서는 두로가 예루살렘 성의 멸망을 기뻐하며 그것의 멸망이 자신에게 유익하고 자신에게 충만함이 되리라고 기대한 마음을 정죄하시고 심판을 선언하신다.

〔3-6절〕 그러므로 나 주 여호와가 말하노라. 두로야, 내가 너를 대적하여 바다가 그 파도로 흉용케 함같이 열국으로 와서 너를 치게 하리니 그들이 두로의 성벽을 훼파하며 그 망대를 헐 것이요 나도 티끌(아파르 עָפָר)[파괴된 성의 파편들 즉 폐기물들](BDB, NASB)을 그 위에서 쓸어버려서 말간 반석이 되게 하며 바다 가운데 그물 치는[그물 말리는 곳](14절도 원어는 같음) 곳이 되게 하리니 내가 말하였음이니라. 나 주 여호와의 말이니라. 그가 이방의 노략거리가 될 것이요 들에 있는 그의 딸들은 칼에 죽으리니 그들이 나를 여호와인 줄 알리라.

하나님께서는 두로를 대적하셔서 바다의 무서운 파도같이 열국들이 와서 그를 치게 하실 것이다. 그는 주권자이시므로 열국들을 동원하실 수 있고 그들을 불러 두로를 치게 하실 수 있다. 국제 관계는 하나님의 주권적 섭리 안에 있다. 이방 나라들은 와서 두로의 성벽들을 부수고 그 망대들을 헐 것이며 하나님께서는 파편들을 그 위에서 쓸어버려 성의 기초가 드러나고 바다 가운데 그물 말리는 곳이 되게 하실 것이다. '말간 반석'이라는 표현은 바위 위에 세워진 성이 파괴되고 제거됨을 가리키며, 또 두로는 이웃 나라들의 노략거리가 될 것이며 들에 있는 사람들은 칼에 죽을 것이다. 이 모든 일들이 하나님의 주권적 섭리 안에 이루어질 것이다. 두로 사람들은 이 일로 인해 영원하신 섭리자 여호와 하나님을 알게 될 것이다.

[7-10절] 나 주 여호와가 말하노라. 내가 열왕의 왕 곧 바벨론 왕 느부갓네살로 북방에서 말과 병거와 기병과 군대와 백성의 큰 무리를 거느리고 와서 두로를 치게 할 때에 그가 들에 있는 너의 딸들을 칼로 죽이고 너를 치려고 운제[포위벽]를 세우며 토성을 쌓으며 방패를 갖출 것이며 공성퇴[성벽을 부수는 기구]를 베풀어 네 성을 치며 도끼로 망대를 찍을 것이며 말이 많으므로 그 티끌이 너를 가리울 것이며 사람이 훼파된 성 구멍으로 들어가는 것같이 그가 네 성문으로 들어갈 때에 그 기병과 수레와 병거의 소리로 인하여 네 성곽이 진동할 것이며.

하나님께서는 열왕의 왕인 바벨론 왕 느부갓네살로 북방에서 오게 하실 것이다. 그는 주권적 섭리로 바벨론 왕을 불러 두로를 치게 하실 것이다. 세계 역사를 주관하시는 이는 하나님이시며, 세계의 강대국들의 지도자들을 주관하시는 이도 하나님이시다. 바벨론 왕은 말들과 병거들과 기병들과 군대들과 백성들의 큰 무리를 거느리고 와서 두로를 칠 때에 그 거민들을 칼로 죽일 것이며 군대들의 먼지가 성을 가릴 것이며 병거들의 소리가 성곽을 진동시킬 것이다.

[11-14절] 그가 그 말굽으로 네 모든 거리를 밟을 것이며 칼로 네 백성을 죽일 것이며 네 견고한 석상[들]을 땅에 엎드러뜨릴 것이며 네 재물을 빼앗을 것이며 네 무역한 것을 노략할 것이며 네 성[들]을 헐 것이며 네 기뻐하는 집을 무너뜨릴 것이며 또 네 돌들과 네 재목과 네 흙을 다 물 가운데 던질 것이라. 내가 네 노랫소리로 그치게 하며 네 수금 소리로 다시 들리지 않게 하고 너로 말간 반석이 되게 한즉 네가 그물 말리는[펼치는] 곳이 되고 다시는 건축되지 못하리니 나 여호와가 말하였음이니라. 나 주 여호와의 말이니라.

에스겔 26장: 두로에 대한 심판의 선언

　　바벨론 왕은 그 말굽으로 두로의 모든 거리를 밟을 것이며 칼로 그의 백성을 죽일 것이며 그의 견고한 석상들과 신상들을 땅에 엎드러뜨릴 것이다. 또 그는 두로의 재물을 빼앗고 그의 무역한 것을 노략할 것이다. 두로는 무역을 통해 돈과 물품이 풍성한 도시였지만 하나님께서 그것들을 다 빼앗기게 하실 것이다. 하나님께서는 또 두로의 노랫소리로 그치게 하시고 그의 수금 소리로 다시 들리지 않게 하실 것이다. 그는 그들의 즐거움과 기쁨을 다 제거하실 것이다. 그가 말씀하셨으므로 이 일이 다 이루어질 것이다.

　　[15-18절] 주 여호와께서 두로를 대하여 말씀하시되 너의 엎드러지는 소리에 모든 섬이 진동하지 아니하겠느냐? 곧 너희 중에 상한 자가 부르짖으며 살륙을 당할 때에라. 그때에 바다의 모든 왕이 그 보좌에서 내려 조복을 벗으며 수놓은 옷을 버리고 떨림을 입듯하고 땅에 앉아서 너로 인하여 무시로 떨며 놀랄 것이며 그들이 너를 위하여 애가를 불러 이르기를 항해자의 거한 유명한 성이여, 너와 너의 거민이 바다 가운데 있어 견고하였었도다. 해변의 모든 거민을 두렵게 하였더니 어찌 그리 멸망하였는고. 너의 무너지는 그 날에 섬들이 진동할 것임이여, 바다 가운데 섬들이 네 결국을 보고 놀라리로다 하리라.

　　두로가 멸망할 때 다른 섬들이 다 놀랄 것이다. 바다의 모든 왕들이 그 보좌에서 내려 조복을 벗으며 수놓은 옷을 버리고 떨며 놀랄 것이며 애가를 부를 것이다. 세상적으로 부요하고 영광스러웠던 성, 모든 사람들을 두렵게 하기까지 했던 두로가 이렇게 멸망하니 많은 사람들이 놀라서 떨며 슬퍼할 것이다.

　　[19-21절] 나 주 여호와가 말하노라. 내가 너로 거민이 없는 성과 같이 황무한 성이 되게 하고 깊은 바다로 네 위에 오르게 하며 큰물로 너를 덮게 할 때에 내가 너로 구덩이에 내려가는 자와 함께 내려가서 옛적 사람에게로 나아가게 하고 너로 그 구덩이에 내려간 자와 함께 땅 깊은 곳 예로부터 황적한 곳에 거하게 할지라. 네가 다시는 사람이 거하는 곳이 되지 못하리니 산 자의 땅에서 영광을 얻지 못하리라. 내가 너를 패망케 하여 다시 있지

에스겔 26장: 두로에 대한 심판의 선언

못하게 하리니 사람이 비록 너를 찾으나 다시는 영원히 만나지 못하리라. 나 주 여호와의 말이니라.

"산 자의 땅에서 영광을 얻지 못하리라"는 말은 "내가 산 자들의 땅에 영광을 두리라"는 뜻이라고 보인다(KJV, NASB). 하나님께서는 두로를 거민이 없는 성과 같이 황무한 성이 되게 하실 것이다. 두로는 옛날 사람들이 있는 땅 깊은 곳으로 내려갈 것이다. 그 곳은 무덤과 지옥이다. 두로는 황폐하고 황적하게 될 것이다. 다시는 그 성에 사람들이 거하지 못할 것이다.

본장의 교훈을 정리해보자. <u>첫째로, 두로는 주권자 하나님을 알지 못하고 그와 대적 관계에 있었다.</u> 그러므로 하나님께서는 두로를 심판하실 것이다. 하나님께서는 세상 나라들과 그 열왕들을 불러 두로를 치실 것이다. 두로의 멸망의 일을 주도하시고 이루시는 이는 하나님이시다. 우리는 하나님께서 세상의 모든 일을 주관하시는 섭리자이시며 통치자이심을 알아야 한다. 우리는 주권자 하나님을 알아야 한다.

<u>둘째로, 두로의 잘못 중 하나는 예루살렘의 멸망을 기뻐하고 그것을 자신의 복의 기회라고 생각한 것이다.</u> 하나님께서는 그 마음을 정죄하셨고 심판하셨다. 우리는 형제의 고난을 슬퍼하며 동정하고 그를 위하여 기도할지언정, 그의 고난과 멸망을 기뻐하지 말아야 하고 그것을 우리의 이익의 기회로 삼아서는 안 된다. 하나님의 뜻은 우리가 이웃을 사랑하는 것이다. 만일 우리가 그렇게 하면 하나님께서는 형제의 고난을 거두시고 도리어 우리에게 그런 고난을 주실지도 모른다.

<u>셋째로, 하나님께서 심판하실 때 두로 백성은 죽임을 당하고 그 물질적 부요는 다 빼앗기고 그들이 즐기던 것들도 다 없어질 것이다.</u> 열국의 왕들은 놀랄 것이며 슬픈 노래를 부를 것이다. 하나님께서는 그 성을 황무한 성이 되게 하실 것이다. 그러므로 우리는 헛된 물질적 부요를 자랑하거나 의지하지 말고 그런 것으로 만족하지 말아야 한다. 야고보는 우리의 생명이 잠깐 보이다가 없어지는 안개와 같다고 말했다.

에스겔 27장: 두로를 위한 애가

27장: 두로를 위한 애가

〔1-4절〕 여호와의 말씀이 내게 임하여 가라사대 인자야, 너는 두로를 위하여 애가를 지으라. 너는 두로를 향하여 이르기를 바다 어귀에 거하여 여러 섬 백성과 통상하는 자여, 주 여호와의 말씀에 두로야, 네가 말하기를 나는 온전히 아름답다 하였도다. 네 지경이 바다 가운데 있음이여, 너를 지은 자개[자들이] 네 아름다움을 온전케 하였도다.

두로는 당시 지중해에서 동서남북을 연결하는 가장 중요한 무역 도시로서 그 성을 중심으로 매우 부요하며 강성한 나라를 형성하고 있었다. 그들은 스스로를 온전히 아름답다고 자랑했다. 두로는 마주 대하는 섬이 더 중심이 되는 부분이었다. 그래서 하나님께서는 "네 지경이 바다 가운데 있음이여"라고 말씀하신 것 같다. 두로를 세운 자들은 그 아름다움을 온전케 하였다.

〔5-7절〕 스닐의 잣나무로 네 판자[널빤지]를 만들었음이여, 너를 위하여 레바논 백향목을 가져 돛대를 만들었도다. 바산 상수리나무로 네 노를 만들었었음이여, 깃딤 섬 황양목에 상아로 꾸며 갑판을 만들었도대[앗수르 사람들이 깃딤 섬 상아로 의자들을 만들었도대(KJV).10) 애굽의 수놓은 가는 베로 돛을 만들어 기를 삼았음이여, 엘리사 섬의 청색 자색 베로 차일[해 가리개]을 만들었도다.

그들은 스닐(헤르몬 산)의 잣나무로 배의 판자 즉 널빤지를 만들었다. 그들은 레바논 백향목으로 돛대를 만들었고, 바산 상수리나무(오크나무, 떡갈나무, 참나무)로 노를 만들었다. 앗수르 사람들은 깃딤 섬(구브로 섬) 상아로 의자들을 만들었다. 또 두로 사람들은 애굽의 수놓은 가는 베로 돛을 만들어 기를 삼았고 엘리사 섬(구브로 섬)의

---

10) 고대의 주요 역본들(Vg, Targ.)은 비트아슈림(בִּתְאַשֻּׁרִים)('회양목으로')이라고 읽지만(Gesenius, BDB, NASB), 히브리어 마소라 본문은 바트 아슈림(בַּת־אֲשֻׁרִים)(앗수르 사람들)(KJV)이라고 되어 있다.

에스겔 27장: 두로를 위한 애가

청색 자색 베로 차일(awning)을 만들었다. 차일은 배의 창문가리개나 갑판의 천막을 가리킬 것이다.

[8-11절] 시돈과 아르왓 거민들이 네 사공이 되었음이여, 두로야, 네 가운데 있는 박사가 네 선장이 되었도다. 그발의 노인과 박사들이 네 가운데서 배의 틈을 막는 자가 되었음이여, 바다의 모든 배와 그 사공들은 네 가운데서 무역하였도다. 바사와 룻과 붓이 네 군대 가운데서 병정이 되었음이여, 네 가운데서 방패와 투구를 달아 네 영광을 나타내었도다. 아르왓 사람과 네 군대는 네 사면 성 위에 있었고 용사들(감마딤 םידמג)[감마드 사람들](KJV, NASB)은 네 여러 망대에 있었음이여, 네 사면 성 위에 방패를 달아 네 아름다움을 온전케 하였도다.

각 나라 사람들은 두로 사람들을 위해 뱃사공, 수리 기술자, 병사들이 되었다. 이와 같이, 당시의 두로의 영광과 위엄은 찬란하였다.

[12-13절] 다시스는 각종 보화가 풍부하므로 너와 통상하였음이여, 은과 철과 상납과 납을 가지고 네 물품을 무역하였도다. 야완과 두발과 메섹은 네 장사가 되었음이여, 사람과 놋그릇을 가지고 네 상품을 무역하였도다.

상납은 주석(tin)이다. 물품들의 하나로 언급된 '사람'은 '노예들'을 가리킬 것이다. 이 당시에 두로는 풍성하고 활발한 무역을 하였다.

[14-16절] 도갈마 족속은 말과 전마(戰馬)와 노새를 가지고 네 물품을 무역하며 드단 사람은 네 장사가 되었음이여, 여러 섬이 너와 통상하여 상아와 오목(烏木)[흑단]을 기저 네 물품을 무역하였도다. 너의 제조품이 풍부하므로 아람은 너와 통상하였음이여, 남보석과 자색 베와 수놓은 것과 가는 베와 산호와 홍보석을 가지고 네 물품을 무역하였도다.

'흑단'(ebony)은 가구나 악기 재료로 쓰이는 나무이다.

[17-19절] 유다와 이스라엘 땅 사람이 네 장사가 되었음이여, 민닛 밀과 과자와 꿀과 기름과 유향을 가지고 네 물품을 무역하였도다. 너의 제조품이 많고 각종 보화가 풍부하므로 다메섹이 너와 통상하였음이여, 헬본 포도주와 흰 양털을 가지고 너와 무역하였도다. 워단[그리고 단](KJV, NIV)과 야완은 길쌈하는 실로 네 물품을 무역하였음이여, 백철[가공한 철]과 육계[계피]와 창포[향기나는 갈대]가 네 상품 중에 있었도다.

에스겔 27장: 두로를 위한 애가

'과자'라는 원어(파낙 פַּנַּג)는 어떤 식물인 것 같으나, 정확한 뜻을 모른다고 한다(BDB).

[20-27절] 드단은 네 장사가 되었음이여, 탈 때 까는 담[담요]으로 너와 무역하였도다. 아라비아와 게달의 모든 방백은 네 수하에 상고(商賈)가 되어 어린양과 숫양과 염소들, 그것으로 너와 무역하였도다. 스바와 라아마의 장사들도 너의 장사들이 됨이여, 각종 상등 향재료와 각종 보석과 황금으로 네 물품을 무역하였도다. 하란과 간네와 에덴과 스바와 앗수르와 길맛의 장사들도 너의 장사들이라. 이들이 아름다운 물화 곧 청색 옷과 수놓은 물품과 빛난 옷을 백향목 상자에 담고 노끈으로 묶어 가지고 너와 통상하여 네 물품을 무역하였도다. 다시스의 배는 떼를 지어 네 물화를 실었음이여, 네가 바다 중심에서 풍부하여 영화가 극하였도다. 네 사공이 너를 인도하여 큰물에 이름이여, 동풍이 바다 중심에서 너를 파하도다. 네 재물과 상품과 무역한 물건과 네 사공과 선장과 네 배의 틈을 막는 자와 네 장사와 네 가운데 있는 모든 용사와 네 가운데 있는 모든 무리가 네 패망하는 날에 다 바다 중심에 빠질 것임이여.

그러나 부요하고 영광스러웠던 두로가 마침내 멸망하게 될 것이다. 배가 동풍에 바다 중심에서 파선하듯이 두로는 완전히 망할 것이다.

[28-31절] 네 선장의 부르짖는 소리에 물결(미그로숏 מִגְרֹשׁוֹת)[주위의 땅들](BDB, KJV)이 흔들리리로다. 무릇 노를 잡은 자와 사공과 바다의 선장들이 다 배에 내려 언덕에 서서 너를 위하여 크게 소리질러 통곡하고 티끌을 머리에 무릅쓰며 재 가운데 굶이여, 그들이 다 너를 위하여 머리털을 밀고 굵은 베로 띠를 띠고 마음이 아프게 슬피 통곡하리로다.

[32-36절] 그들이 통곡할 때에 너를 위하여 애가(哀歌)를 불러 조상(弔喪)하는 말(씀)이여, 두로같이 바다 가운데서 적막한 자 누구인고. 네 물품을 바다로 실어 낼 때에 네가 여러 백성을 풍족하게 하였음이여, 네 재물과 무역품이 많으므로 세상 열왕을 풍부케 하였었도다. 네가 바다 깊은 데서 파선한 때에 네 무역품과 네 승객이 다 빠졌음이여, 섬의 거민들이 너를 인하여 놀라고 열왕이 심히 두려워하여 얼굴에 근심이 나타나도다. 열국의 상고가 다 너를 비웃음이여, 네가 경계거리(발라호스 בַּלָּהוֹת)[두려움](KJV, NASB)가 되고 네가 영원히 다시 있지 못하리라 하리로다 하셨다 하라.

에스겔 27장: 두로를 위한 애가

이 애가대로 두로는 오늘날 그 영광의 흔적이 없고 6천명 정도의 사람들이 사는, 그물 말리는 어촌에 불과하다고 한다.

본장의 교훈을 정리해보자. 두로의 영광은 찬란하였다. 그들은 스닐의 잣나무 판자로 배를, 레바논의 백향목으로 돛대를, 바산의 오크나무로 노를, 깃딤섬의 상아로 의자들을, 애굽의 수놓은 베로 돛을, 엘리사섬의 청색, 자색 베로 차일을 만들었고, 시돈과 아르왓 사람들은 뱃사공들이었고, 두로의 박사들은 선장들이었고, 그발의 노인들은 배의 틈을 막는 자들이었고, 또 바사와 룻과 붓 사람들과 아르왓 사람들은 두로의 병사들이었고, 그들은 방패와 투구를 갖추었다.

두로는 당시에 세계적 무역 항구이었다. 거기에는 다시스의 은과 철과 주석과 납, 야완과 두발과 메섹의 노예들, 놋그릇들, 도갈마의 말들과 전마(戰馬)들과 노새들, 드단의 상아와 흑단, 아람의 남보석, 자색 베, 수놓은 것, 가는 베, 산호, 홍보석, 유다와 이스라엘의 민닛 밀, 꿀, 기름, 유향, 다메섹의 헬본 포도주, 흰 양털, 단의 백철, 계피, 창포, 드단의 탈 때 까는 담요, 아라비아와 게달의 어린양, 숫양, 염소, 수바와 라아마의 각종 고급 향재료와 보석과 황금, 또 간네, 에덴, 스바, 앗수르, 길맛의 청색옷, 수놓은 물품들 등 없는 것이 없을 정도이었다. 그러나 이렇게 풍부하고 부요하고 강성했던 두로가 멸망할 것이다.

본장의 교훈은, 우리의 현재의 부요와 영광이 크다 할지라도 우리가 범죄하여 하나님과 대적이 되면 다 멸망할 수밖에 없다는 것이다. 그러므로 우리는 세상 중심으로 살지 말고 세상의 것들을 의지하거나 자랑하지 말고, 오직 하나님 중심으로 살아야 하고 하나님만 의지하고 하나님만 찬송하고, 또 하나님의 말씀인 성경의 교훈대로 살아야 한다. 특히 경제적으로 유여함이 있는 성도들은 하나님 앞에서 늘 조심해야 한다. 우리는 물질적 부유함이 있다고 마음을 높이지 말고 정함이 없는 재물에 소망을 두지 말고 오직 하나님께 두고 선한 일에 힘써야 한다.

28장: 두로 왕에 대한 심판의 선언

〔1-5절〕 여호와의 말씀이 또 내게 임하여 가라사대 인자야, 너는 두로 왕에게 이르기를 주 여호와의 말씀에 네 마음이 교만하여[높아서] 말하기를 나는 신이라. 내가 하나님의 자리 곧 바다 중심에 앉았다 하도다. 네 마음이 하나님의 마음 같은 체할지라도 너는 사람이요 신이 아니어늘 네가 다니엘보다 지혜로워서 은밀한 것을 깨닫지 못할 것이 없다 하고 네 지혜와 총명으로 재물을 얻었으며 금, 은을 곳간에 저축하였으며 네 큰 지혜와 장사함으로 재물을 더하고 그 재물로 인하여 네 마음이 교만하였도다[높아졌도다].

두로 왕에 대해서는 그가 마음이 높고 교만하였다고 지적되었다. 2절과 5절에 그의 마음이 '교만하다'는 원어(가바흐 גָּבַהּ)는 마음이 '높다'(haughty)는 뜻이다. 그는 바다 중심에 앉아 나는 신이라고 말하며 마치 하나님인 양 처신하였다. 그러나 하나님께서는 그에게 "네 마음이 하나님의 마음 같은 체할지라도 너는 사람이요 신이 아니라"고 말씀하셨다. 두로 왕은 매우 지혜로웠던 것 같다. 그는 그 자신이 다니엘보다 지혜로워서 은밀한 것을 깨닫지 못할 것이 없다고 말하며 그의 지혜와 총명으로 재물을 얻었고 금, 은을 곳간에 저축했고 그의 큰 지혜로 장사하여 재물을 더했다. 그는 부자 되는 지혜가 있었다. 그러나 그는 그 재물로 인해 그의 마음이 높아졌고 교만하였다.

〔6-10절〕 그러므로 나 주 여호와가 말하노라. 네 마음이 하나님의 마음 같은 체하였으니 그런즉 내가 외인 곧 열국의 강포한 자를 거느리고 와서 너를 치리니 그들이 칼을 빼어 네 지혜의 아름다운 것을 치며 네 영화를 더럽히며 또 너를 구덩이에 빠뜨려서 너로 바다 가운데서 살륙을 당한 자의 죽음같이 바다 중심에서 죽게 할지라. 너를 살륙하는 자 앞에서 네가 그래도 말하기를 내가 하나님이라 하겠느냐? 너를 치는 자의 수중에서 사람뿐이요 신이 아니라. 네가 외인의 손에서 죽기를 할례 받지 않은 자의 죽음같이 하리니 내가 말하였음이니라. 나 주 여호와의 말이니라 하셨다 하라.

하나님께서는 두로 왕에 대해 "내가 외인들 곧 열국의 강포한 자를

에스겔 28장: 두로 왕에 대한 심판의 선언

거느리고 와서 너를 치리라"고 심판을 선언하셨다. 침략자들은 칼을 빼어 그의 지혜의 아름다운 것을 치며 그의 영화를 더럽힐 것이며, 또 그를 구덩이에 빠뜨려서 바다 가운데서 살육 당한 자의 죽음같이 바다 중심에서 죽게 할 것이다. 그때 그는 그를 살육하는 자 앞에서 '내가 하나님이라'고 말하지 못할 것이다. 그는 그를 치는 자들의 손에서 사람뿐이요 신이 아님을 알게 될 것이다. 또 그는 외인들의 손에 죽기를 할례 받지 않은 자의 죽음같이 될 것이다. 하나님께서는 이렇게 예언하시고 그 예언대로 이루실 것이라고 말씀하셨다.

[11-12절] 여호와의 말씀이 또 내게 임하여 가라사대 인자야, 두로 왕을 위하여 애가(哀歌)를 지어 그에게 이르기를 주 여호와의 말씀에 너는 완전한 인(印)이었고 지혜가 충족하며 온전히 아름다웠도다.

하나님께서는 또 에스겔에게 두로 왕을 위하여 애가(哀歌)를 지으라고 말씀하셨다. 그것은 12절 이하에 나와 있다. 하나님께서는 두로 왕이 완전한 인이었고 지혜가 충족하며 온전히 아름다웠다고 말씀하셨다. '완전한 인(印)'이라는 원어(코셈 타크니스 חוֹתֵם תָּכְנִית)는 '측량을 인치는 자 혹은 확인하는 자'라는 말로서 '완전한 통치자'라는 뜻인 것 같다. 두로 왕은 처음에는 지혜가 충족하고 온전히 아름답고 공의로운 통치자이었던 것 같다.

[13-14절] 네가 옛적에 하나님의 동산 에덴에 있어서 각종 보석 곧 홍보석과 황보석과 금강석과 황옥과 홍마노와 창옥과 청보석과 남보석과 홍옥과 황금으로 단장하였었음이여, 네가 지음을 받던 날에 너를 위하여 소고와 비파가 예비되었었도다. 너는 기름 부음을 받은 덮는 그룹임이여, 내가 너를 세우매 네가 하나님의 성산에 있어서 화광석 사이에 왕래하였었도다.

두로 왕은 왕위에 올랐을 때에 하나님의 동산 에덴 같은 두로에서 각종 보석으로 단장하였었다. 13절은 홍보석, 황보석, 금강석, 황옥, 홍마노, 창옥, 청보석, 남보석, 홍옥, 황금 등 열 개의 보석 이름들을 언급한다. 그것은 각종 색깔의 아름다운 보석들이다. 그의 대관식은

에스겔 28장: 두로 왕에 대한 심판의 선언

영광스러웠다. 하나님께서는 그를 "기름 부음을 받은 덮는 그룹"이라고 말씀하셨다. 그것은 그가 천사처럼 지혜와 능력과 탁월함이 있었고 기름 부음을 받아 왕으로 성별되었으며 백성과 약자들을 덮듯이 그들의 보호자가 되었다는 뜻일 것이다(Poole). 하나님께서 그를 왕으로 세우실 때 그는 그 거룩한 산에서 위엄 있는 궁궐에서 왕래하였다.

〔15-19절〕네가 지음을 받던 날로부터 네 모든 길에 완전하더니 마침내 불의가 드러났도다. 네 무역이 풍성하므로 네 가운데 강포가 가득하여 네가 범죄하였도다. 너 덮는 그룹아, 그러므로 내가 너를 더럽게 여겨 하나님의 산에서 쫓아내었고 화광석 사이에서 멸하였도다. 네가 아름다우므로 마음이 교만하였으며 네가 영화로우므로 네 지혜를 더럽혔음이여, 내가 너를 땅에 던져 열왕 앞에 두어 그들의 구경거리가 되게 하였도다. 네가 죄악이 많고 무역이 불의하므로 네 모든 성소를 더럽혔음이여, 내가 네 가운데서 불을 내어 너를 사르게 하고 너를 목도하는 모든 자 앞에서 너로 땅 위에 재가 되게 하였도다. 만민 중에 너를 아는 자가 너로 인하여 다 놀랄 것임이여, 네가 경계거리(발라호스 בַּלָּהוֹת)[두려움]가 되고 네가 영원히 다시 있지 못하리로다 하셨다 하라.

이렇게 훌륭하고 완전한 통치자이었던 두로 왕이 무역이 많아지고 물질적으로 부요해지자 불의가 드러났고 그 가운데 강포가 가득하였고 하나님께 범죄했다. 그는 아름다울 때 마음이 교만했고 영화로울 때 그의 지혜를 더럽혔다. 그의 죄악은 많았고 그는 무역할 때 불의했고 그의 성소들을 더럽혔다. 그러므로 하나님께서는 그를 더럽게 여겨 그 산에서 쫓아내셨고 화광석 사이에서 멸하셨으며 그를 땅에 던져 열왕 앞에 구경거리가 되게 하셨다. 또 그는 그 가운데서 불을 내어 그를 사르게 하셨고 그를 보는 모든 자 앞에서 그로 땅 위에 재가 되게 하셨다. 만민 중에 그를 아는 자들은 그로 인해 다 놀랄 것이며 그는 두려움이 될 것이다. 두로는 영원히 다시 있지 못할 것이다.

〔20-24절〕여호와의 말씀이 또 내게 임하여 가라사대 인자야, 너는 낯을 시돈으로 향하고 그를 쳐서 예언하라. 너는 이르기를 주 여호와의 말씀

에스겔 28장: 두로 왕에 대한 심판의 선언

에 시돈아, 내가 너를 대적하나니 네 가운데서 내 영광이 나타나리라 하셨다 하라. 내가 그 가운데서 국문을 행하여[심판하여] 내 거룩함을 나타낼 때에 무리가 나를 여호와인 줄 알지라. 내가 그에게 염병[전염병]을 보내며 그의 거리에 피가 흐르게 하리니 사방에서 오는 칼에 상한 자가 그 가운데 엎드러질 것인즉 무리가 나를 여호와인 줄 알겠고 이스라엘 족속에게는 그 사면에서 그들을 멸시하는 자 중에 찌르는 가시와 아프게 하는 가시가 다시는 없으리니 그들이 나를 주 여호와인 줄 알리라.

하나님께서는 또 에스겔을 통해 시돈에 대한 심판도 선언하셨다. 그는 시돈을 대적한다고 말씀하셨다. 그는 그들 가운데서 심판을 행하심으로 그의 영광과 거룩함을 나타내실 것이며 그때에 사람들은 하나님을 알게 될 것이다. 그는 시돈에게 무서운 전염병을 보내시며 사방에서 오는 칼에 의해 많은 사람들이 죽임을 당하고 거리에서는 피가 흐를 것이다. 그러나 그때에 그들은 여호와를 알게 될 것이다. 이스라엘 족속에게는 그 사면에서 그들을 멸시하는 자들 중에 찌르는 가시와 아프게 하는 가시가 다시는 없을 것이며 이스라엘 백성도 주 여호와 하나님을 알게 될 것이다.

[25-26절] 나 주 여호와가 말하노라. 내가 열방에 흩어 있는 이스라엘 족속을 모으고 그들로 인하여 열국의 목전에서 내 거룩함을 나타낼 때에 그들이 고토(故土) 곧 내 종 야곱에게 준 땅에 거할지라. 그들이 그 가운데 평안히 거하여 집을 건축하며 포도원을 심고 그들의 사면에서 멸시하던 모든 자를 내가 국문[심판]할 때에 그들이 평안히 살며 나를 그 하나님 여호와인 줄 알리라.

다른 여러 선지자들의 예언에서와 같이, 에스겔도 하나님의 심판을 선언하는 가운데서도 이스라엘의 회복에 대한 하나님의 선언을 말한다. 하나님께서는 열방에 흩어 있는 이스라엘 족속을 모으시고 그들이 하나님의 종 야곱에게 주신 고토(故土)에 거하게 하실 것이다. 이스라엘 백성은 고향 같은 약속의 땅 팔레스틴으로 돌아올 것이며 거기서 평안히 거하여 집을 건축하며 포도원을 심을 것이다. 하나

에스겔 28장: 두로 왕에 대한 심판의 선언

님께서 그들의 사면에서 그들을 멸시하였던 모든 사람들을 심판하시고 징벌하셨으므로 그들은 평안히 살게 될 것이다. 또 그들은 그때 창조자와 섭리자이신 영원하신 여호와 하나님을 알게 될 것이다.

본장의 교훈을 정리해보자. 첫째로, 두로 왕은 자신의 지혜와 부귀와 영광 때문에 마음이 높아졌고 교만하였으나 세상을 다스리시는 하나님께서 그를 심판하실 때 그가 누렸던 모든 것들은 다 헛되게 될 것이다. 우리는 두로 왕의 지혜와 부귀와 영광과 교만과 멸망을 기억하고 세상에 있는 것들이 다 헛되다는 것을 알고 그런 것들을 때문에 높은 마음을 가지지 말고 교만해지지 말고 하나님 앞에 겸손히 순복해야 한다.

둘째로, 온 세상을 창조하신 하나님께서는 세상을 홀로 다스리시는 주권적 섭리자이시다. 개인의 생사화복(生死禍福)과 국가의 흥망성쇠(興亡盛衰)와 세계 역사는 주권적 섭리자이신 하나님의 손에 달려 있다. 그 하나님을 아는 것이 영생이요 인생의 가장 큰복이다. 우리는 주권적 섭리자 하나님을 알고 그를 경외하고 하나님만 바라고 의지하며 섬겨야 하고 그가 성경에 계시해주신 교훈대로 순종하며 살아야 한다.

셋째로, 이스라엘 나라의 회복은 사람이 지어낸 허망한 공상이 아니고 신실하신 하나님께서 성경에 밝히 약속하신 내용이다. 하나님 나라는 주 예수께서 오셔서 전파하시고 세우기 시작하셨고(마 4:17; 13장; 골 1:13) 그의 재림으로 완성될 나라이며, 또 사도 바울의 전도와 설교의 주요 내용이었다(행 28:31). 하나님의 나라는 구원 얻은 성도들 속에 은혜의 나라로 이미 시작되어 현재 하나님의 통치가 이루어지고 있고, 또 장차 주 예수님의 재림 때 영광의 나라로 임하게 될 것이다. 하나님께서는 하나님의 나라와 그의 의를 구하는 자들에게 평안과 형통을 이 세상의 삶에서도 약속하셨지만, 장차 올 새 세계는 이 세상의 복된 그 어떤 삶과도 비교할 수 없이 더 복되고 영광스러운 곳이다. 하나님께서는 악인들이 없는 새 세계를 우리에게 주실 것이다. 우리는 악인들이 전혀 없고 의인들만 있는 그 천국을 믿고 확신하고 소망해야 한다.

29장: 애굽에 대한 심판의 선언

〔1-3절〕 제10년 10월 12일에 여호와의 말씀이 내게 임하여 가라사대 인자야, 너는 애굽 왕 바로와 온 애굽으로 낯을 향하고 쳐서 예언하라. 너는 말하여 이르기를 주 여호와의 말씀에 애굽 왕 바로야, 내가 너를 대적하노라. 너는 자기의 강들 중에 누운 큰 악어(핫탄님 학가돌 הַתַּנִּים הַגָּדוֹל)[큰 바다 괴물]라. 스스로 이르기를 내 이 강은 내 것이라. 내가 나를 위하여 만들었다 하는도다.

제10년은 유다 왕 여호야긴이 바벨론에 포로로 잡혀온 때로부터 제10년 즉 주전 587년경이다. 하나님께서는 에스겔이 애굽 왕 바로를 쳐서 예언하라고 말씀하셨다. '내가 너를 대적한다' 혹은 '내가 너를 친다'는 표현이 에스겔서에 약 13번 나온다.11) 애굽 왕은 "자기의 강들 중에 누운 큰 바다괴물"이라고 표현된다. 애굽 왕은 "내 이 강은 내 것이라. 내가 나를 위하여 만들었다"고 말하였는데, 그것은 그를 창조하신 하나님 앞에서 무지하고 교만하고 죄악된 말이었다.

〔4-5절〕 내가 갈고리로 네 아가미를 꿰고 네 강의 고기로 네 비늘에 붙게 하고 네 비늘에 붙은 강의 모든 고기와 함께 너를 네 강들 중에서 끌어내고 너와 네 강의 모든 고기를 들에 던지리니 네가 지면에 떨어지고 다시는 거두거나 모음을 입지 못할 것은 내가 너를 들짐승과 공중의 새의 식물로 주었음이라.

하나님께서는 그 큰 바다 괴물과 거기에 붙은 강의 모든 고기들을 잡아 육지에 던질 것이며 들짐승과 새들의 먹이가 되게 할 것이라고 표현하셨다. 그것은 애굽 왕의 패망을 가리킨다. '네 비늘에 붙은 강의 모든 고기'라는 표현은 애굽의 백성을 가리킬 것이다.

---

11) 엘 אֶל이나 알 עַל이라는 전치사가 사용되었다. 엘 אֶל이 9번 사용되었고(13:8; 21:3; 26:3; 29:10; 30:22; 34:10; 35:3; 38:3; 39:1), 알 עַל이 4번 사용되었다(5:8; 26:3; 28:22; 29:3). 영어로는 보통 against라고 번역되었다.

에스겔 29장: 애굽에 대한 심판의 선언

[6-7절] 애굽의 모든 거민이 나를 여호와인 줄 알리라. [이는](야안 יַעַן) 애굽은 본래 이스라엘 족속에게 갈대 지팡이라[지팡이이었음이라]. 그들이 너를 손으로 잡은즉 네가 부러져서 그들의 모든 어깨를 찢었고 그들이 너를 의지한즉 네가 부러져서 그들의 모든 허리로 흔들리게 하였느니라.

하나님께서 애굽을 멸망시키실 때 그들은 그가 공의로 열국들을 심판하시는 것을 알게 될 것이다. 애굽은 이스라엘 백성에게 갈대 지팡이에 불과했다. 이스라엘이 애굽을 의지할 때 애굽 사람들은 마음이 높았고 하나님을 무시하였지만, 그의 심판을 받을 때 그들은 비로소 그를 알게 될 것이다. 애굽이 멸망할 때 그를 의지했던 이스라엘 족속의 모든 어깨는 찢기고 모든 허리는 흔들릴 것이다.

[8-9절] 그러므로 나 주 여호와가 말하노라. 내가 칼로 네게 임하게 하여 네게서 사람과 짐승을 끊은즉 애굽 땅이 사막과 황무지가 되리니 그들이 나를 여호와인 줄 알리라. [이는] 네가 스스로 이르기를 이 강은 내 것이라. 내가 만들었다 하도다[함이로다].

하나님께서는 칼 곧 전쟁을 일으키셔서 애굽에서 사람들과 짐승들을 다 죽이실 것이며 그 결과로 애굽 땅은 사막과 황무지같이 될 것이다. 하나님께서 애굽 왕을 심판하시는 까닭은 그가 자신이 나일강을 만들었다고 교만한 말을 했기 때문이다. 하나님께서는 또 "그들이 [멸망한 후에야] 나를 여호와인 줄 알리라"고 말씀하셨다.

[10-12절] 그러므로 내가 너와 네 강들을 쳐서(엘 אֶל)[대적하여] 애굽 땅 믹돌에서부터 수에네 곧 구스 지경까지 황무한 황무지 곧 사막이 되게 하리니 그 가운데로 사람의 발도 지나가지 아니하며 짐승의 발도 지나가지 아니하고 거접하는 사람이 없이 40년이 지날지라. 내가 애굽 땅으로 황무한 열국같이[황무한 열국들 가운데서] 황무하게 하며 애굽 성읍도 사막이 된 열국의 성읍같이[열국의 성읍들 가운데서] 40년 동안 황무하게 하고 애굽 사람들은 각국 가운데로 흩으며 열방 가운데로 헤치리라.

애굽은 멸망하여 그 백성이 세계 각국에 흩어질 것이며 애굽 땅은 북쪽 끝 믹돌에서부터 남쪽 끝 수에네 곧 구스 지경까지 사람들이나

에스겔 29장: 애굽에 대한 심판의 선언

짐승들이 거하지 않는 황무지로 40년간 방치될 것이다.

〔13-16절〕 나 주 여호와가 말하노라. 40년 끝에 내가 만민 중에 흩은 애굽 사람을 다시 모아 내되 애굽의 사로잡힌 자들을 돌이켜 바드로스 땅 곧 그 고토로 돌아가게 할 것이라. 그들이 거기서 미약한 나라가 되되 나라 중에 지극히 미약한 나라가 되어 다시는 열국 위에 스스로 높이지 못하리니 내가 그들을 감하여 다시는 열국을 다스리지 못하게 할 것임이라. 그들이 다시는 이스라엘 족속의 의뢰가 되지 못할 것이요 이스라엘 족속은 돌이켜 그들을 바라보지 아니하므로 그 죄악이 기억나게 되지 아니하리니 그들이 나를 주 여호와인 줄 알리라 하셨다 하라.

하나님께서는 40년 후 그들을 다시 모아 바드로스 땅 곧 그 고토 (故土, 고향)로 돌아가게 하실 것이다. 그러나 그들은 거기서 지극히 미약한 나라가 될 것이다. 이 예언은 오늘날 그대로 성취되었다. 또 그들은 이제 이 모든 일의 성취를 통해 주 여호와를 알게 될 것이다.

〔17-20절〕 제27년 정월 1일에 여호와의 말씀이 내게 임하여 가라사대 인자야, 바벨론 왕 느부갓네살이 그 군대로 두로를 치게 할 때에 크게 수고하여 각 머리털이 무지러졌고 각 어깨가 벗어졌으나 그와 군대가 그 수고한 보수(報酬)를 두로에서 얻지 못하였느니라. 그러므로 나 주 여호와가 말하노라. 내가 애굽 땅을 바벨론 왕 느부갓네살에게 붙이리니 그가 그 무리를 옮겨가며 물건을 노략하며 빼앗아 갈 것이라. 이것이 그 군대의 보수(報酬)가 되리라. 그들의 수고는 나를 위하여 함인즉 그 보수로 내가 애굽 땅을 그에게 주었느니라. 나 주 여호와의 말이니라.

제27년은 주전 570년경이다. 하나님께서는 바벨론 왕 느부갓네살의 군대가 두로를 칠 때 그 수고한 보수를 두로에서 얻지 못했으므로, 애굽 땅을 그에게 붙이시며 물건을 노략하게 하실 것이다. 그는 바벨론 왕의 수고가 하나님을 위한 것이었으므로 그 보수로 애굽 땅을 그에게 주셨다고 말씀하신다. 하나님께서는 주권적 섭리자이시다.

〔21절〕 그 날에 내가 이스라엘 족속에게 한 뿔이 솟아나게 하고 내가 또 너로 그들 중에서 입을 열게 하리니 그들이 나를 여호와인 줄 알리라.

에스겔 29장: 애굽에 대한 심판의 선언

하나님께서는 "그 날에 내가 이스라엘 족속에게 한 뿔이 솟아나게 하리라"고 말씀하신다. '그 날'은 애굽 땅의 멸망의 날이며 이스라엘의 회복의 날이다. '한 뿔'은 메시아를 가리켰다고 본다. 하나님께서는 이스라엘의 바벨론 포로 기간에도 살아 역사하시며 섭리하시는 하나님이셨다. 바벨론에서의 포로 생활 중에도 다니엘과 세 친구들은 바벨론에서 하나님의 긍휼과 능력을 경험하였다(단 3장, 6장). 또 여호야긴은 사로잡혀 간 지 37년 되는 때 옥에서 놓임을 받고 일평생 왕의 앞에서 음식을 먹는 호의를 입었다(왕하 25장; 렘 52장). 그것은 장차 메시아를 통한 이스라엘 나라의 회복을 암시하였다.

본장의 교훈을 정리해보자. 첫째로, 하나님께서는 애굽 왕 바로와 그 나라를 대적하셨다. 에스겔서에는 하나님께서 누구를 대적하신다는 말이 약 13번 나온다. 온 세상의 주관자이신 하나님께서 대적하시는 자는 행복할 수 없다. 우리는 하나님과 원수 되지 말아야 한다. 우리가 행복하려면 하나님과 화목해야 하고 또 하나님과 화목한 자들은 모든 죄를 버리고 예수 그리스도만 의지하며 성경말씀에 순종하며 살아야 한다.

둘째로, 하나님께서는 교만한 애굽 왕을 칼로 징벌하시고 그 땅을 40년간 황폐케 하실 것이며 바벨론 왕에게 두로를 친 수고의 보수로 애굽을 주실 것이며 그 후에 애굽을 회복시킬 것이며 미약한 나라가 되게 하실 것이다. 또 그는 장차 이스라엘 나라에 한 뿔이 솟아나게 하실 것이다. 하나님께서는 주권적 섭리자이시다. 그는 개인의 생사화복, 국가의 흥망성쇠, 또 세계 역사를 다 섭리하신다(신 32:39; 삼상 2:6-7).

셋째로, 이스라엘 백성과 이방 나라들은 하나님께서 그들을 심판하실 때 하나님을 알게 될 것이다. 사람은 하나님을 알아야, 그를 섬기고 그를 소망하고 그에게 기도하고 그를 사랑하고 그에게 순종할 수 있다. 우리는 하나님을 알아야 한다(6, 9, 16, 21절). 하나님 안에 영생이 있고 참 평안과 행복이 있다. 우리는 성경을 통해 하나님을 알고 섬긴다.

에스겔 30장: 애굽의 멸망에 대한 예언

30장: 애굽의 멸망에 대한 예언

〔1-5절〕여호와의 말씀이 또 내게 임하여 가라사대 인자야, 너는 예언하여 이르라. 주 여호와의 말씀에 너희는 통곡하며 이르기를 슬프다, 이 날이여 하라. 그 날이 가까웠도다. 여호와의 날이 가까웠도다. 구름의 날일 것이요 열국의 때이리로다. 애굽에 칼이 임할 것이라. 애굽에서 살륙 당한 자들이 엎드러질 때에 구스에 심한 근심이 있을 것이며 애굽의 무리가 옮기우며 그 기지가 헐릴 것이요 구스와 붓과 룻과 모든 섞인 백성과 굽과 및 동맹한 땅의 백성들이 그들과 함께 칼에 엎드러지리라.

애굽이 멸망할 날이 올 것이다. 그 날이 가까웠다. 그 날은 '여호와의 날' 즉 하나님께서 심판하시는 날로 표현되었고, '구름의 날,' 재앙의 구름이 낀 어둡고 음산한 날로 묘사되었다. 또 그 날은 '열국의 때' 곧 바벨론이 침공하는 때이다. 애굽에서 많은 사람들이 죽임을 당하며 옮기우며 그 튼튼했던 성들이 헐릴 것이다. 애굽 사람들과 동맹하여 그를 도왔던 나라들도 그들과 함께 칼에 엎드러질 것이다.

〔6-9절〕나 여호와가 말하노라. 애굽을 붙들어 주는 자도 엎드러질 것이요 애굽의 교만한 권세도 낮아질 것이라. 믹돌에서부터 수에네까지 무리가 그 가운데서 칼에 엎드러지리라. 나 주 여호와의 말이니라. 황무한 열방같이[열방 가운데서] 그들도 황무할 것이며 사막이 된 성읍들같이[성읍들 가운데서] 그 성읍들도 사막이 될 것이라. 내가 애굽에 불을 일으키며 그 모든 돕는 자를 멸할 때에 그들이 나를 여호와인 줄 알리라. 그 날에 사자들이 내 앞에서 배로 나아가서 염려 없는 구스 사람을 두렵게 하리니 애굽의 재앙의 날과 같이 그들에게도 심한 근심이 있으리라. 이것이 오리로다.

거대한 제국 애굽의 교만한 권세가 낮아질 것이다. 믹돌에서부터 수에네까지 무리가 그 가운데서 칼에 엎드러질 것이다. 믹돌은 애굽의 최북단의 성이며 수에네는 최남단의 성이다. 애굽은 황무한 열방 가운데서 황무할 것이며 사막처럼 될 것이다. 하나님께서는 애굽에 불을 일으키실 것이며 그 모든 돕는 자들을 멸하실 것이다. 그때 그들은 여호와께서 참 하나님이심을 알게 될 것이다. 염려 없이 지내던 구스 사람들도 그 날에 두려움과 심한 근심을 가지게 될 것이다.

〔10-13절〕 나 주 여호와가 말하노라. 내가 또 바벨론 왕 느부갓네살의 손으로 애굽 무리들을 끊으리니 그가 열국 중에 강포한 자기 군대를 거느리고 와서 그 땅을 멸할 때에 칼을 빼어 애굽을 쳐서 살륙 당한 자로 땅에 가득하게 하리라. 내가 그 모든 강을 말리우고 그 땅을 악인의 손에 팔겠으며 타국 사람의 손으로 그 땅과 그 가운데 있는 모든 것을 황무케 하리라. 나 여호와의 말이니라. 나 주 여호와가 말하노라. 내가 그 우상들을 멸하며 신상들을 놉 가운데서 끊으며 애굽 땅에서 왕이 다시 나지 못하게 하고 그 땅에 두려움이 있게 하리라.

하나님께서는 바벨론 왕 느부갓네살의 손으로 애굽 백성을 끊으실 것이다. 그는 그의 기쁘신 뜻을 위해 바벨론 왕을 사용하실 것이다. 바벨론 왕은 강포한 군대를 거느리고 와서 칼을 빼어 애굽 땅을 쳐서 살륙 당한 자로 땅에 가득하게 할 것이다. 하나님께서는 애굽 땅을 악인의 손에 파실 것이다. 그에게는 그런 권한이 있으시다. 온 세상은 하나님의 것이다. 하나님께서는 그들의 우상들을 멸하시리라고 말씀하신다. 애굽의 대표적 죄는 우상숭배이었다. 하나님께서는 그 죄악을 징벌하시며 그 땅에 왕이 다시 나지 못하게 하실 것이다.

〔14-19절〕 내가 바드로스를 황무케 하며 소안에 불을 일으키며 노를 국문[심판]하며 내 분노를 애굽의 견고한 성 신(수에네)에 쏟고 또 노(노아몬=데베스)의 무리를 끊을 것이라. 내가 애굽에 불을 일으키니 신이 심히 근심할 것이며 노는 찢어 나뉠 것이며 놉은 날로 대적이 있을 것이며 아웬과 비베셋의 소년들은 칼에 엎드러질 것이며 그 성읍 거민들은 포로 될 것이라. 내가 애굽 멍에를 꺾으며 그 교만한 권세를 그 가운데서 그치게 할 때에 드합느헤스에서는 날이 어둡겠고 그 성읍에는 구름이 덮일 것이며 그 딸들은 포로 될 것이라. 이와 같이 내가 애굽을 국문[심판]하리니 그들이 나를 여호와인 줄 알리라 하셨다 하라.

하나님께서는 구체적으로 애굽의 여러 성들의 이름을 들어 심판을 선언하신다. 그는 바드로스를 황무케 하실 것이다. 바드로스는 애굽의 남부의 지역 이름이다. 또한 그는 소안에 불을 일으키실 것이다. 소안은 애굽 북동부 고센 땅의 성이다. 또 그는 '노'를 심판하실 것이다. '노' 혹은 '노아몬'은 데베스라는 성으로서 애굽 남부의 중요한 성이다. 또 그는 그의 분노를 견고한 성 '신'에 쏟으실 것이다.

하나님께서는 애굽에 불을 일으키실 것이다. '신'이 심히 근심할 것이며 '노'는 찢어 나뉠 것이며 '놉'은 날로 대적이 있을 것이다. 당시의 수도인 놉은 멤피스라는 도시이며 오늘날 수도인 카이로이다. 아웬과 비베셋의 소년들은 칼에 엎드러질 것이다. 애굽 성읍들의 거민들은 포로로 잡혀갈 것이다. 하나님께서 애굽의 멍에 즉 지배력을 꺾으시며 그 '교만한 권세'를 그 가운데서 그치게 하실 때 드합느헤스에서는 날이 어둡겠고 그 성에는 구름이 덮일 것이며 그 딸들은 포로될 것이다. 이와 같이 하나님께서는 애굽을 심판하실 것이며 그때 애굽 사람들은 주권적 섭리자 영원하신 여호와 하나님을 알게 될 것이다.

〔20-23절〕 제11년 정월 7일에 여호와의 말씀이 내게 임하여 가라사대 인자야, 내가 애굽 왕 바로의 팔을 꺾었더니 칼을 잡을 힘이 있도록 그것을 그저 싸매지도 못하였고 약을 붙여 싸매지도 못하였느니라. 그러므로 나 주 여호와가 말하노라. 내가 애굽 왕 바로를 대적하여 그 두 팔 곧 성한 팔과 이미 꺾인 팔을 꺾어서 칼이 그 손에서 떨어지게 하고 애굽 사람을 열국 가운데로 흩으며 열방 가운데로 헤칠지라.

제11년 즉 주전 586년경에 에스겔은 하나님의 말씀을 또 받았다. 하나님께서는 애굽 왕 바로를 대적하여 그 두 팔 곧 성한 팔과 이미 꺾인 팔을 꺾어 칼이 그 손에서 떨어지게 하실 것이다. 강대한 나라 애굽의 군사력이 미약하게 된 것은 하나님께서 그렇게 하셨기 때문이었다. 하나님께서 우리의 팔에 힘을 주시면 우리가 힘을 얻을 것이지만, 그가 우리의 팔을 꺾으시면 우리는 미약해지고 말 것이다. 또 하나님께서는 애굽 사람들을 열국 가운데로 흩으실 것이다.

에스겔 30장: 애굽의 멸망에 대한 예언

〔24-26절〕 내가 바벨론 왕의 팔을 견고하게 하고 내 칼을 그 손에 붙이려니와 내가 바로의 팔을 꺾으리니 그가 바벨론 왕의 앞에서 고통하기를 죽게 상한 자의 고통하듯 하리라. 내가 바벨론 왕의 팔은 들어주고 바로의 팔은 떨어뜨릴 것이라. 내가 내 칼을 바벨론 왕의 손에 붙이고 그로 들어 애굽 땅을 치게 하리니 그들이 나를 여호와인 줄 알겠고 내가 애굽 사람을 열국 가운데로 흩으며 열방 가운데로 헤치리니 그들이 나를 여호와인 줄 알리라.

하나님께서는 바벨론 왕의 팔을 견고하게 하시고 그의 칼을 그 손에 붙이실 것이나, 바로의 팔은 꺾으실 것이다. 그는 바벨론 왕의 팔은 들어주시고 바로의 팔은 떨어뜨리실 것이다. 하나님께서는 사람의 팔을 견고하게 하기도 하시고 꺾기도 하시며, 그것을 들기도 하시고 떨어뜨리게도 하신다. 모든 주권이 하나님께 있다.

본장의 교훈을 정리해보자. 첫째로, 에스겔서에서 반복되는 교훈이지만, 우리는 하나님을 알아야 한다(8, 19, 25, 26절; 에스겔에서 98회 나옴). 하나님께서는 주권적 섭리자이시다. 애굽이 멸망하는 날은 '여호와의 날'이라고 불린다. 본장에는 우리말 성경에 '내가'라는 표현이 열두 번 나온다(8, 10, 12, 14, 18, 19, 21, 22, 24, 25, 25, 26절). 이렇게 반복된 모든 말씀은 하나님께서 주권적 섭리자와 심판자이심을 증거한다.

둘째로, 애굽이 멸망한 원인은 교만(6, 18절)과 우상숭배(13절)이었다. 교만은 죄들 중 근원적 죄이며 멸망의 원인이다. 우상숭배도 그렇다. 우리는 교만과 우상숭배를 다 버려야 한다. 우리는 현대인들의 우상인 돈과 육신의 쾌락과 명예와 권세와 과학과 이성의 우상도 버려야 한다.

셋째로, 하나님께서는 바벨론 왕의 팔을 견고케 하시고 바로의 팔은 꺾으실 것이다. 사람의 힘과 연약은 섭리자 하나님의 손에 달려 있다. 이사야 40:31, "오직 여호와를 앙망하는 자는 새 힘을 얻으리니 독수리의 날개치며 올라감 같을 것이요 달음박질하여도 곤비치 아니하겠고 걸어가도 피곤치 아니하리로다." 그러므로 우리는 날마다 주권적 섭리자 하나님만 바라고 의지하고 새 힘을 얻어 힘있게 살기를 원한다.

에스겔 31장: 음부로 내려감

31장: 음부로 내려감

〔1-3절〕 제11년 3월 (초)1일에 여호와의 말씀이 내게 임하여 가라사대 인자야, 너는 애굽 왕 바로와 그 무리에게 이르기를 네 큰 위엄을 뉘게 비하랴. 볼지어다, 앗수르 사람은 가지가 아름답고 그늘은 삼림의 그늘 같으며 키가 높고 꼭대기가 구름에 닿은(벤 아보심 בֵּין עֲבֹתִים)[얽혀 있는 나뭇잎 사이에 있는](BDB, NIV) 레바논 백향목이었느니라.

제11년 즉 주전 586년경 3월 초1일에 여호와의 말씀이 에스겔에게 임하였다. 하나님께서는 애굽과 애굽 왕의 영광과 멸망을 옛날 권세와 영광이 컸던 앗수르의 영광과 멸망에 비교하신다. 앗수르 나라는 가지가 아름답고 키가 높고 꼭대기가 구름에 닿은 레바논 백향목과 같았다. 백향목(cedar)은 키가 약 36미터까지 크는 우람한 침엽수라고 한다(NBD). 하나님께서는 애굽과 애굽 왕 바로에 대하여 그의 큰 위엄을 앗수르 나라에 비교하신 것이다.

〔4-6절〕 물들이 그것을 기르며 깊은 물이 그것을 자라게 하며 강들이 그 심긴 곳을 둘러 흐르며 보[시냇물]의 물이 들의 모든 나무에까지 미치매 그 나무가 물이 많으므로 키가 들의 모든 나무보다 높으며 굵은 가지가 번성하며 가는 가지가 길게 빼어났고 공중의 모든 새가 그 큰 가지에 깃들이며 들의 모든 짐승이 그 가는 가지 밑에 새끼를 낳으며 모든 큰 나라가 그 그늘 아래 거하였었느니라.

앗수르 나라는 유프라데스 강과 티그리스 강의 풍부한 물을 끼고 번창하였다. 앗수르는 물질적인 유여함을 누렸다. 주변의 모든 나라들은 앗수르의 강대함과 번창함의 그늘 아래 거하였다.

〔7-9절〕 그 뿌리가 큰 물가에 있으므로 그 나무가 크고 가지가 길어 모양이 아름다우매 하나님의 동산의 백향목[백향목들]이 능히 그를 가리우지 못하며 잣나무(베로쉼 בְּרוֹשִׁים)[전나무(Vg, KJV), 삼나무(cypress)(LXX, Syr, NASB), 소나무(NIV)]가 그 굵은 가지만 못하며 단풍나무(아르모님 עַרְמֹנִים)[밤나무(KJV), 플라타너스 나무(plane-tree)(NASB, NIV)]가 그 가는 가지만 못

하며 하나님의 동산의 아무 나무도 그 아름다운 모양과 같지 못하였도다. 내가 그 가지로 많게 하여 모양이 아름답게 하였더니 하나님의 동산 에덴에 있는 모든 나무가 다 투기하였느니라.

8절, 9절에 '하나님의 동산' 또는 '하나님의 동산 에덴'이라는 표현은 에덴 동산의 위치를 앗수르 경내 혹은 주위라고 추측케 만든다. 하나님의 동산 백향목들은 그를 가리우지 못하며 삼나무(cypress)는 그 백향목의 굵은 가지만 못하며 플라타너스 나무는 그 가는 가지만 못했고 하나님의 동산의 아무 나무도 그 아름다운 모양과 같지 못하였다. 하나님의 동산인 에덴에 있는 모든 나무들은 영광과 권세를 가진 앗수르를 투기하였다.

[10-11절] 그러므로 나 주 여호와가 말하노라. 그의 키가 높고 꼭대기가 구름에 닿아서[얽혀 있는 나뭇잎 사이에 있어서](BDB, NIV) 높이 빼어났으므로 마음이 교만하였은즉 내가 열국의 능한 자의 손에 붙일지라[웨엣트네후 וָאֶתְּנֵהוּ][내가 그를 붙였노라](KJV, NIV). 그가 임의로 대접할 것은 내가 그의 악을 인하여 쫓아내었음이라.

앗수르의 키가 높고 꼭대기가 구름에 닿아서 높이 빼어나 마음이 교만했기 때문에, 하나님께서는 그를 열국의 능한 자의 손에 붙이실 것이며 그가 임의로 그를 대할 것이며 하나님께서는 그의 악을 인해 그를 쫓아내실 것이다. 그것은 하나님의 징벌이었다. 하나님께서는 그의 악을 인해 앗수르를 쫓아내셨고 열국들은 그를 임의로 학대하였다. 하나님께서는 교만한 앗수르를 징벌하셨다.

[12-13절] 열국의 강포한 다른 민족이 그를 찍어 버렸으므로 그 가는 가지가 산과 모든 골짜기에 떨어졌고 그 굵은 가지가 그 땅 모든 물가에 꺾어졌으며 세상 모든 백성이 그를 버리고 그 그늘 아래서 떠나매 공중의 모든 새가 그 넘어진 나무에 거하며 들의 모든 짐승이 그 가지에 있으리니.

하나님께서는 열국의 강포한 다른 민족들이 앗수르를 찍어버렸다고 표현하셨다. 그 결과, 이전에 그의 그늘 아래 거했던 세상의 모든

에스겔 31장: 음부로 내려감

백성은 그를 버렸고 그 그늘 아래서 떠났고 공중의 모든 새들은 그 넘어진 나무에 거하며 들의 모든 짐승들은 그 가지에 있을 것이다. 앗수르의 권세와 영광은 다 파해지고 그 나라는 황폐케 될 것이다.

[14절] 이는 물가에 있는 모든 나무로 키가 높다고 교만치 못하게 하며 그 꼭대기로 구름에 닿지 못하게 하며 또 물 대임을 받는 능한 자로 스스로 높아 서지 못하게 함이니 [이는] 그들을 다 죽는데 붙여서 인생 중 구덩이로 내려가는 자와 함께 지하로 내려가게 하였음이니라.

하나님께서 이렇게 징벌하신 목적은, "물가에 있는 모든 나무들로 키가 높다고 교만치 못하게 하며 그 꼭대기로 구름에 닿지 못하게 하며 또 물 대임을 받는 능한 자로 스스로 높아 서지 못하게 함"이었다. 과연 하나님께서는 권세와 영광을 가진 교만한 자들을 죽는 데 붙여서 인생 중 구덩이로 내려가는 자와 함께 지하로 내려가게 하셨다. 그는 교만한 자들을 징벌하시고 낮추신다.

[15-17절] 나 주 여호와가 말하노라. 그가 음부에 내려가던 날에 내가 그를 위하여 애곡하게 하며 깊은 바다를 덮으며 모든 강을 쉬게 하며 큰물을 그치게 하고 레바논으로 그를 위하여 애곡하게 하며 들의 모든 나무로 그로 인하여 쇠잔하게 하였느니라. 내가 그로 구덩이에 내려가는 자와 함께 음부에 떨어뜨리던 때에 열국[열방―국한문성경]으로 그 떨어지는 소리를 인하여 진동하게 하였고 물 대임을 받은 에덴의 모든 나무 곧 레바논의 뛰어나고 아름다운 나무들로 지하에서 위로를 받게 하였느니라. 그러나 그들도 그와 함께 음부에 내려 칼에 살륙을 당한 자에게 이르렀나니 그들은 옛적에 그의 팔이 된 자요 열국 중에서 그 그늘 아래 거하던 자니라.

앗수르가 음부에 내려가던 날에 하나님께서는 그를 위해 애곡하게 하시며 깊은 바다를 덮으시며 모든 강을 쉬게 하시며 큰물을 그치게 하시고 레바논으로 그를 위해 애곡하게 하시며 들의 모든 나무들로 그로 인해 쇠잔하게 하셨다. 레바논은 앗수르 서남부에 있는 나라들을 가리킬 것이다. 앗수르의 멸망은 주변 나라들에게 깜짝 놀랄 일이었다. 그들은 오히려 지하에서 위로를 받았다. 앗수르보다 먼저 멸망

당했던 왕들은 한 때 앗수르의 팔처럼 그를 위해 일했고 그의 보호와 후원 아래 살았던 자들이었다. 그러나 그들이 멸망해 음부로 내려갔고 그들이 먼저 간 그 곳에 앗수르 왕도 뒤따라 왔던 것이다. 본장과 다음 장에 자주 나오는 '지하'(14, 16, 18절), '음부'(15, 16, 17절), '구덩이'(16절)는 일차적으로 '무덤'을 가리킬 수 있지만, 문맥적으로 '지옥'을 가리킬 만하다. 옛날 영어성경(KJV)은 16, 17절의 '음부'라는 원어를 '지옥'(hell)이라고 번역하였다.

〔18절〕 너의 영화와 광대함이 에덴 모든 나무 중에 어떤 것과 같은고? 그러나 네가 에덴 나무와 함께 지하에 내려갈 것이요 거기서 할례 받지 못하고 칼에 살륙 당한 자 중에 누우리라. 이들은 바로와 그 모든 군대니라. 나 주 여호와의 말이니라 하라.

하나님께서는 바로 왕의 멸망에 대하여 말씀하신다. 현재 애굽 왕 바로의 영광과 세력의 큼은 옛날의 앗수르와 비교할 만하다. 그러나 애굽 왕 바로는 앗수르 왕처럼 음부 곧 지옥으로 내려갈 것이다.

본장의 교훈을 정리해보자. 첫째로, 앗수르 왕은 권세와 영광이 심히 컸지만(3절) 교만하므로(10절) 하나님께서 그들을 쇠하게 하셨고 죽게 하셨다. 사람은 교만하면 망한다. 잠언 16:18, "교만은 패망의 선봉이요 거만한 마음은 넘어짐의 앞잡이니라." 교만은 사람의 죄들 중에 하나님께서 가장 미워하시는 근원적 죄이다. 그것은 마귀의 죄라고 본다(딤전 3:6). 마귀는 교만함으로 타락했다고 본다. 우리는 교만을 버려야 한다.

둘째로, 한 때 천하를 호령하던 앗수르 왕과 애굽 왕의 권세와 영광은 하늘 꼭대기에 닿듯이 컸지만, 하나님께서 그것을 허무시니 그들은 음부 곧 무덤과 지옥에 던지운 자들이 되었다. 우리는 이 세상의 부귀 영광과 권세가 헛되다는 사실을 깨닫고(전 1:2) 오직 하나님만 의지하고 하나님만 섬겨야 한다. 전도서 12:13, "일의 결국을 다 들었으니 하나님을 경외하고 그 명령을 지킬지어다. 이것이 사람의 본분이니라."

에스겔 32장: 바로에 대한 애가

32장: 바로에 대한 애가

〔1-6절〕 제12년 12월 (초)1일에 여호와의 말씀이 내게 임하여 가라사대 인자야, 너는 애굽 왕 바로에 대하여 애가(哀歌)를 불러 그에게 이르라. 너를 열국에서 젊은 사자에 비하였더니 실상은 바다 가운데 큰 악어(탄님 חַנִּים) [큰 바다괴물](NASB, NIV)12)라. 강에서 뛰어 일어나 발로 물을 요동하여 그 강을 더럽혔도다. 나 주 여호와의 말이여, 내가 많은 백성의 무리를 거느리고 내 그물을 네 위에 치고 그 그물로 너를 끌어오리로다. 내가 너를 뭍에 버리며 들에 던져 공중의 새들로 네 위에 앉게 할 것임이여, 온 땅의 짐승으로 너를 먹어 배부르게 하리로다. 내가 네 고기를 여러 산에 두며 네 시체(라무스 רָמוּת)[높은 키](BDB)를 여러 골짜기에 채울 것임이여, 네 피로 네 헤엄치는 땅에 물 대듯하여 산에 미치게 하며 그 모든 개천에 채우리로다.

본장은 바로에 대한 애가이다. 바다와 강은 세상을 가리킨다. 애굽 왕 바로는 세상에서 괴물 같은 거대한 세력이었으나, 하나님께서는 그를 멸망케 하실 것이다. '네 높은 키'라는 말은 애굽 왕 바로의 거만한 몸을 가리킨 것 같다.

〔7-10절〕 내가 너를 불끄듯할 때에 하늘을 가리워 별로 어둡게 하며 해를 구름으로 가리우며 달로 빛을 발하지 못하게 할 것임이여, 하늘의 모든 밝은 빛을 내가 네 위에서 어둡게 하여 어두움을 네 땅에 베풀리로다. 나 주 여호와의 말이로다. 내가 네 패망의 소문으로 열국 곧 너의 알지 못하는 열방에 이르게 할 때에 많은 백성의 마음을 번뇌케 할 것임이여, 내가 그 많은 백성으로 너를 인하여 놀라게 할 것이며 내가 내 칼로 그들의 왕 앞에서 춤추게 할 때에 그 왕이 너를 인하여 심히 두려워할 것이며 네가 엎드러지는 날에 그들이 각각 자기 생명을 위하여 무시로 떨리로다.

'불끄듯하다'는 원어(캅보스 כַבּוֹת)는 '불끄듯이 죽이고 없앤다'는 뜻이다. 하나님께서 애굽을 멸하실 때에 온 땅은 어둡게 될 것이다. 어두움은 사회적 대환난을 상징한다. 애굽 나라의 패망은 이웃 나라

---

12) 탄닌 תַּנִּין이 정자(正字)이지만, 두 말이 통용하여 쓰인 것 같다.

들에게 놀라운 소식일 것이며, 그 주위의 나라들은 자신들의 생명의 안전을 위해 심히 두려워할 것이다.

[11-16절] 나 주 여호와가 말함이여, 바벨론 왕의 칼이 네게 임하리로다. 내가 네 무리로 용사 곧 열국의 무서운 자들의 칼에 엎드러지게 할 것임이여, 그들이 애굽의 교만을 폐하며 그 모든 무리를 멸하리로다. 내가 또 그 모든 짐승을 큰 물가에서 멸하리니 사람의 발이나 짐승의 굽이 다시는 그 물을 흐리지 못할 것임이여, 그때에 내가 그 물을 맑게 하여 그 강으로 기름같이 흐르게 하리로다. 나 주 여호와의 말이로다. 내가 애굽 땅으로 황무하여 사막이 되게 하여 거기 풍성한 것이 없게 할 것임이여, 그 가운데 모든 거민을 치리니 그들이 나를 여호와인 줄 알리로다. 이는 슬피 부를 애가(哀歌)니 열국 여자들이 이것을 슬피 부름이여, 애굽과 그 모든 무리를 위하여 이것을 슬피 부르리로다. 나 주 여호와의 말이로다 하라.

바벨론 왕과 동맹국들은 하나님의 도구가 되어 애굽 왕의 교만을 폐할 것이다. 하나님께서는 애굽 나라의 모든 가축들까지도 멸하실 것이다. 애굽 나라가 멸망하고 그 땅이 황무하여 사막처럼 되며 거기 살던 거민들이 죽임을 당하며 거기에 풍성하던 것들이 없어질 때에 애굽 사람들은 비로소 살아계신 여호와 하나님을 알게 될 것이다.

[17-19절] 제12년 어느 달 15일에 여호와의 말씀이 내게 임하여 가라사대 인자야, 애굽의 무리를 애곡하고 그와 유명한 나라 여자들을 구덩이에 내려가는 자와 함께 지하에 던지며 이르라. 너의 아름다움이 누구보다 지나가는고? 너는 내려가서 할례 받지 않은 자와 함께 뉘울지어다[누일지어다].

애굽 왕 바로나 세상의 강대한 나라들의 왕들은 다 죽어 구덩이에 내려가며 지하에 던지울 것이다. 31장과 32장에는 '구덩이'라는 말이 8번 사용되었고(31:14, 16; 32:18, 23, 24, 25, 29, 30), '지하'라는 말이 5번 사용되었다(31:14, 16, 18; 32:18, 24). 애굽 왕 바로는 아름다웠고 그 권세와 영광이 컸지만, 죽임을 당하고 지하 구덩이에 내려가 할례 받지 않은 자들과 함께 뉘울 것이다. '할례 받지 않은 자와 함께'라는 표현이 본장에 10번 나온다(19, 21, 24, 25, 26, 27, 28, 29, 30, 32절).

그것은 할례 받은 자들과 할례 받지 않은 자들을 구별하는 표현이다. 구약시대에도 경건한 성도들은 죽을 때에 그 영혼이 하나님의 안식 세계에 들어간다고 본다(시 73:24). 그러나 불경건한 악인들은 죽을 때에 그 영혼이 할례 받지 않은 자들과 함께 지옥에 누일 것이다.

〔20-30절〕그들이 살륙 당한 자 중에 엎드러질 것임이여, 그는 칼에 붙인 바 되었은즉 그와 그 모든 무리를 끌지어다. 용사 중에 강한 자가 그를 돕는 자와 함께 음부 가운데서 그에게 말함이여, 할례 받지 않은 자 곧 칼에 살륙 당한 자들이 내려와서 가만히 누웠다 하리로다. 거기 앗수르와 그 온 무리가 있음이여, 다 살륙을 당하여 칼에 엎드러진 자라. 그 무덤이 그 사방에 있도다. 그 무덤이 구덩이 깊은 곳에 베풀렸고 그 무리가 그 무덤 사방에 있음이여, 그들은 다 살륙을 당하여 칼에 엎드러진 자 곧 생존 세상에서 사람을 두렵게 하던 자로다. 거기 엘람이 있고 그 모든 무리가 그 무덤 사면에 있음이여, 그들은 다 할례를 받지 못하고 살륙을 당하여 칼에 엎드러져 지하에 내려간 자로다. 그들이 생존 세상에서 두렵게 하였으나 이제는 구덩이에 내려가는 자와 함께 수치를 당하였도다. 그와 그 모든 무리를 위하여 침상을 살륙 당한 자 중에 베풀었고 그 여러 무덤은 사면에 있음이여, 그들은 다 할례를 받지 못하고 칼에 살륙을 당한 자로다. 그들이 생존 세상에서 두렵게 하였으나 이제는 구덩이에 내려가는 자와 함께 수치를 당하고 살륙 당한 자 중에 뉘었도다. 거기 메섹과 두발과 그 모든 무리가 있고 그 여러 무덤은 사면에 있음이여, 그들은 다 할례를 받지 못하고 칼에 살륙을 당한 자로다. 그들이 생존 세상에서 두렵게 하였으나 그들이 할례 받지 못한 자 중에 이미 엎드러진 용사와 함께 누운 것이 마땅치 아니하냐? 이 용사들은 다 병기를 가지고 음부에 내려 자기의 칼을 베개하였으니 그 백골이 자기 죄악을 졌음이여, 생존 세상에서 용사의 두려움이 있던 자로다. 오직 너는 할례 받지 못한 자와 일반으로 패망할 것임이여, 칼에 살륙 당한 자와 함께 누우리로다. 거기 에돔 곧 그 열왕과 그 모든 방백이 있음이여, 그들이 강성하였었으나 칼에 살륙 당한 자와 함께 있겠고 할례 받지 못하고 구덩이에 내려간 자와 함께 누우리로다. 거기 살륙 당한 자와 함께 내려간 북방 모든 방백과 모든 시돈 사람이 있음이여, 그들이 본래는 강성하였으므로 두렵게 하였었으나 이제는 부끄러움을 품고 할례 받지 못하고 칼에 살륙 당한

자와 함께 누웠고 구덩이에 내려가는 자와 함께 수욕을 당하였도다.

본문은 애굽 왕과 그 무리가 앗수르, 엘람, 메섹과 두발, 에돔, 시돈의 왕들이 들어간 음부에 들어갈 것을 말한다. 본문은 음부(21, 27절), 무덤(22, 23, 24, 25, 26절), 구덩이(23, 24, 25, 29, 30절)를 동의어로 사용한다. 31-32장에는 '음부'라는 말이 5번 사용되었다(31:15, 16, 17; 32:21, 27). '음부'라는 말은 무덤 혹은 지옥(hell)을 가리킨다고 본다. 악인들은 살아 있었을 때 그 권세로 사람들을 두렵게 하였으나, 이제 그 권세와 영광을 다 빼앗기고 그들의 죄 때문에 하나님의 공의로운 형벌로 지옥에 던지울 것이다. 다른 여러 나라들도 마찬가지이었다.

〔31-32절〕 바로가 그들을 보고 그 모든 무리로 인하여 위로를 받을 것임이여, 칼에 살륙 당한 바로와 그 온 군대가 그러하리로다. 나 주 여호와의 말이로다. 내가 바로로 생존 세상에서 사람을 두렵게 하게[13] 하였었으나 이제는 그가 그 모든 무리로 더불어 할례 받지 못한 자 곧 칼에 살륙 당한 자와 함께 뉘우리로다[누이리로다]. 나 주 여호와의 말이로다.

본장의 교훈을 정리해보자. 첫째로, 애굽 왕 바로나 기타 열국의 왕들은 한때 세상의 권세와 부귀와 영광을 누렸지만, 다 멸망하여 무덤에 묻혔고 지옥에 던지웠다. 이 세상의 권세와 부귀와 영광은 헛되다. 그것들은 한때 아름답고 좋아 보이지만, 곧 다 지나가고 만다. 그러므로 우리는 이 세상의 것들을 사랑하지 말고 의지하지 말아야 한다.

둘째로, 우리는 하나님 중심으로만 살고 그의 교훈 안에서 살아야 한다. 시편 39:6-7, "진실로 각 사람은 그림자같이 다니고 헛된 일에 분요하며 재물을 쌓으나 누가 취하는지 알지 못하나이다. 주여, 내가 무엇을 바라리요? 나의 소망은 주께 있나이다." 우리는 하나님께서 주신 성경의 바른 교훈대로 경건하고 거룩하고 의롭고 선하게만 살아야 한다.

---

13) 마소라 학자들은 원문을 '나의[나에 대한] 두려움'(킷티시 חִתִּיתִי)이라고 읽기를 제안하지만(케레)(KJV), 쓰여진 대로(케티브) '그의[그에 대한] 두려움'(킷티소 חִתִּיתוֹ)이라고 읽는 것이 옳을 것이다(BDB, NASB, NIV).

에스겔 33장: 파수꾼의 사명

33장: 파수꾼의 사명

〔1-6절〕 여호와의 말씀이 내게 임하여 가라사대 인자야, 너는 네 민족에게 고하여 이르라. 가령 내가 칼을 한 땅에 임하게 한다 하자. 그 땅 백성이 자기 중에 하나를 택하여 파수꾼을 삼은 그 사람이 칼이 그 땅에 임함을 보고 나팔을 불어 백성에게 경고하되 [누구든지] 나팔 소리를 듣고도 경비를 하지[경고를 받아들이지] 아니하므로 그 임하는 칼에 제함을 당하면 그 피가 자기의 머리로 돌아갈 것이라. 그가 경비를 하였던들[경고를 받아들였던들] 자기 생명을 보전하였을 것이나 나팔 소리를 듣고도 경비를 하지[경고를 받아들이지] 아니하였으니 그 피가 자기에게로 돌아가리라. 그러나 파수꾼이 칼이 임함을 보고도 나팔을 불지 아니하여 백성에게 경고치 아니하므로 그 중에 한 사람이 그 임하는 칼에 제함을 당하면 그는 자기 죄악 중에서 제한 바 되려니와 그 죄를 내가 파수꾼의 손에서 찾으리라.

하나님께서는 파수꾼 즉 경계병의 역할과 책임에 대해 말씀하신다. 나라에 전쟁이 일어났을 때 그 나라에서 세운 경계병이 적군이 쳐들어오는 것을 보고 경고 나팔을 불었으나 누구든지 그 소리를 듣고도 대비하지 않아 죽었다면, 그 책임은 대비하지 않은 그 자신에게 있다. 그러나 만일 경계병이 경고의 나팔을 불지 않아서 누가 죽었다면 그는 자기 죄악 때문에 죽은 것이지만 그 책임은 그 경계병에게 있다. 경계병은 경고하는 일을 해야 하고 그것을 하지 않으면 그는 그 책임을 지고 죽을 것이다. 백성들은 경계병의 나팔소리를 듣고 대비해야 하며 그렇지 않으면 자기 자신들의 잘못 때문에 죽을 것이다.

〔7-9절〕 인자야, 내가 너로 이스라엘 족속의 파수꾼을 삼음이 이와 같으니라. 그런즉 너는 내 입의 말을 듣고 나를 대신하여 그들에게 경고할지어다. 가령 내가 악인에게 이르기를 악인아, 너는 정녕 죽으리라 하였다 하자. 네가 그 악인에게 말로 경고하여 그 길에서 떠나게 아니하면 그 악인은 자기 죄악 중에서 죽으려니와 내가 그 피를 네 손에서 찾으리라. 그러나 너는 악인에게 경고하여 돌이켜 그 길에서 떠나라고 하되 그가 돌이켜 그 길에서 떠나지 아

에스겔 33장: 파수꾼의 사명

니하면 그는 자기 죄악 중에서 죽으려니와 너는 네 생명을 보전하리라.

하나님께서는 에스겔을 이스라엘의 파수꾼 즉 경계병으로 세우셨다. 에스겔은 하나님의 말씀을 듣고 그들에게 경고해야 했다. 만일 그가 악인에게 경고하여 그 길에서 떠나게 하지 않으면 그 악인은 자기 죄악 중에서 죽지만, 하나님께서는 그 피를 에스겔에게서 찾으실 것이다. 그러나 만일 그가 경고했으나 그가 그 길에서 떠나지 않으면, 그는 자기 죄악 중에서 죽는 것이며 에스겔의 책임은 없고 그 생명은 보전될 것이다. 이것은 오늘날 일차적으로 목사들의 직무와 책임을 보이며, 넓게는 먼저 믿은 모든 성도들의 직무와 책임을 보인다.

[10-11절] 그런즉 인자야, 너는 이스라엘 족속에게 이르기를 너희가 말하여 이르되 우리의 허물과 죄가 이미 우리에게 있어 우리로 그 중에서 쇠패하게 하니 어찌 능히 살리요 하거니와 주 여호와의 말씀에 나의 삶을 두고 맹세하노니 나는 악인의 죽는 것을 기뻐하지 아니하고 악인이 그 길에서 돌이켜 떠나서 사는 것을 기뻐하노라. 이스라엘 족속아, 돌이키고 돌이키라. 너희 악한 길에서 떠나라. 어찌 죽고자 하느냐 하셨다 하라.

하나님께서는 악인의 죽는 것을 기뻐하지 않으시고 악인이 그 길에서 돌이켜 떠나서 사는 것을 기뻐하신다. 그는 이스라엘 족속에게 "돌이키고 돌이키라. 너희 악한 길에서 떠나라"고 말씀하신다.

[12-16절] 인자야, 너는 네 민족에게 이르기를 의인이 범죄하는 날에는 그 의가 구원치 못할 것이요 악인이 돌이켜 그 악에서 떠나는 날에는 그 악이 그를 엎드러뜨리지 못할 것인즉 의인이 범죄하는 날에는 그 의로 인하여는 살지 못하리라. 가령 내가 의인에게 말하기를 너는 살리라 하였다 하자. 그가 그 의를 스스로 믿고 죄악을 행하면 그 모든 의로운 행위가 하나도 기억되지 아니하리니 그가 그 지은 죄악 중 곧 그 중에서 죽으리라. 가령 내가 악인에게 말하기를 너는 죽으리라 하였다 하자. 그가 돌이켜 자기의 죄에서 떠나서 법과 의대로 행하여 전당물을 도로 주며 억탈물[강탈한 물건]을 돌려 보내고 생명의 율례를 준행하여 다시는 죄악을 짓지 아니하면 그가 정녕 살고 죽지 않을지라. 그의 본래 범한 모든 죄가 기억되지 아니하리니 그가 정녕 살리라. 이는 법과 의를 행하였음이니라 하라.

에스겔 33장: 파수꾼의 사명

하나님의 심판은 공평하시다. 의인이 범죄하면 그 의는 그를 구원치 못할 것이며, 악인이 돌이켜 그 악에서 떠나면 그 악이 그를 멸망케 하지 못할 것이다. 만일 의인이 자기의 의만 믿고 죄악을 행하면 그는 그 지은 죄악 중에서 죽을 것이다. 또 만일 악인이 돌이켜 자기의 죄악에서 떠나 하나님의 법을 행하여 전당물을 도로 주며 강탈한 물건을 돌려주고 다시 죄를 짓지 않으면 정녕 살 것이다. 신약시대에도 예수님 믿고 구원 얻은 성도들이 계속 죄 중에 살면 구원 얻지 못할 것이라는 경고를 받고 있다. 로마서 8:13, "너희가 육신대로 살면 반드시 죽을 것이로되 영[성령]으로써 몸의 행실을 죽이면 살리니."

[17-20절] 그래도 네 민족은 말하기를 주의 길이 공평치 않다 하는도다. 그러나 실상은 그들의 길이 공평치 아니하니라. 만일 의인이 돌이켜 그 의에서 떠나 죄악을 지으면 그가 그 가운데서 죽을 것이고 만일 악인이 돌이켜 그 악에서 떠나 법과 의대로 행하면 그가 그로 인하여 살리라. 그러나 너희가 이르기를 주의 길이 공평치 않다 하는도다. 이스라엘 족속아, 내가 너희의 각기 행한 대로 심판하리라 하시니라.

이스라엘 백성은 하나님의 길이 공평치 않다고 말하지만, 실상은 그렇지 않다. 의인이 돌이켜 그 의에서 떠나 죄를 지으면 그는 그 죄 가운데서 죽을 것이며, 악인이 돌이켜 그 악에서 떠나 법과 의대로 행하면 그는 그로 인해 살 것이다. 하나님께서는 사람이 각기 행한 대로 심판하실 것이다. 이것이 하나님의 심판의 공평함이다.

[21-24절] 우리가 사로잡힌 지 12년 10월 5일에 예루살렘에서부터 도망하여 온 자가 내게 나아와 말하기를 그 성이 함락되었다 하였는데 그 도망한 자가 내게 나아오기 전날 저녁에 여호와의 손이 내게 임하여 내 입을 여시더니 다음 아침 그 사람이 내게 나아올 임시에[때에] 내 입이 열리기로 내가 다시는 잠잠하지 아니하였노라. 여호와의 말씀이 내게 임하여 가라사대 인자야, 이 이스라엘 황무한 땅에 거한 자들이 말하여 이르기를 아브라함은 오직 한 사람이라도 이 땅을 기업으로 얻었나니 우리가 중다한즉 더욱 이 땅으로 우리에게 기업으로 주신 것이 되느니라 하는도다.

에스겔 33장: 파수꾼의 사명

제12년 즉 주전 586년경 예루살렘 성은 함락되었다. 이스라엘 백성은 아브라함은 한 사람이라도 이 땅을 기업으로 얻었으니 우리는 수가 많은즉 더욱 이 땅이 우리의 기업이 되리라고 말했었다. 그러나 그 말은 예루살렘 성이 함락되었을 때 헛된 말이었음이 증명되었다.

〔25-29절〕 그러므로 너는 그들에게 이르기를 주 여호와의 말씀에 너희가 피 있는 고기를 먹으며 너희 우상들에게 눈을 들며 피를 흘리니 그 땅이 너희의 기업이 될까보냐? 너희가 칼을 믿어 가증한 일을 행하며 각기 이웃의 아내를 더럽히니 그 땅이 너희의 기업이 될까보냐 하고 너는 그들에게 또 이르기를 주 여호와의 말씀에 내가 나의 삶을 두고 맹세하노니 황무지에 있는 자는 칼에 엎드러뜨리고 들에 있는 자는 들짐승에게 붙여 먹게 하고 산성과 굴에 있는 자는 온역에 죽게 하리라. 내가 그 땅으로 황무지와 놀라움이 되게 하고 그 권능의 교만을 그치게 하리니 이스라엘의 산들이 황무하여 지나갈 사람이 없으리라. 내가 그들의 행한 모든 가증한 일로 인하여 그 땅으로 황무지와 놀라움이 되게 하면 그때에 그들이 나를 여호와인 줄 알리라 하라.

하나님께서는 이스라엘 사회에 십계명을 범하는 우상숭배와 살인과 간음 등의 죄악이 있는데, 어떻게 그 나라와 성읍이 보존되겠는가고 물으신다. 이스라엘 백성은 십계명을 어기는 각종 죄악들을 범했을 뿐만 아니라, 마음의 교만까지 가지고 있었다. 그러므로 하나님께서는 그 땅을 황폐케 하시며 지나다니는 사람들이 없게 하실 것이다. 그때에 그들은 주권적 섭리자 여호와 하나님을 알게 될 것이다.

〔30-33절〕 인자야, 네 민족이 담 곁에서와 집 문에서 너를 의논하며 각각 그 형제로 더불어 말하여 이르기를 자, 가서 여호와께로부터 무슨 말씀이 나오는가 들어보자 하고 백성이 모이는 것같이 네게 나아오며 내 백성처럼 네 앞에 앉아서 네 말을 들으나 그대로 행치 아니하니 이는 그 입으로는 사랑을 나타내어도 마음은 이욕(베차 בֶּצַע)[강탈해 얻은 이익, 불의한 이익](BDB)을 좇음이라. 그들이 너를 음악을 잘하며 고운 음성으로 사랑의 노래를 하는 자같이 여겼나니 네 말을 듣고도 준행치 아니하거니와 그 말이 응하리니 응할 때에는 그들이 한 선지자가 자기 가운데 있었던 줄을 알리라.

에스겔 33장: 파수꾼의 사명

이스라엘 백성은 마치 하나님의 말씀을 듣기를 사모하여 모이는 자처럼 모이며 듣기도 하지만 마음은 불의한 이익을 좇고 에스겔을 고운 음성으로 사랑의 노래를 하는 자로 여기며 들은 말씀을 행하지 않았다. 그러나 에스겔이 전한 하나님의 말씀이 그대로 이루어질 때, 그들은 그들 중에 한 선지자가 있었음을 알게 될 것이다.

본장의 교훈을 정리해보자. <u>첫째로, 파수꾼 곧 경계병은 적군이 쳐들어올 때 경고의 나팔을 부는 그의 임무를 다해야 한다.</u> 옛시대에 파수꾼의 역할은 오늘날 목사의 역할이다. 목사는 성경을 열심히 연구하고 하나님의 뜻을 바르게 파악하여 가감 없이 전달해야 한다. 그는 경고의 나팔을 바르게 불어야 한다. 목사뿐 아니라, 모든 성도도 하나님의 뜻을 바르게 이해하고 모든 오류를 분별하고 기회 있는 대로 이웃에게 하나님과 주 예수 그리스도를 증거하며 모든 악에서 떠나라고 말해야 한다.

<u>둘째로, 사람들은 파수꾼들의 나팔 소리를 듣고 모든 죄악된 길에서 돌이키고 떠나야 한다.</u> 파수꾼의 경고에 귀를 막는 자는 하나님의 심판 때에 핑계할 수 없을 것이다. 하나님께서는 악인의 죽는 것을 기뻐하지 않으시고 악인이 악한 길에서 돌이켜 사는 것을 기뻐하신다. 하나님의 심판은 공평하시다. 하나님께서는 사람이 행한 대로 선악간에 공의로 보응하신다. 우리는 우상숭배와 살인과 간음과 교만한 마음과 불의한 이익을 구하는 마음을 버려야 한다. 하니님의 뜻은 회개와 거룩함이다. 우리는 모든 악을 버려야 하고 모든 더러움에서 떠나야 한다.

<u>셋째로, 우리는 성경에 계시된 하나님 말씀대로 하나님을 경외하고 바르고 선하고 진실하게만 살아야 한다.</u> 그것이 하나님의 뜻이며 구원 얻은 성도의 길이며 평안과 영생의 길이다. 미가 6:8, "사람아, 주께서 선한 것이 무엇임을 네게 보이셨나니 여호와께서 네게 구하시는 것이 오직 공의를 행하며 인자(仁慈)를 사랑하며 겸손히 네 하나님과 함께 행하는 것이 아니냐?" 경건과 도덕성이 성도의 정로(正路)이다.

에스겔 34장: 부패한 목자들

34장: 부패한 목자들

〔1-6절〕여호와의 말씀이 내게 임하여 가라사대 인자야, 너는 이스라엘 목자들을 쳐서 예언하라. 그들 곧 목자들에게 예언하여 이르기를 주 여호와의 말씀에 자기만 먹이는 이스라엘 목자들은 화 있을진저. 목자들이 양의 무리를 먹이는 것이 마땅치 아니하냐? 너희가 살진 양을 잡아 그 기름을 먹으며 그 털을 입되 양의 무리는 먹이지 아니하는도다. 너희가 그 연약한 자를 강하게 아니하며 병든 자를 고치지 아니하며 상한 자를 싸매어 주지 아니하며 쫓긴 자를 돌아오게 아니하며 잃어버린 자를 찾지 아니하고 다만 강포(코즈카 חָזְקָה와 페레크 פֶרֶךְ)[폭력과 가혹함]로 그것들을 다스렸도다. 목자가 없으므로 그것들이 흩어지며 흩어져서 모든 들짐승의 밥이 되었도다. 내 양의 무리가 모든 산과 높은 멧부리에마다 유리되었고 내 양의 무리가 온 지면에 흩어졌으되 찾고 찾는 자가 없었도다.

하나님께서는 부패한 목자들에게 화를 선언하신다. 그들은 양무리를 먹이지 않고 자기 자신만 먹인 자들이다. 그들은 살진 양을 잡아 그 기름을 먹으며 그 털을 입으나 양무리는 먹이지 않았다. 그들은 연약한 자를 강하게 아니하며 병든 자를 고치지 아니하며 상한 자를 싸매어 주지 아니하며 쫓긴 자를 돌아오게 아니하며 잃어버린 자를 찾지 아니했고, 다만 폭력과 가혹함으로 그것들을 다스렸다. 그 결과, 양들은 목자가 없으므로 흩어졌으며 흩어짐으로 모든 들짐승의 밥이 되었다. 양들은 온 땅에 흩어져 모든 산과 높은 언덕에서 방황하였고 찾는 이가 없었다.

〔7-12절〕그러므로 목자들아, 여호와의 말씀을 들을지어다. 주 여호와의 말씀에 내가 나의 삶을 두고 맹세하노라. 내 양의 무리가 노략거리가 되고 모든 들짐승의 밥이 된 것은 목자가 없음이라. 내 목자들이 내 양을 찾지 아니하고 자기만 먹이고 내 양의 무리를 먹이지 아니하였도다. 그러므로 너희 목자들아, 여호와의 말씀을 들을지어다. 주 여호와의 말씀에 내가 목자들을 대적하여 내 양의 무리를 그들의 손에서 찾으리니 목자들이 양을 먹이

지 못할 뿐 아니라 그들이 다시는 자기를 먹이지 못할지라. 내가 내 양을 그들의 입에서 건져내어서 다시는 그 식물이 되지 않게 하리라. 나 주 여호와가 말하노라. 나 곧 내가 내 양을 찾고 찾되 목자가 양 가운데 있는 날에 양이 흩어졌으면 그 떼를 찾는 것같이 내가 내 양을 찾아서 흐리고 캄캄한 날에 그 흩어진 모든 곳에서 그것들을 건져낼지라.

그러므로 하나님께서는 맹세하며 말씀하셨다. "내 목자들이 내 양을 찾지 아니하고 자기만 먹이고 내 양의 무리를 먹이지 아니하였도다." 하나님께서는 본장에서 이스라엘 백성을 열다섯 번이나 '내 양,' '나의 양떼,' '내 양의 무리,' '내 초장의 양' 등으로 부르셨다(6, 6, 8, 8, 8, 10, 10, 11, 12, 15, 17, 19, 22, 31, 31절). 이스라엘 백성은 하나님께서 주인이신 하나님의 양떼이다. 하나님께서는 그 양들을 그 악한 목자들의 손에서 찾으실 것이다. 그들은 더 이상 양들을 먹이지 못할 것이며 자기 자신도 먹이지 못할 것이다. 하나님께서는 하나님의 양들을 그들의 입에서 건져내셔서 다시는 그들의 밥이 되지 않게 하실 것이다. 목자가 흩어진 양을 찾듯이, 하나님께서는 그의 양들을 흐리고 캄캄한 날에 그 흩어진 모든 곳에서 찾아 건져내실 것이다.

[13-16절] 내가 그것들을 만민 중에서 끌어내며 열방 중에서 모아 그 본토로 데리고 가서 이스라엘 산 위에와 시냇가에와 그 땅 모든 거주지에서 먹이되 좋은 꼴로 먹이고 그 우리를 이스라엘 높은 산 위에 두리니 그것들이 거기서 좋은 우리에 누워 있으며 이스라엘 산 위에서 살진 꼴을 먹으리라. 나 주 여호와가 말하노라. 내가 친히 내 양의 목자가 되어 그것들로 누워 있게 할지라. 그 잃어버린 자를 내가 찾으며 쫓긴 자를 내가 돌아오게 하며 상한 자를 내가 싸매어 주며 병든 자를 내가 강하게 하려니와 살찐 자와 강한 자는 내가 멸하고 공의대로 그것들을 먹이리라.

하나님께서는 그것들을 만민 중에서 끌어내며 열방 중에서 모아 그 본토로 데리고 가서 이스라엘 산 위에와 시냇가에와 그 땅 모든 거주지에서 좋은 꼴로 먹이실 것이다. 하나님의 양들은 좋은 우리에 누울 것이며 좋은 꼴, 살진 꼴을 먹을 것이다. '꼴'이라는 원어(미르에

מִרְעֶה)는 '목초' 혹은 '초장'이라는 뜻이다. 뿐만 아니라, 하나님께서는 친히 양의 목자가 되셔서 그것들로 누워 있게 하실 것이다. 참으로 하나님께서는 우리의 선한 목자이시다(시 23:1). 또 선한 목자이신 그는 잃어버린 자를 친히 찾으시며 쫓긴 자를 돌아오게 하시며 상한 자를 싸매어 주시며 병든 자를 강하게 하실 것이다. 그러나 반면에 그는 살찐 자와 강한 자를 멸하시고 공의대로 다스리실 것이다.

[17-22절] 나 주 여호와가 말하노라. 나의 양떼 너희여, 내가 양과 양의 사이와 숫양과 숫염소의 사이에 심판하노라. 너희가 좋은 꼴 먹은 것을 작은 일로 여기느냐? 어찌하여 남은 꼴을 발로 밟았느냐? 너희가 맑은 물 마신 것을 작은 일로 여기느냐? 어찌하여 남은 물을 발로 더럽혔느냐? 나의 양은 너희 발로 밟은 것을 먹으며 너희 발로 더럽힌 것을 마시는도다 하셨느니라. 그러므로 주 여호와께서 그들에게 대하여 말씀하시기를 나 곧 내가 살찐 양과 파리한 양 사이에 심판하리라. 너희가 옆구리와 어깨로 밀뜨리고 모든 병든 자를 뿔로 받아 무리로 밖으로 흩어지게 하는도다. 그러므로 내가 내 양떼를 구원하여 그들로 다시는 노략거리가 되지 않게 하고 양과 양 사이에 심판하리라.

하나님께서는 양들에 대해서도 심판하실 것이다. 그는 양과 양의 사이와 숫양과 숫염소의 사이에 심판하실 것이다. 살찐 양들은 좋은 꼴과 맑은 물, 즉 참된 선지자들을 통해 선포되는 하나님의 순수한 말씀의 교훈을 멸시하였다. 그들은 남은 꼴을 발로 밟고 남은 물을 발로 더럽혔고 다른 양들은 그 꼴과 그 물을 마셨다. 또 살찐 양들은 병들고 파리해진 양들을 밀뜨려 흩어지게 하였다. 그러므로 하나님께서는 살찐 양과 파리한 양 사이에 심판하실 것이다. 또 그는 그의 양떼를 구원하여 그들로 다시는 노략거리가 되지 않게 하실 것이다.

[23-24절] 내가 한 목자를 그들의 위에 세워 먹이게 하리니 그는 내 종 다윗이라. 그가 그들을 먹이고 그들의 목자가 될지라. 나 여호와는 그들의 하나님이 되고 내 종 다윗은 그들 중에 왕이 되리라. 나 여호와의 말이니라.

하나님께서는 장차 회복된 이스라엘 나라에 다윗이라는 한 인물이 선한 목자로 나타나게 하실 것이다. 그가 바로 예수 그리스도이시다. 예수 그리스도께서는 선한 목자로 이 세상에 오셨다(요 10장).

〔25-31절〕 내가 또 그들과 화평[평안]의 언약을 세우고 악한 짐승을 그 땅에서 그치게 하리니 그들이 빈들에 평안히 거하며 수풀 가운데서 잘지라. 내가 그들에게 복을 내리며 내 산 사면 모든 곳도 복되게 하여 때를 따라 비를 내리되 복된 장마비를 내리리라. 그리한즉 밭에 나무가 열매를 맺으며 땅이 그 소산을 내리니 그들이 그 땅에서 평안할지라. 내가 그들의 멍엣목을 꺾고 그들로 종을 삼은 자의 손에서 그들을 건져낸 후에 그들이 나를 여호와인 줄 알겠고 그들이 다시는 이방의 노략거리가 되지 아니하며 땅의 짐승의 삼킨 바 되지 아니하고 평안히 거하리니 놀랠 사람이 없으리라. 내가 그들을 위하여 유명한 종식(種植)할 땅[유명한 심는 곳](BDB, NASB)을 일으키리니[준비하리니](NIV) 그들이 다시는 그 땅에서 기근으로 멸망하지 아니할지며 다시는 열국의 수치를 받지 아니할지라. 그들이 나 여호와 그들의 하나님이 그들과 함께 있는 줄을 알며 그들 곧 이스라엘 족속이 내 백성인 줄 알리라. 나 주 여호와의 말이라. 내 양 곧 내 초장의 양 너희는 사람이요 나는 너희 하나님이라. 나 주 여호와의 말이니라.

하나님께서는 또 회복된 그의 양들과 화평[평안]의 언약을 세우실 것이다. '화평[평안]의 언약'은 하나님과의 화목뿐 아니라, 하나님의 양들에게 심신의 평안과 환경적 평안까지 주시는 언약이다. 하나님께서는 악한 짐승을 그 땅에서 그치게 하실 것이다. 그들은 그 땅에 평안히 거할 것이다. 또 하나님께서는 그들에게 복을 내리실 것이다. 그 땅의 모든 곳은 복을 받을 것이다. 하나님께서는 때를 따라 복된 장마비를 내리실 것이다. 밭은 나무 열매를 맺으며 땅은 그 소산을 낼 것이다. 그들은 그 땅에서 평안할 것이다.

하나님께서는 또 그들의 멍엣목을 꺾으시고 그들에게 자유를 주실 것이다. 그것은 단지 이방인들의 압제로부터의 해방일 뿐 아니라, 죄와 사탄과 죽음의 세력으로부터의 자유일 것이다. 하나님의 양들은 '유명한 심는 곳'에서 평안히 거할 것이다. 그 땅은 다시 기근이 없을 것이며 이방인들에게 수치를 당치 않을 것이다. 그들은 하나님께서 그들의 하나님이시며 그들이 하나님의 백성인 것을 알게 될 것이다. 이것은 창조의 본래 상태이며 구원의 목표이다(계 21:7).

본장의 교훈을 정리해보자. 첫째로, 우리는 하나님과 예수님께서 우리의 선한 목자 되심을 알아야 한다. 15절, "나 주 여호와가 말하노라. 내가 친히 내 양의 목자가 되어 그것들로 누워 있게 할지라." 하나님과 우리 주 예수 그리스도께서는 우리의 선한 목자이시다. 시편 23:1, "여호와는 나의 목자시니 내가 부족함이 없으리로다." 요한복음 10:11, "나는 선한 목자라. 선한 목자는 양들을 위하여 목숨을 버리거니와."

둘째로, 신약교회의 목사들은 좋은 목자가 되어야 한다. 본장의 목자들에 대한 교훈은 오늘날 목사와 장로들, 권찰들과 주일학교 교사들에게 적용될 수 있다. 우리는 다 성도들을 위하는 자가 되어야 한다.

셋째로, 우리는 모두 좋은 양이 되어야 한다. 18절, "너희가 좋은 꼴 먹은 것을 작은 일로 여기느냐? 어찌하여 남은 꼴을 발로 밟았느냐? 너희가 맑은 물 마신 것을 작은 일로 여기느냐? 어찌하여 남은 물을 발로 더럽혔느냐?" 하나님의 좋은 양들은 교만하지 말아야 하고 시기하고 다투지 말고 겸손히 서로를 존중하며 사랑해야 한다. 요한복음 10:27, "내 양은 내 음성을 들으며 나는 저희를 알며 저희는 나를 따르느니라."

넷째로, 우리는 참 교회, 복된 교회, 평안이 있는 교회를 세워야 한다. 참된 교회는 하나님과의 바른 관계 속에서, 즉 하나님을 우리의 하나님으로 모시고 섬기며 우리가 그의 백성된 것을 알고 그 의무를 다하는 데서 세워질 것이다. 우리는 참된 교회, 복된 교회를 세워야 한다.

다섯째로, 우리는 복된 세계인 천국을 소망하며 사모해야 한다. 이 세상에는 완전한 교회가 없다. 우리 개인의 성화가 불완전한 만큼 교회들도 불완전하다. 그러나 예수님의 재림으로 이루어질 영광스런 천국은 참으로 완전하고 복된 세계이다. 우리는 그 천국을 사모해야 한다.

35장: 세일산에 대한 경고

〔1-4절〕 여호와의 말씀이 또 내게 임하여 가라사대 인자야, 네 얼굴을 세일산으로 향하고 그를 쳐서 예언하여 이르기를 주 여호와의 말씀에 세일산아, 내가 너를 대적하여 내 손을 네 위에 펴서 너로 황무지와 놀라움(메솸마 מְשַׁמָּה)[황폐한 곳](NASB, NIV)이 되게 할지라. 내가 네 성읍들을 무너뜨리며(코르바 חָרְבָּה)[황폐케 하며](KJV, NASB, NIV) 너로 황무케 하리니 네가 나를 여호와인 줄 알리라.

본장은 세일산에 대한 경고이다. 세일산은 에돔 족속이 거처하는 곳으로서 에돔 족속을 가리킨다. 주 여호와께서는 세일산을 대적하시고 그의 손을 그 위에 펴서 그로 황무지와 황폐한 곳이 되게 하실 것이다. 에돔 땅의 황폐함은 하나님께서 내리시는 심판이다. 그 결과로, 에돔 족속은 섭리자 여호와 하나님을 알게 될 것이다.

〔5-6절〕 네가 옛날부터 한[영원한 적개감]을 품고 이스라엘 족속의 환난 때 곧 죄악의 끝 때에 칼의 권능에 그들을 붙였도다. 그러므로 나 주 여호와가 말하노라. 내가 나의 삶을 두고 맹세하노니 내가 너로 피를 만나게 한즉 피가 너를 따르리라. 네가 피를 미워하지 아니하였은즉 피가 너를 따르리라.

에돔 족속이 하나님의 심판을 받게 된 것은 그들의 죄 때문이다. 사람은 죄 때문에 복된 낙원, 에덴 동산을 빼앗겼고 고생과 파멸의 길로 갔다. 에돔의 죄는 무엇이었나? 그것은 먼 친척 나라인 이스라엘 족속에 대해 옛날부터 적개심을 품고 그들이 죄 때문에 환난을 당할 때 그들을 칼로 죽인 것이었다. 그들에게는 형제 사랑이 없었다. 그러므로 하나님께서는 그들이 사람 죽이는 것을 싫어하지 않았고 형제 나라인 이스라엘 족속을 죽여 피를 흘렸은즉 그들이 피를 만나며 피가 그들을 따를 것이라고 말씀하셨다. 피의 보복인 셈이다.

〔7-9절〕 내가 세일산으로 놀라움(메솸마 מְשַׁמָּה)[황폐한 곳](NASB, NIV)과 황무지가 되게 하여 그 위에 왕래하는 자를 다 끊을지라. 내가 그 살육 당한

에스겔 35장: 세일산에 대한 경고

자로 그 여러 산에 채우되 칼에 살륙 당한 자로 네 여러 멧부리에, 골짜기에, 모든 시내에 엎드러지게 하고 너로 영원히 황무케 하여 네 성읍들에 다시는 거하는 자가 없게 하리니 너희가 나를 여호와인 줄 알리라.

하나님께서는 세일산의 언덕들이나 골짜기들이나 모든 시내들이 칼에 죽은 자들로 가득하게 하실 것이다. 세일산은 황폐한 곳이 될 것이며 그리로 왕래하는 사람이 끊어질 것이며 거기에 거하는 사람들이 없을 것이다. 에돔은 영원한 황무지가 될 것이다. 그러나 에돔 사람들은 그런 일을 볼 때에 여호와 하나님을 알게 될 것이다.

〔10-11절〕 네가 말하기를 이 두 민족과 이 두 땅은 다 내게로 돌아와서 내 기업이 되리라 하였도다. 그러나 나 여호와가 거기 있었느니라. 그러므로 나 주 여호와가 말하노라. 내가 나의 삶을 두고 맹세하노니 네가 그들을 미워하여 노하며 질투한 대로 내가 네게 행하여 너를 국문[심판]할 때에 그들로 나를 알게 하리라.

세일산 거민들은 '이 두 민족과 이 두 땅' 즉 이스라엘 나라와 유다 나라가 다 그들에게로 돌아와서 그들의 기업이 될 것이라고 말했다. 10절에 "내게로 돌아와서 내 기업이 되리라"는 말은 "나의 것이 되겠고 우리가 그것을 소유하리라"는 뜻이다. 즉 그들은 이스라엘과 유다에 대해 부당한 소유권을 주장하였다. 이스라엘과 유다는 하나님의 소유물임에도 불구하고 에돔 족속은 하나님을 무시하고 부당한 욕심을 품었던 것이다. 그러나 하나님께서는 그들이 그런 말을 할 때 "나 여호와가 거기 있었다"고 말씀하신다. 하나님께서는 그들의 그 부당한 주장을 들으셨고 아셨던 것이다. 그러므로 주 하나님께서는 에돔이 이스라엘을 미워하여 노하며 질투한 대로 그에게 행하실 것이다. 또 그때 이스라엘 백성도 섭리자 하나님을 알게 될 것이다.

〔12-15절〕 네가 이스라엘 산들을 가리켜 말하기를 저 산들이 황무하였으니 우리에게 붙이어서 삼키게 되었다 하여 욕하는 모든 말을 나 여호와가 들은 줄을 네가 알리로다. 너희가 나를 대적하여 입으로 자랑하며 나를 대적하여 여러 가지로 말한 것을 내가 들었노라. 나 주 여호와가 말하노라. 온

에스겔 35장: 세일산에 대한 경고

땅이 즐거워할 때에 내가 너를 황무케 하되 이스라엘 족속의 기업이 황무함을 인하여 네가 즐거워한 것같이 내가 너로 황무케 하리라. 세일산아, 너와 에돔 온 땅이 황무하리니 무리가 나를 여호와인 줄 알리라 하셨다 하라.

하나님께서는 에돔 족속이 이스라엘을 향해 모욕적인 말을 한 것을 들으셨다. 그들의 모욕적인 말은 결국 하나님을 대적하여 말한 것이다. 하나님의 종들과 백성을 부당하게 비방하고 욕하는 말은 곧 하나님을 욕하고 비방하는 말이 된다. 하나님께서는 그것을 불쾌하게 여기시고 보응하셔서 에돔 땅을 황무하게 하실 것이다.

본장의 교훈을 정리해보자. 첫째로, 우리는 온 세상의 창조자이시며 주권적 섭리자이신 하나님을 알아야 한다(4, 9, 11, 15절). 하나님께서는 세상을 창조하시기 전부터 계신 영원하신 하나님이시며 세상을 창조하신 자이시며 그 세상을 홀로 주관하시고 통치하시는 자이시다. 개인의 생사화복과 국가의 흥망성쇠가 하나님의 손안에 있고, 세계 역사가 그의 손안에 있다. 모든 사람은 그 하나님을 알아야 한다. 세상에서 하나님을 알지 못하는 것은 가장 어리석은 일이며 가장 무지한 일이다.

둘째로, 우리는 그 하나님을 경외하고 사랑해야 한다. 사람의 기본적인 의무는 하나님을 경외하고 그를 사랑하고 그의 계명을 지키는 것이다. 신명기 6:4, 5, "이스라엘아 들으라. 우리 하나님 여호와는 오직 하나인 여호와시니 너는 마음을 다하고 성품을 다하고 힘을 다하여 네 하나님 여호와를 사랑하라." 전도서 12:13, "일의 결국을 다 들었으니 하나님을 경외하고 그 명령을 지킬지어다. 이것이 사람의 본분이니라."

셋째로, 우리는 모든 죄를 버리고 선을 행하며 형제와 이웃을 사랑해야 한다. 하나님을 경외하는 것은 악을 버리는 것이다(잠 8:13). 우리는 이웃을 해치는 모든 종류의 악을 버려야 한다. 우리는 살인하지 말고 남을 미워하지 말고 비방하지 말아야 하고 간음하지 말고 도적질하지 말아야 한다. 우리는 남의 생명과 정조와 재산과 명예를 존중해야 한다. 로마서 12:9, "사랑엔 거짓이 없나니 악을 미워하고 선에 속하라."

에스겔 36장: 이스라엘의 회복

36장: 이스라엘의 회복

1-21절, 이스라엘 산들의 회복

〔1-4절〕 인자야, 너는 이스라엘 산들에게 예언하여 이르기를 이스라엘 산들아, 여호와의 말씀을 들으라. 주 여호와의 말씀에 대적이 네게 대하여 말하기를 하하 옛적 높은 곳이 우리의 기업이 되었도다 하였느니라. 그러므로 너는 예언하여 이르기를 주 여호와의 말씀에 그들이 너희를 황무케 하고 너희 사방을 삼켜서 너희로 남은 이방인의 기업이 되게 하여 사람의 말거리와 백성의 비방거리가 되게 하였도다. 그러므로 이스라엘 산들아, 주 여호와의 말씀을 들을지어다. 주 여호와께서 산들과 멧부리들[언덕들]과 시내들과 골짜기들과 황무한 사막들과 사면에 남아 있는 이방인의 노략거리와 조롱거리가 된 버린 성읍들에게 말씀하셨느니라.

하나님께서는 에스겔로 이스라엘 산들에 대해 예언케 하셨다. 그것은 이방의 대적들이 이스라엘 산들을 황무케 만들고 남은 이방인들의 기업이 되게 하고 그것을 조롱거리로 삼았기 때문이었다.

〔5-7절〕 주 여호와의 말씀에 내가 진실로 내 맹렬한 투기로 남아 있는 이방인과 에돔 온 땅을 쳐서 말하였노니 이는 그들이 심히 즐거워하는 마음과 멸시하는 심령으로 내 땅을 빼앗아 노략하여 자기 소유를 삼았음이니라. 그러므로 너는 이스라엘 땅을 대하여 예언하되 그 산들과 멧부리들[언덕들]과 시내들과 골짜기들을 대하여 이르기를 주 여호와의 말씀에 내가 내 투기와 내 분노로 말하였나니 이는 너희가 이방의 수욕을 당하였음이니라. 그러므로 주 여호와의 말씀에 내가 맹세하였은즉 너희 사면에 있는 이방인이 자기 수욕을 정녕 당하리라.

하나님께서는 그의 맹렬한 질투로 이방인들과 에돔 온 땅을 쳐서 말씀하셨다. 왜냐하면 그들이 심히 즐거워하는 마음과 멸시하는 심령으로 하나님의 땅 곧 이스라엘 산들을 빼앗으며 노략했고 자기 소유로 삼았기 때문이었다. 하나님께서는 분노와 질투로 말씀하셨다. 그

에스겔 36장: 이스라엘의 회복

들의 사면에 남아 있는 이방인들은 수욕을 당할 것이다.

〔8-15절〕 그러나 너희 이스라엘 산들아, 너희는 가지를 내고 내 백성 이스라엘을 위하여 과실을 맺으리니 그들의 올 때가 가까이 이르렀음이니라. 내가 돌이켜(히네니 알레켐 הִנְנִי אֲלֵיכֶם)[보라, 내가 너희를 향하며] 너희와 함께하리니(우파니시 알레켐 וּפָנִיתִי אֲלֵיכֶם)[내가 너희를 향하리라] 사람이 너희를 갈고 심을 것이며 내가 또 사람을 너희 위에 많게 하리니 이들은 이스라엘 온 족속이라. 그들로 성읍들에 거하게 하며 빈 땅에 건축하게 하리라. 내가 너희 위에 사람과 짐승으로 많게 하되 생육이 중다하고 번성하게 할 것이라. 너희 전 지위대로 사람이 거하게 하여 너희를 처음보다 낫게 대접하리니 너희가 나를 여호와인 줄 알리라. 내가 사람으로 너희 위에 행하게 하리니 그들은 내 백성 이스라엘이라. 그들은 너를 얻고 너는 그 기업이 되어 다시는 그들로 자식들을 잃어버리지 않게 하리라. 나 주 여호와가 말하노라. 그들이 너희에게 이르기를 너는 사람을 삼키는 자요 네 나라 백성을 제한 자라 하거니와 네가 다시는 사람을 삼키지 아니하며 다시는 네 나라 백성을 제하지 아니하리라. 나 주 여호와의 말이니라. 내가 또 너로 열국의 수욕을 듣지 않게 하며 만민의 비방을 다시 받지 않게 하며 네 나라 백성을 다시 넘어뜨리지 않게 하리라. 나 주 여호와의 말이니라 하셨다 하라.

이스라엘 백성은 자기의 땅으로 돌아올 것이며 이스라엘 산들은 가지를 내고 그들을 위해 과실을 맺을 것이다. 하나님께서는 사랑과 관심을 가지고 그 땅을 향하실 것이다. 그때 사람들은 그 땅에 갈고 심을 것이며 사람들과 가축이 많게 될 것이며 집들을 건축할 것이다. 사람들은 다시 그 산들 위에 거하게 될 것이며 그 땅은 다시 사람을 삼키는 땅이 되지 않고 이방 나라들에게 수욕을 당하지 않을 것이다.

〔16-21절〕 여호와의 말씀이 또 내게 임하여 가라사대 인자야, 이스라엘 족속이 그 고토에 거할 때에 그 행위로 그 땅을 더럽혔나니 나 보기에 그 소위가 월경[생리] 중에 있는 여인의 부정함과 같았느니라. 그들이 땅 위에 피를 쏟았으며 그 우상들로 더럽혔으므로 내가 분노를 그들의 위에 쏟아 그들을 그 행위대로 심판하여 각국에 흩으며 열방에 헤쳤더니 그들의 이른 바 그 열국에서 내 거룩한 이름이 그들로 인하여 더러워졌나니 곧 사람들이 그

에스겔 36장: 이스라엘의 회복

들을 가리켜 이르기를 이들은 여호와의 백성이라도 여호와의 땅에서 떠난 자라 하였음이니라. 그러나 이스라엘 족속이 들어간 그 열국에서 더럽힌 내 거룩한 이름을 내가 아꼈노라.

하나님께서는 이스라엘 백성이 이전에 그 땅에 거했을 때 어떻게 악하게 행했는지 말씀하신다. 그는 그들이 그 행위로 그 땅을 더럽혔고 그 땅이 생리하는 여인같이 부정하였다고 말씀하신다. 그들은 그 땅에서 피를 흘렸고 우상들을 섬겼다. 그러므로 하나님께서는 분노하셨으며 그들을 심판하셨고 그들을 각 국에 흩으셨다. 그때 하나님의 거룩한 이름은 그들로 인해 더럽힘을 받았다. 그러나 하나님께서는 그들이 더럽힌 그의 거룩한 이름을 아끼셨다.

본문의 교훈을 정리해보자. 첫째로, 사람의 죄는 땅을 더럽힌다. 이스라엘 백성이 무고한 자들의 피를 흘리고 우상들을 섬긴 죄는 그들의 땅을 더럽혔었다. 사람의 죄는 그의 몸을 더럽히고 그의 집을 더럽히며 그가 거하는 땅을 더럽히고, 특히 성도의 죄는 하나님의 이름을 더럽힌다. 오늘날도 우리의 죄는 교회를 더럽히고 사회와 국가와 세상을 더럽힌다. 그러므로 우리는 모든 더러운 죄들을 미워하고 멀리해야 한다. 하나님의 은혜로 구원 얻은 성도들은 더러운 죄를 범하지 말아야 한다.

둘째로, 하나님께서는 이스라엘의 산들을 회복시키실 것이다. 하나님께서는 자기 백성을 위해 질투하시며 분노하시며 이스라엘을 괴롭혔던 이방인들을 징벌하시고 자기 백성 이스라엘이 그 산으로 돌아오게 하실 것이다. 또 하나님께서 이스라엘 백성의 범죄와 패망으로 더럽혀진 그의 거룩한 이름을 아끼실 것이다. 이스라엘은 하나님께서 주셨던 본래의 땅으로 돌아와 거기 거하여 농사를 짓고 성을 세우고 번성할 것이며 다시는 그 땅을 이방인들에게 빼앗기지 않을 것이다. 이스라엘 산들은 이전과 같이 사람들이 거하는 곳으로 회복될 것이다. 우리도 하나님의 은혜로 구원을 얻었음을 알고 하나님께 항상 감사해야 한다.

에스겔 36장: 이스라엘의 회복

22-38절, 이스라엘 백성의 회복

〔22-23절〕 그러므로 너는 이스라엘 족속에게 이르기를 주 여호와의 말씀에 이스라엘 족속아, 내가 이렇게 행함은 너희를 위함[너희 때문]이 아니요 너희가 들어간 그 열국에서 더럽힌 나의 거룩한 이름을 위함[이름 때문]이라. 열국 가운데서 더럽힘을 받은 이름 곧 너희가 그들 중에서 더럽힌 나의 큰 이름을 내가 거룩하게 할지라. 내가 그들의 목전에서 너희로 인하여 나의 거룩함을 나타내리니 열국 사람이 나를 여호와인 줄 알리라. 나 주 여호와의 말이니라.

하나님께서는 이스라엘 백성의 돌아옴과 회복이 그들 때문이라기보다 하나님 자신의 이름 때문이라고 말씀하신다. 그는 그들이 이방인들 중에서 더럽힌 그의 크신 이름을 거룩하게 하시기를 원하셨다. 그는 그가 이스라엘 백성을 구원하시는 궁극적 목적이 그의 이름을 거룩하게 하시며 그의 영광을 드러나게 하심이라고 말씀하셨다.

〔24-32절〕 내가 너희를 열국 중에서 취하여 내고 열국 중에서 모아 데리고 고토(故土)에 들어가서 맑은 물로 너희에게 뿌려서 너희로 정결케 하되 곧 너희 모든 더러운 것에서와 모든 우상을 섬김에서 너희를 정결케 할 것이며 또 새 영을 너희 속에 두고 새 마음을 너희에게 주되 너희 육신에서 굳은 마음을 제하고 부드러운 마음을 줄 것이며 또 내 신[영]을 너희 속에 두어 너희로 내 율례를 행하게 하리니 너희가 내 규례를 지켜 행할지라. 내가 너희 열조에게 준 땅에 너희가 거하여 내 백성이 되고 나는 너희 하나님이 되리라. 내가 너희를 모든 더러운 데서 구원하고 곡식으로 풍성하게 하여 기근이 너희에게 임하지 아니하게 할 것이며 또 나무의 실과와 밭의 소산을 풍성케 하여 너희로 다시는 기근의 욕을 열국에게 받지 않게 하리니 그때에 너희가 너희 악한 길과 너희 불선(不善)한 행위를 기억하고 너희 모든 죄악과 가증한 일을 인하여 스스로 밉게 보리라. 나 주 여호와가 말하노라. 내가 이렇게 행함은 너희를 위함[너희 때문]이 아닌 줄을 너희가 알리라. 이스라엘 족속아, 너희 행위를 인하여 부끄러워하고 한탄[당황]할지어다.

하나님께서 이스라엘을 회복시키시는 내용은 무엇인가? 본문은 그것을 자세히 말한다. 첫째로, 하나님께서는 이스라엘 백성을 흩어진

에스겔 36장: 이스라엘의 회복

세계 열국으로부터 고토(故土)로, 고향으로 모으시고 데려오실 것이다. 둘째로, 그는 그들을 모든 더러운 죄악에서 정결케 하실 것이다. 셋째로, 그는 그들에게 새 마음과 새 영을 주실 것이다(원문). 그는 그들에게서 굳은 마음[돌의 마음](레브 하에벤 לֵב הָאֶבֶן)을 제하시고 부드러운 마음[고기의 마음](레브 바사르 לֵב בָּשָׂר)을 주실 것이다. 넷째로, 그는 그의 영 곧 성령님을 그들 속에 두실 것이며 그래서 그들이 하나님의 계명들과 규례들을 지키게 하실 것이다. 다섯째로, 그는 이스라엘 백성이 하나님의 백성이 되고 자신이 그들의 하나님이 되게 하실 것이다. 여섯째로, 그는 그 땅에 곡식이 풍성하게 하시며 다시는 기근이 없게 하실 것이다. 그때에 그들은 그들의 옛 죄악을 미워하고 그 행위 때문에 부끄러워하며 당황할 것이다.

〔33-38절〕 나 주 여호와가 말하노라. 내가 너희를 모든 죄악에서 정결케 하는 날에 성읍들에 사람이 거접(居接)되게[거하게] 하며 황폐한 것이 건축되게 할 것인즉 전에는 지나가는 자의 눈에 황무하게 보이던 그 황무한 땅이 장차 기경(起耕)[경작]이 될지라. 사람이 이르기를 이 땅이 황무하더니 이제는 에덴 동산같이 되었고 황량하고 적막하고 무너진 성읍들에 성벽과 거민이 있다 하리니 너희 사면에 남은 이방 사람이 나 여호와가 무너진 곳을 건축하며 황무한 자리에 심은 줄 알리라. 나 여호와가 말하였으니 이루리라. 나 주 여호와가 말하노라. 그래도 이스라엘 족속이 이와 같이 자기들에게 이루어 주기를 내게 구하여야 할지라. 내가 그들의 인수(人數)로 양떼같이 많아지게 하되 제사 드릴 양떼 곧 예루살렘 정한 절기의 양떼같이 황폐한 성읍에 사람의 떼로 채우리라. 그리한즉 그들이 나를 여호와인 줄 알리라 하셨느니라.

이전에 황무하였던 땅은 에덴 동산같이 될 것이며 사람들이 살고 성읍들이 건축될 것이다. 36절은, "너희 사면에 남은 이방 사람이 나 여호와가 무너진 곳을 건축하며 황무한 자리에 심은 줄 알리라. 나 여호와가 말하였으니 이루리라"고 말한다. '나 여호와가'라는 말(아니 예호와 אֲנִי יְהוָה)이 두 번 사용된다. 이것은 강조된 표현이다. 이것

에스겔 36장: 이스라엘의 회복

은 하나님 자신께서 그 곳을 건축하시며 그가 친히 말씀하셨고 이루심을 강조한다. 하나님께서는 모든 일을 이루시는 자이시다.

그러나 37절에 부언하기를, "그래도(오드 עוֹד)(BDB, KJV) 이스라엘 족속이 이와 같이 자기들에게 이루어 주기를 내게 구하여야 할지라"고 말씀하셨다. 이 말씀은, 아무리 하나님께서 만세 전에 작정하신 일이라고 할지라도, 또 아무리 하나님께서 실제로 주도하여 이루시는 일이라고 할지라도, 인간편에서 우리가 그 일을 소원하고 사모하고 간구해야 함을 보인다. 기도는 하나님의 뜻을 이루는 수단이다.

본문의 교훈을 정리해보자. 첫째로, 하나님께서는 이스라엘 백성에게 회복을 약속하셨다. 이스라엘의 회복의 약속은 오늘 신약 교회에서 이루어졌다. 우리는 우리의 과거의 더러운 죄악을 씻음 받고 정결케 되었다. 그것이 죄사함의 은혜이다. 또 우리는 새 마음과 새 영을 얻었다. 그것이 중생(重生)이다. 또 성령께서 우리 속에 오셨고 하나님의 계명을 행하게 하셨다. 이것은 성령의 내주(內住)하심이다. 또 우리는 하나님의 자녀로서의 특권을 얻었다(요 1:12). 이것이 양자(養子) 됨의 은혜이다. 또 하나님께서는 우리에게 영육의 복을 주시며 우리의 환경까지도 복되게 하셨다. 우리는 이 모든 구원과 회복의 은혜를 감사해야 한다.

둘째로, 그래도 이스리엘 족속은 이와 같이 자기들에게 이루어주시기를 하나님께 기도하여야 한다(37절). 하나님의 작정과 섭리는 사람들의 행위와 서로 충돌하지 않고 조화를 이룬다. 하나님의 작정은 사람들의 자발적 순종의 행위를 통해 이루어진다. 하나님께서 택하신 자들은 하나님의 은혜로 자신의 죄들을 깨닫고 하나님께 돌아와 구주 예수 그리스도의 대속(代贖)의 은혜를 사모하게 된다. 특히 기도는 하나님의 뜻을 이루는 수단이다. 하나님께서 계획하신 죄인들의 놀라운 구원은 성령의 활동하심으로 죄의 깨달음과 회개와 그리스도를 믿음과 간절한 소원 속에서 시작되고 우리의 성화도 성령의 도우심으로 이루어진다.

37장: 마른 뼈 환상

1-14절, 마른 뼈 환상

〔1-3절〕 여호와께서 권능으로 내게 임하시고 그 신[그의 영]으로 나를 데리고 가서 골짜기 가운데 두셨는데 거기 뼈가 가득하더라. 나를 그 뼈 사방으로 지나게 하시기로 본즉 그 골짜기 지면에 뼈가 심히 많고 아주 말랐더라. 그가 내게 이르시되 인자야, 이 뼈들이 능히 살겠느냐 하시기로 내가 대답하되 주 여호와여, 주께서 아시나이다.

에스겔은 하나님의 권능의 손과 성령의 감동과 이끌리심 속에 한 골짜기에 뼈가 가득한 광경을 보았다. 그것은 하나님께서 주신 환상이었다. 에스겔은 그 뼈 사방으로 지나갔다. 그 골짜기에 뼈들이 심히 많았고 그 뼈들은 아주 말라 있었다. 매우 보기 흉하고 무서운 광경이었다. 그때 하나님께서는 에스겔에게 물으셨다. "인자야, 이 뼈들이 능히 살겠느냐?" 죽은 뼈가 사는 것은 과학적으로, 의학적으로, 이성적으로, 상식적으로 불가능한 일이다. 절단된 뼈들도 시간이 지나면 접합 수술이 불가능한데 하물며 마른 뼈가 살 가능성은 전혀 없다. 그러나 에스겔은 하나님께 대답했다. "여호와여, 주께서 아시나이다." 그의 대답은, 전능하신 하나님의 뜻이면 그것들이 살아날 수 있음을 암시하는 것 같다. 하나님께서는 불가능한 일을 가능케 하시고 죽은 자들을 다시 살리실 수 있는 전능자이시다. 그는 말씀으로 천지만물을 창조하셨다. 주께서는 죽은 지 나흘이나 되어 썩는 냄새가 나는 나사로를 "나사로야, 나오라"고 불러내셨고, 나인성 과부의 외아들의 장례 행렬을 멈추게 하시고 그 죽은 청년을 일어나게 하셨다.

〔4-6절〕 또 내게 이르시되 너는 이 모든 뼈에게 대언(代言)하여 이르기를 너희 마른 뼈들아, 여호와의 말씀을 들을지어다. 주 여호와께서 이 뼈들에게 말씀하시기를 내가 생기(生氣)로 너희에게 들어가게 하리니 너희가

살리라. 너희 위에 힘줄을 두고 살을 입히고 가죽으로 덮고 너희 속에 생기(生氣)를 두리니 너희가 살리라. 또 나를 여호와인 줄 알리라 하셨다 하라.

하나님께서는 에스겔에게 그 뼈들에게 하나님의 말씀을 대언(代言)하라(힌나베 הִנָּבֵא)고 말씀하셨다. 선지자의 사역은 대언(代言) 사역이다. 에스겔이 대언할 말씀은, "내가 생기(生氣)로 너희에게 들어가게 하리니 너희가 살리라. 너희 위에 힘줄을 두고 살을 입히고 가죽으로 덮고 너희 속에 생기(生氣)를 두리니 너희가 살리라"는 것이다. 이것은, 비록 마른 뼈들이 하나님의 말씀을 들을 수 없겠지만, 하나님께서 원하시면 죽은 자들을 살리실 수 있다는 것을 보인다. 하나님께서는 생명의 원천이시다. 성령께서는 생명을 주시는 영이시다. 생기(生氣)는 하나님의 영께서 주시는 생명의 기운이며 생명이다. 또 하나님께서는 이 일로 인해 그 뼈들이 여호와를 알게 되리라고 말씀하셨다. 그들은 하나님께서 살아계신 전능자이심을 알게 될 것이다.

[7-10절] 이에 내가 명을 좇아 대언(代言)하니 대언(代言)할 때에 소리가 나고 움직이더니 이 뼈, 저 뼈가 들어맞아서 뼈들이 서로 연락하더라[연결되더라]. 내가 또 보니 그 뼈에 힘줄이 생기고 살이 오르며 그 위에 가죽이 덮이나 그 속에 생기는 없더라. 또 내게 이르시되 인자야, 너는 생기(生氣)를 향하여 대언(代言)하라. 생기(生氣)에게 대언하여 이르기를 주 여호와의 말씀에 생기야, 사방에서부터 와서 이 사망을 당한 자에게 불어서 살게 하라 하셨다 하라. 이에 내가 그 명대로 대언(代言)하였더니 생기(生氣)가 그들에게 들어가매 그들이 곧 살아 일어나서 서는데 극히 큰 군대더라.

에스겔은 하나님의 명령대로 대언했다. 그때 뼈들이 소리가 나고 움직이며 서로 연결되었고 힘줄이 생기고 살이 오르며 그 위에 가죽이 덮였다. 신기한 광경이었다. 마치 아이들이 장난감으로 로봇을 만들듯이, 뼈들은 서로 연결되어 사람의 모습을 갖추어 갔다. 에스겔은 또 하나님의 명령을 받아 생기(生氣)에게 말했다. "생기야, 사방에서부터 와서 이 사망 당한 자를 살게 하라." 하나님의 영께서는 온 세상에 충만하시다. 예레미야 23:24, "나 여호와가 말하노라. 나는 천지에 충만하지 아니하냐?" 성령께서는 일곱 영으로 온 세상에서 활동하신다(계 5:6). 주께서는 두세 사람이 주의 이름으로 모인 곳에 함께하시며 세상 끝날까지 함께하시겠다고 말씀하셨다(마 18:20; 28:20). 에스겔이 대언하자 그 뼈들은 곧 살아 일어나서 극히 큰 군대를 이루었다.

〔11-14절〕 또 내게 이르시되 인자야, 이 뼈들은 이스라엘 온 족속이라. 그들이 이르기를 우리의 뼈들이 말랐고 우리의 소망이 없어졌으니 우리는 다 멸절되었다 하느니라. 그러므로 너는 대언(代言)하여 그들에게 이르기를 주 여호와의 말씀에 내 백성들아, 내가 너희 무덤을 열고 너희로 거기서 나오게 하고 이스라엘 땅으로 들어가게 하리라. 내 백성들아, 내가 너희 무덤을 열고 너희로 거기서 나오게 한즉 너희가 나를 여호와인 줄 알리라. 내가 또 내 신[영]을 너희 속에 두어 너희로 살게 하고 내가 또 너희를 너희 고토(故土)에 거하게 하리니 나 여호와가 이 일을 말하고 이룬 줄을 너희가 알리라. 나 여호와의 말이니라 하셨다 하라.

하나님께서는 에스겔에게 그 환상의 뜻을 설명해주셨다. 그 뼈들은 이스라엘 족속을 상징했다. 그들은 "우리의 뼈들이 말랐고 우리의 소망이 없어졌으니 우리는 다 멸절되었다"고 말했다. 하나님께서는 에스겔에게 이스라엘 백성에게 대언(代言)하라고 하셨다. "내 백성들아, 내가 너희 무덤을 열고 너희로 거기서 나오게 하고 이스라엘 땅으로 들어가게 하리라"는 말씀이다. 하나님께서는 이 말씀, 즉 이스라엘의 회복에 대한 말씀을 두 번이나 반복하셨다. 이것은 멸망한 이스라엘이 무덤 같은 이방나라 땅에서 돌아올 것을 예언하신 것이다.

하나님께서는 또 "내가 또 내 영을 너희 속에 두어 너희로 살게 하고 내가 또 너희를 너희 고토(故土)에 거하게 하리라"고 말씀하셨다. 이것은 하나님의 영 곧 성령을 주시겠다는 놀라운 약속과, 또 그들을 그 고토(故土), 가나안 땅에 거하게 하시겠다는 약속이다. 하나님께서는 또 "나 여호와가 이 일을 말하고 이룬 줄을 너희가 알리라"고 부언하셨다. 이스라엘 나라의 회복은 여호와 하나님께서 친히 말씀하시고 이루시는 일이며 그때에 그들은 그 사실을 깨닫게 될 것이다.

에스겔 37장: 마른 뼈 환상

본문의 교훈을 정리해보자. 첫째로, 멸망한 이스라엘은 죽어서 말라버린 뼈들과 같았으나 하나님께서는 "내가 너희 무덤을 열고 너희로 거기서 나오게 하고 이스라엘 땅으로 들어가게 하리라"고 말씀하셨다. 그는 믿음의 조상 아브라함이 믿은 바와 같이 죽은 자를 살리시며 없는 것을 있는 것같이 부르시는 자이시다(롬 4:17). 그는 전능하신 하나님이시다. 그는 죽은 자들을 살릴 수 있으시다. 그는 영적으로도 죽은 죄인들을 살릴 수 있으시다. 구원은 죽은 영혼들을 살리시는 일이다.

둘째로, 마른 뼈를 살리는 생기는 바로 성령이시다. 하나님께서는 그의 영을 보내셔서 살리실 것이다. 구원은 성령의 사역이다. 성령께서는 죽은 영혼들을 다시 살리신다. 사람은 물과 성령으로 거듭난다. 요한복음 3:5, "예수께서 대답하시되 진실로 진실로 네게 이르노니 사람이 물과 성령으로 나지 아니하면 하나님 나라에 들어갈 수 없느니라." 거듭남 곧 중생(重生)은 성령께서 하시는 일이다. 디도서 3:4-7, "우리 구주 하나님의 자비와 사람 사랑하심을 나타내실 때에 우리를 구원하시되 우리의 행한 바 의로운 행위로 말미암지 아니하고 오직 그의 긍휼하심을 좇아 중생(重生)의 씻음과 성령의 새롭게 하심으로 하셨나니 성령을 우리 구주 예수 그리스도로 말미암아 우리에게 풍성히 부어주사 우리로 저의 은혜를 힘입어 의롭다 하심을 얻어 영생의 소망을 따라 후사(後嗣)가 되게 하려 하심이라." 성화(聖化)의 과정도 성령의 은혜이다.

셋째로, 하나님께서는 이스라엘을 극히 큰 군대가 되게 하실 것이다. 영적 이스라엘인 신약교회는 극히 큰 군대를 이룰 것이다. 하나님께서는 성전 건축에 관하여 스가랴에게 "만군의 여호와께서 말씀하시되 이는 힘으로 되지 아니하며 능으로 되지 아니하고 오직 나의 영으로 되느니라"고 말씀하셨다(슥 4:6). 주께서는 "[내가] 내 교회를 세우리니 지옥의 권세가 이기지 못하리라"고 말씀하셨다(마 16:18). 신약교회는 각 나라와 족속과 백성과 방언에서 아무라도 능히 셀 수 없는 큰 무리일 것이다(계 7:9). 우리는 하나님의 뜻인 세계복음화를 위해 충성해야 한다.

에스겔 37장: 마른 뼈 환상

15-28절, 메시아 예언

〔15-22절〕 여호와의 말씀이 또 내게 임하여 가라사대 인자야, 너는 막대기 하나를 취하여 그 위에 유다와 그 짝(카베라우 וּלְחָבֵרוֹ)[그 동료] 이스라엘 자손이라 쓰고 또 다른 막대기 하나를 취하여 그 위에 에브라임의 막대기 곧 요셉과 그 짝[그 동료] 이스라엘 온 족속이라 쓰고 그 막대기들을 서로 연합하여 하나가 되게 하라. 네 손에서 둘이 하나가 되리라. 네 민족이 네게 말하여 이르기를 이것이 무슨 뜻인지 우리에게 고하지 아니하겠느냐 하거든 너는 곧 이르기를 주 여호와의 말씀에 내가 에브라임의 손에 있는 바 요셉과 그 짝[그 동료] 이스라엘 지파들의 막대기를 취하여 유다의 막대기에 붙여서 한 막대기가 되게 한즉 내 손에서 하나가 되리라 하셨다 하고 너는 그 글 쓴 막대기들을 무리의 목전에서 손에 잡고 그들에게 이르기를 주 여호와의 말씀에 내가 이스라엘 자손을 그 간 바 열국에서 취하며 그 사면에서 모아서 그 고토(故土)로 돌아가게 하고 그 땅 이스라엘 모든 산에서 그들로 한 나라를 이루어서 한 임금이 모두 다스리게 하리니 그들이 다시는 두 민족이 되지 아니하며 두 나라로 나누이지 아니할지라.

하나님께서는 에스겔에게 막대기 하나를 취하여 그 위에 '유다와 그 동료 이스라엘 자손을 위하여'(원문)라고 쓰라고 하셨다. 그는 또 에스겔에게 다른 막대기를 취해 그 위에 '에브라임의 막대기 곧 요셉과 그 동료 이스라엘 온 족속을 위하여'(원문)라고 쓰라고 하셨다. 또 그는 에스겔에게 "그 막대기들을 서로 연합하여 하나가 되게 하라. 네 손에서 둘이 하나가 되리라"고 말씀하셨다. 이것은 북방 이스라엘과 남방 유다가 하나님의 손으로 하나가 될 것을 말씀하신 것이다. 하나님께서는 이스라엘 자손이 포로로 잡혀간 열국에서 그들을 취하여 그 사면에서 모아 그 고토(故土) 즉 고국으로 돌아오게 하시며 그 땅 이스라엘의 산들에서 그들로 한 나라를 이루어 한 왕이 다스리게 하실 것이다. 그들은 다시 두 나라로 나뉘지 아니할 것이다.

〔23절〕 그들이 그 우상들과 가증한 물건과 그 모든 죄악으로 스스로 더럽히지 아니하리라. 내가 그들을 그 범죄한 모든 처소에서 구원하여 정결케

에스겔 37장: 마른 뼈 환상

한즉 그들은 내 백성이 되고 나는 그들의 하나님이 되리라.

장차 회복될 이스라엘 백성은 그 우상들과 가증한 물건과 그 모든 죄악으로 스스로 더럽히지 아니할 것이다. 하나님께서는 "내가 그들을 그 범죄한 모든 처소에서 구원하여 정결케 하리라"고 말씀하셨다. 죄가 사람의 근본 문제이며 이스라엘의 회복은 죄씻음을 동반하는 내면적 회복이다. 그것이 구원이며 참된 회복이다. 또 그 결과, 그들은 하나님의 백성이 되고 하나님께서는 그들의 하나님이 될 것이다. 그것이 구원으로 회복된, 하나님과 그 백성과의 바른 관계이다.

[24-25절] 내 종 다윗이 그들의 왕이 되리니 그들에게 다 한 목자가 있을 것이라. 그들이 내 규례를 준행하고 내 율례를 지켜 행하며 내가 내 종 야곱에게 준 땅 곧 그 열조가 거하던 땅에 그들이 거하되 그들과 그 자자손손이 영원히 거기 거할 것이요 내 종 다윗이 영원히 그 왕이 되리라.

하나님께서는 그의 종 다윗이 그들의 왕이 되며 그들에게 한 목자가 될 것이라고 말씀하셨다. 이스라엘 나라의 회복 시대의 한 특징은 예언된 다윗이 오시는 것이다. 그 다윗은 다윗의 자손으로 오신 예수 그리스도를 가리켰다. 그는 왕과 목자로 오실 것이다. 또 그들은 하나님의 규례를 준행하고 그의 율례를 지켜 행할 것이다. 또 하나님께서 야곱에게 주셨고 그 조상들이 거하였던 가나안 땅에 그들과 그 자손들이 영원히 거하고 다윗은 영원히 그들의 왕이 될 것이다. 예언된 이스라엘 나라의 회복은 단지 외적, 물질적 회복이 아니고, 또한 내적, 영적 회복이다. 그것은 구주 예수 그리스도를 믿음으로 모든 죄들의 씻음을 받고 이제는 즐거이 하나님의 계명들을 지키는 회복이다.

[26-28절] 내가 그들과 화평의 언약(베리스 솰롬 בְּרִית שָׁלוֹם)[평안의 언약]**을 세워서 영원한 언약이 되게 하고 또 그들을 견고하고 번성케 하며 내 성소를 그 가운데 세워서 영원히 이르게 하리니 내 처소가 그들의 가운데 있을 것이며 나는 그들의 하나님이 되고 그들은 내 백성이 되리라. 내 성소가 영원토록 그들의 가운데 있으리니 열국이 나를 이스라엘을 거룩케**

하는 여호와인 줄 알리라 하셨다 하라.

　하나님께서는 그들과 평안의 언약을 맺어 영원한 언약이 되게 하실 것이다. '평안의 언약'은 하나님과의 화목과 심신의 평안과 환경적 평안을 포함한다. 또 그는 그들을 그 땅에 두시고 번성케 하실 것이며 그의 성소를 영원히 그들 가운데 세우실 것이며 다시 그들을 떠나지 않으시고 그들과 영원히 함께하실 것이며, 그는 그들의 하나님이 되시고 그들은 그의 백성이 될 것이다. 그때 세상의 모든 나라들은 여호와께서 이스라엘을 거룩케 하시는 자이심을 알게 될 것이다.

　본문의 교훈을 정리해보자. 첫째로, 이스라엘은 회복될 것이다. 스룹바벨과 예수아의 인도로 바벨론 포로생활로부터 돌아온 것(스 1장)은 예표에 불과했다. 이스라엘의 참된 회복은 예수 그리스도의 오심으로 신약교회 안에서 비로소 시작되었고 그의 재림으로 완성될 것이다. 우리는 그 회복의 은혜에 참여했다. 예수께서는 약속된 다윗이시다. 예수 그리스도를 믿는 자들은 그리스도 안에서 한 몸으로 연합되었다. 예수 그리스도께서는 우리의 주님이시요 목자이시다. 그는 우리의 모든 옛 죄를 깨끗케 씻어주셨고 우리 속에 참 평안을 주셨고 우리를 하나님과 화목케 하셨고 우리를 하나님의 자녀로 삼아주셨다. 구원 얻은 우리는 주 안에서 참된 평안을 누리면서 하나님의 구원을 항상 감사해야 한다.

　<u>둘째로, 이스라엘 나라의 회복은 단지 포로귀환이 아니고 영적, 내적 회복을 포함한다.</u> 그것은 불경건과 부도덕의 죄들의 씻음과 하나님의 계명 순종을 포함한다. 이것이 구원이다. 이것은 오늘날 신약교회 속에서 이루어졌고 신약 성도들이 경험하는 바이다. 신약 성도는 주 예수 그리스도를 믿음으로 그의 피로 죄씻음을 받았다. 그러므로 구원 얻은 성도는 모든 죄를 멀리하고 성경에 교훈된 하나님의 모든 말씀을 즐거이 지켜야 한다. 우리는 성도답게 하나님을 경외하며 의지하며 성경을 읽고 기도하며 성경말씀대로 의롭고 선하고 진실하게 살아야 한다.

38장: 곡이 이스라엘을 치러 옴

〔1-6절〕 여호와의 말씀이 내게 임하여 가라사대 인자야, 너는 마곡 땅에 있는 곡 곧 로스와 메섹과 두발 왕에게로 얼굴을 향하고 그를 쳐서 예언하여 이르기를 주 여호와의 말씀에 로스와 메섹과 두발 왕 곡아, 내가 너를 대적하여 너를 돌이켜 갈고리로 네 아가리[턱]를 꿰고 너와 말과 기병(KJV, NASB, NIV) 곧 네 온 군대를 끌어내되 완전한 갑옷을 입고 큰 방패와 작은 방패를 가지며 칼을 잡은 큰 무리와 그들과 함께한 바 방패와 투구를 갖춘 바사와 구스와 붓과 고멜과 그 모든 떼와 극한 북방의 도갈마 족속과 그 모든 떼 곧 많은 백성의 무리를 너와 함께 끌어내리라.

창세기 10장에 보면, 마곡이나 메섹이나 두발은 야벳의 아들들의 이름이다. 그러면 마곡, 메섹, 두발은 그 자손들을 가리키고 후에 그들이 사는 지역을 가리키게 되었을 것이다. 메섹은 오늘날의 터어키 중부를, 두발은 터어키 동남부를, 마곡은 터어키 동부와 이란의 북부 사이의 땅을 가리킨 것 같다. '로스'(NASB)는 고유명사인 지명인지, 혹은 '으뜸'(KJV, NIV)이라는 보통명사인지 분명치 않다. 후자(後者)라면, 2, 3절은 "메섹과 두발의 으뜸 되는 왕 곡"이라는 뜻일 것이다. 5, 6절에 바사(페르샤)는 오늘날의 이란을, 구스는 에디오피아(KJV, NASB)를, 붓은 리비아(KJV)를, 도갈마는 터어키 동북부를 가리킨다고 보인다. 어떤 이는 오늘날 러시아는 로스라는 말에서, 모스코바는 메섹에서, 토볼스크는 두발에서 나왔다고 말한다(JFB).

〔7-9절〕 너는 스스로 예비하되 너와 네게 모인 무리들이 다 스스로 예비하고 너는 그들의 대장(미쉬마르 מִשְׁמָר)[감시자, 보호자]이 될지어다. 여러 날 후 곧 말년에 네가 명령을 받고 그 땅 곧 오래 황무하였던 이스라엘 산에 이르리니 그 땅 백성은 칼을 벗어나서 열국에서부터 모여들어 오며 이방에서부터 나와서 다 평안히 거하는 중이라. 네가 올라오되 너와 네 모든 떼와 너와 함께한 많은 백성이 광풍같이 이르고 구름같이 땅을 덮으리라.

에스겔 38장: 곡이 이스라엘을 치러 옴

곡은 연합군의 보호자 곧 우두머리가 될 것이다. "여러 날 후 곧 말년에" 곡은 명령을 받고 오래 황무하였던 이스라엘 산들에 이를 것이다. 이것은 이스라엘 백성이 바벨론 포로생활에서 돌아온 후 오랜 후의 일이라고 보인다. 그 땅 백성 곧 이스라엘 백성은 칼을 벗어나서 열국에서부터 모여들어 왔고 다 평안히 거하고 있는 중일 것이다. 곡과 그의 모든 무리와 그와 함께한 많은 백성은 이스라엘 땅에 올라오되 광풍같이 이르고 구름같이 땅을 덮을 것이다.

[10-13절] 나 주 여호와가 말하노라. 그 날에 네 마음에서 여러 가지 생각이 나서 악한 꾀를 내어 말하기를 내가 평원의 고을들로 올라가리라. 성벽도 없고 문이나 빗장이 없어도 염려 없이 다 평안히 거하는 백성에게 나아가서 물건을 겁탈하며 노략하리라 하고 네 손을 들어서 황무하였다가 지금 사람이 거처하는 땅과 열국 중에서 모여서 짐승과 재물을 얻고 세상 중앙에 거하는 백성을 치고자 할 때에 스바와 드단과 다시스의 상고와 그 부자들(케피레하 כְּפִירֶיהָ)[그 젊은 사자들](건장한 상인들)이 네게 이르기를 네가 탈취하러 왔느냐? 네가 네 무리를 모아 노략하고자 하느냐? 은과 금을 빼앗으며 짐승과 재물을 취하며 물건을 크게 약탈하여 가고자 하느냐 하리라 하셨다 하라.

곡은 평안히 살고 있는 이웃 나라인 이스라엘을 침략하고 물건들을 빼앗으려 할 것이다. 그때 스바와 드단과 다시스의 상인들은 곡이 탐욕을 품고 이스라엘 땅을 침략하는 것을 알 것이다.

[14-16절] 인자야, 너는 또 예언하여 곡에게 이르기를 주 여호와의 말씀에 내 백성 이스라엘이 평안히 거하는 날에 네가 어찌 그것을 알지 못하겠느냐? 네가 네 고토(故土) 극한 북방에서 많은 백성 곧 다 말을 탄 큰 떼와 능한 군대와 함께 오되 구름이 땅에 덮임같이 내 백성 이스라엘을 치러 오리라. 곡아, 끝날에 내가 너를 이끌어다가 내 땅을 치게 하리니 이는 내가 너로 말미암아 이방 사람의 목전에서 내 거룩함을 나타내어 그들로 다 나를 알게 하려 함이니라.

하나님께서는 곡의 연합군이 이스라엘 땅을 침공하게 하실 것이다.

에스겔 38장: 곡이 이스라엘을 치러 옴

하나님께서는 이스라엘 땅을 "내 땅"이라고 부르셨다. 하나님께서 곡을 그 땅으로 부르시는 목적은 그로 말미암아 하나님의 거룩하심을 나타내셔서 이방인들로 하나님을 알게 하시기 위함이었다. 그것은, 다음 구절들이나 다음 장의 내용을 보면, 하나님께서 그때 곡의 연합군을 이스라엘 땅에서 크게 패하게 하실 것이라는 뜻이 있다.

[17-20절] 나 주 여호와가 말하노라. 내가 옛적에 내 종 이스라엘 선지자들을 빙자하여 말한 사람이 네가 아니냐? 그들이 그때에 여러 해 동안 예언하기를 내가 너를 이끌어다가 그들을 치게 하리라 하였느니라 하셨다 하라. 나 주 여호와가 말하노라. 그 날에 곡이 이스라엘 땅을 치러 오면 내 노가 내 얼굴에 나타나리라. 내가 투기와 맹렬한 노로 말하였거니와 그 날에 큰 지진이 이스라엘 땅에 일어나서 바다의 고기들과 공중의 새들과 들의 짐승들과 땅에 기는 모든 벌레와 지면에 있는 모든 사람이 내 앞에서 떨 것이며 모든 산이 무너지며 절벽이 떨어지며 모든 성벽이 땅에 무너지리라.

하나님께서는 곡의 침공이 옛적에 하나님의 종 이스라엘 선지자들을 통해 여러 해 동안 증거한 바라고 말씀하신다. 요엘과 스바냐의 어떤 예언들이 그것과 관계되는 것 같다. 요엘 3:2, "내가 만국을 모아 데리고 여호사밧 골짜기에 내려가서 내 백성 곧 내 기업된 이스라엘을 위하여 거기서 그들을 국문[심판]하리니." 3:12, "내가 거기 앉아서 사면의 열국을 다 심판하리로다." 스바냐 3:8, "내가 뜻을 정하고 나의 분한(忿恨)과 모든 진노를 쏟으려고 나라들을 소집하며 열국을 모으리라. 온 땅이 나의 질투의 불에 소멸되리라." 곡의 연합군의 침공 때에 하나님께서는 그들을 향해 노하실 것이며 자기 백성을 위해 투기하실 것이며 온 땅의 모든 생물이 떨 정도로 천재지변을 동반한 징벌을 그들 곧 그 연합군에게 내리실 것이다.

[21-23절] 나 주 여호와가 말하노라. 내가 내 모든 산 중에서 그를 칠 칼을 부르리니 각 사람의 칼이 그 형제를 칠 것이며 내가 또 온역과 피로 그를 국문[심판]하며 쏟아지는 폭우와 큰 우박덩이와 불과 유황으로 그와 그 모든 떼와 그 함께한 많은 백성에게 비를 내리듯하리라. 이와 같이 내가 여

에스겔 38장: 곡이 이스라엘을 치러 옴

러 나라의 눈에 내 존대함과 내 거룩함을 나타내어 나를 알게 하리니 그들이 나를 여호와인 줄 알리라.

 곡의 연합군은 내부적 갈등으로 인한 내전(內戰)과 전염병과 폭우와 큰 우박덩이와 불과 유황 등 자연재해로 하나님의 징벌을 받을 것이다. 또 곡의 연합군에 대한 징벌로 인해, 하나님의 크심과 거룩하심이 나타날 것이며 이방인들이 여호와 하나님을 알게 될 것이다.

 본장의 교훈을 정리해보자. 첫째로, 세계의 역사는 하나님의 손안에 있다. 우리 개인의 삶의 여정도 그렇지만, 세계의 역사는 창조자, 섭리자 하나님의 손안에 있다. 하나님께서는 살아계셔서 온 세상의 모든 일들, 특히 모든 세상 나라들과 그 지도자들을 홀로 다스리신다. 우리는 그 사실을 깨닫고 인정하고 섭리자 하나님만 바라고 의지해야 한다.

 둘째로, 곡은 악한 꾀를 내고 강포한 마음과 탐심의 마음으로 이스라엘 땅을 침공할 것이나, 하나님께서는 그런 곡을 대적하시며 그에 대해 노하시며 특히 자기 백성을 위해 투기하시고 맹렬한 노를 발하실 것이다. 평안히 거하는 이웃 나라를 침공하는 것은 악한 일이다. 하나님께서는 악한 자들을 마침내 심판하실 것이다. 그는 그들에게 내전(內戰)이 일어나게 하실 것이며 또 전염병과 폭우와 큰 우박덩이와 불과 유황으로 그들을 징벌하실 것이다. 악한 자들은 결국 하나님의 심판을 받을 것이다. 우리는 결코 이웃에게 악을 행하는 자가 되지 말아야 한다.

 셋째로, 세계의 역사를 섭리하시는 하나님의 섭리는 결국 하나님의 영광을 드러내는 결과를 가져올 것이다. 역사의 주관자 하나님께서는 자기 백성을 위해 질투하시고 그의 영광을 나타내실 것이다. 이 모든 일들을 통해 하나님의 영광과 거룩하심이 드러날 것이며 세상의 나라들이 하나님을 알게 될 것이다. 그러므로 우리는 세상 나라들을 두려워하지 말고 하나님만 의지하며 그에게 영광을 돌리고 예수 그리스도의 의(義)만 의지하고 담대히 믿음으로 살고 성경말씀을 순종해야 한다.

39장: 곡의 죽음

〔1-5절〕 그러므로 인자야, 너는 곡을 쳐서 예언하여 이르기를 주 여호와의 말씀에 로스와 메섹과 두발 왕 곡아, 내가 너를 대적하여 너를 돌이켜서 이끌고 먼 북방에서부터 나와서 이스라엘 산 위에 이르러 네 활을 쳐서 네 왼손에서 떨어뜨리고 네 살을 네 오른손에서 떨어뜨리리니 너와 네 모든 떼와 너와 함께한 백성이 다 이스라엘 산 위에 엎드러지리라, 내가 너를 각종 움키는 새와 들짐승에게 붙여 먹게 하리니 네가 빈들에 엎드러지리라, 이는 내가 말하였음이니라, 나 주 여호와의 말이니라,

본장은 곡의 죽음에 대한 예언이다. 하나님께서는 에스겔에게 곡을 쳐서 예언하라고 말씀하셨다. 하나님께서는 로스와 메섹과 두발 왕, 혹은 메섹과 두발의 으뜸 왕 곡을 대적하여 그를 돌이켜서 이끌고 먼 북방에서부터 나와서 이스라엘 산들 위에 이르러 엎드러지게 하실 것이다. 그는 그의 활을 쳐서 그의 왼손에서 떨어뜨리고 그의 살을 그의 오른손에서 떨어뜨리게 하시고 곡과 그의 모든 무리와 그와 함께한 백성들을 다 이스라엘 산 위에 엎드러져 죽게 하시고 그들을 각종 움키는 새와 들짐승에게 먹히게 하실 것이다. 그들은 빈들에 엎드러질 것이다. 반드시 하나님께서 말씀하신 대로 될 것이다.

〔6-7절〕 내가 또 불을 마곡과 및 섬(이임 אִיִּים)[연안 지역들](coastlands)에 평안히 거하는 자에게 내리리니 그들이 나를 여호와인 줄 알리라. 내가 내 거룩한 이름을 내 백성 이스라엘 가운데 알게 하여 다시는 내 거룩한 이름을 더럽히지 않게 하리니 열국이 나를 여호와 곧 이스라엘의 거룩한 자인 줄 알리라 하셨다 하라.

하나님께서는 불을 마곡과 및 연안 지역들에 평안히 거하는 자에게 내리실 것이다. 그들은 여호와 하나님을 알 것이다. 또 하나님께서는 그의 거룩한 이름을 그의 백성 이스라엘 가운데 알게 하셔서 다시는 그의 거룩한 이름을 더럽히지 않게 하실 것이다. 열국들은 그가

여호와 곧 이스라엘의 거룩한 자이신 줄 알 것이다. 하나님께서 그의 거룩한 이름을 알리시고 그 이름을 더럽히지 않게 하신다는 것은 그의 거룩한 심판을 열방에 시행하심으로 그렇게 하신다는 뜻이다.

[8-10절] 나 주 여호와가 말하노라. 볼지어다, 그 일이 이르고 이루리니 내가 말한 그 날이 이 날이니라. 이스라엘 성읍들에 거한 자가 나가서 그 병기를 불 피워 사르되 큰 방패와 작은 방패와 활과 살과 몽둥이와 창을 취하여 7년 동안 불 피우리라. 이와 같이 그 병기로 불을 피울 것이므로 그들이 들에서 나무를 취하지 아니하며 삼림에서 벌목하지 아니하겠고 전에 자기에게서 약탈하던 자의 것을 약탈하며 전에 자기에게서 늑탈[강탈]하던 자의 것을 늑탈[강탈]하리라. 나 주 여호와의 말이니라.

하나님의 말씀하신 날이 올 것이다. 그 날에 이스라엘 성읍들에 거한 자들이 나가서 곡의 군대들의 병기들, 큰 방패와 작은 방패와 활과 살과 몽둥이와 창을 취하여 7년 동안 불 피울 것이다. 불 피울 것들이 많으므로 그들은 들에서 나무를 취하거나 삼림에서 벌목하지 않을 것이며 그들은 전에 자기에게서 약탈하던 자들의 것을 약탈하며 전에 자기에게서 강탈하던 자들의 것을 강탈할 것이다.

[11-16절] 그 날에 내가 곡을 위하여 이스라엘 땅 곧 바다 동편 사람의 통행하는 골짜기를 매장지로 주리니 통행하던 것이 막힐 것이라. 사람이 거기서 곡과 그 모든 무리를 장사하고 그 이름을 하몬곡(הֲמוֹן גּוֹג)[곡의 무리]의 골짜기라 일컬으리라. 이스라엘 족속이 일곱 달 동안에 그들을 장사하여 그 땅을 정결케 할 것이라. 그 땅 모든 백성이 그들을 장사하고 그로 말미암아 이름을 얻으리니 이는 나의 영광이 나타나는 날이니라. 나 주 여호와의 말이니라. 그들이 사람을 택하여 그 땅에 늘 순행하며 장사할 사람으로 더불어 지면에 남아 있는 시체를 장사하여 그 땅을 정결케 할 것이라. 일곱 달 후에 그들이 살펴보되 순행하는 자가 그 땅으로 통행하다가 사람의 뼈를 보면 그 곁에 표를 세워 장사하는 자로 와서 하몬곡 골짜기에 장사하게 할 것이요 성의 이름도 하모나(הֲמוֹנָה)(큰 무리)라 하리라. 그들이 이와 같이 그 땅을 정결케 하리라.

그 날에 곡의 군대의 전사자들이 많으므로 하나님께서는 곡을 위해 이스라엘 땅 곧 바다 동편, 사람들의 통행하는 골짜기를 매장지로 주실 것이며 통행하는 일이 막힐 정도일 것이다. 사람들은 거기서 곡과 그 모든 무리를 장사하고 그 이름을 하몬곡의 골짜기라 일컬을 것이다. 이스라엘 족속은 일곱 달 동안 그들을 장사하여 그 땅을 정결케 할 것이다. 그 날은 하나님의 영광이 나타나는 날이다. 사람들은 그 땅을 늘 순행하며 장사할 시체를 하몬곡 골짜기에 장사하여 그 땅을 정결케 할 것이다. 그들은 이와 같이 그 땅을 정결케 할 것이다.

〔17-20절〕너 인자야, 나 주 여호와가 말하노라. 너는 각종 새와 들의 각종 짐승에게 이르기를 너희는 모여 오라. 내가 너희를 위한 잔치 곧 이스라엘 산 위에 예비한 큰 잔치로 너희는 사방에서 모여서 고기를 먹으며 피를 마실지어다. 너희가 용사의 고기를 먹으며 세상 왕들의 피를 마시기를 바산의 살찐 짐승 곧 숫양이나 어린양이나 염소나 수송아지를 먹듯 할지라. 내가 너희를 위하여 예비한 잔치의 기름을 너희가 배불리 먹으며 그 피를 취토록 마시되 내 상에서 말과 기병과 용사와 모든 군사를 배불리 먹을지니라 하라. 나 주 여호와의 말이니라.

각종 새와 들의 각종 짐승은 모여 와서 그들을 위해 이스라엘 산 위에 준비된 잔치, 곧 곡의 군사들의 고기와 피를 먹고 마시되 바산의 살찐 짐승 곧 숫양이나 어린양이나 염소나 수송아지를 먹듯 할 것이다. 그것들은 그것들을 위해 준비된 잔치, 그 말들과 기병들과 모든 군사들의 기름을 배불리 먹고 그 피를 취하도록 마실 것이다. 그것은 하나님께서 내리시는 무서운 심판이다.

〔21-24절〕내가 내 영광을 열국 중에 나타내어 열국으로 나의 행한 심판과 내가 그 위에 나타낸 권능을 보게 하리니 그 날 이후에 이스라엘 족속은 나를 여호와 자기들의 하나님인 줄 알겠고 열국은 이스라엘 족속이 그 죄악으로 인하여 사로잡혀 갔던 줄 알지라. 그들이 내게 범죄하였으므로 내 얼굴을 그들에게 가리우고 그들을 그 대적의 손에 붙여 다 칼에 엎드러지게 하였으되 내가 그들의 더러움과 그들의 범죄한 대로 행하여 그들에게 내 얼굴을 가리웠었느니라.

에스겔 39장: 곡의 죽음

하나님께서는 그의 영광을 열국 중에 나타내셔서 열국으로 그의 행한 심판과 그가 그 위에 나타내신 권능을 보게 하실 것이다. 곡의 죽음은 하나님의 영광과 권능을 나타내는 심판이다. 그 날 후에 이스라엘 족속은 하나님을 여호와 자기들의 하나님인 줄 알 것이며 열국은 이스라엘 족속이 그 죄악으로 인해 사로잡혀 갔던 줄 알 것이다. 하나님께서는 이스라엘 백성이 그에게 범죄하였으므로 그들의 더러움과 그들의 범죄한 대로 행하셔서 그의 얼굴을 그들에게 가리우셨고 그들을 그 대적자들의 손에 붙여 다 칼에 엎드러지게 하셨었다.

〔25-29절〕 그러므로 나 주 여호와가 말하노라. 내가 이제 내 거룩한 이름을 위하여 열심을 내어 야곱의 사로잡힌 자를 돌아오게 하며 이스라엘 온 족속에게 긍휼을 베풀지라. 그들이 그 땅에 평안히 거하고 두렵게 할 자가 없게 될 때에 부끄러움을 품고 내게 범한 죄를 뉘우치리니 곧 내가 그들을 만민 중에서 돌아오게 하고 적국 중에서 모아내어 열국 목전에서 그들로 인하여 나의 거룩함을 나타낼 때에라. 전에는 내가 그들로 사로잡혀 열국에 이르게 하였거니와 후에는 내가 그들을 모아 고토로 돌아오게 하고 그 한 사람도 이방에 남기지 아니하리니 그들이 나를 여호와 자기들의 하나님인 줄 알리라. 내가 다시는 내 얼굴을 그들에게 가리우지 아니하리니 이는 내가 내 신[영]을 이스라엘 족속에게 쏟았음이니라. 나 주 여호와의 말이니라.

하나님께서는 그의 거룩하신 이름을 위하여 열심을 내어 야곱의 사로잡힌 자를 돌아오게 하시며 이스라엘 온 족속에게 긍휼을 베푸실 것이다. 이스라엘 나라의 회복은 하나님께서 행하시는 일이며 그가 그의 거룩한 이름을 위해 행하시는 일이며 그가 친히 열심을 내셔서 행하시는 일이며 그가 긍휼을 베푸시는 일이다. 구원은 하나님의 일이며 그의 영광을 위한 일이며 그의 긍휼의 일이다. 또 그때 그들은 과거에 하나님께 범한 죄를 뉘우치며 부끄러워할 것이다. 전에 그들을 열국에 포로로 잡혀가게 하신 자도 하나님이셨으나, 이제 그들을 모아 고향으로 돌아오게 하실 자도 하나님이시다. 하나님께서는 그들 중 한 사람도 이방 나라들에 남기지 않고 다 돌아오게 하실 것

에스겔 39장: 곡의 죽음

이다. 하나님의 택하신 자들은 하나도 남김 없이 다 구원을 얻을 것이다. 특히 하나님께서는 그의 영 곧 성령을 그들에게 쏟으셨기 때문에 다시는 그의 얼굴을 그들에게 가리지 않으실 것이다.

본장의 교훈을 정리해보자. 첫째로, 하나님께서는 마지막 날에 곡을 대적하시고 그를 먼 북방에서 이끌어내셔서 이스라엘 산들에 이르게 하실 것이며 거기서 다 엎드러져 죽게 하실 것이다. 세상에서도 하나님의 심판이 있고 또 마지막 날에 하나님의 대 심판이 있을 것이다. 시편 58:10-11, "의인은 악인의 보복 당함을 보고 기뻐함이여, 그 발을 악인의 피에 씻으리로다. 때에 사람의 말이 진실로 의인에게 갚음이 있고 진실로 땅에서 판단하시는 하나님이 계시다 하리로다." 우리는 마지막 날에 온 세상에 임할 하나님의 공의의 심판을 두려워해야 한다.

둘째로, 이스라엘 족속이 열방에 포로로 잡혀간 것이나 곡과 그 연합군이 이스라엘 산들에서 엎드러지는 것은 다 그들의 죄 때문에 일어나는 일이다. 세상에 하나님의 심판이 있는 것은 사람들의 죄 때문이다. 죄가 사람의 불행과 죽음의 근본 원인이다. 죄가 우리의 삶에 평안을 가로막는 주 요인이다. 그러므로 우리는 모든 죄를 회개하고 멀리하고 버려야 한다. 이 세상 사는 동안 우리가 조심할 것은 죄밖에 없다.

셋째로, 이스라엘 나라는 오직 하나님의 긍휼로 회복될 것이다. 이스라엘 나라의 회복은 하나님께서 친히 행하시며 그가 그의 거룩한 이름을 위해, 그의 열심으로 이루시는 일이다. 특히 그것은 그의 긍휼의 일이다. 그는 흩어진 이스라엘 백성을 하나도 남김 없이 다 돌아오게 하실 것이다. 그는 그들에게 그의 영을 쏟으셨다. 구원은 삼위일체 하나님의 행하시는 일이다. 우리는 하나님의 긍휼과 예수 그리스도의 십자가 대속(代贖)과 성령의 중생케 하심으로 죄씻음과 의롭다 하심의 구원을 얻은 자들이다. 우리는 하나님의 긍휼의 구원을 감사하고 찬송하며 오직 성령 안에서 하나님의 법을 지키고 행하는 자가 되어야 한다.

40장: 새 성전

〔1-4절〕 우리가 사로잡힌 지 25년이요 성이 함락된 후 14년 정월 10일 곧 그 날에 여호와의 권능이 내게 임하여 나를 데리고 이스라엘 땅으로 가시되 하나님의 이상(異像) 중에 나를 데리고 그 땅에 이르러 나를 극히 높은 산 위에 내려놓으시는데 거기서 남으로 향하여 성읍 형상 같은 것이 있더라. 나를 데리시고 거기 이르시니 모양이 놋같이 빛난 사람 하나가 손에 삼줄과 척량하는 장대를 가지고 문에 서서 있더니 그 사람이 내게 이르되 인자야, 내가 네게 보이는 그것을 눈으로 보고 귀로 들으며 네 마음으로 생각할지어다. 내가 이것을 네게 보이려고 이리로 데리고 왔나니 너는 본 것을 다 이스라엘 족속에게 고할지어다 하더라.

유다 왕 여호야긴이 바벨론에 포로로 사로잡혀 간 지 25년, 예루살렘 성이 함락된 지 14년이 되는 해, 즉 주전 572년 정월 10일에 에스겔은 이 환상을 보았다. 그는 환상 중에 이스라엘 땅에 이르러 성읍 형상 같은 것을 보았는데, 그것은 성전의 모습이었다.

〔5-6절〕 내가 본즉 집 바깥 사면으로 담이 있더라. 그 사람의 손에 척량하는 장대를 잡았는데 그 장이 팔꿈치에서 손가락에 이르고 한 손바닥 넓이가 더한 자로 6척이라. 그 담을 척량하니 두께가 한 장대요 고도 한 장대며 그가 동향한 문에 이르러 층계에 올라 그 문통[문입구]을 척량하니 장이 한 장대요 그 문 안통의 장도 한 장대며.

에스겔이 보니 집 바깥 사면에 담이 있었다. 그 사람은 손에 측량하는 장대를 잡았는데, 그 길이가 약 50센티미터의 자로 여섯 자, 즉 약 3미터이었다. 그 담의 두께는 한 장대 즉 약 3미터이며, 높이도 한 장대 즉 약 3미터이었다. 그 담은 성전 바깥뜰을 둘러싼 담이다. 그것은 두께와 높이로 볼 때 외부와 구별하며 보호하는 담이었다. 동쪽으로 향한 문은 성전을 출입하는 정문이다. 그 입구에는 층계가 있어서 성전으로 올라가게 하였다. 그 층계는 일곱 층계이다(22절).

에스겔 40장: 새 성전

〔7-16절〕 그 문간에 문지기 방들이 있는데 각기 장이 한 장대요 광이 한 장대요 매방 사이 벽이 5척이며 안 문통의 장이 한 장대요 그 앞에 현관이 있고 그 앞에 안 문이 있으며 그가 또 안 문의 현관을 척량하니 한 장대며 안 문의 현관을 또 척량하니 8척이요 그 문벽은 2척이라. 그 문의 현관이 안으로 향하였으며 그 동문간의 문지기 방은 좌편에 셋이 있고 우편에 셋이 있으니 그 셋이 각각 한 척수요 그 좌우편 벽도 다 한 척수며 또 그 문통을 척량하니 광이 10척이요 장이 13척이며 방 앞에 퇴[공간(KJV), 벽 (NASB, NIV)]가 있는데 이편 퇴도 1척이요 저편 퇴도 1척이며 그 방은 이편도 6척이요 저편도 6척이며 그가 그 문간을 척량하니 이 방 지붕 가에서 저 방 지붕 가까지 광이 25척인데 방문은 서로 반대되었으며 그가 또 현관을 척량하니 광이 20척이요 현관 사면에 뜰이 있으며[60척 높이의 기둥들이 있고 문은 뜰의 기둥들에 미치며](원문, KJV, NASB) 바깥 문통에서부터 안 문 현관 앞까지 50척이며 문지기 방에는 각각 닫힌 창이 있고 문 안 좌우편에 있는 벽 사이에도 창이 있고 그 현관도 그러하고 그 창은 안 좌우편으로 벌여 있으며 각 문 벽 위에는 종려나무를 새겼더라.

그 문간에는 문지기 방들이 좌편에 셋, 우편에 셋이 있고 각 문 벽 위에는 종려나무를 새겼다. 종려나무는 기쁨과 승리를 상징한다.

〔17-19절〕 그가 나를 데리고 바깥뜰에 들어가니 뜰 삼면에 박석 깔린 땅이 있고 그 박석 깔린 땅 위에 여러 방이 있는데 모두 30이며 그 박석 깔린 땅의 위치는 각 문간의 좌우편인데 그 광이 문간 길이와 같으니 이는 아래 박석 땅이며 그가 아래 문간 앞에서부터 안뜰 바깥 문간 앞까지 척량하니 그 광이 100척이며 동편과 북편이 일반이더라.

성전 뜰은 안뜰과 바깥뜰이 있다. 이 두 뜰은 다 성전의 담 안에 있다. 바깥뜰 삼면(三面)에 박석 즉 얇은 돌 깔린 땅이 있고 그 박석 깔린 땅 위에 여러 개의 방들이 있는데 모두 30개이었다. 또 그가 담 바깥 문간 앞에서부터 안뜰 바깥 문간 앞까지 측량하였는데, 그 너비가 100자, 즉 약 50미터이며 동편과 북편도 같았다.

〔20-23절〕 그가 바깥뜰 북향한 문간의 장광을 척량하니 장이 50척이요 광이 25척이며 문지기 방이 이편에도 셋이요 저편에도 셋이요 그 벽과 그

현관도 먼저 척량한 문간과 같으며 그 창과 현관의 장, 광과 종려나무가 다 동향한 문간과 같으며 그 문간으로 올라가는 일곱 층계가 있고 그 안에 현관이 있으며 안뜰에도 [동편 문간같이] 북편 문간과 (동편 문간과) 마주 대한 문간들이 있는데 그가 이 문간에서 맞은편 문간까지 척량하니 100척이더라.

바깥뜰 북쪽을 향한 문도 동쪽문과 구조가 같았다. 성전 밖에서 문으로 처음 들어올 때 층계는 일곱 단이었다.

[24-27절] 그가 또 나를 이끌고 남으로 간즉 남향한 문간이 있는데 그 벽과 현관을 척량하니 먼저 척량한 것과 같고 그 문간과 현관 좌우에 있는 창도 먼저 말한 창과 같더라. 그 문간의 장이 50척이요 광이 25척이며 또 그리로 올라가는 일곱 층계가 있고 그 안에 현관이 있으며 또 이편, 저편 문 벽위에 종려나무를 새겼으며 안뜰에도 남향한 문간이 있는데 그가 남향한 그 문간에서 맞은편 문간까지 척량하니 100척이더라.

남쪽을 향한 문도 구조가 같았다.

[28-31절] 그가 나를 데리고 그 남문으로 말미암아 안뜰에 들어가서 그 남문간을 척량하니 척수는 장이 50척이요 광이 25척이며 그 문지기 방과 벽과 현관도 먼저 척량한 것과 같고 그 문간과 그 현관 좌우에도 창이 있으며 그 사면 현관의 장은 25척이요 광은 5척이며 현관이 바깥뜰로 향하였고 그 문 벽 위에도 종려나무를 새겼으며 그 문간으로 올라가는 여덟 층계가 있더라.

본문은 바깥뜰에서 안뜰로 들어가는 문간의 구조에 대해 말한다. 성전의 처음 문, 즉 담을 통과하는 바깥문은 안뜰을 향하였고 두 번째 문은 바깥뜰을 향했고, 처음 문을 올라가는 데는 일곱 층계가 있었고 두 번째 문을 올라가는 데는 여덟 층계가 있었다.

[32-34절] 그가 나를 데리고 안뜰 동편으로 가서 그 문간을 척량하니 척수는 장이 50척이요 광이 25척이며 그 문지기 방과 벽과 현관이 먼저 척량한 것과 같고 그 문간과 그 현관 좌우에도 창이 있으며 그 현관이 바깥뜰로 향하였고 그 이편, 저편 문 벽 위에도 종려나무를 새겼으며 그 문간으로 올라가는 여덟 층계가 있더라.

안뜰 동편문도 구조가 같았다.

에스겔 40장: 새 성전

〔35-37절〕 그가 또 나를 데리고 북문에 이르러 척량하니 척수는 장이 50척이요 광이 25척이며 그 문지기 방과 벽과 현관이 다 그러하여 그 좌우에도 창이 있으며 그 현관이 바깥뜰로 향하였고 그 이편, 저편 문 벽 위에도 종려나무를 새겼으며 그 문간으로 올라가는 여덟 층계가 있더라.

안뜰 북쪽문도 구조가 같았다.

〔38-43절〕 그 문 벽 곁에 문이 있는 방이 있는데 그것은 번제물을 씻는 방이며 그 문의 현관 이편에 상 둘이 있고 저편에 상 둘이 있으니 그 위에서 번제와 속죄제와 속건제의 희생을 잡게 한 것이며 그 북문 바깥 곧 입구로 올라가는 곳 이편에 상 둘이 있고 문의 현관 저편에 상 둘이 있으니 문 곁 이편에 상이 넷이 있고 저편에 상이 넷이 있어 합이 여덟 상이라. 그 위에서 희생을 잡는 소용이며 또 다듬은 돌로 만들어서 번제에 쓰는 상 넷이 있는데 각 장이 1척 반이요 광이 1척 반이요 고가 1척이라. 번제의 희생을 잡을 때에 쓰는 기구가 그 위에 놓였으며 현관 안에는 길이가 손바닥 넓이 만한 갈고리가 사면에 박혔으며 상들에는 희생의 고기가 있더라.

안뜰 북쪽문 안쪽에 번제물을 씻는 방들과 상들이 있었다.

〔44-47절〕 안 문 안 안뜰에는 방 둘이 있는데 북문 곁에 있는 방은 남으로 향하였고 남문 곁에 있는 방은 북으로 향하였더라. 그가 내게 이르되 남향한 이 방은 성전을 수직하는 제사장들의 쓸 것이요 북향한 방은 제단을 수직하는 제사장들의 쓸 것이라. 이들은 레위의 후손 중 사독의 자손으로서 여호와께 가까이 나아가 수종 드는 자니라 하고 그가 또 그 뜰을 척량하니 장이 100척이요 광이 100척이라. 네모 반듯하며 제단은 전 앞에 있더라.

북문 곁에는 남으로 향한 방이 있고, 남문 곁에는 북으로 향한 방이 있었다. 전자는 성전을 수직하는 제사장들이 쓰는 방이고, 후자는 제단을 수직하는 제사장들이 쓰는 방이다. 성전 뜰의 길이는 100자 즉 약 50미터이며 너비도 100자 즉 약 50미터이었다. 번제단은 성전 앞, 곧 성소 앞에, 안뜰 가운데 있었다.

〔48-49절〕 그가 나를 데리고 전 문 현관에 이르러 그 문의 좌우 벽을 척량하니 광이 이편도 5척이요 저편도 5척이며 두께가 문 이편도 3척이요 문 저편도 3척이며 그 현관의 광은 20척이요 장은 11척이며 문간으로 올

라가는 층계가 있고 문 벽 곁에는 기둥이 있는데 하나는 이편에 있고 하나는 저편에 있더라.

본문은 성소 문간으로 올라가는 층계, 즉 세 번째 층계에 대해 말한다. 첫 번째는 성전 밖에서 바깥뜰로 들어오는 입구에 일곱 층계가 있었고, 두 번째는 바깥뜰에서 안뜰로 들어오는 입구에 여덟 층계가 있었고, 이 번은 세 번째(아마, 열두 개)이다. 또 문 벽 곁에는 솔로몬 성전 앞 낭실 두 기둥인 야긴과 보아스처럼 두 개의 기둥이 있었다.

에스겔에게 주신 새 성전의 환상은 일차적으로는 예수 그리스도의 오심과 그의 대속 사역으로 이루신 신약교회를 예표했다고 본다. 신약교회는 하나님의 성전이다. 고린도전서 3:16, "너희가 하나님의 성전인 것과." 그러나 새 성전의 환상은 궁극적으로는 예수 그리스도의 재림으로 말미암아 이루어질 천국과 천년왕국을 상징했을지도 모른다.

본장의 교훈을 정리해보자. **첫째로**, 성전 담은 약 3미터 두께와 높이의 담이었고 또 성전으로 들어가려면 문지기들이 지키는 문 입구를 두 개나 통과해야 했다. 그것은 하나님께서 그의 성전된 우리를 구별하시고 보호하실 것을 상징한다고 보인다. 하나님께서는 우리를 세상 사람들과 구별하셨고 세상 끝날까지 보호하신다(시 121:3-4; 마 28:20).

둘째로, 에스겔의 성전구조는 설계도면과 같다. 하나님께서는 그의 일을 세밀히 계획하시며 행하신다. 우리는 그리스도의 몸의 지체로서 각각 받은 은사가 다르다(롬 12:6). 우리는 믿음으로 건전하게 생각하고 자기 직분에 충실해야 한다. 우리는 각자 맡은 직무에 충성해야 한다.

셋째로, 우리는 성전으로 들어가는 데는 문이 세 개 있었고 각 문에 들어가려면 처음에는 일곱 개 층계를 올라가고 두 번째는 여덟 개 층계를 올라가고 또 세 번째도 층계들(아마 10개 내지 12개일 것)을 올라가야 했다. 또 문벽에는 종려나무가 새겨져 있어서 승리를 기대하게 된다. 우리는 지극히 높으신 하나님께로 가까이 나아갈 때 더 깊고 더 높은 교제를 나누게 되며 그때 성도들은 세상에서 승리의 삶을 살 수 있다.

에스겔 40장: 새 성전

에스겔이 본 성전 평면도
(이병규, 성경강해: 에스겔-다니엘, 396쪽.)

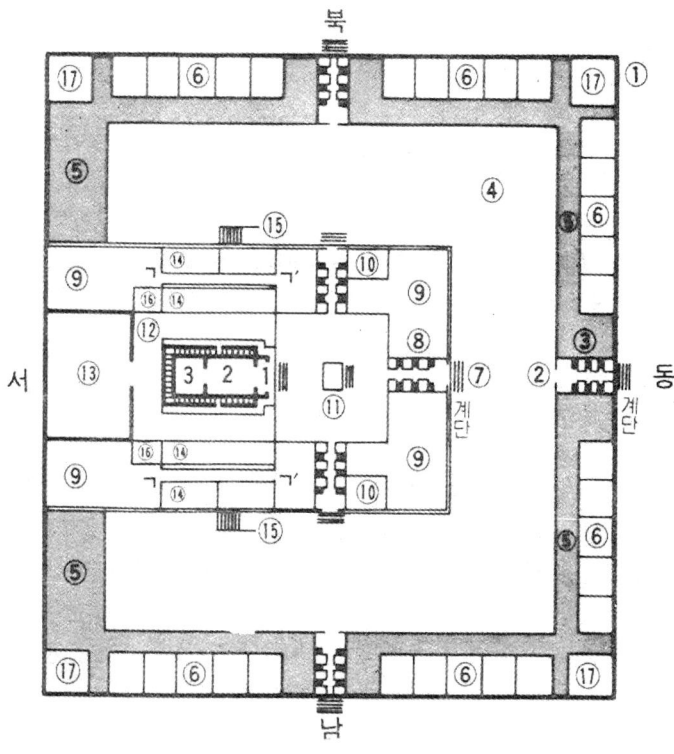

① 성전 바깥 벽(40:5;42:20)
② 성전 바깥 문(40:6, 20, 24)
③ 성전 바깥 문간(40:6, 20, 24)
④ 성전 바깥 뜰(40:17)
⑤ 박석 깔린 땅(40:17)
⑥ 여러 방들(40 : 17)
⑦ 성전 안문(40 : 28, 32, 35)
⑧ 성전 안 문간(40:28, 32, 35)
⑨ 성전 안 뜰(40:28, 32)
⑩ 안 문 곁방(40 : 44)
⑪ 제단(40 : 47)

1 현관(40:48)
2 성소(41:1)
3 지성소(41:4)
⑫ 성전 뜰(41 : 10)
⑬ 성전 서편 뜰 뒷 건물(41:12)
⑭ 거룩한 방들(42:1 - 14)
ㄱ-ㄱ' 통로(42:4)
⑮ 통행구(42:9)
⑯ 제사장들의 부엌(46:19--20)
⑰ 백성들의 부엌(46:21 - 24)

에스겔 41장: 성소

41장: 성소

〔1-4절〕 그가 나를 데리고 성소(聖所)에 이르러 그 문벽(아일 איל)[기둥]을 척량하니 이편 두께도 6척이요 저편 두께도 6척이라. 두께가 이와 같으며 그 문통(페사크 פֶּתַח)[문간]의 광(廣)이 10척이요 문통 이편 벽의 광이 5척이요 저편 벽의 광이 5척이며 그가 성소(聖所)를 척량하니 그 장이 40척이요 그 광이 20척이며 그가 안으로 들어가서 내전(內殿) 문통의 벽을 척량하니 두께가 2척이요 문통[문간의 높이]이 6척이요 문통의 벽[문간]의 광(廣)이 각기 7척이며 그가 내전(內殿)을 척량하니 장(長)이 20척이요 광이 20척이라. 그가 내게 이르되 이는 지성소(至聖所)니라 하고.

성소의 길이는 40자 즉 약 20미터, 너비는 20자 즉 약 10미터이다. 내전(內殿)의 길이는 20자 즉 약 10미터, 너비는 20자 즉 약 10미터이며, 이것이 지성소(至聖所)이었다.

〔5-7절〕 전의 벽[기둥]을 척량하니 두께가 6척이며 전 삼면(三面)에 골방이 있는데 광이 각기 4척이며 골방은 삼층인데 골방 위에 골방이 있어 모두 30이라. 그 삼면 골방이 전 벽 밖으로 그 벽에 의지하였고 전 벽 속은 범하지 아니하였으며 이 두루 있는 골방이 그 층이 높아갈수록 넓으므로 전에 둘린 이 골방이 높아갈수록 전에 가까워졌으나 전의 넓이는 아래 위가 같으며 골방은 아랫층에서 중층으로 윗층에 올라가게 되었더라.

골방 30개는 레위인들의 찬송과 기도의 방이었을 것이다. 역대상 9:33, "또 찬송하는 자가 있으니 곧 레위 족장이라. 저희가 골방에 거하여 주야로 자기 직분에 골몰하므로 다른 일은 하지 아니하였더라."

〔8-11절〕 내가 보니 전 삼면의 지대 곧 모든 골방 밑 지대의 고가 한 장대 곧 큰 자로 6척인데 전을 의지한 그 골방 바깥 벽 두께는 5척이요 그 외에 빈터가 남았으며 전 골방 삼면에 광이 20척 되는 뜰이 둘려 있으며 그 골방 문은 다 빈터로 향하였는데 한 문은 북으로 향하였고 한 문은 남으로 향하였으며 그 둘려 있는 빈터의 광은 5척이더라.

전 삼면(三面)의 지대(地臺) 곧 모든 골방 밑 지대의 높이는 한 장대 곧 약 3미터이었다. 그 3미터는 안뜰에서 성소로 들어가는 층계 (겔 40:49)의 전체 높이가 된다. 그러면 그 층계는 한 계단이 반 규빗 즉 약 25센티미터이면 열두 개이었을 것이다.

〔12-20절〕 서편 뜰 뒤에 건물이 있는데 광이 70척이요 장이 90척이며 그 사면 벽의 두께가 5척이더라. 그가 전을 척량하니 장이 100척이요 또 서편 뜰과 그 건물과 그 벽을 합하여 장이 100척이요 전 전면의 광이 100척이요 그 앞 동향(東向)한 뜰의 광도 그러하며 그가 뒷뜰 뒤에 있는 건물을 척량하니 그 좌우편 다락까지 100척이더라. 내전과 외전(外殿)과 그 뜰의 현관과 문통 벽과 닫힌 창과 삼면에 둘려 있는 다락은 문통 안편에서부터 땅에서 창까지 널판으로 가리웠고 (창은 이미 닫히었더라.) 문통 위와 내전과 외전의 사면 벽도 다 그러하니 곧 척량한 대소(大小)대로며 널판에는 그룹들과 종려나무를 새겼는데 두 그룹 사이에 종려나무 하나가 있으며 매 그룹에 두 얼굴이 있으니 하나는 사람의 얼굴이라. 이편 종려나무를 향하였고 하나는 어린 사자의 얼굴이라. 저편 종려나무를 향하였으며 온 전 사면이 다 그러하여 땅에서부터 문통 위에까지 그룹들과 종려나무들을 새겼으니 성전 벽이 다 그러하더라.

성소 서편 즉 뒷편 뜰 뒤에 건물이 있고, 또 성전 안과 현관과 문간의 벽들은 널판으로 가리웠고 그 위에 그룹들과 종려나무 모양이 새겨 있었다. 종려나무는 기쁨과 승리를 상징할 것이다(계 7:9). 또 그룹 천사들의 두 얼굴도 상징적이다. 사람의 얼굴은 지혜를 상징하고 어린 사자의 얼굴은 용맹을 상징할 것이다. 그것은 천사들이 지혜롭게, 용맹스럽게 하나님의 일을 수행하고 있음을 나타낼 것이다.

〔21-22절〕 외전 문설주는 네모졌고 내전 전면에 있는 식양은 이러하니 [외전 문설주는 내전 전면의 식양과 비슷하게 네모졌더라](NASB, NIV). (곧) **나무 제단의 고개**[고는] **3척이요 장이 2척이며 그 모퉁이와 옆과 면을 다 나무로 만들었더라. 그가 내게 이르되 이는 여호와의 앞의 상이라 하더라.**

나무 제단은 분향단 혹은 떡상을 가리켰다고 보인다. 그것은 신약 시대에 예수 그리스도의 대속 사역과 성찬상을 예표한 것 같다.

에스겔 41장: 성소

[23-26절] 내전과 외전에 각기 문이 있는데 문마다 각기 두 문짝 곧 접치는 두 문짝이 있어 이 문에 두 짝이요 저 문에 두 짝이며 이 성전 문에 그룹과 종려나무를 새겼는데 벽에 있는 것과 같고 현관 앞에는 나무 디딤판(아브 עָב)[두꺼운 널판(KJV), 문지방(NASB), 돌출부분(NIV)][14]이 있으며 현관 좌우편에는 닫힌 창도 있고 종려나무도 새겼고 전의 골방과 디딤판도 그러하더라.

본문은 성소와 지성소의 접치는 두 문짝에 대해 말한다.

본장의 교훈을 정리해보자. 첫째로, 성소와 지성소의 둘레에는 30개의 골방들이 있었다. 그것들은 성전 봉사에 수종 드는 레위인들의 찬송하며 기도하는 골방이었다고 본다(대상 9:33). 우리는 하나님께 찬송하며 기도하기를 힘쓰되, 특히 골방 기도를 힘써야 한다(마 6:6).

둘째로, 에스겔의 환상에 의하면, 성전 밖에서 성전 뜰 즉 바깥뜰로 들어갈 때 일곱 층계가 있었고, 바깥뜰에서 안뜰로 들어갈 때 여덟 층계가 있었으며, 안뜰에서 성소로 들어갈 때 아마 열두 개의 층계가 있었던 것 같다(겔 40:49; 41:8). 구원 얻은 신약 성도들은 성전 중심, 하나님 중심, 천국 중심, 내세(來世) 중심으로 살아야 하고, 특히 하늘에 있는 하나님의 영광의 보좌를 바라보며 올라가는 생활을 해야 한다.

셋째로, 성전 문과 문간과 내전과 외전의 사면 벽의 널판들에 새겨진 그룹 천사들이 사람과 어린 사자의 두 얼굴을 가지고 있었던 것은 지혜와 용맹을 상징하며, 또 문과 문간과 내전과 외전의 사면 벽의 널판들에 새겨신 송려나무는 기쁨과 승리를 상징한다고 본다. 우리는 지혜와 용맹, 기쁨과 승리의 확신을 가지고 하나님을 섬겨야 한다. 우리는 하나님께서 주시는 지혜를 받아 지혜로운 종들이 되어야 하고 또 하나님의 전신갑주를 입은 용감한 전사들이 되어야 한다. 또 우리는 주 안에서, 하나님 때문에, 구원 때문에, 의 때문에, 천국 때문에 항상 기뻐할 수 있고 하나님께서 주시는 승리를 확신하며 하나님을 섬겨야 한다.

---

14) '디딤판'(아브 עָב)이라는 원어는 정확한 뜻을 모른다고 함(BDB, KB).

42장: 제사장을 위한 방

〔1-2절〕 그가 나를 데리고 밖으로 나가 북편 뜰로 가서 두 방(리쉬카 הַלִּשְׁכָּה)[방]에 이르니 그 두 방의 하나는[그것은](KJV, NASB) 골방 앞뜰을 향하였고 하나는[또] 북편 건물을 향하였는데 그 방들의 자리의[그것의] 장(長)이 100척이요 광(廣)이 50척이며 그 문은 북을 향하였고.

천사는 에스겔을 데리고 밖으로 나가 북편 뜰로 가서 한 방에 이르렀다. 그 방은 '골방 앞뜰,' 원문에는 '거룩한 곳' 즉 안뜰 건너편과 북으로 향한 건물 건너편에 있었다. 그것의 길이는 100자, 즉 약 50미터이며 너비는 50자, 즉 약 25미터이며 그 문은 북을 향하였다.

〔3-5절〕 그 방 삼층에 툇마루(아티크 אַתִּיק)[복도](KJV, NASB, NIV)들이 있는데 한 방의 툇마루[복도]는 20척 되는 안뜰과 마주 대하였고 한 방의 툇마루[복도]는 바깥뜰 박석 깔린 곳과 마주 대하였으며 그 두 방 사이에 통한[방들 앞에서 안쪽으로] 길이 있어 광(廣)이 10척이요 장(長)이 100척이며[한 척의 거리가 있었고](원문, KJV, NASB) 그 문들은 북을 향하였으며 그 상층의 방은 제일 좁으니 이는 툇마루[복도]들을 인하여 하층과 중층보다 상층이 더 줄어짐이라.

그 방은 삼층으로 되었고 각층에 복도가 있었다. 그 복도는 20자 되는 안뜰과 마주 대했고 또 박석 깔린 바깥뜰과도 마주 대했다. 방들 앞에서 안쪽으로 길이 있어 너비가 열 자, 즉 약 5미터이며 한 자 즉 약 50센티미터의 거리가 있었다. 문들은 북을 향하였다. 그 상층의 방은 제일 좁았다. 그것은 복도 때문에 상층이 하층과 중층보다 더 줄어지기 때문이었다.

〔6-9절〕 그 방이 삼층이라도 뜰의 기둥 같은 기둥이 없으므로 그 상층이 하층과 중층보다 더욱 좁아짐이더라. 그 한 방의 바깥 담 곧 뜰의 담과 마주 대한 담의 장(長)이 50척이니 바깥뜰로 향한 방의 장이 50척임이며 성전 앞을 향한 방은 100척이며 이 방들 아래에 동편에서 들어가는 통행구가 있으니 곧 바깥뜰에서 들어가는 통행구더라.

에스겔 42장: 제사장을 위한 방

그 방은 삼층이라도 뜰의 기둥 같은 기둥이 없기 때문에 그 상층이 하층과 중층보다 더욱 좁아졌다. 그 방의 바깥 담 곧 바깥뜰의 담과 마주 대한 담의 길이가 50자, 즉 약 25미터이며, 성전 앞을 향한 방의 길이는 100자, 즉 약 50미터이었고, 그 방들 아래에 동편에서 들어가는 통행구가 있었다. 곧 바깥뜰에서 들어가는 통행구이었다.

〔10-12절〕 남편[동편] 골방 뜰 맞은편과 남편[동편] 건물 맞은편에도 방 둘이 있는데 그 두 방 사이에 길이 있고 그 방들의 모양은 북편 방 같고 그 장광(長廣)도 같으며 그 출입구와 문도 그와 같으며 이 남편[동편] 방에 출입하는 문이 있는데 담 동편 길머리에 있더라.

10-11절의 원문은 "동쪽으로 향한 뜰 맞은편과 건물 맞은편에도 방들이 있는데 그 방들 앞에 길이 있고 그 모양은 북편 방 같고 그 길이와 너비도 같으며 그 출입구와 문도 그와 같으며"라고 번역해야 맞을 것이다(KJV, NASB, BDB). 그러나 한글개역성경처럼, 1-9절은 북편 뜰의 방에 대해, 또 10-12절은 남편 뜰의 방에 대해 설명하는 것으로 번역한 성경도 있다(LXX, NIV).

〔13-14절〕 그가 내게 이르되 좌우 골방 뜰 앞 곧 북편 남편[동편]에 있는 방들은 거룩한 방이라. 여호와를 가까이 하는 제사장들이 지성물(至聖物)을 거기서 먹을 것이며 지성물 곧 소제와 속죄제와 속건제의 제물을 거기 둘 것이며 이는 거룩한 곳이라. 제사장의 의복은 거룩하므로 제사장이 성소에 들어갔다가 나올 때에 바로 바깥뜰로 가지 못하고 수종 드는 그 의복을 그 방에 두고 다른 옷을 입고 백성의 뜰로 나갈 것이니라 하더라.

'좌우 골방 뜰'이라는 원문(기즈라 גִּזְרָה)은 '구별된 곳' 즉 구별된 뜰이라는 뜻으로 이해된다. 본문은 앞절에서 말한 북편 방들과 동편 방들의 용도에 대해 말한다. 그 방들은 하나님을 섬기는 제사장들이 지극히 거룩한 제물들을 먹는 곳이며 또 소제물과 속죄제물과 속건제물을 두는 곳이다. 그 방들은 거룩한 곳이다. 또 그 방들은 제사장들이 성소에 들어갈 때 입는 옷을 두는 곳으로도 사용되었다.

에스겔 42장: 제사장을 위한 방

[15-20절] 그가 안에 있는 전(殿) 척량하기를 마친 후에 나를 데리고 동향한 문 길로 나가서 사면 담을 척량하는데 그가 척량하는 장대 곧 그 장대로 동편을 척량하니 5백척이요 그 장대로 북편을 척량하니 5백척이요 그 장대로 남편을 척량하니 5백척이요 서편으로 돌이켜 그 장대로 척량하니 5백척이라. 그가 이와 같이 그 사방을 척량하니 그 사방 담 안 마당의 장과 광이 5백척씩이라. 그 담은 거룩한 것과 속된 것을 구별하는 것이더라.

천사는 안에 있는 전(殿) 측량하기를 마친 후에 에스겔을 데리고 동향한 문 길로 나가서 사면 담을 측량했다. 그는 측량하는 장대 곧 그 장대로 동편을 측량하니 500자, 즉 약 250미터이며 북편도, 남편도, 서편도 측량하니 동일하였다. 이처럼 성전은 작은 정방형의 성과 같았다. 그 담은 거룩한 것과 속된 것을 구별하는 것이었다.

우리는 본장에서 두 가지 교훈을 찾는다. 첫째로, 우리는 거룩한 옷을 입고 거룩한 제물을 먹는 제사장이 되어야 한다. 신약성경은 예수 그리스도를 믿는 신자들을 왕 같은 제사장이라고 말하고 거룩한 제사장이 되라고 말한다. 베드로전서 2:9, "너희는 택하신 족속이요 왕 같은 제사장들이요." 2:5, "[너희는] 예수 그리스도로 말미암아 하나님이 기쁘게 받으실 신령한 제사를 드릴 거룩한 제사장이 될지니라." 그러므로 우리는 거룩한 옷을 입는 제사장처럼 예수 그리스도의 피로 우리의 옷을 항상 깨끗이 빨아야 하고(계 7:14) 또한 거룩한 제불을 먹는 제사장처럼 항상 예수 그리스도의 속죄사역을 믿고 하나님을 섬겨야 한다.

둘째로, 신약교회는 세상과 구별되어야 한다. 에스겔이 본 새 성전의 바깥뜰의 사면 담은 길이와 너비가 500자(약 250미터)씩이었다. 그것은 거룩한 것과 속된 것을 구별하는 것이다. 교회는 세상과 구별되어야 한다. 경건과 도덕성이 그 잣대이다. 그러므로 교회는 세속주의를 경계해야 한다. 우리는 이 세상을 본받지 말고 마음을 새롭게 함으로 변화를 받아 우리의 몸을 하나님께서 기뻐하시는 거룩한 산 제사로 드리고(롬 12:1-2) 세상과 구별되게 오직 경건하고 바르고 선하게 살아야 한다.

43장: 번제단

〔1-5절〕 그 후에 그가 나를 데리고 문에 이르니 곧 동향한 문이라. 이스라엘 하나님의 영광이 동편에서부터 오는데 하나님의 음성이 많은 물소리 같고 땅은 그 영광으로 인하여 빛나니 그 모양이 내가 본 이상(異像) 곧 전에 성읍을 멸하러 올 때에 보던 이상 같고(겔 10장) 그발 하숫가에서 보던 이상과도 같기로(겔 1장) 내가 곧 얼굴을 땅에 대고 엎드렸더니 여호와의 영광이 동문으로 말미암아 전(殿)으로 들어가고 성신이[성령께서] 나를 들어 데리고 안뜰에 들어가시기로 내가 보니 여호와의 영광이 전에 가득하더라.

〔6-9절〕 들은즉 누구인지 전(殿)에서 내게 말하더니 사람이 내 곁에 서서 내게 이르시되 인자야, 이는 내 보좌의 처소, 내 발을 두는 처소, 내가 이스라엘 족속 가운데 영원히 거할 곳이라. 이스라엘 족속 곧 그들과 그 왕들이 음란히 행하며 그 죽은 왕들의 시체로 다시는 내 거룩한 이름을 더럽히지 아니하리라. 그들이 그 문지방을 내 문지방 곁에 두며 그 문설주를 내 문설주 곁에 두어서 그들과 나 사이에 겨우 한 담이 막히게 하였고 또 그 행하는 가증한 일로 내 거룩한 이름을 더럽혔으므로 내가 노하여 멸하였거니와 이제는 그들이 그 음란과 그 왕들의 시체를 내게서 멀리 제하여 버려야 할 것이라. 그리하면 내가 영원토록 그들의 가운데 거하리라.

성전은 하나님께서 거하시는 곳이다. 그러나 그들은 영적인 음란, 곧 우상숭배로 하나님의 거룩한 이름을 더럽히며 하나님께서 성전을 멀리 떠나시게 했다. 신약교회도 하나님의 성전이다(고전 3:16). 그러나 교회와 성도들이 범죄하고 회개치 않으면 하나님께서는 교회를 버리실 것이며 그 촛대를 옮기실 것이다(계 2:5). 신약교회와 성도들이 하나님과 교제하며 밀접히 연합하는 복을 계속 누리려면 무엇보다 모든 죄를 버리고 신앙적으로, 도덕적으로 거룩해야 한다.

〔10-12절〕 인자야, 너는 이 전(殿)을 이스라엘 족속에게 보여서 그들로 자기의 죄악을 부끄러워하고 그 형상(토크니스 תָּכְנִית)[도면](NASB, NIV)[15]을 측량하게 하라. 만일 그들이 자기의 행한 모든 일을 부끄러워하거든 너는

에스겔 43장: 번제단

이 전의 제도와 식양과 그 출입하는 곳과 그 모든 형상을 보이며 또 그 모든 규례와 그 모든 법도와 그 모든 율례를 알게 하고 그 목전에 그것을 써서 그들로 그 모든 법도와 그 모든 규례를 지켜 행하게 하라. 전의 법은 이러하니라. 산꼭대기 지점의 주위는 지극히 거룩하리라. 전의 법은 이러하니라.

'도면'은 성전 구조에 대한 도면이라는 뜻이라고 본다. 하나님께서는 이스라엘 백성에게 완전한 성전예배와 율법 순종을 요구하셨다.

[13-17절] 제단의 척수는 이러하니라. (한 자는 팔꿈치에서부터 손가락에 이르고 한 손바닥 넓이가 더한 것이라.) 제단 밑받침16)의 고가 1척이요 그 사면 가장자리의 광이 1척이며 그 가으로 둘린 턱의 광이 한뼘이니 이는 제단 밑받침이요 이 땅에 닿은 밑받침 면에서 아랫층의 고가 2척이요 그 가장자리의 광이 1척이며 이 아랫층 면에서 이층의 고가 4척이요 그 가장자리의 광이 1척이며 그 번제단 윗층(하르엘 הַרְאֵל)[번제단 화로](BDB, NASB, NIV)의 고가 4척이며 그 번제하는 바닥(아리엘 אֲרִיאֵל)[번제단 화로]에서 솟은 뿔이 넷이며 그 번제하는 바닥[번제단 화로](BDB, NASB, NIV)의 장이 12척이요 광이 12척이니 네모 반듯하고 그 아랫층의 장이 14척이요 광이 14척이니 네모 반듯하고 그 밑받침에 둘린 턱의 광이 반척이며 그 가장자리의 광이 1척이니라. 그 층계는 동을 향하게 할지니라.

14절 이하에서 '아랫층' '윗층'의 '층'이라는 원어(아자라 עֲזָרָה)는 '울타리'(enclosure, ledge)라는 뜻이다(BDB, KB, NASB, NIV). 번제단의 밑받침, 아랫층, 이층, 화로, 뿔을 다 포함하면, 번제단의 전체 높이는 열두 자, 즉 약 6미터이며, 밑받침의 길이와 너비는 열여덟 자, 즉 약 9미터이다.17) 이전에 솔로몬 왕이 건립한 성전은 놋단의 높이가

---

15) 이 단어의 뜻은 '도면(plan)'(NASB, NIV, Langenscheidt 사전) 외에도, '비율'(proportion), 치수(measurement)(BDB), '완전한 모형'(perfect example)(KB), '모양'(pattern)(KJV) 등이 제안되었다.

16) 가브 גֹּב는 'higher place'(KJV), 'height'(NIV)로도 번역되지만, 그것보다 '밑받침'(basement--BDB, base--NASB)이라는 뜻이 더 나은 것 같다.

17) 에스겔 성전과 그 구조와 기구들에 관해서는, James Hastings, ed. *A Dictionary of the Bible*, IV, pp. 703-710을 참고하라.

10규빗, 즉 (1규빗을 약 45센티미터로 보면) 약 4.5미터이었고, 길이와 너비가 20규빗, 약 9미터이었다(대하 4:1).

[18-21절] 그가 내게 이르시되 인자야, 나 주 여호와가 말하노라. 이 제단을 만드는 날에 그 위에 번제를 드리며 피를 뿌리는 규례가 이러하니라. 나 주 여호와가 말하노라. 나를 가까이 하여 내게 수종 드는 사독의 자손 레위 사람 제사장에게 너는 어린 수송아지 하나를 주어 속죄제물을 삼되 네가 그 피를 취하여 제단의 네 뿔과 아랫층 네 모퉁이와 사면 가장자리에 발라 속죄하여 제단을 정결케 하고 그 속죄제물의 수송아지를 취하여 전(殿)의 정한 처소 곧 성소 밖에서 불사를지며.

하나님께서는 속죄제물과 피 뿌리는 규례를 말씀하셨다. 이것은 예수 그리스도께서 완전히 이루실 일들이라고 본다.

[22-26절] 다음 날에는 흠 없는 숫염소 하나로 속죄제물을 삼아 드려서 그 제단을 정결케 하기를 수송아지로 정결케 함과 같이 하고 정결케 하기를 마친 후에는 흠 없는 수송아지 하나와 떼 가운데서 흠 없는 숫양 하나를 드리되 나 여호와 앞에 받들어다가 제사장은 그 위에 소금을 쳐서 나 여호와께 번제로 드릴 것이며 7일 동안은 매일 염소 하나를 갖추어 속죄제물을 삼고 또 어린 수송아지 하나와 떼 가운데서 숫양 하나를 흠 없는 것으로 갖출 것이며 이와 같이 7일 동안 제단을 위하여 속죄제를 드려 정결케 하며 봉헌할 것이요.

하나님께 드리는 속죄제물은 '흠 없는' 것들이어야 했다(22, 23, 23, 25절). 그것은 장차 오실 예수 그리스도의 흠 없는 제물 되심을 예표했다. 제물에 소금을 뿌리는 것은 무슨 뜻이 있는가? 소금은 음식물의 변질을 방지하기 위해 쓰는 재료이다. 그러므로 소제물에 소금을 치는 것이나(레 2:13) 번제물들에 소금을 뿌리는 것은 하나님의 언약의 불변성과 영속성을 상징한다고 본다. 그러므로 성경에는 하나님의 언약을 '소금 언약'이라고 표현하였다(민 18:19; 대하 13:5). 또 7일 동안 번제단을 위하여 속죄제를 드려 정결케 하는 것은 완전한 속죄제사를 예표한다고 본다. 예수 그리스도께서는 자기 피로 한 영원한 제사를 드리셨고(히 10:12) 영원한 속죄를 이루셨다(히 9:12).

〔27절〕 이 모든 날이 찬 후 제8일에와 그 다음에는 제사장이 제단 위에서 너희 번제와 감사제(솰메켐 שַׁלְמֵיכֶם)[너희의 화목제물들]를 드릴 것이라. 그리하면 내가 너희를 즐겁게 받으리라. 나 주 여호와의 말이니라 하시더라.

번제물이나 화목제물도 일차적으로 속죄의 의미가 있으나 또 각각 성도들의 헌신과, 교제와 감사의 의미도 있다고 본다.

본장의 교훈을 정리해보자. 첫째로, 번제단은 흠 없는 제물들로 7일 동안 정결케 했다. 번제단은 예수 그리스도의 완전한 속죄사역을 예표하였다. 예수 그리스도께서는 완전한 속죄 제사를 드리셨다. 히브리서 9:12, "오직 자기 피로 영원한 속죄를 이루사 단번에 성소에 들어가셨느니라." 히브리서 10:12, "그리스도는 죄를 위하여 한 영원한 제사를 드리시고." 우리는 예수 그리스도의 완전한 속죄사역을 늘 기억해야 한다.

둘째로, 이스라엘 백성의 영적 음란 곧 우상숭배는 하나님을 진노케 하였고 그가 그들을 멀리 떠나시게 했다. 죄가 하나님과 우리 사이를 멀어지게 하고 그가 우리를 떠나시게 한다. 그러므로 우리는 우상숭배와 음란을 버리고 오직 예수 그리스도의 속죄의 은혜 안에 거하며 하나님을 경외하고 섬기며 경건과 거룩과 의와 선을 힘써 행해야 한다.

셋째로, 하나님께서는 이스라엘 족속에게 성전의 도면을 보이시며 그 모든 규례와 법도와 율례를 알게 하시고 지켜 행하게 하셨다(11절). 회복될 이스라엘 나라 백성들은 이제 하나님의 모든 법도를 지켜 행해야 한다. 하나님께서는 우리가 그의 모든 교훈을 온전히 지키기를 원하신다. 우리는 성경에 계시된 하나님의 모든 교훈을 지켜 행해야 한다.

넷째로, 제사장들은 제단 위에서 번제와 화목제를 늘 드려야 했다(27절). 하나님의 은혜와 주 예수 그리스도의 대속 사역으로 구원 얻은 우리는 이제 우리의 몸을 하나님께 온전히 드리며 그의 뜻에 온전히 순종하고 하나님과 교제하며 그에게 항상 감사의 찬송을 올려야 한다.

44장: 제사장의 법들

〔1-3절〕 그가 나를 데리고 성소 동향(東向)한 바깥문에 돌아오시니 그 문이 닫히었더라. 여호와께서 내게 이르시되 이 문은 닫고 다시 열지 못할지니 아무 사람도 그리로 들어오지 못할 것은 이스라엘 하나님 나 여호와가 그리로 들어왔음이라. 그러므로 닫아 둘지니라. 왕은 왕인 까닭에 안 길로 이 문 현관으로 들어와서 거기 앉아서 나 여호와 앞에서 음식을 먹고 그 길로 나갈 것이니라.

하나님께서 에스겔을 데리고 성소의 동쪽으로 향한 바깥문에 돌아오시니 그 문이 닫히었다. 그것은 안뜰의 동문일 것이다. 3절의 원문의 뜻은 분명하지 않으나, 아마 "왕은 왕으로서 그 안에 앉아 여호와 앞에서 음식을 먹을 것이니라. 그는 그 문 현관길로 들어올 것이며 같은 길로 나갈 것이니라"(NASB)는 뜻인 것 같다.

〔4-6절〕 그가 또 나를 데리고 북문을 통하여 전(殿) 앞에 이르시기로 내가 보니 여호와의 영광이 여호와의 전에 가득한지라. 내가 얼굴을 땅에 대고 엎드린대 여호와께서 내게 이르시되 인자야, 너는 전심으로 주목하여 내가 네게 말하는 바 여호와의 전의 모든 규례와 모든 율례를 귀로 듣고 또 전의 입구와 성소의 출구를 전심으로 주의하고 너는 패역한 자 곧 이스라엘 족속에게 이르기를 주 여호와의 말씀이 이스라엘 족속아, 너희의 모든 가증한 일이 족하니라.

〔7-9절〕 대저 너희가 마음과 몸에 할례 받지 아니한 이방인을 데려오고 내 떡과 기름과 피를 드릴 때에 그들로 내 성소 안에 있게 하여 내 전(殿)을 더럽히므로 너희의 모든 가증한 일 외에 그들이 내 언약을 위반케 하는 것이 되었으며 너희가 내 성물의 직분을 지키지 아니하고 내 성소에 사람을 두어 너희 직분을 대신 지키게 하였느니라. 나 주 여호와가 말하노라. 이스라엘 족속 중에 있는 이방인 중에 마음과 몸이 할례를 받지 아니한 이방인은 내 성소에 들어오지 못하리라.

옛날 이스라엘 백성은 마음과 몸에 할례를 받지 않은 이방인들을 성전 안에 데려옴으로 성전을 더럽혔었다. 그러나 이제 회복된 시대에는 그들 중에 마음과 몸이 할례를 받지 않은 이방인들은 하나님의 성전에 들어오지 못하게 해야 할 것이다. 구약시대의 할례, 특별히 '마음과 몸의 할례'는 분명히 심령의 새로움, 즉 중생(重生)을 가리킬 것이다. 거듭나지 않은 자는 하나님의 교회의 참 교인이 될 수 없다.

〔10-14절〕 이스라엘 족속이 그릇하여 나를 떠날 때에 레위 사람도 그릇하여 그 우상을 좇아 나를 멀리 떠났으니 그 죄악을 담당하리라. 그러나 그들이 내 성소에서 수종 들어 전문(殿門)을 맡을 것이며 전(殿)에서 수종 들어 백성의 번제의 희생과 및 다른 희생을 잡아 백성 앞에 서서 수종 들게 되리라. 나 주 여호와가 말하노라. 그들이 전에 백성을 위하여 그 우상 앞에서 수종 들어서 이스라엘 족속으로 죄악에 거치게 하였으므로 내가 내 손을 들어 쳐서 그들로 그 죄악을 담당하여 내게 가까이 나아와 제사장의 직분을 행치 못하게 하며 또 내 성물(聖物) 곧 지성물(至聖物)에 가까이 오지 못하게 하리니 그들이 자기의 수욕과 그 행한 바 가증한 일을 담당하리라. 그러나 내가 그들을 세워 전(殿)을 수직하게 하고 전에 모든 수종 드는 일과 그 가운데서 행하는 모든 일을 맡기리라.

이전에는 제사장들과 레위인들도 부패하여 하나님과 멀어졌으나 이제 그들이 새로워질 것이다. 하나님께서는 레위인들과 제사장들을 새롭게 하여 다시 하나님을 섬기는 자들이 되게 하실 것이다.

〔15절〕 이스라엘 족속이 그릇하여 나를 떠날 때에 사독의 자손 레위 사람 제사장들은 내 성소의 직분을 지켰은즉 그들은 내게 가까이 나아와 수종을 들되 내 앞에 서서 기름과 피를 내게 드릴지니라. 나 주 여호와의 말이니라.

사독은 아론의 아들 엘르아살의 후손으로서 다윗 왕 때에 압살롬의 반란 때에는 다윗에게 충성하였고(삼하 15장), 아도니야의 반란 때에는 솔로몬에게 충성하였다(왕상 1장). 그는 하나님의 나라에 끝까지 충성한 인물이었고 그러므로 하나님께서는 그의 후손들을 회복된 이스라엘 나라의 제사장들로 삼으실 것이다. 하나님께서는 하나님을 사랑하고 충성하는 자들에게 자자손손의 복을 내리실 것이다.

에스겔 44장: 제사장의 법들

〔16-20절〕 그들이 내 성소에 들어오며 또 내 상에 가까이 나아와 내게 수종 들어 나의 맡긴 직분을 지키되 그들이 안뜰 문에 들어올 때에나 안뜰 문과 전(殿) 안에서 수종 들 때에는 양털 옷을 입지 말고 가는 베 옷을 입을 것이니 가는 베 관을 머리에 쓰며 가는 베 바지를 입고 땀나게 하는 것으로 허리를 동이지 말 것이며 그들이 바깥뜰 백성에게로 나갈 때에는 수종 드는 옷을 벗어 거룩한 방에 두고 다른 옷을 입을지니 이는 그 옷으로 백성을 거룩케 할까 함이니라. 그들은 또 머리털을 밀지도 말며 머리털을 길게 자라게도 말고 그 머리털을 깎기만 할 것이며.

하나님께서는 사독의 자손 제사장들이 지킬 규례들을 말씀하셨다.

첫째로, 그들은 거룩한 옷을 입어야 하였다. 그들은 성전 봉사 때에 양털 옷을 입지 말고 가는 베옷을 입고 또 가는 베로 만든 관을 쓰고 가는 베 바지를 입어야 했다. 그 옷은 성전 봉사의 용도로만 사용하고 바깥뜰로 나갈 때는 다른 옷, 즉 평상적인 옷을 입어야 했다.

둘째로, 그들은 머리털을 밀지도 말고 그것을 길게 자라게도 말고 그것을 적당하게 깎기만 해야 했다. 그것은 단정한 모양이다.

〔21-24절〕 아무 제사장이든지 안뜰에 들어갈 때에는 포도주를 마시지 말 것이며 과부나 이혼한 여인에게 장가들지 말고 오직 이스라엘 족속의 처녀나 혹시 제사장의 과부에게 장가들 것이며 내 백성에게 거룩한 것과 속된 것의 구별을 가르치며 부정한 것과 정한 것을 분별하게 할 것이며 송사하는 일을 재판하되 내 규례대로 재판할 것이며 내 모든 정한 절기에는 내 법도와 율례를 지킬 것이며 또 내 안식일을 거룩케 하며.

셋째로, 그들은 안뜰에 들어갈 때 포도주를 마시지 말아야 했는데, 그것은 취하여 실수하지 않게 하기 위함이었다고 본다.

넷째로, 그들은 과부나 이혼한 여인에게 장가들지 말고 오직 이스라엘 족속의 처녀나 혹시 제사장의 과부에게 장가들어야 했다. 그것은 결혼에서도 제사장 직분의 품위를 지키기 위함이었다고 본다.

다섯째로, 그들은 이스라엘 백성에게 거룩한 것과 속된 것의 구별을 가르치며 부정한 것과 정한 것을 분별하게 해야 했다.

에스겔 44장: 제사장의 법들

여섯째로, 그들은 백성의 분쟁의 일들을 재판하되 하나님의 규례대로 재판해야 했다. 그들은 공의의 판단자가 되어야 했다.

일곱째로, 그들은 하나님의 모든 정한 절기들에 하나님의 법도와 율례를 지켜야 하며 하나님의 안식일을 거룩히 지켜야 했다.

〔25-27절〕시체를 가까이하여 스스로 더럽히지 못할 것이로되 부모나 자녀나 형제나 시집가지 아니한 자매를 위하여는 더럽힐 수 있으며 이런 자는 스스로 정결케 한 후에 7일을 더 지낼 것이요 성소에 수종 들려 하여 안뜰과 성소에 들어갈 때에는 속죄제를 드릴지니라. 나 주 여호와의 말이니라.

여덟째로, 그들은 시체를 가까이하여 자신을 더럽히지 말아야 했다. 단지 부모나 자녀나 형제나 시집가지 않은 자매를 위해서는 그런 일이 허용되었다. 그러나 그럴 경우에는 자신을 정결케 한 후 7일을 더 지낸 후에 성소에 수종 들 것이며 그때 속죄제를 드려야 했다. 그것은 제사장의 특별한 정결함을 강조한 것이라고 본다.

〔28-31절〕그들은 기업이 있으리니 내가 곧 그[그들의] 기업이라. 너희는 이스라엘 가운데서 그들에게 산업[소유]을 주지 말라. 나는 그 산업[그들의 소유]이 됨이니라. 그들은 소제와 속죄제와 속건제의 제물을 먹을지니 이스라엘 중에서 구별하여 드리는 물건을 다 그들에게 돌리며 또 각종 처음 익은 열매와 너희 모든 예물 중에 각종 거제 제물(רֵאשִׁית)[처음 것]을 다 제사장에게 돌리고 너희가 또 첫 밀가루를 제사장에게 주어 그들로 네 집에 복이 임하도록 하게 하라. 무릇 새나 육축의 스스로 죽은 것이나 찢긴 것은 다 제사장이 먹지 못할 것이니라.

제사장이 지킬 규례들을 말씀하신 후, 하나님께서는 제사장들과 레위인들의 기업이 하나님 자신이라고 말씀하셨다. 그들은 이스라엘 가운데서 산업(분깃, 소유) 즉 농사할 토지나 양이나 소를 기를 농장을 얻지 못하였다. 하나님께서 그들의 기업이시므로 그들은 이스라엘 백성이 하나님께 드린 제물들을 그들의 소유로 받았다. 이스라엘 백성의 소득의 십일조는 레위인들에게 주게 하셨고 레위인들의 소득의 십일조는 제사장들에게 주게 하셨다(민 18장). 그것은 '처음 것'

(KJV, NASB)이었다. 민수기 18:28-32는 그 십일조들을 '아름다운 것' (켈렙 חֶלֶב)[가장 좋은 것](KJV, NASB, NIV)이라고 표현하였다.

　선지자 에스겔이 본 내용들은 일차적으로 주 예수 그리스도의 대속 사역과 신약 성도들이 누리는 복을 나타낸다고 생각되지만, 또한 그것들은 신약 성도들에게 몇 가지 교훈을 준다고 생각된다.

　첫째로, 성전에는 마음과 몸에 할례를 받지 않은 이방인들이 들어와서는 안 된다. 마음과 몸의 할례는 중생을 가리킨다고 본다. 신약교회의 참된 교인은 물과 성령으로 거듭난 자들이다(요 3:5; 딛 3:4-5). 우리는 중생한 자들, 곧 참 회개와 믿음을 소유한 자들로 교회를 세워야 한다.

　둘째로, 우리는 충성된 사독의 자손이 되어야 한다. 맡은 자들에게 필요한 것은 충성이다(고전 4:2). 우리는 하나님 앞에 죽도록 충성해야 한다. 요한계시록 2:10, "네가 장차 받을 고난을 두려워 말라. . . . 네가 죽도록 충성하라. 그리하면 내가 생명의 면류관을 네게 주리라."

　셋째로, 사독의 자손 제사장들은 자신을 거룩히 구별하여 성별된 옷을 입고 머리를 단정히 해야 했고 포도주를 마시지 말고 결혼에도 품위를 지키고 거룩함과 속됨, 정결과 부정결을 구별해야 했고 또 절기와 안식일을 지키고 시체로라도 자신을 더럽히지 않도록 해야 하였다. 한 마디로, 그들은 거룩함과 품위를 유지하여야 했다. 신약 성도들은 '왕 같은 제사장들'이다(벧전 2:9). 우리는 거룩한 제사장들이 되어야 한다. 베드로전서 2:5, "너희도 . . . 예수 그리스도로 말미암아 하나님이 기쁘게 받으실 신령한 제사를 드릴 거룩한 제사장이 될지니라."

　넷째로, 우리는 하나님만 기업으로 삼아야 한다. 우리는 시편 73편의 저자처럼 "하늘에서는 주 외에 누가 내게 있으리요? 땅에서는 주밖에 나의 사모할 자 없나이다. 내 육체와 마음은 쇠잔하나 하나님께서는 내 마음의 반석이시요 영원한 분깃이시라"고 말해야 한다(시 73:25-26). 히브리서 11:16, "저희가 이제는 더 나은 본향을 사모하니 곧 하늘에 있는 것이라. 그러므로 하나님이 저희를 위하여 한 성을 예비하셨느니라."

45장: 왕을 위한 법들

〔1-2절〕 너희는 제비 뽑아 땅을 나누어 기업을 삼을 때에 한 구역을 거룩한 땅으로 삼아 여호와께 예물로 드릴지니 그 장(長)은 2만 5천척[약 12.5킬로미터]이요 광(廣)은 1만척[약 5킬로미터]이라.[18] 그 구역 안 전부가 거룩하리라. 그 중에서 성소에 속할 땅은 장이 5백척[약 250미터]이요 광이 5백척이니 네모 반듯하며 그 외에 사면 50척[약 25미터]으로 뜰이 되게 하되.

〔3-6절〕 이 척량한 중에서 장 2만 5천척과 광 1만척을 척량하고 그 가운데 성소를 둘지니 지극히 거룩한 곳이요 그 땅의 거룩한 구역이라. 여호와께 가까이 나아가서 성소에서 수종 드는 제사장에게 돌려 그 집을 위하여 있는 곳이 되게 하며 성소를 위하여 있는 거룩한 곳이 되게 하고 또 장 2만 5천척과 광 1만척을 척량하여 전에서 수종 드는 레위 사람에게 돌려 그들의 산업[소유]을 삼아 촌 20을 세우게 하고 구별한 거룩한 구역 옆에 광 5천척과 장 2만 5천척을 척량하여 성읍의 기지를 삼아 이스라엘 온 족속에게 돌리고.

길이 25,000자, 약 12.5킬로미터, 너비 10,000자, 약 5킬로미터의 땅을 거룩한 땅으로 구별하고 그 가운데 성소를 위해 길이 500자, 약 250미터, 너비 500자, 약 250미터의 정사각형 땅을 구별하여 지극히 거룩한 땅을 삼고, 그 나머지는 제사장들의 거주지로 삼게 하였다. 또 그만큼의 땅, 즉 길이 25,000자, 너비 10,000자의 땅을 레위인들에게 주고, 또 너비 5,000자, 약 2.5킬로미터의 땅을 구별하여 이스라엘 온 족속을 위한 성읍(아마 수도인 새 예루살렘 성)을 삼게 하였다.

〔7-8절〕 드린 바 거룩한 구역과 성읍의 기지된 땅의 좌우편 곧 드린 바 거룩한 구역의 옆과 성읍의 기지 옆의 땅을 왕에게 돌리되 서편으로 향하여 서편 국경까지와 동편으로 향하여 동편 국경까지니 그 장이 구역 하나와 서로 같을지니라. 이 땅으로 왕에게 돌려 이스라엘 중에 기업을 삼게 하면 나의 왕들이 다시는 내 백성을 압제하지 아니하리라. 그 나머지 땅은 이스라엘

---

18) 원문에는 '자'라는 말이 없지만, 근래의 영어성경들은 그 단위를 '자'(cubit)라고 이해하고 삽입하여 번역하였다(NASB, NIV).

에스겔 45장: 왕을 위한 법들

족속에게 그 지파대로 나눠줄지니라.

하나님께 드린 거룩한 구역(제사장 구역과 레위인 구역)과 성읍의 기지된 땅의 좌우편, 곧 하나님께 드린 거룩한 구역의 옆과 성읍의 기지 옆의 땅을 왕에게 돌리되 서편으로 향해 서편 국경까지와 동편으로 향해 동편 국경까지 돌릴 것이며, 그 길이(남북의 길이)는 구역 하나와 서로 같았다. 그 나머지 땅--이렇게 구별된 땅들의 북쪽과 남쪽의 땅들--은 이스라엘 족속에게 그 지파대로 나눠주게 했다.

[9-12절] 나 주 여호와가 말하노라. 이스라엘의 치리자들아, 너희에게 족하니라. 너희는 강포와 겁탈을 제하여 버리고 공평과 공의를 행하여 내 백성에게 토색함을 그칠지니라. 나 주 여호와의 말이니라. 너희는 공평한 저울과 공평한 에바와 공평한 밧을 쓸지니 에바와 밧은 그 용량을 동일히 하되 호멜의 용량을 따라 밧은 호멜 10분지 1을 담게 하고 에바도 호멜 10분지 1을 담게 할 것이며 세겔은 20게라니 20세겔과 25세겔과 15세겔로 너희 마네가 되게 하라.

하나님께서는 이스라엘 치리자들이 지켜야 할 도덕적 기준의 요점으로 그들이 강포와 겁탈과 토색(강제로 빼앗는 것)을 버리고 공평과 공의를 행하라고 강조하셨다. 에바와 밧은 부피를 재는 단위이었다. 밀가루는 에바로, 기름은 밧으로 재었는데, 에바와 밧은 부피가 같고, 1에바는 약 22리터이었다. 세겔은 무게의 단위로서 약 10그램이었다. 한 세겔은 20게라이었고, 한 마네는 60세겔이었다.

[13-15절] 너희의 마땅히 드릴 예물이 이러하니 밀 한 호멜에서는 에바 6분지 1을 드리고 보리 한 호멜에서도 에바 6분지 1을 드리며 기름은 정한 규례대로 한 고르에서 밧 10분지 1을 드릴지니 기름의 밧으로 말하면 한 고르는 10밧 곧 한 호멜이며 (10밧은 한 호멜이라.) 또 이스라엘 윤택한 초장의 떼 2백 마리에서는 한 어린양을 드릴 것이라. 백성을 속죄하기 위하여 이것들로 소제와 번제와 감사제물을 삼을지니라. 나 주 여호와의 말이니라.

이스라엘 백성은 하나님께 곡식(밀과 보리)은 60분의 1을, 기름은 100분의 1을, 그리고 양은 200분의 1을 예물로 드려야 하였고, 그들은

에스겔 45장: 왕을 위한 법들

이것들로 하나님께 소제와 번제와 화목제를 드려야 하였다.

〔16-17절〕 이 땅 모든 백성은 이 예물로 이스라엘 왕에게 드리고 왕은 본분대로 번제와 소제와 전제를 절기와 월삭과 안식일[들]과 이스라엘 족속의 모든 정한 절기에 드릴지니 이스라엘 족속을 속죄하기 위하여 이 속죄제와 소제와 번제와 감사제물[화목제물]을 갖출지니라.

〔18-20절〕 나 여호와가 말하노라. 정월 초 하룻날에 흠 없는 수송아지 하나를 취하여 성소를 정결케 하되 제사장이 그 속죄제 희생의 피를 취하여 전(殿) 문설주와 제단 아래층[윗층] 네 모퉁이와 안뜰 문설주에 바를 것이요 그 달 7일에도 모든 그릇 범죄한 자와 부지중 범죄한 자를 위하여 역시 그렇게 하여 전(殿)을 속죄할지니라.

〔21-25절〕 정월 14일에는 유월절 곧 7일 절기를 지키며 누룩 없는 떡을 먹을 것이라. 그 날에 왕은 자기와 이 땅 모든 백성을 위하여 송아지 하나를 갖추어 속죄제를 드릴 것이요 또 절기 7일 동안에는 그가 나 여호와를 위하여 번제를 갖추되 곧 7일 동안에 매일 흠 없는 수송아지 일곱과 숫양 일곱이며 또 매일 숫염소 하나를 갖추어 속죄제를 드릴 것이며 또 소제를 갖추되 수송아지 하나에는 밀가루 한 에바요 숫양 하나에도 한 에바며 밀가루 한 에바에는 기름 한 힌(약 4리터)씩이며 7월 15일 절기 7일 동안에도 이대로 행하여 속죄제와 번제며 그 밀가루와 기름을 드릴지니라.

본장의 교훈을 정리해보자. 첫째로, 하나님께서는 여호와께 예물로 드릴 땅을 구별하라고 말씀하셨다. 우리에게 가장 중요한 것은 하나님을 섬기는 일이며 우리는 하나님 중심으로 생각하고 살아야 한다.

둘째로, 왕은 구별된 땅 동서쪽에 거해야 했다. 성전 가까이에 거하는 것은 복된 일이다. 오늘날에도 교회 가까이 사는 것은 복이다.

셋째로, 왕은 강포와 겁탈과 토색을 버리고 하나님께서 명하신 규례대로 공의를 행해야 했다. 우리는 하나님께서 성경에 명하신 대로 바르고 선하게 살며 서로 사랑하고 어려움 당한 교우들을 돌아보아야 한다.

넷째로, 왕과 백성은 절기와 제사의 법을 지켜야 했다. 우리는 예수 그리스도 안에서 하나님께 헌신하며 감사하며 교제하며 섬겨야 한다.

46장: 예배의 방식

〔1-8절〕 나 주 여호와가 말하노라. 안뜰 동향한 문을 일하는 6일 동안에는 닫되 안식일에는 열며 월삭(초하루)에도 열고 왕은 바깥문 현관을 통하여 들어와서 문벽(메주자 מְזוּזָה)[문기둥](gate-post) 곁에 서고 제사장은 그를 위하여 번제와 감사제[화목제]를 드릴 것이요 왕은 문통(미프탄 מִפְתָּן)[아마 '문 복도'](threshold)에서 경배한 후에 밖으로 나가고 그 문은 저녁까지 닫지 말 것이며 이 땅 백성도 안식일[들]과 월삭[들]에 이 문통(페사크 פֶּסַח)[문 입구]에서 나 여호와 앞에 경배할 것이며 안식일에 왕이 여호와께 드릴 번제는 흠 없는 어린양 여섯과 흠 없는 숫양 하나라. 그 소제는 숫양 하나에는 밀가루 한 에바요 모든 어린양에는 그 힘대로 할 것이며 밀가루 한 에바에는 기름 한 힌[약 4리터]씩이니라. 월삭에는 흠 없는 수송아지 하나와 어린양 여섯과 숫양 하나를 드리되 모두 흠 없는 것으로 할 것이며 또 소제를 갖추되 수송아지에는 밀가루 한 에바요 숫양에도 밀가루 한 에바며 모든 어린양에는 그 힘대로 할 것이요 밀가루 한 에바에는 기름 한 힌씩이며 왕이 올 때에는 이 문(바깥문) 현관을 통하여 들어오고 나갈 때에도 그리할지니라.

왕은 안식일과 월삭에 성전의 안뜰 동쪽 문 복도에서 여호와 앞에 경배하고 또 백성들은 그 문 입구에서 경배해야 했다고 보인다.

〔9-11절〕 그러나 모든 정한 절기에 이 땅 거민이 나 여호와 앞에 나아올 때에는 북문으로 들어와서 경배하는 자는 남문으로 나가고 남문으로 들어오는 자는 북문으로 나갈지라. 들어온 문으로 도로 나가지 말고 그 몸이 앞으로 향한 대로 나갈지며 왕은 무리 가운데 있어서 그들의 들어올 때에 들어오고 그들의 나갈 때에 나갈지니라. 절기와 성회 때에 그 소제는 수송아지 하나에 밀가루 한 에바요 숫양 하나에도 한 에바요 모든 어린양에는 그 힘대로 할 것이며 밀가루 한 에바에는 기름 한 힌씩이며.

모든 정한 절기에 백성은 북문으로 들어와 남문을 나가거나 남문으로 들어와 북문으로 나가야 했고 들어온 문으로 나가지 말아야 했다. 왕도 무리 가운데 있어서 함께 들어오고 나가야 하였다. 이 법은 질서 있게 하나님을 섬기는 태도를 명하신 것 같다(고전 14:33, 40).

에스겔 46장: 예배의 방식

〔12-15절〕 만일 왕이 자원하여 번제를 갖추거나 혹 자원하여 감사제[화목제]를 갖추어 나 여호와께 드릴 때에는 그를 위하여 동향한 문을 열고 그가 번제와 감사제[화목제]를 안식일에 드림같이 드리고 밖으로 나갈지며 나간 후에 문을 닫을지니라. 아침마다 1년 되고 흠 없는 어린양 하나로 번제를 갖추어 나 여호와께 드리고 또 아침마다 그것과 함께 드릴 소제를 갖추되 곧 밀가루 에바 6분지 1과 기름 힌 3분지 1을 섞을 것이니 이는 영원한 규례를 삼아 항상 나 여호와께 드릴 소제라. 이와 같이 아침마다 그 어린양과 밀가루와 기름을 갖추어 항상 드리는 번제를 삼을지니라.

왕이 자원하는 예물을 드릴 때는 안식일 때와 같이 했다. 또 왕은 아침마다 1년 되고 흠 없는 어린양 하나로 번제와 거기에 따른 소제를 여호와께 드려야 하였다. 왕은 매일 아침마다 번제와 소제로 하나님을 섬기므로 경건하고 도덕적인 삶에 큰 유익을 얻을 것이다.

〔16-18절〕 나 주 여호와가 말하노라. 왕이 만일 한 아들에게 선물을 준즉 그의 기업이 되어 그 자손에게 속하나니 이는 그 기업을 이어 받음이어니와 왕이 만일 그 기업으로 한 종에게 선물로 준즉 그 종에게 속하여 희년까지 이르고 그 후에는 왕에게로 돌아갈 것이니 왕의 기업은 그 아들이 이어 받을 것임이니라. 왕은 백성의 기업을 취하여 그 산업에서 쫓아내지 못할지니 왕이 자기 아들에게 기업으로 줄 것은 자기 산업으로만 할 것임이니라. 백성으로 각각 그 산업을 떠나 흩어지지 않게 할 것이니라.

왕의 기업은 아들에게 선물로 줄 수 있었다. 그러나 왕이 그 기업을 한 종에게 선물로 주면, 그것은 그 종에게 속하여 희년, 즉 자유의 해(원문)까지 이르고 그 후에 왕에게로 돌아갈 것이다. 또 왕은 백성의 기업을 취해 그 주인을 그 소유지에서 쫓아내서는 안 되며 자기 소유지에서만 자기 아들에게 기업을 줄 수 있었다. 그는 자기의 권력을 남용하여 백성이 그 소유지를 떠나 흩어지지 않게 해야 하였다.

〔19-20절〕 그 후에 그가 나를 데리고 문곁 통행구로 말미암아 제사장의 북향한 거룩한 방에 들어가시니 그 방 뒤 서편에 한 처소가 있더라. 그가 내게 이르시되 이는 제사장이 속건제와 속죄제 희생을 삶으며 소제 제물을 구울 처소니 그들이 이 성물을 가지고 바깥뜰에 나가면 백성을 거룩하게 할

에스겔 46장: 예배의 방식

까 함이니라 하시고.

에스겔은 이끌림을 받아 문곁 통행구로 말미암아 안뜰의 제사장들의 북향한 거룩한 방(겔 42:1-14)에 들어갔는데, 그 방 뒤 서편에 한 곳이 있었다. 이 방은 제사장들을 위한 방이었다. 그 곳은 제사장들이 속건제와 속죄제 제물을 삶으며 소제 제물을 굽는 곳이었다.

〔21-24절〕 나를 데리고 바깥뜰로 나가서 나로 뜰 네 구석을 지나가게 하시는데 본즉 그 뜰 매 구석에 또 뜰이 있는데 뜰 네 구석에 있는 그 뜰에 담이 둘렸으니 뜰의 장이 40척[약 20미터]이요 광이 30척[약 15미터]이라. 구석의 네 뜰이 한 척수며 그 작은 네 뜰 사면으로 돌아가며 부엌이 있고 그 사면 부엌에 삶는 기구가 설비되었는데 그가 내게 이르시되 이는 삶는 부엌이니 전에 수종 드는 자가 백성의 제물을 여기서 삶을 것이니라 하시더라.

바깥뜰 네 구석에는 작은 뜰들이 있고 그 네 뜰 사면으로 돌아가며 부엌이 있고 그 사면 부엌에 삶는 기구가 설비되어 있었다. 이 곳은 성전에 수종 드는 자들이 백성들의 제물을 삶는 부엌이었다.

본장의 교훈을 정리해보자. 첫째로, 절기들에 대한 말씀은 예수 그리스도 안에서 성취되었다. 그것들은 예수 그리스도의 속죄사역에 대해 보인다. 골로새서 2:16-17, "먹고 마시는 것과 절기나 월삭이나 안식일을 인하여 누구든지 너희를 판단하지 못하게 하라. 이것들은 장래 일의 그림자이나 몸은 그리스도의 것이니라." 또 구약의 절기들은 부수적으로 모든 시간이 하나님의 것임을 보인다. 우리의 모든 시간은 하나님의 것이다. 그러므로 우리는 항상 예수 그리스도의 속죄의 은혜 안에 거하며 하나님을 섬기며 하나님을 영화롭게 하는 삶을 살아야 한다.

둘째로, 제사들에 대한 말씀도 예수 그리스도의 속죄사역과 성도의 삶을 예표한다. 번제는 속죄와 온전한 헌신을 교훈하는 뜻이 있고, 소제는 온전한 순종의 뜻이 있다고 본다. 기름은 성령의 은혜를 상징한다. 우리는 예수 그리스도의 속죄의 은혜를 믿고 성령의 도우심으로 하나님께 감사하며 하나님께 온전히 헌신하며 순종하는 삶을 살아야 한다.

47장: 성소에서 흘러나오는 강물

〔1-2절〕그가 나를 데리고 전 문에 이르시니 전의 전면이 동을 향하였는데 그 문지방 밑에서 물이 나와서 동으로 흐르다가 전 우편 제단 남편으로 흘러내리더라. 그가 또 나를 데리고 북문으로 나가서 바깥 길로 말미암아 꺾어 동향한 바깥문에 이르기로 본즉 물이 그 우편에서 스미어 나오더라.

이것은 역사상 문자적으로 성취될 일이 아니고 신약교회를 상징하는 예언이라고 본다. 구약시대의 선지자들이 예언한 이스라엘 나라의 회복과 메시아 시대 전반에 대한 내용이 그러하다. 그러면 여기의 물은 예수 그리스도의 대속 사역과 성령의 활동으로 말미암은 복음 운동, 즉 구원 운동을 가리킨다고 본다(요 4:14; 7:37-38). 복음운동은 예루살렘으로부터 시작하여 온 세상으로 퍼져나갈 것이다. 죄사함을 얻게 하는 회개가 모든 족속에게 전파될 것이다(눅 24:47).

〔3-5절〕그 사람이 손에 줄을 잡고 동으로 나아가며 1천 척(약 500미터)을 척량한 후에 나로 그 물을 건너게 하시니 물이 발목에 오르더니 다시 1천 척을 척량하고 나로 물을 건너게 하시니 물이 무릎에 오르고 다시 1천 척을 척량하고 나로 물을 건너게 하시니 물이 허리에 오르고 다시 1천 척을 척량하시니 물이 내가 건너지 못할 강이 된지라. 그 물이 창일하여 헤엄할 물이요 사람이 능히 건너지 못할 강이더라.

1천 척씩 네 번, 즉 4천 척(약 2000미터)이나 측량하고 마침내 건널 수 없는 강이 된 것은 복음 운동이 시간이 지남에 따라 또 지리적으로 점점 확장되다가 마침내 온 세상에 충만해질 것을 암시한다. 이것은 세계복음화의 일이다. 온 세상에 하나님의 복음이 전파되어 셀 수 없이 많은 사람들이 구원 얻을 것이다. 물이 바다를 덮음같이 여호와를 아는 지식이 온 세상에 충만할 것이다(사 11:9). 다니엘 2:34-35는 사람의 손으로 하지 않고 채석된 돌이 금 신상을 부숨으로써 그것이 여름 타작마당의 겨같이 되어 바람에 불려 간 곳이 없고 우상을 친

에스겔 47장: 성소에서 흘러나오는 강물

돌은 태산을 이루어 온 세계에 가득하였다고 예언하였다. 이것들은 다 신약교회 시대를 가리켰다고 본다.

〔6-12절〕 그가 내게 이르시되 인자야, 네가 이것을 보았느냐 하시고 나를 인도하여 강가로 돌아가게 하시기로 내가 돌아간즉 강 좌우편에 나무가 심히 많더라. 그가 내게 이르시되 이 물이 동방으로 향하여 흘러 아라바로 내려가서 바다에 이르리니 이 흘러내리는 물로 그 바다의 물이 소성함을 얻을지라. 이 강물이 이르는 곳마다 번성하는[떼지어 움직이는] 모든 생물이 살고 또 고기가 심히 많으리니 이 물이 흘러 들어가므로 바닷물이 소성함을 얻겠고 이 강이 이르는 각처에 모든 것이 살 것이며 또 이 강가에 어부가 설 것이니 엔게디에서부터 에네글라임까지 그물 치는 곳이 될 것이라. 그 고기가 각기 종류를 따라 큰 바다의 고기같이 심히 많으려니와 그 진펄[진흙수렁]과 개펄[늪]은 소성되지 못하고 소금 땅이 될 것이며 강 좌우 가에는 각종 먹을 실과나무가 자라서 그 잎이 시들지 아니하며 실과가 끊치지 아니하고 달마다 새 실과를 맺으리니 그 물이 성소로 말미암아 나옴이라. 그 실과는 먹을 만하고 그 잎사귀는 약 재료가 되리라.

그 물은 강을 이루어 사해로 흘러 들어갔다. 엔게디와 에네글라임은 사해 중부 서해안에 있다. 강 좌우편에는 나무가 심히 많았다. 그 나무들은 달마다 새 실과를 맺고 그 열매는 먹을 만하고 그 잎사귀는 약 재료가 될 것이다. 또 그 강물이 사해(死海)에 들어가서 그 죽음의 바다를 회복시킴으로써 사해에 고기들이 심히 많을 것이다. 강 좌우편의 나무들이나 사해의 고기들은 다 구원 얻은 성도들을 가리킨다고 본다. 신약시대에 구원 얻을 자들의 수는 심히 많을 것이다. 또 그들은 선한 열매를 많이 맺는 자일 것이다. 복음 운동은 소금의 바다, 즉 죽음의 바다와 같은 멸망할 세상에 생명의 변화를 줄 것이다.

그러나 회복되지 못하고 소금 땅이 될 진펄과 개펄은 신약시대에도 하나님의 은혜에 형식적으로만 접촉하고 참으로 그 은혜를 받아 구원 얻지 못한 자들을 가리킨다고 본다. 신약교회에도 그런 자들이 있다. 성경은 그런 자들을 가라지, 쭉정이, 쓴 뿌리라고 부른다. 열두

에스겔 47장: 성소에서 흘러나오는 강물

제자 중 가룟 유다가 그러했고, 초대교회에 아나니아와 삽비라가 그러했고, 갈라디아 교회의 율법주의 이단들이 그러했다. 믿음에 파선한 후메내오와 알렉산더(딤전 1:20), 바울을 배신한 부겔로와 허모게네(딤후 1:15), 이단을 전파했던 후메내오와 빌레도(딤후 2:17), 바울을 심히 대적했던 구리장색 알렉산더(딤후 4:14), 교회 안에서 으뜸 되기를 좋아하고 주의 종들을 대접하지 않고 오히려 그들을 부당하게 비난하고 대접하려는 자를 금하고 교회에서 내쫓았던 디오드레베(요삼 9) 같은 이들이 그러하다. 히브리서 12:15는 "너희는 돌아보아 하나님 은혜에 이르지 못하는 자가 있는가 두려워하고 또 쓴 뿌리가 나서 괴롭게 하고 많은 사람이 이로 말미암아 더러움을 입을까 두려워하라"고 교훈하였다.

〔13-20절〕 나 주 여호와가 말하노라. 너희는 이 지계대로 이스라엘 12지파에게 이 땅을 나누어 기업이 되게 하되 요셉에게는 두 분깃이니라. 내가 옛적에 맹세하여 이 땅으로 너희 열조에게 주마 하였었나니 너희는 피차 없이[똑같이] 나누어 기업을 삼으라. 이 땅이 너희의 기업이 되리라. 이 땅 지계는 이러하니라. 북방은 대해에서 헤들론 길로 말미암아 스닷 어귀까지니 곧 하맛과 브로다며 다메섹 지계와 하맛 지계 사이에 있는 시브라임과 하우란 지계 곁에 있는 하셀핫디곤이라. 그 지계가 바닷가에서부터 다메섹 지계에 있는 하살에논까지요 그 지계가 또 극북방에 있는 하맛 지계에 미쳤나니 이는 그 북방이요, 동방은 하우란과 다메섹과 및 길르앗과 이스라엘 땅 사이에 있는 요단강이니 북편 지계에서부터 동해까지 척량하라. 이는 그 동방이요, 남방은 다말에서부터 므리봇 가데스 물에 이르고 애굽 시내를 따라 대해에 이르나니 이는 그 남방이요, 서방은 대해라. 남편 지계에서부터 맞은편 하맛 어귀까지 이르나니 이는 그 서방이니라.

하나님께서는 또한 그 땅을 이스라엘 열두 지파에게 나누어 기업이 되게 하고 요셉에게는 두 분깃을 주라고 말씀하셨다. 북쪽은 대해 즉 지중해에서 다메섹 경계에 있는 하살에논까지이며 그 경계가 또 극북방에 있는 하맛 경계에 미쳤다. 동쪽은 북쪽으로는 하우란과 다

메섹으로부터 길르앗과 이스라엘 땅 사이에 있는 요단강이며 북편 경계에서부터 동해 즉 사해까지이다. 남쪽은 다말에서부터 므리봇 가데스 물에 이르고 애굽 시내를 따라 대해 즉 지중해에 이른다. 서쪽은 대해 즉 지중해이다. 이것이 동서남북의 경계이다.

〔21-23절〕 그런즉 너희가 이스라엘 모든 지파대로 이 땅을 나누어 차지하라. 너희는 이 땅을 나누되 제비 뽑아 너희와 너희 가운데 우거하는 외인 곧 너희 가운데서 자녀를 낳은 자의 기업이 되게 할지니 너희는 그 외인을 본토에서 난 이스라엘 족속같이 여기고 그들로 이스라엘 지파 중에서 너희와 함께 기업을 얻게 하되 외인이 우거하는 그 지파에서 그 기업을 줄지니라. 나 주 여호와의 말이니라.

하나님께서는 그들 가운데 우거하는 이방인들도 이스라엘 족속같이 여기고 그들 가운데서 함께 기업을 얻게 하라고 말씀하셨다. 이것은 이방인들의 구원을 암시한다. 신약시대는 이방인들이 유대인들과 함께 하나님의 은혜에 참여하는 시대가 되었다.

본장의 교훈을 정리해보자. 첫째로, 복음은 예루살렘에서부터 시작되어 온 세상에 널리 전파될 것이다. 누가복음 24:47, "또 그의 이름으로 죄사함을 얻게 하는 회개가 예루살렘으로부터 시작하여 모든 족속에게 전파될 것이 기록되었으니." 신약교회는 하나님의 구원 사역의 결과이며 그 도구이다. 우리는 하나님께 감사하며 충성해야 한다.

둘째로, 구원 운동은 갈수록 충만하게 된다. 교회는 그리스도의 몸이며 만물 안에서 만물을 충만케 하시는 자의 충만이다(엡 1:23). 이것은 개인적으로, 지리적으로, 시대적으로 그러하다(엡 4:13; 롬 11:25-26).

셋째로, 구원 얻은 성도들은 선한 열매를 맺을 것이 기대된다. 그들은 좋은 물고기와 좋은 나무 열매처럼, 남에게 유익을 끼치는 자들이 되어야 한다. 신약 성도들은 세상에서 빛과 소금이 되어야 한다.

넷째로, 그러나 우리는 진펄과 개펄을 경계해야 한다. 우리는 교회 안에 있는 중생치 못한 형식적 교인들을 조심하고 경계해야 한다.

48장: 땅 분배

〔1-7절〕 모든 지파의 이름대로 이 같을지니라. 극북(極北)[가장 북쪽]에서부터 헤들론 길로 말미암아 하맛 어귀를 지나서 다메섹 지계에 있는 하살에논까지 곧 북으로 하맛 지계에 미치는 땅 동편에서 서편까지는 단의 분깃이요 단 지계 다음으로 동편에서 서편까지는 아셀의 분깃이요 아셀 지계 다음으로 동편에서 서편까지는 납달리의 분깃이요 납달리 지계 다음으로 동편에서 서편까지는 므낫세의 분깃이요 므낫세 지계 다음으로 동편에서 서편까지는 에브라임의 분깃이요 에브라임 지계 다음으로 동편에서 서편까지는 르우벤의 분깃이요 르우벤 지계 다음으로 동편에서 서편까지는 유다의 분깃이요.

장차 하나님의 은혜로 회복될 이스라엘 나라는 하나님께서 주신 가나안 땅에서 다시 땅 분배를 받을 것이다. 땅의 경계는 47:15-20에서 이미 말씀하셨다. 가장 북쪽에서부터 단과 아셀과 납달리와 므낫세와 에브라임과 르우벤과 유다의 순으로 일곱 지파는 땅을 획일적으로 분배받을 것이다. 그 순서나 크기는 여호수아 때에 가나안 정복 후 분배받은 것들과는 다르다. 그러나 그때와 같이 이번에도 그들은 제비뽑기를 통해 땅을 분배받을 것이다(47:22; 48:29).

〔8-12절〕 유다 지계 다음으로 동편에서 서편까지는 너희가 예물로 드릴 땅이라. 광이 2만 5천척이요 장은 다른 분깃의 동편에서 서편까지와 같고 성소는 그 중앙에 있을지니 곧 너희가 여호와께 드려 예물로 삼을 땅의 장이 2만 5천척이요 광이 1만척이라. 이 드리는 거룩한 땅은 제사장에게 돌릴지니 북편으로 장이 2만 5천척이요 서편으로 광이 1만척이요 동편으로 광이 1만척이요 남편으로 장이 2만 5천척이라. 그 중앙에 여호와의 성소가 있게 하고 이 땅으로 사독의 자손 중 거룩히 구별한 제사장에게 돌릴지어다. 그들은 직분을 지키고 이스라엘 족속이 그릇할 때에 레위 사람의 그릇한 것처럼 그릇하지 아니하였느니라. 이 온 땅 중에서 예물로 드리는 땅 곧 레위 지계와 연접한 땅을 그들이 지극히 거룩한 것으로 여길지니라.

에스겔 48장: 땅 분배

유다 지파의 땅 다음으로 동서 전체와 남쪽으로 25,000자, 약 12.5킬로미터의 땅은 예물로 드릴 땅이며 그 땅의 중앙에 성소를 두어야 했다(8, 10절). 또 예물로 드릴 땅 중에 동서로 25,000자, 약 12.5킬로미터, 남북으로 10,000자, 약 5킬로미터인 땅은 지극히 거룩한 땅으로 하나님께 거룩하게 구별해 드리고 사독의 자손 제사장들에게 돌려져야 했고 그 중앙에 성소가 세워져야 했다.

〔13-14절〕 제사장의 지계를 따라[땅 경계와 나란히](NASB, NIV) 레위 사람의 분깃을 주되 장이 2만 5천척이요 광이 1만척으로 할지니 이 구역의 장이 2만 5천척이요 광이 각기 1만척이라. 그들이 그 땅을 팔지도 못하며 바꾸지도 못하며 그 땅의 처음 익은 열매를 남에게 주지도 못하리니 이는 나 여호와에게 거룩히 구별한 것임이니라.

이 레위인들의 땅은 제사장들의 땅보다 북쪽에 있는 것 같다. 왜냐하면 제사장들의 땅에 있는 성소가 그 구별된 전체 땅의 중앙에 있다고 표현되기 때문이다(8, 10절). 레위인들은 이 땅을 팔거나 바꾸지 말고 또 그 땅의 첫열매를 남에게 주지도 말아야 했다.

그러면 하나님께 구별하여 드릴 땅은 남북 방향으로 셋으로 구분되는데, 중간은 제사장 사독에게 돌려진 땅이며, 북쪽의 것은 레위인들의 땅이며, 남쪽의 것은 성이 중앙에 있을 땅이라고 보인다. 그 셋은 동서의 길이는 25,000자, 약 12.5킬로미터로 동일하지만, 남북의 길이는 제사장의 땅은 10,000자, 약 5킬로미터이며, 레위인의 땅도 10,000자, 약 5킬로미터이며, 성의 땅은 5,000자, 약 2.5킬로미터이다.

〔15-20절〕 이 2만 5천척 다음으로 광 5천척은 속된 땅으로 하여 성읍을 세우며 거하는 곳과 들을 삼되 성이 그 중앙에 있게 할지니 그 척수는 북편도 4천 5백척이요 남편도 4천 5백척이요 동편도 4천 5백척이요 서편도 4천 5백척이며 그 성의 들은 북으로 2백 5십척이요 남으로 2백 5십척이요 동으로 2백 5십척이요 서로 2백 5십척이며 예물을 삼아 거룩히 구별할 땅과 연접하여 남아 있는 땅의 장이 동으로 1만척이요 서로 1만척이라. 곧 예물을 삼아 거룩히 구별할 땅과 연접하였으며 그 땅의 소산은 성읍

에스겔 48장: 땅 분배

에서 역사하는 자의 양식을 삼을지라. 이스라엘 모든 지파 중에 그 성읍에서 역사하는 자는 그 땅을 기경할지니라. 그런즉 예물로 드리는 땅의 도합은 장도 2만 5천척이요 광도 2만 5천척이라. 너희가 거룩히 구별하여 드릴 땅은 성읍의 기지와 합하여 네모 반듯할 것이니라.

이 땅은 제사장들의 땅의 남쪽에 있고 남북으로 5,000자, 약 2.5킬로미터 길이의 땅일 것이다. 그것은 위의 두 땅과 비교하여 세속적인 땅이다. 거기에는 성이 있을 것이다. 그것이 아마 새 예루살렘 성이라고 불릴 성이다. 그 크기는 동서남북의 길이가 각각 4,500자, 약 2.25킬로미터이며, 성밖에 동서남북의 들이 각각 250자, 약 125미터이다. 그러면 예물로 드리는 땅 전체는 길이와 너비가 25,000자씩이다.

〔21-22절〕 거룩히 구별할 땅과 성읍의 기지 좌우편에 남은 땅은 왕에게 돌릴지니 곧 거룩히 구별할 땅의 동향한 그 지계 앞 2만 5천척과 서향한 그 지계 앞 2만 5천척이라. 다른 분깃들과 연접한 땅이니 이것을 왕에게 돌릴 것이며 거룩히 구별할 땅과 전의 성소가 그 중간에 있으리라. 그런즉 왕에게 돌려 그에게 속할 땅은 레위 사람의 기업 좌우편과 성읍의 기지 좌우편이며 유다 지경과 베냐민 지경 사이에 있을지니라.

거룩히 구별할 땅 즉 제사장들의 땅과 레위인들의 땅, 새 예루살렘이라고 불릴 성읍의 기지 좌우편(즉 동쪽과 서쪽)에 남은 땅은 왕에게 돌릴 것이다. 그것은 동쪽으로 남북의 길이 25,000자, 약 12.5킬로미터로 요단강까지이며, 또 서쪽으로 역시 남북의 길이 25,000자, 약 12.5킬로미터로 대해(大海), 즉 지중해까지이다. 거룩히 구별된 땅의 동서로 두 개의 땅이 왕에게 돌려지는 땅이다.

〔23-29절〕 그 나머지 모든 지파는 동편에서 서편까지는 베냐민의 분깃이요 베냐민 지계 다음으로 동편에서 서편까지는 시므온의 분깃이요 시므온 지계 다음으로 동편에서 서편까지는 잇사갈의 분깃이요 잇사갈 지계 다음으로 동편에서 서편까지는 스불론의 분깃이요 스불론 지계 다음으로 동편에서 서편까지는 갓의 분깃이며 갓 지계 다음으로 남편 지계는 다말에서부터 므리바가데스 물에 이르고 애굽 시내를 따라 대해에 이르나니 이것은

에스겔 48장: 땅 분배

너희가 제비 뽑아 이스라엘 지파에게 나누어주어 기업이 되게 할 땅이요 또 이것들은 그들의 분깃이니라. 나 주 여호와의 말이니라.

그 나머지의 땅, 즉 거룩히 구별된 땅과 왕의 땅의 남쪽에 남은 땅은 베냐민과 시므온과 잇사갈과 스불론과 갓 지파의 순으로 나머지 다섯 지파에게 분배될 것이다. 그것들은 다 제비뽑아 분배될 것이다.

〔30-35절〕그 성읍의 출입구는 이러하니라. 북편의 광이 4천 5백척이라. 그 성읍의 문들은 이스라엘 지파들의 이름을 따를 것인데 북으로 문이 셋이라. 하나는 르우벤 문이요 하나는 유다 문이요 하나는 레위 문이며 동편의 광이 4천 5백척이니 또한 문이 셋이라. 하나는 요셉 문이요 하나는 베냐민 문이요 하나는 단 문이며 남편의 광이 4천 5백척이니 또한 문이 셋이라. 하나는 시므온 문이요 하나는 잇사갈 문이요 하나는 스불론 문이며 서편도 4천 5백척이니 또한 문이 셋이라. 하나는 갓 문이요 하나는 아셀 문이요 하나는 납달리 문이며 그 사면의 도합이 1만 8천척이라. 그 날 후로는 그 성읍의 이름을 여호와 삼마라 하리라.

본문은 성읍에 대해 언급한다. 새 예루살렘 성이라고 불릴 그 성의 출입구는 동서남북에 각각 셋씩 있으며, 그 문 이름은 이스라엘 열두 지파의 이름을 따를 것이다. 그 성은 앞에서도 말했지만, 동서남북의 길이가 4,500자, 약 2.25킬로미터로 동일하다. 본문은 "그 날 후로는 그 성읍의 이름을 여호와 삼마라 하리라"고 말한다. '여호와 삼마'라는 원어(예호와 솸마 יְהוָה שָׁמָּה)는 '여호와께서 거기 계신다'는 뜻이다. 하나님께서는 그 성에 함께 계실 것이다.

본장의 교훈들을 정리해보자. 첫째로, 장차 회복될 이스라엘 나라는 모든 지파가 골고루 땅을 분배받을 것이다. 이스라엘의 열두 지파가 땅을 분배받는 것은 장차 신약교회가 천국을 유업으로 받는 것을 상징한다고 본다. 신약 성도들은 하나님의 은혜로 천국의 기업을 동일하게 이어받을 것이다. 요한복음 14:2, "내 아버지 집에 거할 곳이 많도다 그렇지 않으면 너희에게 일렀으리라. 내가 너희를 위하여 처소를 예비하러 가노니." 베드로전서 1:3-4, "찬송하리로다, 우리 주 예수 그리스도의 아버지 하나님이 그 많으신 긍휼대로 예수 그리스도의 죽은 자 가운데서 부활하심으로 말미암아 우리를 거듭나게 하사 산 소망이 있게 하시며 썩지 않고 더럽지 않고 쇠하지 아니하는 기업을 잇게 하시나니 곧 너희를 위하여 하늘에 간직하신 것이라." 천국은 우리 모두의 기업이다.

둘째로, 땅 분배가 성소 중심으로 이루어진 것은 회복될 새 세계에서 성도들이 하나님 중심의 삶을 살 것을 보인다. 또 그런 삶에 참 평안이 있다. 성도는 하나님 중심으로 살아야 한다. 우리는 이 세상에서 항상 성경 읽고 기도하며 살고 하나님 중심, 성경말씀 중심, 교회 중심으로 살아야 한다. 그것이 바르고 복된 삶이며, 거기에 참된 평안이 있다. 우리는 천국에서도 하나님 중심으로 살며 늘 그를 찬송할 것이다.

셋째로, 하나님께서는 사독 자손 제사장들을 인정하셨다. 사독 자손 제사장들은 그 직분을 지켰으며 이스라엘 족속이 그릇할 때에 그들은 레위 사람의 그릇한 것처럼 그릇하지 아니하였다. 제사장 사독은 다윗 왕을 위해 끝까지 충성한 인물이었다(삼하 15:24-29; 왕상 1:7-9). 하나님께서는 끝까지 충성한 자와 그 자손들을 복 주실 것이다. 충성된 종들은 마지막 심판 날에 칭찬과 상을 받을 것이다(마 25:14-23). 우리가 주를 위해 수고하는 일들은 결코 헛되지 않을 것이다(고전 15:58).

넷째로, 회복될 새 예루살렘 성은 '여호와 삼마' 즉 '하나님께서 거기 계신다'는 이름으로 불릴 것이다. 이 성은 신약교회와 장차 임할 영광의 천국을 상징한다. 물론, 요한계시록 21-22장에 예언된 새 예루살렘 성은 길이와 너비와 높이가 각각 1만 2천 스다디온, 약 2,210킬로미터나 되는 성으로 본문의 성보다 1,000배나 더 크고 높은 빌딩 같은 성으로 묘사되었다. 신약교회는 성령께서 거하시는 성전이며 '여호와 삼마'라고 불릴 만하다. 그러나 장차 새 하늘과 새 땅의 천국과 새 예루살렘 성에서 우리는 더 영광스럽게 하나님과 교제하며 죄와 고통과 죽음이 없고 기쁨과 평안의 복을 누리는 영생의 삶을 살 것이다.

다니엘

내용 목차

서론 ··· 229

1장: 다니엘과 세 친구의 결심. ················ 231

2장: 느부갓네살 왕의 금신상 꿈 ············· 235

3장: 풀무불 기적 ·································· 243

4장: 느부갓네살 왕을 낮추심 ·················· 248

5장: 분벽의 글씨 ·································· 253

6장: 사자굴 기적 ·································· 257

7장: 네 짐승의 이상(異像) ····················· 262

8장: 숫양과 숫염소의 이상(異像) ············ 268

9장: 다니엘의 기도와 70이레 ················· 272

10장: 큰 전쟁에 관한 이상(異像) ············· 278

11장: 북방 왕과 남방 왕의 전쟁 ·············· 282

12장: 마지막 때의 예언 ························· 292

서론

다니엘서의 **저자**는 다니엘이다. 본서에는 '나 다니엘'이라는 표현이 여러 번 나온다(8:1; 9:1; 10:2; 12:5-8). 예수께서는 친히 다니엘서의 내용을 증거하셨다(마 24:15). 본서의 **저작 연대**는 주전 6세기경이다. 그러나 비평학자들은 본서가 원어 성경에서 선지서들에 속하지 않고 성문서들에 속하기 때문에 바벨론 포로 귀환 후, 주전 165년경 헬라시대에 기록되었을 것이라고 한다. 그러나 욥기나, 다윗의 시편들도 성문서에 속하지만 매우 고대에 쓰여졌다. 다니엘서가 성문서에 두어진 것은 저자가 공식적 선지자가 아니기 때문일 것이다. 시편, 잠언, 전도서, 에스라, 느헤미야, 역대기 등의 책들도 그러하다.

다니엘서의 내용들 중에 벨사살 왕은 바벨론의 마지막 왕이 아니라고 주장되었으나, 고고학적 발굴로 벨사살이 바벨론의 마지막 왕 나보니더스의 아들이었으며 그의 부친이 북 아라비아의 데마에 군사기지를 유지하고 있는 동안 바벨론 제국의 북부 변방을 지키고 있었음이 밝혀졌고, '셋째 치리자'를 삼겠다(단 5:7)는 벨사살의 말도 잘 이해된다. 또 다니엘서의 아람어가 후대의 것이라는 반론도 최근 주전 5세기의 아람어 문서의 발견으로 다니엘서에 사용된 아람어가 에스라서와 같이 주전 5세기의 궁중 아람어임이 밝혀졌다(아취).

또 본서의 천사들, 죽은 자들의 부활, 최후의 심판, 메시아 왕국 등에 대한 내용이 본서의 후대 저작성을 나타낸다는 주장도 타당하지 않다. 왜냐하면 그런 개념과 사상은 구약성경에 얼마든지 나타나 있기 때문이다. 천사에 관해서는 창세기에서부터 나오고 스가랴서에서도 두드러진다. 죽은 자의 부활에 대해서는 욥기나 이사야서에도 나오고, 최후 심판에 대해서는 선지자들의 글들에 빈번히 나온다. 메시아 예언들은 창세기부터 성경의 여러 곳에 나온다. 또 본서 후반부의 예언들도 사두개파적 불신앙을 가진 자들에게가 아니라면 문제될 것이 없을 것이다.

다니엘서의 **주요 내용**은 기적들과 이상(異像)들이다. 다니엘 1-6장은 기적들을 통한 하나님의 계시들에 대해 증거하며, 또 7-12장은 이상(異像)들을 통한 하나님의 계시들에 대해 증거한다.

본서의 **특징적 진리**는 하나님의 주권이다. 4:35, "땅의 모든 거민을 없는 것같이 여기시며 하늘의 군사에게든지 땅의 거민에게든지 그는 자기 뜻대로 행하시나니 누가 그의 손을 금하든지 혹시 이르기를 네가 무엇을 하느냐 할 자가 없도다." 여호와 하나님께서는 온 세계의 주권적 섭리자이시다. 마침내 세상 나라들은 망하고 하나님의 나라가 온 땅에 세워질 것이다(2:44). 이 일은 메시아의 강림과 대속 사역으로 이루어질 것이다(7:13-14; 9:24). 이 세상에서 하나님의 백성들에게 고난은 있지만, 승리도 있을 것이다. 하나님을 경외하고 바르게 산 의인들은 마침내 복되고 영광스런 부활과 영생을 얻을 것이다.

본문 혹은 각주에 자주 사용된 약어

KJV	영어 King James Version
NASB	영어 New American Standard Version
NIV	영어 New International Version
LXX	고대 헬라어 70인역
Syr	고대 수리아어역
It	고대 라틴어역
Vg	고대 라틴어 Vulgate역
BDB	Brown-Driver-Briggs, *Hebrew Lexicon of the O. T.*
KB	Koehler-Baumgartner, *Lexicon in Veteris Testamenti Libros.*
Poole	Matthew Poole, *A Commentary on the Holy Bible.*
JFB	Jamieson, Faussett, Brown 주석.
NBD	*The New Bible Dictionary.* IVP.
NBC	*The New Bible Commentary.* IVP.

1장: 다니엘과 세 친구의 결심

〔1-2절〕 유다 왕 여호야김이 위(位)[왕위]에 있은 지 3년(주전 605년경)에[19]에 바벨론 왕 느부갓네살이 예루살렘에 이르러 그것을 에워쌌더니 주(主)께서 유다 왕 여호야김과 하나님의 전 기구 얼마를 그의 손에 붙이시매 그가 그것을 가지고 시날 땅 자기 신의 묘(廟)[전(殿)]에 이르러 그 신의 보고(寶庫)[보물창고]에 두었더라.

하나님께서는 이스라엘 백성이 범죄할 때 이방 나라를 들어 그들을 징벌하셨다. 그러나 세계 역사는 하나님의 손안에 있다. 여호야김은 쇠사슬에 결박되어 바벨론으로 끌려갔으나(대하 36:6) 풀려나서 얼마 더 통치했던 것 같다(렘 36:1, 9). 그가 11년간 통치했다는 기록(대하 36:5)은 그가 그 후 11년까지 계속 통치했다는 뜻인지 바벨론에 포로로 잡혀 있는 기간을 포함한 것인지 분명치 않다. 그 악한 왕은 가련한 자가 되었고 성전의 기구들은 이방인들의 손에 더럽혀졌다.

〔3-7절〕 왕이 환관장[궁중실장, 오늘날의 비서실장] 아스부나스에게 명하여 이스라엘 자손 중에서 왕족과 귀족의 몇 사람 곧 흠이 없고 아름다우며 모든 재주를 통달하며 지식이 구비하며 학문에 익숙하여 왕궁에 모실 만한 소년을 데려오게 하였고 그들에게 갈대아 사람의 학문과 방언을 가르치게 하였고 또 왕이 지정하여 자기의 진미(珍味)와 자기의 마시는 포도주에서 그들의 날마다 쓸 것을 주어 3년을 기르게 하였으니 이는 그 후에 그들로 왕의 앞에 모셔 서게 하려 함이었더라. 그들 중에 유다 자손 곧 다니엘과 하나냐와 미사엘과 아사랴가 있었더니 환관장이 그들의 이름을 고쳐 다니엘은 벨드사살이라 하고 하나냐는 사드락이라 하고 미사엘은 메삭이라 하고 아사랴는 아벳느고라 하였더라.

느부갓네살 왕은 나라를 운영하기 위하여 제국 경내의 각 민족의

---

19) 유다 계산법에 따르면, 여호야김(주전 608-597년) 제4년, 느부갓네살 원년이며(렘 25:1), 바벨론 계산법에 따르면, 여호야김 제3년이다.

다니엘 1장: 다니엘과 세 친구의 결심

뛰어난 어린 인재들을 데려다가 훈련시켜 나라의 중요한 관리들로 쓰려는 포용적 정책을 사용했던 것 같다. 유다 자손들 중 뽑힌 소년들 중에 다니엘과 하나냐와 미사엘과 아사랴도 있었다. 하나님께서는 이스라엘 나라의 멸망 중에서도 그의 섭리를 쉬지 않으셨다. 바벨론 포로생활의 현실 속에서도 그는 자기 백성을 기이한 섭리로 인도하셨다. 하나님의 섭리 중 포로로 잡혀간 그 소년들은 믿음이 있었고 그 고난의 현실을 통해 그들의 믿음이 더욱 새로워졌던 것 같다.

〔8-9절〕다니엘은 뜻을 정하여 왕의 진미와 그의 마시는 포도주로 자기를 더럽히지 아니하리라 하고 자기를 더럽히지 않게 하기를 환관장에게 **구하니 하나님이**[께서] **다니엘로 환관장에게 은혜와 긍휼을 얻게 하신지라.**

다니엘은 뜻을 정하여 왕의 진미와 그의 마시는 포도주로 자기를 더럽히지 않으려 결심했다. 그것은 그 음식 속에 율법에 금한 부정한 음식이 섞여 있거나 우상에게 바쳐진 음식이 있었기 때문이거나, 아니면 그가 고통 받는 동족의 처지를 생각할 때 부요하고 풍성한 식탁이 그들의 경건을 해이하게 만드는 시험거리라고 생각하였기 때문일 것이다. 다니엘은 그의 결심을 환관장에게 말하였고 하나님께서는 다니엘이 환관장에게 은혜와 긍휼을 얻게 하셨다.

〔10-16절〕환관장이 다니엘에게 이르되 내가 내 주 왕을 두려워하노라. 그가 너희 먹을 것과 너희 마실 것을 지정하셨거늘 너희의 얼굴이 초췌하여 **동무**[동료] 소년들만 못한 것을 그로 보시게 할 것이 무엇이냐? 그렇게 되면 너희 까닭에 내 머리가 왕 앞에서 위태하게 되리라 하니라. 환관장이 세워 다니엘과 하나냐와 미사엘과 아사랴를 감독하게 한 자에게 다니엘이 말하되 청하오니 당신의 종들을 열흘 동안 시험하여 채식을 주어 먹게 하고 물을 주어 마시게 한 후에 당신 앞에서 우리의 얼굴과 왕의 진미를 먹는 소년들의 얼굴을 비교하여 보아서 보이는 대로 종들에게 처분하소서 하매 그가 그들의 말을 좇아 열흘을 시험하더니 열흘 후에 그들의 얼굴이 더욱 아름답고 살이 더욱 윤택하여 왕의 진미를 먹는 모든 소년보다 나아 보인지라. 이러므로 감독하는 자가 그들에게 **분정된** 진미와 마실 포도주를 제하고 채식을 주니라.

다니엘 1장: 다니엘과 세 친구의 결심

본문은 다니엘의 친구들도 뜻을 같이했음을 보인다('너희,' '당신의 종들,' '그들'). 환관장은 그들이 왕의 진미 대신 채식만 먹다가 얼굴이 초췌해져 다른 소년들만 못하게 되면 왕에게 지적을 받고 그의 머리가 위태하게 될까 두려워하였다. 그러나 다니엘이 그에게 열흘 동안 시험하여 자기들로 채식을 먹게 한 후에 다른 소년들과 얼굴을 비교하여 보아서 보이는 대로 자기들에게 처분해주시기를 요청하자, 그는 그의 요청을 좋게 여겨 열흘을 시험했는데, 열흘 후 그들의 얼굴이 더욱 아름답고 살이 더욱 윤택하여 왕의 진미를 먹는 모든 소년보다 나아 보였다. 그러므로 그들을 감독하는 자는 그들에게 지정된 진미와 마실 포도주를 제하고 채식을 주도록 허락하였다. 하나님께서는 자신들을 더럽히지 않으려고 결심한 다니엘과 그 친구들에게 기이한 은혜를 베푸셨다. 그들을 향하신 하나님의 섭리는 참으로 신기했다.

〔17-21절〕하나님이[께서] 이 네 소년에게 지식을 얻게 하시며 모든 학문과 재주에 명철하게 하신 외에 다니엘은 또 모든 이상과 몽조를 깨달아 알더라. 왕의 명한 바 그들을 불러들일 기한이 찼으므로 환관장이 그들을 데리고 느부갓네살 앞으로 들어갔더니 왕이 그들과 말하여 보매 무리 중에 다니엘과 하나냐와 미사엘과 아사랴와 같은 자 없으므로 그들로 왕 앞에 모시게 하고 왕이 그들에게 모든 일을 묻는 중에 그 지혜와 총명이 온 나라 박수와 술객보다 10배나 나은 줄을 아니라. 다니엘은 고레스 왕 원년까지 있으니라.

하나님께서는 이 네 소년들에게 지식을 얻게 하셨고 모든 학문과 재주에 명철하게 하셨다. 오늘날에도 그는 우리에게 뛰어난 세상적 지혜와 학문적 지식도 주실 수 있다. 또 다니엘은 모든 이상과 꿈을 깨달아 아는 은사를 얻었다. 기한이 되어 왕이 그들을 면접하였을 때 다니엘과 하나냐와 미사엘과 아사랴는 다른 이들보다 뛰어났으므로 왕은 그들로 자기 앞에 모시게 하였다. 왕은 그들에게 모든 일들을 묻는 중에 그들의 지혜와 총명이 온 나라 박수와 술객보다 열 배나 나은 것을 알았다. 다니엘은 바벨론 나라 시대가 지나고 파사 나라의

다니엘 1장: 다니엘과 세 친구의 결심

고레스 왕 원년까지 나라의 고위 관직에 있었다.

본장의 교훈을 정리해보자. 첫째로, 유다 왕 여호야김과 유다인들이 바벨론 나라에 포로로 잡힌 것은 하나님께서 하신 일이었다. 2절, "주께서 . . . 그의 손에 붙이시매." 개인의 삶도, 세계의 역사도 하나님의 손 안에 있다. 창조자 하나님께서는 주권적 섭리자이시다(신 32:39). 우리는 창조자 하나님의 주권적 작정과 섭리를 알고 믿고 확신해야 한다.

둘째로, 다니엘과 세 친구들(6, 8, 10, 12절)은 바벨론 포로생활 중에서도 거룩한 결심을 하였다. 그들은 왕의 진미와 그의 마시는 포도주로 자신을 더럽히지 않으려 했다(8절). 그것은 그 음식들 중에 부정한 음식이나 우상제물이 있었거나 그들의 분수에 맞지 않는 것이었기 때문일 것이다. 그들은 그런 현실 속에서 죄의 시험에 떨어지지 않고 하나님 앞에서 경건하고 거룩하고 바르게 살기를 원하였다. 우리는 어떤 현실 속에서도 죄를 버리고 경건하고 거룩하고 바르고 선하게 살아야 한다.

셋째로, 하나님께서는 다니엘과 세 친구들을 귀하게 여기셨고 도우셨고 그들에게 좋은 것들을 주셨고 그들을 크게 들어 쓰셨다. 다니엘은 환관장에게 자신의 요청을 말하였고 그의 은혜와 긍휼을 얻게 하셨다. 또 다니엘과 세 친구들은 열흘간 시험하여 왕의 진미와 포도주를 먹는 자들과 채식과 물만 먹는 자신들을 비교해볼 것을 요청하였고 허락을 받았다. 열흘 후 그들을 감독하는 자는 다니엘과 세 친구들의 얼굴이 다른 모든 소년들보다 더 나아보임을 확인하였다. 그것은 하나님께서 주신 은혜이었다. 그 뿐만 아니라, 하나님께서는 이 네 소년에게 지식을 얻게 하시며 모든 학문과 재주에 명철하게 하셨고 거기에 더하여 다니엘은 모든 이상과 꿈을 깨달아 알게 하셨다(17절). 삼년 후에 왕이 그들을 면접했을 때, 바벨론 왕은 그들의 지혜와 총명이 모든 나라 박수들과 술객들보다 열 배나 나은 줄을 알았고 그들을 선택하여 자기 측근의 신하들로 일하게 했다(19-20절). 하나님께서는 언제나 어디에서나 교리적으로, 윤리적으로 깨끗한 자를 귀하게 들어 쓰신다(딤후 2:21).

2장: 느부갓네살 왕의 금신상 꿈

1-30절, 죽음의 위기를 피함

〔1-6절〕느부갓네살이 위(位)[왕위]에 있은 지 2년에 꿈을 꾸고 그로 인하여 마음이 번민하여 잠을 이루지 못한지라. 왕이 그 꿈을 자기에게 고하게 하려고 명하여 박수[들]와 술객[들]과 점장이[점쟁이들]와 갈대아 술사[들]를 부르매 그들이 들어와서 왕의 앞에 선지라. 왕이 그들에게 이르되 내가 꿈을 꾸고 그 꿈을 알고자 하여 마음이 번민하도다. 갈대아 술사들이 아람 방언으로 왕에게 말하되 왕이여, 만세수를 하옵소서. 왕은 그 꿈을 종들에게 이르시면 우리가 해석하여 드리겠나이다. 왕이 갈대아 술새[들]에게 대답하여 가로되 내가 명령을 내렸나니 너희가 만일 꿈과 그 해석을 나로 알게 하지 아니하면 너희 몸을 쪼갤 것이며 너희 집으로 거름터를 삼을 것이요 너희가 만일 꿈과 그 해석을 보이면 너희가 선물과 상과 큰 영광을 내게서 얻으리라. 그런즉 꿈과 그 해석을 내게 보이라.

느부갓네살이 왕위에 있은 지 2년이라는 말은 햇수로는 3년이라는 뜻 같다. 다니엘과 세 친구들이 3년간 교육을 받았다고 보이기 때문이다. 갈대아 술사들은 아람어로 왕에게 말했다. 본서는 2장 4절부터 7장 28절까지 아람어로 되어 있다. 아람어는 바벨론과 그 주위 나라들에서 쓰였던 언어이었다. 왕의 요청은 참으로 이상한 요청이었다.

〔7-13절〕그들이 다시 대답하여 가로되 청컨대 왕은 꿈을 종들에게 이르소서. 그리하시면 우리가 해석하여 드리겠나이다. 왕이 대답하여 가로되 내가 분명히 아노라. 너희가 나의 명령이 내렸음을 보았으므로 시간을 천연하려[얻으려, 끌려] 함이로다. 너희가 만일 이 꿈을 나로 알게 하지 아니하면 너희를 처치할 법이 오직 하나이니 이는 너희가 거짓말과 망령된[악한] 말을 내 앞에서 꾸며 말하여 때가 변하기를 기다리려 함이니라. 이제 그 꿈을 내게 알게 하라. 그리하면 너희가 그 해석도 보일 줄을 내가 알리라. 갈대아 술사들이 왕 앞에 대답하여 가로되 세상에는 왕의 그 일을 보일 자가 하나도 없으므로 크고 권력 있는 왕이 이런 것으로 박수에게나 술객에게나 갈대아

다니엘 2장: 느부갓네살 왕의 금신상 꿈

술사에게 물은 자가 절대로 있지 아니하였나이다. 왕의 물으신 것은 희한한 [드문(KJV), 어려운(NASB, NIV)] 일이라. 육체와 함께 거하지 아니하는 신들 외에는 왕 앞에 그것을 보일 자가 없나이다 한지라. 왕이 이로 인하여 진노하고 통분하여 바벨론 모든 박사를 다 멸하라 명하니라. 왕의 명령[칙령]이 내리매 박사들은 죽게 되었고 다니엘과 그 동무도 죽이려고 찾았더라.

느부갓네살 왕은 포학한 군주이었다. 다른 사람의 꿈을 알 수 있는 사람은 세상에 아무도 없다. 그러나 왕의 명령이 내리자 다니엘과 세 친구들도 죽임을 당할 위기에 처했다. 그들은 아마, 왕에게 택함을 받아 왕을 섬기게 된 지 얼마 되지 않아서 이런 큰 위기를 맞았다.

[14-16절] 왕의 시위대 장관(오늘날 경호실장) 아리옥이 바벨론 박사들을 죽이러 나가매 다니엘이 명철하고 슬기로운 말로 왕의 장관 아리옥에게 물어 가로되 왕의 명령이 어찌 그리 급하뇨? 아리옥이 그 일을 다니엘에게 고하매 다니엘이 들어가서 왕께 구하기를 기한하여 주시면 왕에게 그 해석을 보여 드리겠다 하니라.

다니엘은 명철하고 슬기로운 말로 시위대 장관 아리옥에게 묻고 왕의 명령이 어찌 그리 급하냐고 말하며 들어가 왕께 구하기를 기한하여 주시면 왕에게 그 해석을 보여드리겠다고 했다. 그것은 하나님의 감동 가운데 하나님을 믿는 믿음으로 한 담대한 제안이었다.

[17-19절] 이에 다니엘이 자기 집으로 돌아가서 그 동무[친구] 하나냐와 미사엘과 아사랴에게 그 일을 고하고 하늘에 계신 하나님이(엘라흐 쉐마이야 אֱלָהּ שְׁמַיָּא)[하늘의 하나님께서] 이 은밀한 일에 대하여 긍휼히 여기사 자기 다니엘과 동무들이 바벨론의 다른 박사와 함께 죽임을 당치 않게 하시기를 그들로 구하게 하니라. 이에 이 은밀한 것이 밤에 이상(異像)으로 다니엘에게 나타나 보이매 다니엘이 하늘에 계신 하나님을 찬송하니라.

다니엘과 세 친구들은 그 위기를 극복하는 길이 기도뿐임을 알고 합심하여 기도했다. 하나님께서는 그들의 기도에 응답해주셨다. 그는 살아계신다. 그는 그 은밀한 것을 밤에 이상(異像)으로 다니엘에게 나타내 보여주셨다. 다니엘은 하늘에 계신 하나님을 찬송하였다.

다니엘 2장: 느부갓네살 왕의 금신상 꿈

〔20-23절〕 다니엘이 말하여 가로되 영원 무궁히 하나님의 이름을 찬송할 것은 지혜와 권능이 그에게 있음이로다. 그는 때와 기한을 변하시며 왕들을 폐하시고 왕들을 세우시며 지혜자에게 지혜를 주시고 지식자에게 총명을 주시는도다. 그는 깊고 은밀한 일을 나타내시고 어두운 데 있는 것을 아시며 또 빛이 그와 함께 있도다. 나의 열조의 하나님이여, 주께서 이제 내게 지혜와 능력을 주시고 우리가 주께 구한 바 일을 내게 알게 하셨사오니 내가 주께 감사하고 주를 찬양하나이다. 곧 주께서 왕의 그 일을 내게 보이셨나이다 하니라.

다니엘이 밤에 이상 중에 본 그 은밀한 것은 은밀한 일을 나타내시는 지혜와 권능의 하나님께서 은혜로 그에게 알게 하신 것이었다.

〔24-26절〕 이에 다니엘이 왕이 바벨론 박사들을 멸하라 명한 아리옥에게로 가서 이르매 그에게 이같이 이르되 바벨론 박사들을 멸하지 말고 나를 왕의 앞으로 인도하라. 그리하면 내가 그 해석을 왕께 보여 드리리라. 이에 아리옥이 다니엘을 데리고 급히 왕의 앞에 들어가서 고하되 내가 사로잡혀 온 유다 자손 중에서 한 사람을 얻었나이다. 그가 그 해석을 왕께 아시게 하리이다. 왕이 대답하여 벨드사살이라 이름한 다니엘에게 이르되 내가 얻은 꿈과 그 해석을 네가 능히 내게 알게 하겠느냐?

다니엘은 왕이 바벨론 박사들을 멸하라 명한 아리옥에게로 가서 말했고, 아리옥은 다니엘을 데리고 급히 왕의 앞에 들어가 고하기를 사로잡혀 온 유다 자손 중에서 그 꿈을 해석할 자를 얻었다고 말했다.

〔27-30절〕 다니엘이 왕 앞에 대답하여 가로되 왕의 물으신 바 은밀한 것은 박사[들]나 술객[들]이나 박수[들]나 점장이[점쟁이들]가 능히 왕께 보일 수 없으되 오직 은밀한 것을 나타내실 자는 하늘에 계신 하나님이시라. 그가 느부갓네살 왕에게 후일에 될 일을 알게 하셨나이다. 왕의 꿈 곧 왕이[께서] 침상에서 뇌 속으로 받은 이상(異像)은 이러하니이다. 왕이여, 왕이[께서] 침상에 나아가서 장래 일을 생각하실 때에 은밀한 것을 나타내시는 이가[께서] 장래 일을 왕에게 알게 하셨사오며 내게 이 은밀한 것을 나타내심은 내 지혜가 다른 인생[사람]보다 나은 것이 아니라 오직 그 해석을 왕에게 알려서 왕의 마음으로 생각하던 것을 왕으로 알게 하려 하심이니이다.

다니엘 2장: 느부갓네살 왕의 금신상 꿈

다니엘은 왕이 물으신 그 은밀한 것은 어떤 술사들도 알 수 없고 오직 하나님께서만 나타내실 수 있고 하나님께서 장래의 일을 왕에게 알게 하신 것이라고 말했고, 또 자기가 그것을 안 것은 그의 지혜가 다른 사람보다 나아서가 아니고 하나님께서 그것을 왕에게 알리시기 위해 알게 하신 것뿐이라고 바르게 또 겸손하게 말하였다.

본문의 교훈을 정리해보자. 첫째로, 다니엘과 그의 세 친구들은 죽음의 위기를 만났었다. 그들은 왕의 선택을 받아 왕을 섬긴 지 얼마 되지 않아 그런 위기를 만났었다. 인생의 삶은 고난의 여정이다. 특히 고난은 성도의 삶의 정상적 과정과 같다. 시편 34:19, "의인은 고난이 많으나." 요한복음 16:33, "세상에서는 너희가 환난을 당하나." 사도행전 14:22, "우리가 하나님의 나라에 들어가려면 많은 환난을 겪어야 할 것이라."

둘째로, 다니엘과 친구들은 죽음의 위기에서 합심하여 기도하였고 하나님께서는 그들의 기도를 들어주셨다. 성도는 위기의 때에 기도해야 한다. 기도는 위기를 대처하는 성도의 바른 방법이다. 마태복음 7:7, "구하라 그러면 너희에게 주실 것이요 찾으라 그러면 찾을 것이요 문을 두드리라 그러면 너희에게 열릴 것이니." 시편 50:15, "환난 날에 나를 부르라. 내가 너를 건지리니 네가 나를 영화롭게 하리로다." 또 합심하여 하는 기도는 힘이 있다. 주 예수께서는 "너희 중에 두 사람이 땅에서 합심하여 무엇이든지 구하면 하늘에 계신 내 아버지께서 저희를 위하여 이루게 하시리라"고 약속하셨다(마 18:19). 우리는 위기를 당할 때에 살아계신 섭리자 하나님께 기도하고 특히 합심하여 기도해야 한다.

셋째로, 다니엘은 기도 응답을 받았을 때 하나님을 찬양했고 왕 앞에서도 하나님께서 그 은밀한 것을 나타내셨다고 증거했다. 옛날에 요셉도 바로의 꿈을 해석할 때 하나님만 증거하며 하나님께서 그 하실 일을 바로에게 보이신 것이라고 말했다(창 41:16, 25, 32). 우리는 기도 응답을 받았을 때 자신을 나타내지 말고 오직 하나님만 증거해야 한다.

31-49절, 꿈과 그 해석을 말함

〔31-33절〕 왕이여, 왕이[께서] 한 큰 신상을 보셨나이다. 그 신상이 왕의 앞에 섰는데 크고 광채가 특심[특별]하며 그 모양이 심히 두려우니 그 우상의 머리는 정금[순금]이요 가슴과 팔들은 은이요 배와 넓적다리는 놋[청동]이요 그 종아리는 철이요 그 발은 얼마는 철이요 얼마는 진흙이었나이다.

바벨론 왕 느부갓네살이 꾼 꿈은 한 큰 신상에 대한 것이었다. 그 신상의 머리는 순금이며, 가슴과 팔들은 은, 배와 넓적다리는 청동이며, 그 종아리는 철, 그 발은 얼마는 철이요 얼마는 진흙이었다.

〔34-39절〕 또 왕이[께서] 보신즉 사람의 손으로 하지 아니하고 뜨인[채석된] 돌이 신상의 철과 진흙의 발을 쳐서 부서뜨리매 때에 철과 진흙과 놋[청동]과 은과 금이 다 부서져 여름 타작마당의 겨같이 되어 바람에 불려 간 곳이 없었고 우상을 친 돌은 태산[거대한 산]을 이루어 온 세계에 가득하였었나이다. 그 꿈이 이러한즉 내가[우리가] 이제 그 해석을 왕 앞에 진술하리이다. 왕이여, 왕은[께서는] 열왕의 왕이시라. 하늘의 하나님이[께서] 나라와 권세와 능력과 영광을 왕에게 주셨고 인생들과 들짐승과 공중의 새들, 어느 곳에 있는 것을 무론하고 그것들을 왕의 손에 붙이사 다 다스리게 하셨으니 왕은[께서는] 곧 그 금 머리니이다. 왕의 후에 왕만 못한 다른 나라가 일어날 것이요 셋째로 또 놋[청동] 같은 나라가 일어나서 온 세계를 다스릴 것이며.

그 신상의 금 머리는 바벨론 나라의 왕 느부갓네살 자신을 가리켰다. 또 바벨론 나라 다음에, 은 가슴과 팔로 상징된, 왕만 못한 다른 나라는 메대와 파사 제국을 가리켰고,[20] 청동 배와 넓적다리로 상징된 셋째 나라는 헬라[그리스] 제국을 가리킨다고 본다.

〔40-43절〕 넷째 나라는 강하기가 철 같으리니 철은 모든 물건을 부숴뜨리고[부서뜨리고] 이기는 것이라. 철이 모든 것을 부수는 것같이 그 나라가 뭇 나라를 부숴뜨리고[부서뜨리고] 빻을 것이며 왕께서 그 발과 발가락이 얼마는 토기장이의 진흙이요 얼마는 철인 것을 보셨은즉 그 나라가 나누일 것이며 왕께서 철과 진흙이 섞인 것을 보셨은즉 그 나라가 철의 든든함이 있

---

20) 루터, 칼빈, 헹스텐베르크, 카일과 델리취, 루폴드, E. J. 영 등의 견해.

다니엘 2장: 느부갓네살 왕의 금신상 꿈

을 것이나 그 발가락이 얼마는 철이요 얼마는 진흙인즉 그 나라가 얼마는 든든하고 얼마는 부숴질[부서질] 만할 것이며 왕께서 철과 진흙이 섞인 것을 보셨은즉 그들이 다른 인종과 서로 섞일 것이나 피차에 합하지 아니함이 철과 진흙이 합하지 않음과 같으리이다.

넷째 나라는 로마 제국을 가리켰다고 본다. 로마 제국은 철 같은 강대한 제국이었다. 그 발과 발가락이 얼마는 토기장이의 진흙이요 얼마는 철인 것을 보았듯이, 그 나라는 나누일 것이며, 또 철과 진흙이 섞였듯이 그 나라의 얼마는 튼튼하고 얼마는 부서질 만하며, 또 그들은 다른 인종들과 서로 섞여 피차에 합하지 아니할 것이다.

[44-45절] 이 열왕[왕들]의 때에 하늘의 하나님이[께서] 한 나라를 세우시리니 이것은 영원히 망하지도 아니할 것이요 그 국권이 다른 백성에게로 돌아가지도 아니할 것이요 도리어 이 모든 나라를 쳐서 멸하고 영원히 설 것이라. 왕이 사람의 손으로 아니하고 산에서 뜨인 돌이 철과 놋[청동]과 진흙과 은과 금을 부숴[부서]뜨린 것을 보신 것은 크신 하나님이[께서] 장래 일을 왕께 알게 하신 것이라. 이 꿈이 참되고 이 해석이 확실하니이다.

이제 중요한 내용이 있다. 하나님께서 느부갓네살 왕에게 주신 꿈은 단지 사람들에게 세계사의 펼쳐짐을 열람시키려는 데 있지 않고, 이스라엘 백성들과 온 세계에 하나님의 크고 놀라운 한 계획을 보이시고 그것을 이루실 그의 능력과 영광을 나타내시는 데 있었다. '이 왕들의 때' 즉 로마 제국 시대에 하늘의 하나님께서는 한 나라를 세우실 것이며, 그가 세우실 나라는 영원히 망하지도 아니하며 그 국권이 다른 백성에게로 돌아가지도 않으며 도리어 이 모든 나라들을 쳐서 멸하고 영원히 설 것이다. 또 사람의 손으로 아니하고 산에서 채석된 돌이 철과 청동과 진흙과 은과 금의 나라들을 부서뜨릴 것이다.

로마 제국 시대에 하나님께서 세우실 나라는 "사람의 손으로 하지 아니하고 채석된 돌"에 의해 설립될 나라이며 그 영토는 세계적이고 그 기간은 영원할 것이다. 이 나라가 무엇인가? 그것은 분명히 신약교회를 가리켰다. "사람의 손으로 하지 아니하고 채석된 돌"은 무엇을 가리키는가? 그것은 분명히 주 예수 그리스도를 가리켰고 특히 그의 신성(神性)과 동정녀 탄생을 가리켰다고 본다. 마태복음 21:44에 보면, 주께서는 자신을 돌이라고 하시며 "이 돌 위에 떨어지는 자는 깨어지겠고 이 돌이 사람 위에 떨어지면 저를 가루로 만들어 흩으리라"고 말씀하셨다. 그 돌이 그 신상 전체를 부서뜨린 것은 하나님의 나라가 그리스도로 말미암아 온 세계에 임할 것을 보인다. 세상 나라는 우리 주와 그 그리스도의 나라가 될 것이다(계 11:15).

과연 로마 시대에 주 예수 그리스도께서는 세상에 오셔서 하나님의 나라를 선포하셨다(마 4:17). 신약교회는 확실히 하나님의 나라의 시작이다. 사도 바울은 하나님께서 우리를 흑암의 권세에서 건져내어 그의 사랑의 아들의 나라로 옮기셨다고 말하였고(골 1:13), 사도 베드로는 우리를 거룩한 나라와 하나님의 소유된 백성이라고 불렀다(벧전 2:9). 사도 요한도 주 예수께서 성도들을 아버지 하나님을 위해 나라와 제사장으로 삼으셨다고 증거하였다(계 1:6).

하나님의 나라는 이미 예수 그리스도의 오심으로 힘있게 시작되었고 장차 그의 재림(再臨)으로 영광스럽게 완성될 것이다. 신약시대의 구원의 일은 온 세상에 미칠 것이며(행 1:8; 눅 24:47) 오늘날 우리는 그것의 실현을 보고 있다. 천국 복음이 온 땅에 전파될 때 주 예수께서 재림하실 것이다(마 24:14). 본문의 내용을 예수 그리스도의 재림에만 국한시키는 해석(세대주의적 해석)은 옳지 않다고 본다.

[46-49절] 이에 느부갓네살 왕이 엎드려 다니엘에게 절하고 명하여 예물과 향품을 그에게 드리게 하니라. 왕이 대답하여 다니엘에게 이르되 너희 하나님은[께서는] 참으로 모든 신의 신이시요 모든 왕의 주재시로다. 네가 능히 이 은밀한 것을 나타내었으니 네 하나님은[께서는] 또 은밀한 것을 나타내시는 자시로다. 왕이 이에 다니엘을 높여 귀한 선물을 많이 주며 세워 바벨론 온 도를 다스리게 하며 또 바벨론 모든 박사의 어른[수장(首長)]을 삼았으며 왕이 또 다니엘의 청구대로 사드락과 메삭과 아벳느고를 세워 바벨

다니엘 2장: 느부갓네살 왕의 금신상 꿈

론 도의 일을 다스리게 하였고 다니엘은 왕궁에 있었더라.

참으로 놀라운 일이다! 이스라엘 나라를 정복했던 바벨론 나라의 왕 느부갓네살이 자기의 신하 다니엘에게 절하고 그가 섬기는 이스라엘의 하나님께서 모든 신의 신이라고 고백하였다! 하나님의 이름과 영광이 이와 같이 증거되었다. 이스라엘 백성의 포로 생활 속에서도 여호와 하나님께서는 여전히 온 세상의 대주재시요 살아계신 참 하나님이심을 증거하셨다. 느부갓네살 왕은 약속대로 다니엘을 높였고 귀한 선물을 많이 주었다. 또 그는 다니엘을 세워 바벨론 온 도를 다스리게 하였고 바벨론 모든 박사의 수장(首長)을 삼았다. 또 그는 다니엘의 요청대로 그의 세 친구 사드락과 메삭과 아벳느고를 세워 바벨론 도의 일을 다스리게 하였다. 다니엘은 왕궁에 있었다.

본문의 교훈을 정리해보자. **첫째로, 세계 역사는 하나님의 손안에 있다.** 하나님께서는 온 세상의 섭리자이시다. 그는 세계의 역사를 주관하신다. 개인도, 국가도, 세계도 하나님의 주권적 섭리 안에 있다. 그러므로 우리는 하나님만 의지하고 하나님 앞에서 신실하게 살아야 한다.

둘째로, 하나님의 나라는 이미 시작되었다. 신약교회는 하나님 나라의 시작이다. 우리는 예수님 믿고 구원 얻음으로 하나님의 나라에 들어왔다. 누가복음 17:21, "하나님의 나라는 너희 안에 있느니라." 그러나 그 나라는 주 예수 그리스도의 재림으로 영광스럽게 이루어질 것이다. 우리는 오직 하나님의 구원을 감사하며 구원의 복음이 온 세계에 전파되고 그의 택하신 자들이 다 구원 얻기를 위해 기도하고 힘써야 한다.

셋째로, 위기로부터의 다니엘의 승리는 기도의 승리이었다. 그의 꿈 해석은 그와 그 친구들의 기도 응답의 결과이었다. 그것은 하나님께서 주신 놀라운 일이었다. 기도는 죽음의 위기를 극복케 했고 세상의 왕을 굴복시켰고 이방 세계 속에서도 하나님께 영광을 돌리게 했고 존귀함까지 얻게 하였다. 기도하는 성도는 세상에서 범사에 승리할 것이다.

3장: 풀무불 기적

〔1-3절〕 느부갓네살 왕이 금으로 신상을 만들었으니 고는 60규빗이요 광은 여섯 규빗이라. 그것을 바벨론 도의 두라 평지에 세웠더라. 느부갓네살 왕이 보내어 방백과 수령과 도백과 재판관과 재무관과 모사와 법률사와 각 도 모든 관원을 자기 느부갓네살 왕의 세운 신상의 낙성 예식[봉헌식]에 참집(參集)하게[모이게] 하매 이에 방백과 수령과 도백과 재판관과 재무관과 모사와 법률사와 각 도 모든 관원이 느부갓네살 왕의 세운 신상의 낙성 예식[봉헌식]에 참집하여[모여] 느부갓네살 왕의 세운 신상 앞에 서니라.

금 신상의 높이는 60규빗, 즉 약 27미터(8-9층 건물 높이), 너비는 6규빗, 즉 약 2.7미터, 그것은 일종의 뾰족탑(오벨리스크)이었다. 그것은 왕의 영광과 권세를 과시하는 것이었다. 두라 평지는 바벨론 도의 남동쪽 10킬로미터 지점에 있었다. 왕은 바벨론 제국의 방백과 수령과 도백과 재판관과 재무관과 모사와 법률사와 각 도의 모든 관원을 자기가 세운 신상의 봉헌식에 모이게 하였다.

〔4-7절〕 반포하는 자가 크게 외쳐 가로되 백성들과 나라들과 각 방언하는 자들아, 왕이 너희 무리에게 명하시나니 너희는 나팔과 피리와 수금과 삼현금과 양금과 생황과 및 모든 악기 소리를 들을 때에 엎드리어 느부갓네살 왕의 세운 금 신상에게 절하라. 누구든지 엎드리어 절하지 아니하는 자는 즉시 극렬히 타는 풀무에 던져 넣으리라 하매 모든 백성과 나라들과 각 방언하는 자들이 나팔과 피리와 수금과 삼현금과 양금과 및 모든 악기 소리를 듣자 곧 느부갓네살 왕의 세운 금 신상에게 엎드리어 절하니라.

'양금'은 스무 개의 줄로 된 악기이며, '생황'은 바람으로 소리내는 악기라고 한다. 악기 연주자들은 가장 아름다운 소리로 연주했을 것이다. 모든 백성과 나라와 각 방언의 사람들은 나팔과 피리와 수금과 삼현금과 양금과 및 모든 악기 소리를 듣자 곧 느부갓네살 왕의 세운 금 신상에게 엎드리어 절하였다. 그러나 이것은 마귀의 무서운 시험

다니엘 3장: 풀무불 기적

이었다. 마귀는 경건한 소년들, 사드락, 메삭, 아벳느고를 시험했다. 그러나 그들은 그 두려운 세상 권세와 영광 앞에서도 위축되지 않고 단호히 왕의 명령을 거절하였다. 그들의 마음은 확고하였다.

〔8-12절〕그때에 어떤 갈대아 사람들이 나아와 유다 사람들을 참소하니라. 그들이 느부갓네살 왕에게 고하여 가로되 왕이여, 만세수를 하옵소서. 왕이여, 왕이[께서] 명령을 내리사 무릇 사람마다 나팔과 피리와 수금과 삼현금과 양금과 생황과 및 모든 악기 소리를 듣거든 엎드리어 금 신상에게 절할 것이라. 누구든지 엎드리어 절하지 아니하는 자는 극렬히 타는 풀무 가운데 던져 넣음을 당하리라 하지 아니하셨나이까? 이제 몇 유다 사람 사드락과 메삭과 아벳느고는 왕이[께서] 세워 바벨론 도를 다스리게 하신 자이어늘 왕이여, 이 사람들이 왕을 높이지 아니하며 왕의 신들을 섬기지 아니하며 왕이[께서] 세우신 금 신상에게 절하지 아니하나이다.

어떤 갈대아 사람들이 유다 사람들을 왕에게 고발하였다. 세상의 악한 사람들은 경건한 사람들을 미워하고 비난하고 해치려 한다.

〔13-15절〕느부갓네살 왕이 노하고 분하여 사드락과 메삭과 아벳느고를 끌어오라 명하매 드디어 그 사람들을 왕의 앞으로 끌어온지라. 느부갓네살이 그들에게 물어 가로되 사드락, 메삭, 아벳느고야. 너희가 내 신을 섬기지 아니하며 내가 세운 금 신상에게 절하지 아니하니 짐짓 그리하였느냐? [그것이 사실이냐?] 이제라도 너희가 예비하였다가 언제든지 나팔과 피리와 수금과 삼현금과 양금과 생황과 및 모든 악기 소리를 듣거든 내가 만든 신상 앞에 엎드리어 절하면 좋거니와 너희가 만일 절하지 아니하면 즉시 너희를 극렬히 타는 풀무 가운데 던져 넣을 것이니 능히 너희를 내 손에서 건져낼 신이 어떤 신이겠느냐?

느부갓네살 왕은 노하고 분하여 사드락과 메삭과 아벳느고를 끌어오게 하여 그들에 대한 고발을 확인하고 그들에게 다시 기회를 주며 엄하게 경고했다. 그는 참 하나님에 대한 지식이 없었고 여전히 자신이 섬기는 신과 그 우상이 최고라고 생각하고 있었다.

〔16-18절〕사드락과 메삭과 아벳느고가 왕에게 대답하여 가로되 느부갓네살이여, 우리가 이 일에 대하여 왕에게 대답할 필요가 없나이다. 만일

그럴 것이면 왕이여, 우리가 섬기는 우리 하나님이[께서] 우리를 극렬히 타는 풀무 가운데서 능히 건져내시겠고 왕의 손에서도 건져내시리이다. 그리 아니하실지라도 왕이여, 우리가 왕의 신들을 섬기지도 아니하고 왕의 세우신 금 신상에게 절하지도 아니할 줄을 아옵소서.

사드락과 메삭과 아벳느고는 왕에게 신앙적인 대답을 했다. 그들의 대답은, 골리앗과 싸웠던 다윗의 말처럼, 평소에 준비된 믿음에서 나온 대답이었다. 그들은 하나님의 전능하심을 믿었다. 그들은 하나님께서 그들을 극렬히 타는 풀무로부터 건져내실 수 있고 왕의 손에서도 건져내실 수 있음을 확신하였다. 그 뿐만 아니라, 그들은 '그리 아니하실지라도' 즉 하나님께서 건져내주지 않으실지라도, 죽는 것이 하나님의 뜻일지라도 그 신상에게 절하지 않겠다고 대답하였다. 그것은 죽음을 초월한 믿음의 고백이며 진리의 지식이었다. 그들은 그 신상에게 절하는 것이 하나님의 계명을 어기는 큰 죄악임을 알았다.

[19-23절] 느부갓네살이 분이 가득하여 사드락과 메삭과 아벳느고를 향하여 낯빛을 변하고 명하여 이르되 그 풀무를 뜨겁게 하기를 평일보다 7배나 뜨겁게 하라 하고 군대 중 용사 몇 사람을 명하여 사드락과 메삭과 아벳느고를 결박하여 극렬히 타는 풀무 가운데 던지라 하니 이 사람들을 고의와 속옷과 겉옷과 별다른 옷[그들의 바지와 그들의 겉옷과 그들의 모자와 그들의 기타 의복들](NASB)**을 입은 채 결박하여 극렬히 타는 풀무 가운데 던질 때에 왕의 명령이 엄하고**[급하고](KJV, NASB) **풀무가 심히 뜨거우므로 불꽃이 사드락과 메삭과 아벳느고를 붙든 사람을 태워 죽였고 이 세 사람 사드락과 메삭과 아벳느고는 결박된 채 극렬히 타는 풀무 가운데 떨어졌더라.**

느부갓네살은 분이 가득하여 사드락과 메삭과 아벳느고를 향해 낯빛을 변하고 그 풀무를 평일보다 7배나 뜨겁게 하게 했고 그 세 사람을 결박한 채로 극렬히 타는 그 풀무 속에 던져 넣게 하였다.

[24-25절] 때에 느부갓네살 왕이 놀라 급히 일어나서 모사[참모]**들에게 물어 가로되 우리가 결박하여 불 가운데 던진 자는 세 사람이 아니었느냐? 그들이 왕에게 대답하여 가로되 왕이여, 옳소이다. 왕이 또 말하여 가로되**

내가 보니 결박되지 아니한 네 사람이 불 가운데로 다니는데 상하지도 아니하였고 그 넷째의 모양은 신들의 아들과 같도다 하고.

느부갓네살 왕은 그 풀무 속에 결박되지 않은 네 사람이 걸어다니며 그 넷째의 모양은 신들의 아들과 같다고 말했다. 그 '네 번째' 사람은 천사이었든지(칼빈) 혹은 그리스도의 나타나심이었다(크리소스톰). 하나님께서는 비상한 때에 비상한 방식으로 그들을 도우셨다.

〔26-27절〕 느부갓네살이 극렬히 타는 풀무 아구 가까이 가서 불러 가로되 지극히 높으신 하나님(엘라하 일라아 אֱלָהָא עִלָּיָא)(3:26; 4:2; 5:18, 21)의 종 사드락, 메삭, 아벳느고야, 나와서 이리로 오라 하매 사드락과 메삭과 아벳느고가 불 가운데서 나온지라. 방백과 수령과 도백과 왕의 모사들이 모여 이 사람들을 본즉 불이 능히 그 몸을 해하지 못하였고 머리털도 그슬리지 아니하였고 고의[바지] 빛도 변하지 아니하였고 불탄 냄새도 없었더라.

느부갓네살 왕의 심령은 변화가 일어나 그들을 나오게 하였다. 그는 그들이 섬기는 하나님을 '지극히 높으신 하나님'이라고 인정했다. 방백과 수령과 도백과 왕의 모사들은 모여 불 가운데서 나온 사드락과 메삭과 아벳느고를 보았는데, 불이 능히 그 몸을 해하지 못했고 머리털도 그슬리지 않았고 옷빛도 변하지 않았고 불탄 냄새도 없었다. 이것은 참으로 놀라운 기적이었고 많은 사람들이 확인한 기적이었다. 하나님께서는 자기의 신실한 종들을 구원하셨다. 그 기적은 이방 세계에서 살아계신 여호와 하나님을 증거하였다.

〔28-30절〕 느부갓네살이 말하여 가로되 사드락과 메삭과 아벳느고의 하나님을 찬송할지로다. 그가 그 사자를 보내사 자기를 의뢰하고 그 몸을 버려서 왕의 명을 거역하고 그 하나님밖에는 다른 신을 섬기지 아니하며 그에게 절하지 아니한 종들을 구원하셨도다. 그러므로 내가 이제 조서를 내리노니 각 백성과 각 나라와 각 방언하는 자가 무릇 사드락과 메삭과 아벳느고의 하나님께 설만히[거슬레] 말하거든 그 몸을 쪼개고 그 집으로 거름터를 삼을지니 이는 이같이 사람을 구원할 다른 신이 없음이니라 하고 왕이 드디어 사드락과 메삭과 아벳느고를 바벨론 도에서 더욱 높이니라.

다니엘 3장: 풀무불 기적

느부갓네살 왕은 사드락과 메삭과 아벳느고의 하나님을 찬송했다. 그는 또 그 소년들이 어떻게 그들의 하나님을 의뢰했고 죽음을 각오하고 왕의 명령을 거역하기까지 하나님을 섬겼는지, 또 하나님께서 어떻게 그의 진실한 종들을 기이한 방법으로 구원하셨는지 증거하였다. 왕은 사드락과 메삭과 아벳느고를 바벨론 도에서 더욱 높였다.

본장의 교훈을 정리해보자. 첫째로, 왕의 모든 신하들이 그의 신상 앞에 절하였을 때, 사드락, 메삭, 아벳느고는 절하지 않았다. 사람들은 이 세상의 부귀와 권세와 영광을 크게 여기고 그것들을 잃어버릴까봐 염려하지만, 하나님을 경외하며 내세에 소망을 두는 우리는 세상의 것을 구하지도 말고 그것에 위축되거나 그것에 굴복하지 말아야 한다.

둘째로, 그 소년들은 단호하게 대답했다. 16-18절, "느부갓네살이여, 우리가 이 일에 대하여 왕에게 대답할 필요가 없나이다. 만일 그럴 것이면 왕이여, 우리가 섬기는 우리 하나님이 우리를 극렬히 타는 풀무 가운데서 능히 건져내시겠고 왕의 손에서도 건져내시리이다. 그리 아니하실지라도 왕이여, 우리가 왕의 신들을 섬기지도 아니하고 왕의 세우신 금 신상에게 절하지도 아니할 줄을 아옵소서." 그 소년들은 풀무불에서도 그들을 건져주실 수 있는 하나님의 전능하심을 믿는 믿음뿐 아니라, 죽음을 초월한 순교적 믿음을 가졌다. 이 세상은 그들에게 가치가 없었다(히 11:38). 우리도 하나님의 은혜로 저 신앙인들의 발자취를 따라야 한다. 우리는 순교를 각오하고 하나님께만 순종해야 한다.

셋째로, 하나님께서는 그를 의지하고 죽음을 각오하고 그의 계명에 순종했던 그의 신실한 종들을 지켜주셨다. 그들은 그 풀무불에서 구원함을 얻었다. 하나님께서는 자기 백성들을 불 가운데서도 지켜주시겠다고 약속하셨었다(사 43:1-2). 고린도후서 1:10, "그가 이같이 큰 사망에서 우리를 건지셨고 또 건지시리라. 또한 이후에라도 건지시기를 그를 의지하여 바라노라." 우리는 오직 하나님만 의지하고 순종해야 한다.

4장: 느부갓네살 왕을 낮추심

〔1-7절〕느부갓네살 왕은 천하에 거하는 백성들과 나라들과 각 방언하는 자에게 조서하노라. 원하노니 너희에게 많은 평강이 있을지어다. 지극히 높으신 하나님이[께서] 내게 행하신 이적과 기사를 내가 알게 하기를 즐겨하노라. 크도다, 그 이적이여. 능하도다, 그 기사여. 그 나라는 영원한 나라요 그 권병[통치권]은 대대에 이르리로다. 나 느부갓네살이 내 집에 편히 있으며 내 궁에서 평강할 때에 한 꿈을 꾸고 그로 인하여 두려워하였으되 곧 내 침상에서 생각하는 것과 뇌 속으로 받은 이상(異像)을 인하여 번민하였었노라. 이러므로 내가 명을 내려 바벨론 모든 박사를 내 앞으로 불러다가 그 꿈의 해석을 내게 알게 하라 하매 박수[들]와 술객[들]과 갈대아 술새[들]와 점장이[점쟁이들]가 들어왔기로 내가 그 꿈을 그들에게 고하였으나 그들이 그 해석을 내게 알게 하지 못하였느니라.

바벨론 왕 느부갓네살은 어느 날 한 꿈을 꾸고 바벨론 모든 박사들에게 그 꿈의 해석을 알게 하라고 요청하였으나 아무도 하지 못했다.

〔8-12절〕그 후에 다니엘이 내 앞에 들어왔으니 그는 내 신의 이름을 좇아 벨드사살이라 이름한 자요 그의 안에는 거룩한 신들의 영이 있는 자라. 내가 그에게 꿈을 고하여 가로되 박수장 벨드사살아, 네 안에는 거룩한 신들의 영이 있은즉 아무 은밀한 것이라도 네게는 어려울 것이 없는 줄을 내가 아노니 내 꿈에 본 이상(異像)의 해석을 내게 고하라. 내가 침상에서 나의 뇌 속으로 받은 이상(異像)이 이러하니라. 내가 본즉 땅의 중앙에 한 나무가 있는데 고[키]가 높더니 그 나무가 자라서 견고하여지고 그 고[키]는 하늘에 닿았으니 땅 끝에서도 보이겠고 그 잎사귀는 아름답고 그 열매는 많아서 만민의 식물이 될 만하고 들짐승이 그 그늘에 있으며 공중에 나는 새는 그 가지에 깃들이고 무릇 혈기 있는 자가 거기서 식물을 얻더라.

느부갓네살은 다니엘을 "그의 안에 거룩한 신들의 영이 있는 자"라고 여러 번 말했다(8, 9, 18절). 다니엘은 아마 마지막으로 그 꿈의 해석을 위해 왕 앞에 불려왔던 것 같다. 왕이 꾼 꿈은 땅의 중앙에 키가 높아 땅 끝에서도 보일 한 나무에 대한 것이었다. 그 잎사귀는

다니엘 4장: 느부갓네살 왕을 낮추심

아름답고 그 열매가 많으며 들짐승과 새들은 거기에 깃들였다.

〔13-18절〕 내가 침상에서 뇌 속으로 받은 이상 가운데 또 본즉 한 순찰자[혹은 파수꾼], 한 거룩한 자가 하늘에서 내려왔는데 그가 소리 질러 외쳐서 이처럼 이르기를 그 나무를 베고 그 가지를 찍고 그 잎사귀를 떨고 그 열매를 헤치고 짐승들로 그 아래서 떠나게 하고 새들을 그 가지에서 쫓아내라. 그러나 그 뿌리의 그루터기를 땅에 남겨두고 철과 놋줄로 동이고 그것으로 들 청초 가운데 있게 하라. 그것이 하늘 이슬에 젖고 땅의 풀 가운데서 짐승으로 더불어 그 분량을 같이하리라. 또 그 마음은 변하여 인생의 마음 같지 아니하고 짐승의 마음을 받아 일곱 때를 지나리라. 이는 순찰자들의 명령대로요 거룩한 자들의 말대로니 곧 인생으로 지극히 높으신 자가[께서] 인간 나라를 다스리시며 자기의 뜻대로 그것을 누구에게든지 주시며 또 지극히 천한 자로 그 위에 세우시는 줄을 알게 하려 함이니라 하였느니라. 나 느부갓네살 왕이 이 꿈을 꾸었나니 너 벨드사살아, 그 해석을 밝히 말하라. 내 나라 모든 박사가 능히 그 해석을 내게 알게 하지 못하였으나 오직 너는 능히 하리니 이는 거룩한 신들의 영이 네 안에 있음이니라.

왕의 꿈에 한 거룩한 순찰자가 하늘에서 내려와서 나무를 베고 그 그루터기로 들 청초 가운데 있어 일곱 때를 지나게 하였다.

〔19-27절〕 벨드사살이라 이름한 다니엘이 얼마 동안 놀라 벙벙하며 마음이 번민하여 하는지라. 왕이 그에게 말하여 이르기를 벨드사살아, 너는 이 꿈과 그 해석을 인하여 번민할 것이 아니니라. 벨드사살이 대답하여 가로되 내 주여, 그 꿈은 왕을 미워하는 자에게 응하기를 원하며 그 해석은 왕의 대적에게 응하기를 원하나이다. 왕의 보신 그 나무가 자라서 견고하여지고 그 고는 하늘에 닿았으니 땅 끝에서도 보이겠고 그 잎사귀는 아름답고 그 열매는 많아서 만민의 식물이 될 만하고 들짐승은 그 아래 거하며 공중에 나는 새는 그 가지에 깃들이더라 하시오니 왕이여, 이 나무는 곧 왕이시라. 이는 왕이[께서] 자라서 견고하여지고 창대하사 하늘에 닿으시며 권세는 땅 끝까지 미치심이니이다. 왕이 보신즉 한 순찰자, 한 거룩한 자가 하늘에서 내려와서 이르기를 그 나무를 베고 멸하라. 그러나 그 뿌리의 그루터기는 땅에 남겨두고 철과 놋줄로 동이고 그것을 들 청초 가운데 있게 하라. 그것이 하늘 이슬에 젖고 또 들짐승으로 더불어 그 분량을 같이 하며 일곱

때를 지내리라 하더라 하시오니 왕이여, 그 해석은 이러하니이다. 곧 지극히 높으신 자의 명정하신 것이 내 주 왕에게 미칠 것이라. 왕이[께서] 사람에게서 쫓겨나서 들짐승과 함께 거하며 소처럼 풀을 먹으며 하늘 이슬에 젖을 것이요 이와 같이 일곱 때를 지낼 것이라. 그때에 지극히 높으신 자가[께서] 인간 나라를 다스리시며 자기의 뜻대로 그것을 누구에게든지 주시는 줄을 아시리이다. 또 그들이 그 나무 뿌리의 그루터기를 남겨 두라 하였은즉 하나님이[께서] 다스리시는 줄을 왕이[께서] 깨달은 후에야 왕의 나라가 견고하리이다. 그런즉 왕이여, 나의 간(諫)[조언]하는 것을 받으시고 공의를 행함으로 죄를 속하고(페루크 פְּרֻק)[끊어버리시고](BDB, KJV, NASB) 가난한 자를 긍휼히 여김으로 죄악을 속하소서[끊어버리소서]. 그리하시면 왕의 평안함이 혹시 장구하리이다 하였느니라.

다니엘은 잠시 동안 놀라 벙벙하며 마음이 번민했으나 하나님의 작정하신 뜻을 왕에게 전해주었다. 그것은 하나님께서 왕을 낮추셔서 일곱 때(7년 혹은 7개월)를 지나게 하시고 하나님께서 인간 나라들을 다스리시는 줄을 왕이 깨달은 후 그의 나라를 견고케 하실 것을 보이신 것이다. 그는 또 왕에게 공의를 행하고 가난한 자를 긍휼히 여김으로 죄악을 끊어버리면 왕의 평안함이 길리라고 조언하였다.

〔28-33절〕 이 모든 일이 다 나 느부갓네살 왕에게 임하였느니라. 열두 달이 지난 후에 내가 바벨론 궁 지붕에서 거닐새 나 왕이 말하여 가로되 이 큰 바벨론은 내가 능력과 권세로 건설하여 나의 도성을 삼고 이것으로 내 위엄의 영광을 나타낸 것이 아니냐 하였더니 이 말이 오히려 나 왕의 입에 있을 때에 하늘에서 소리가 내려 가로되 느부갓네살 왕아, 네게 말하노니 나라의 위(位)가 네게서 떠났느니라. 네가 사람에게서 쫓겨나서 들짐승과 함께 거하며 소처럼 풀을 먹을 것이요 이와 같이 일곱 때를 지내서 지극히 높으신 자가[께서] 인간 나라를 다스리시며 자기의 뜻대로 그것을 누구에게든지 주시는 줄을 알기까지 이르리라 하더니 그 동시에[즉시] 이 일이 나 느부갓네살에게 응하므로 내가 사람에게 쫓겨나서 소처럼 풀을 먹으며 몸이 하늘 이슬에 젖고 머리털이 독수리 털과 같았고 손톱은 새 발톱과 같았었느니라.

느부갓네살 왕은 1년 후 이 모든 일이 자기에게 임했다고 말한다.

다니엘 4장: 느부갓네살 왕을 낮추심

〔34-36절〕그 기한이 차매 나 느부갓네살이 하늘을 우러러 보았더니 내 총명이 다시 내게로 돌아온지라. 이에 내가 지극히 높으신 자에게 감사하며 영생하시는 자를 찬양하고 존경하였노니 그 권세는 영원한 권세요 그 나라는 대대에 이르리로다. 땅의 모든 거민을 없는 것같이 여기시며 하늘의 군사에게든지 땅의 거민에게든지 그는 자기 뜻대로 행하시나니 누가 그의 손을 금하든지 혹시 이르기를 네가 무엇을 하느냐 할 자가 없도다. 그 동시에 내 총명이 내게로 돌아왔고 또 내 나라 영광에 대하여도 내 위엄과 광명이 내게로 돌아왔고 또 나의 모사들과 관원〔귀족〕들이 내게 조회하니〔나를 찾으니〕 내가 내 나라에서 다시 세움을 입고 또 지극한 위세가 내게 더하였느니라.

그 기한이 찼다. 즉 일곱 때, 7년 혹은 7개월이 지났다. 느부갓네살은 하늘을 우러러 보았으며 그의 총명이 다시 그에게로 돌아왔다. 그 때 그는 하나님을 찬양하며 하나님을 '지극히 높으신 자'라고 불렀다. 본장에 '지극히 높으신 하나님' 혹은 '지극히 높으신 자'라는 표현이 여섯 번 나오며, 다니엘서 전체에는 열네 번 나온다.[21] 느부갓네살은 하나님의 절대주권을 인정하였을 때 그의 권세가 회복되었다.

〔37절〕그러므로 지금 나 느부갓네살이 하늘의 왕을 찬양하며 칭송하며 존경하노니 그의 일이 다 진실하고 그의 행하심이 의로우시므로 무릇 교만하게 행하는 자를 그가 능히 낮추심이니라.

느부갓네살은 하나님을 '하늘의 왕'이라고 부르며 하나님을 높이고 찬송하였다. 또 그는 하나님의 일이 다 진실하고 의로우심을 고백했고, 자기같이 교만히 행하는 자를 낮추실 수 있다고 증거하였다. 교만은 죄악들 중에서 하나님께서 미워하시는 가장 치명적 죄악이다.

본장의 교훈을 정리해보자. 첫째로, 본장과 다니엘서 전체는 하나님의 주권을 강조한다. 다니엘서에서 하나님께서는 '지극히 높으신 하나

---

[21] '지극히 높으신 하나님'(엘라하 일라아 עִלָּיָא אֱלָהָא) 네 번(3:26; 4:2; 5:18, 21), '지극히 높으신 자'(일라아 עִלָּיָא) 여섯 번(4:17, 24, 25, 32, 34; 7:25), '지극히 높으신 자'(엘욘 עֶלְיוֹן) 네 번(7:18, 22, 25, 27).

다니엘 4장: 느부갓네살 왕을 낮추심

님'(4회) 또는 '지극히 높으신 자'(10회)로 불리셨다. 본장은 지극히 높으신 하나님께서 인간 나라를 다스리시며 자기 뜻대로 그것을 누구에게든지 주시는 것을 강조한다(17, 25, 32절). 느부갓네살 왕은 하나님에 대해, "땅의 모든 거민을 없는 것같이 여기시며 하늘의 군사에게든지 땅의 거민에게든지 그는 자기 뜻대로 행하시나니 누가 그의 손을 금하든지 혹시 이르기를 네가 무엇을 하느냐 할 자가 없도다"라고 증거하였다(35절). 하나님께서는 이 세상의 모든 나라들을 주권적으로 섭리하신다. 우리는 하나님께서 이 세상의 모든 나라들을 다스리심을 믿어야 한다.

둘째로, 하나님께서는 자기의 지혜와 지도력으로 나라를 세웠다고 말한 교만한 느부갓네살 왕을 낮추셨다. 느부갓네살 왕은 그가 꾼 꿈의 해석대로 사람들에게 쫓겨나서 7년 혹은 7개월 소처럼 풀을 먹으며 몸이 하늘 이슬에 젖고 머리털이 독수리 털과 같았고 손톱은 새 발톱과 같았다고 간증하였다(33절). 그러나 하나님께서는 그를 낮추신 후에 때가 되어 그를 회복시키셨고, 그래서 그는 하나님을 찬송하게 된 것이다(34, 36-37절). 이방의 교만했던 왕이 여호와 하나님을 체험하고 그를 찬송한 것이다. 교만은 사람의 가장 치명적 죄악이다. 우리는 하나님께서 우리를 징책하며 낮추시기 전에 우리의 모든 교만한 마음을 버려야 하고 하나님과 사람들 앞에서 항상 겸손하게 말하고 처신해야 한다.

셋째로, 다니엘은 왕에게 공의와 선을 행하기를 조언하였다. 27절, "공의를 행함으로 죄를 끊어버리시고 가난한 자를 긍휼히 여김으로 죄악을 끊어버리소서. 그리하시면 왕의 평안함이 혹시 장구하리이다." 의를 행하고 선을 베푸는 것은 하나님의 율법과 성경 전체에 나타나 있는 하나님의 뜻이다. 신앙생활은 단순하다. 그것은 하나님을 경외하고 그의 계명대로 바르게 살고 선하게 사는 것, 즉 하나님의 말씀에 어긋나는 죄악된 일들은 멀리하고 높은 마음을 버리고 천국만 소망하며 겸손히 형제들과 이웃을 섬기는 자세로 살고 모든 사람에게 선한 자가 되는 것이다. 우리는 항상 의를 행하며 선을 베풀기를 힘써야 한다.

5장: 분벽의 글씨

〔1-4절〕 벨사살 왕이 그 귀인 1천명을 위하여 큰 잔치를 배설하고[베풀고] 그 1천명 앞에서 술을 마시니라. 벨사살이 술을 마실 때에 명하여 그 부친 느부갓네살이 예루살렘 전에서 취하여 온 금, 은 기명(器皿)[그릇]을 가져오게 하였으니 이는 왕과 귀인들과 왕후들과 빈궁들이 다 그것으로 마시려 함이었더라. 이에 예루살렘 하나님의 전 성소 중에서 취하여 온 금 기명을 가져오매 왕이 그 귀인들과 왕후들과 빈궁들로 더불어 그것으로 마시고 무리가 술을 마시고는 그 금, 은, 동, 철, 목, 석으로 만든 신들을 찬양하니라.

벨사살 왕은 바벨론 제국의 마지막 왕 나보니더스의 맏아들이었다. 부왕(父王)이 중앙 아라비아의 테마에 10년간 원정을 가 있는 동안, 벨사살은 대리통치자이었다고 보인다. 벨사살 왕의 잔치는 참 호화로웠을 것이나 하나님을 모독하고 우상들을 찬양한 불경건한 잔치이었다. 느부갓네살을 '그의 부친'이라고 부른 것은 그가 그와 혈연관계이었든지 아니면 단지 이전의 왕을 높여 말한 것일 것이다.

〔5-9절〕 그때에[그 즉시] 사람의 손가락이 나타나서 왕궁 촛대 맞은편 분벽에 글자를 쓰는데 왕이 그 글자 쓰는 손가락(파스 예다 פַּס יְדָא)['손바닥'(BDB), '손등'(KB, NASB]을 본지라. 이에 왕의 즐기던 빛이 변하고 그 생각이 빈민하여 넓적다리 마디가 녹는 듯하고 그 무릎이 서로 부딪힌지라. 왕이 크게 소리하여 술객과 갈대아 술사와 점장이[점쟁이]를 불러오게 하고 바벨론 박사들에게 일러 가로되 무론 누구든지 이 글자를 읽고 그 해석을 내게 보이면 자주옷을 입히고 금 사슬로 그 목에 드리우고 그로 나라의 셋째 치리자를 삼으리라 하니라. 때에 왕의 박사가 다 들어왔으나 능히 그 글자를 읽지 못하며 그 해석을 왕께 알게 하지 못하는지라. 그러므로 벨사살 왕이 크게 번민하여 그 낯빛이 변하였고 귀인들도 다 놀라니라.

하나님께서는 비상한 때에 비상한 일을 행하신다. '셋째 치리자'라는 말은 부왕(父王) 나보니더스와 자기 자신 벨사살 다음에 세 번째 치리자라는 뜻이라고 보인다. 부왕은 여러 해 원정을 가 있었다.

다니엘 5장: 분벽의 글씨

〔10-12절〕태후(말케사 מַלְכְּתָא)[왕후(BDB, KJV, NASB, NIV), 혹은 태후 즉 왕의 모친(KB)]가 왕과 그 귀인들의 말로 인하여 잔치하는 궁에 들어왔더니 이에 말하여 가로되 왕이여, 만세수를 하옵소서. 왕의 생각을 번민케 말며 낯빛을 변할 것이 아니니이다. 왕의 나라에 거룩한 신들의 영이 있는 사람이 있으니 곧 왕의 부친 때에 있던 자로서 명철과 총명과 지혜가 있어 신들의 지혜와 같은 자라. 왕의 부친 느부갓네살 왕이 그를 세워 박수와 술객[들]과 갈대아 술새들]와 점장이[점쟁이들]의 어른을 삼으셨으니 왕이 벨드사살이라 이름한 이 다니엘의 마음이 민첩하고 지식과 총명이 있어 능히 꿈을 해석하며 은밀한 말을 밝히며 의문을 파할 수 있었음이라. 이제 다니엘을 부르소서. 그리하시면 그가 그 해석을 알려드리리이다.

하나님께서는 다니엘을 통해 자신의 뜻을 알리기를 원하셨다.

〔13-16절〕이에 다니엘이 부름을 입어 왕의 앞에 나오매 왕이 다니엘에게 말하여 가로되 네가 우리 부왕이 유다에서 사로잡아 온 유다 자손 중의 그 다니엘이냐? 내가 네게 대하여 들은즉 네 안에는 신들의 영이 있으므로 네가 명철과 총명과 비상한 지혜가 있다 하도다. 지금 여러 박새[들]와 술객[들]을 내 앞에 불러다가 그들로 이 글을 읽고 그 해석을 내게 알게 하라 하였으나 그들이 다 능히 그 해석을 내게 보이지 못하였느니라. 내가 네게 대하여 들은즉 너는 해석을 잘하고 의문을 파한다 하도다. 그런즉 이제 네가 이 글을 읽고 그 해석을 내게 알게 하면 네게 자주옷을 입히고 금 사슬을 네 목에 드리우고 너로 나라의 셋째 치리자를 삼으리라.

〔17-21절〕다니엘이 왕에게 대답하여 가로되 왕의 예물은 왕이 스스로 취하시며 왕의 상급은 다른 사람에게 주옵소서. 그럴지라도 내가 왕을 위하여 이 글을 읽으며 그 해석을 아시게 하리이다. 왕이여, 지극히 높으신 하나님이[께서] 왕의 부친 느부갓네살에게 나라와 큰 권세와 영광과 위엄을 주셨고 그에게 큰 권세를 주셨으므로 백성들과 나라들과 각 방언하는 자들이 그의 앞에서 떨며 두려워하였으며 그는 임의로 죽이며 임의로 살리며 임의로 높이며 임의로 낮추었더니 그가 마음이 높아지며 뜻이 강퍅하여 교만을 행하므로 그 왕위가 폐한 바 되며 그 영광을 빼앗기고 인생 중에서 쫓겨나서 그 마음이 들짐승의 마음과 같았고 또 들나귀와 함께 거하며 또 소처럼 풀을 먹으며 그 몸이 하늘 이슬에 젖었으며 지극히 높으신 하나님이[께서] 인

간 나라를 다스리시며 자기의 뜻대로 누구든지 그 위(位)[왕위]에 세우시는 줄을 알기까지 이르게 되었었나이다.

다니엘은 먼저 느부갓네살 왕의 예를 들었다. 하나님께서 그에게 나라와 큰 권세와 영광과 위엄을 주셨으나 그가 마음이 교만했을 때 그 왕위가 폐해지고 그 영광을 빼앗겼고 그때 그는 하나님의 주권적 통치를 깨닫게 되었다(단 4장)고 그는 말한다. 느부갓네살의 낮아짐은 그의 교만 때문이었다. 역사는 후대의 사람들에게 교훈을 준다.

〔22-24절〕벨사살이여, 왕은 그의 아들이 되어서 이것을 다 알고도 오히려 마음을 낮추지 아니하고 도리어 스스로 높여서 하늘의 주재를 거역하고 그 전(殿) 기명[그릇]을 왕의 앞으로 가져다가 왕과 귀인들과 왕후들과 빈궁들이 다 그것으로 술을 마시고 왕이 또 보지도 듣지도 알지도 못하는 금, 은, 동, 철과 목, 석으로 만든 신상들을 찬양하고 도리어 왕의 호흡을 주장하시고 왕의 모든 길을 작정하시는 하나님께는 영광을 돌리지 아니한지라. 이러므로 그의 앞에서 이 손[가락]이 나와서 이 글을 기록하였나이다.

다니엘은 벨사살 왕이 느부갓네살 왕의 잘못인 교만을 본받았다고 지적하였다. 벨사살의 죄는 세 가지이었다. 첫째로 그는 교만하였고, 둘째로 그는 하나님을 거역하였고, 셋째로 그는 헛된 우상을 섬겼다. 하나님께서는 벨사살 왕의 이런 죄악들을 미워하셨다.

〔25-28절〕기록한 글자는 이것이니 곧 메네 메네 데겔 우바르신이라. 그 뜻을 해석하건대 메네는 하나님이[께서] 이미 왕의 나라의 시대를 세어서 그것을 끝나게 하셨다 함이요 데겔은 왕이 저울에 달려서 부족함이 뵈었다 함이요 베레스는 왕의 나라가 나뉘어서 메대와 바사 사람에게 준 바 되었다 함이니이다.

'메네'는 '센다'(number)는 말로서 하나님께서 바벨론 제국의 시대를 세어서 그것을 끝나게 하셨다는 뜻이며, '데겔'은 '단다'(weigh)는 말로서 왕이 저울에 달려서 부족함이 뵈었다는 뜻이며, '우바르신'의 '우'는 '그리고'라는 뜻이며 '베레스'는 '나눈다'(divide)는 말로서 바벨론 제국이 나뉘어서 메대와 바사 사람에게 준 바 되었다는 의미이다.

즉 바벨론 제국의 종말을 선언하는 글자이었던 것이다.

〔29-31절〕 이에 벨사살이 명하여 무리로 다니엘에게 자주옷을 입히게 하며 금 사슬로 그의 목에 드리우게 하고 그를 위하여 조서를 내려 나라의 셋째 치리자를 삼으니라. 그 날 밤에 갈대아 왕 벨사살이 죽임을 당하였고 메대 사람 다리오가 나라를 얻었는데 때에 다리오는 62세였더라.

바벨론 제국의 멸망이 바로 그 날 밤에 이루어졌다(주전 539년경). 본문의 '다리오'는 파사 왕 고레스의 다른 이름이거나 그가 바벨론과 강 너머 지역을 통치케 한 구바루(Gubaru)일 것이다.[22]

본장의 교훈을 정리해보자. 첫째로, 하나님께서는 교만한 벨사살을 폐하셨다. 그는 교만하여 감히 예루살렘 성전의 제사 그릇들을 가져와서 술을 마셨다. 그것은 하나님을 두려워할 줄 모르는 교만한 사람의 행위이었다. 사람이 교만하면 멸망한다. 우리는 교만을 경계해야 한다.

둘째로, 하나님께서는 분벽의 손의 글을 통해 자신의 주권적 영광을 드러내셨다. 하나님께서는 주권적 섭리자, 통치자이시다(신 32:39). 그는 벨사살 왕의 호흡을 주장하시고 그의 모든 길을 작정하시고 그의 삶을 세시고 달아보시고 공의로 징벌하시는 하나님이시다. 그는 우리의 호흡도 주장하시고 우리의 모든 길도 작정하시고 섭리하신다. 우리는 주권적 섭리자 하나님을 믿고 모든 일을 그에게 의탁해야 한다.

셋째로, 다니엘은 바벨론이 망한 후에도 계속 쓰임을 받았다. 다니엘은 다리오 때에도 총리 세 사람 중 하나가 사람이 되었다(단 6:2). 하나님께서는 그를 사랑하는 자를 위해 가장 선하고 좋은 길로 섭리하신다. 로마서 8:28, "우리가 알거니와 하나님을 사랑하는 자 곧 그 뜻대로 부르심을 입은 자들에게는 모든 것이 합력하여 선을 이루느니라."

---

[22] 구바루는 고레스가 바벨론과 강 너머 지역 즉 시리아, 베니게, 팔레스틴의 넓은 영토를 14년간 통치케 한 자이었다(윗콤, *ZPEB*). 한편, 고대 기록에 의하면, 고레스는 메대의 왕이며 62세이었다. 그러나, 9:1; 10:1; 11:1과, 특히 6:28은 다리오와 고레스가 서로 다른 인물임을 보이는 것 같다.

6장: 사자굴 기적

〔1-5절〕 다리오가 자기의 심원(心願)대로[기뻐하는 대로](KJV, NIV) **방백 120명을 세워 전국을 통치하게 하고 또 그들 위에 총리 셋을 두었으니 다니엘이 그 중에 하나이라. 이는 방백들로 총리에게 자기의 직무를 보고하게 하여 왕에게 손해가 없게 하려 함이었더라. 다니엘은 마음이 민첩하여**[정신이 뛰어나서](KJV, NASB) **총리들과 방백들 위에 뛰어나므로 왕이 그를 세워 전국을 다스리게 하고자 한지라. 이에 총리들과 방백들이 국사(國事)에 대하여 다니엘을 고소할 틈을 얻고자 하였으나 능히 아무 틈, 아무 허물을 얻지 못하였으니 이는 그가 충성되어 아무 그릇함도 없고 아무 허물도 없음이었더라. 그 사람들이 가로되 이 다니엘은 그 하나님의 율법에 대하여 그 틈을 얻지 못하면 그를 고소할 수 없으리라 하고.**

다리오 왕은 다른 총리들이나 방백들보다 다니엘을 더 사랑하였고 그를 세워 전국을 다스리게 하려고 생각했으나, 동료들은 그를 질투하여 그를 해하려 하였다. 그들은 업무에 대해 다니엘을 고소할 내용이 없자, 그의 종교 생활에서 고소거리를 찾으려 하였다.

〔6-9절〕 **이에 총리들과 방백들이 모여 왕에게 나아가서 그에게 말하되 다리오 왕이여, 만세수를 하옵소서. 나라의 모든 총리**[들]**와 수령**[들]**과 방백**[들]**과 모사**[들]**와 관원**[들]**이 의논하고 왕에게 한 율법을 세우며 한 금령을 정하실 것을 구하려 하였는데 왕이여, 그것은 곧 이제부터 30일 동안에 누구든지 왕 외에 어느 신에게나 사람에게 무엇을 구하면 사자굴에 던져 넣기로 한 것이니이다. 그런즉 왕이여, 원컨대 금령을 세우시고 그 조서에 어인을 찍어서 메대와 바사의 변개치 아니하는 규례를 따라 그것을 다시 고치지 못하게 하옵소서 하매 이에 다리오 왕이 조서에 어인을 찍어 금령을** 내니라.

총리들과 방백들은 마침내 다니엘을 죽이려는 공모(共謀)를 했고 왕에게 30일간 왕 외에 다른 신에게 무엇을 기도하지 못하게 한 금령 제정을 제안하였다. 그것은 겉으로는 왕을 위하는 것처럼 보였으나 실상은 하나님께 늘 기도하는 다니엘을 죽이려는 계략이었다. 그러

다니엘 6장: 사자굴 기적

나 다리오 왕은 그 조서에 어인을 찍어 그 금령을 공포하였다.

〔10절〕 다니엘이 이 조서에 어인이 찍힌 것을 알고도 자기 집에 돌아가서는 그 방의 예루살렘으로 향하여 열린 창에서 전에 행하던 대로 하루 세 번씩 무릎을 꿇고 기도하며 그 하나님께 감사하였더라.

다니엘은 왕의 금령을 알고 그 죽음의 위협이 있는 현실 앞에서도 위축되지 않았고 하나님을 믿고 의지하며 그를 섬겼다. 그는 성전이 있었던 예루살렘을 향해 창문을 열어 놓고 항상 기도하기를 힘썼다. "전에 행하던 대로"라는 말은 그의 기도 생활이 평소의 습관이었음을 보인다. 다니엘은 평소에 경건하게 살았다. 그는 총리로서의 업무가 많고 바빴을 것이지만 하루 세 번씩 하나님께 기도했고, 무릎을 꿇고 간절히 기도하였다. 또 그는 하나님께 감사했다. 그는 그에게 베푸신 하나님의 은혜가 크고 놀라우며 자신의 현실이 하나님의 전적 은혜인 줄 깨닫고 감사했을 것이다. 하나님의 주권적 섭리를 믿는 자는 어떤 처지에서든지 하나님께 감사하며 기도할 수 있다.

〔11-13절〕 그 무리들이 모여서 다니엘이 자기 하나님 앞에 기도하며 간구하는 것을 발견하고 이에 그들이 나아가서 왕의 금령에 대하여 왕께 아뢰되 왕이여, 왕이 이미 금령에 어인을 찍어서 이제부터 30일 동안에 누구든지 왕 외에 어느 신에게나 사람에게 구하면 사자굴에 던져 넣기로 하지 아니하였나이까? 왕이 대답하여 가로되 이 일이 적실(的實)하니[참되니, 확실하니] 메대와 바사의 변개치 아니하는 규례대로 된 것이니라. 그들이 왕 앞에서 대답하여 가로되 왕이여, 사로잡혀 온 유다 자손 중에 그 다니엘이 왕과 왕의 어인이 찍힌 금령을 돌아보지 아니하고 하루 세 번씩 기도하나이다.

다니엘의 동료들은 자기들의 계략대로 다니엘이 왕의 금령을 어기고 그의 신에게 기도하며 간구하는 것을 발견하고는 그 일을 왕에게 고발했다. 그들은 다니엘이 왕의 금령을 무시하고 어겼다고 말했다.

〔14-18절〕 왕이 이 말을 듣고 그로 인하여 심히 근심하여 다니엘을 구원하려고 마음을 쓰며 그를 건져내려고 힘을 다하여 해가 질 때까지 이르매 그 무리들이 또 모여 왕에게로 나아와서 왕께 말씀하되 왕이여, 메대와 바

사의 규례를 아시거니와 왕의 세우신 금령과 법도는 변개하지 못할 것이니이다. 이에 왕이 명하매 다니엘을 끌어다가 사자굴에 던져 넣는지라. 왕이 다니엘에게 일러 가로되 너의 항상 섬기는 네 하나님이[께서] 너를 구원하시리라 하니라. 이에 돌을 굴려다가 굴 아구를 막으매 왕이 어인과 귀인들의 인을 쳐서 봉하였으니 이는 다니엘 처치한 것을 변개함이 없게 하려 함이었더라. 왕이 궁에 돌아가서는 밤이 맞도록[밤새도록] 금식하고 그 앞에 기악[악기 연주, 오락]을 그치고 침수를 폐하니라[잠을 자지 않았더라].

왕은 그들의 계략을 뒤늦게 알아차렸겠지만, 그들의 말을 거절할 수 없었다. 왕은 그들의 말을 듣고 그로 인해 심히 근심하여 다니엘을 구원하려고 마음을 쓰며 그를 건져내려고 힘을 다하여 해가 질 때까지 이르렀다. 왕은 다니엘이 진실하고 정직한 자이며 또 충성된 자임을 알고 있었다. 왕은 신하들의 요청을 거부할 수 없자 다니엘을 끌어다가 사자굴에 던져 넣으라고 명령을 내렸다. 그러나 왕은 다니엘에게 "너의 항상 섬기는 네 하나님이 너를 구원하시리라"고 말하였다. 그것이 왕의 마지막 기대이었다. 왕은 궁에 돌아가 밤새도록 금식했고 그 앞에서 악기 연주와 오락을 그쳤고 잠을 자지 않았다.

[19-23절] 이튿날에 왕이 새벽에 일어나 급히 사자굴로 가서 다니엘의 든 굴에 가까이 이르러는 슬피 소리질러 다니엘에게 물어 가로되 사시는 하나님의 종 다니엘아, 너의 항상 섬기는 네 하나님이[께서] 사자에게서 너를 구원하시기에 능하셨느냐? 다니엘이 왕에게 고하되 왕이여, 원컨대 왕은 만세수를 하옵소서. 나의 하나님이[께서] 이미 그 천사를 보내어 사자들의 입을 봉하셨으므로 사자들이 나를 상해치 아니하였사오니 이는 나의 무죄함이 그 앞에 명백함이오며 또 왕이여, 나는 왕의 앞에도 해를 끼치지 아니하였나이다. 왕이 심히 기뻐서 명하여 다니엘을 굴에서 올리라 하매 그들이 다니엘을 굴에서 올린즉 그 몸이 조금도 상하지 아니하였으니 이는 그가 자기 하나님을 의뢰함이었더라.

이튿날 왕은 새벽에 일어나 급히 사자굴로 가 다니엘을 넣은 굴에 가까이 이르러 슬피 소리지르며 믿음 있는 질문을 하였다. 그런데 더 놀라운 것은, 이미 죽었을 다니엘이 왕의 질문에 대해 대답한 것이다.

다니엘 6장: 사자굴 기적

하나님께서는 천사를 보내셨고 천사는 사자들의 입을 막았다. 천사의 손에 입이 막힌 사자들은 입을 열 수 없었고 다니엘을 물어뜯어 먹을 수 없었다. 다니엘의 음성을 들은 왕은 너무 기뻐서 "다니엘을 굴에서 올리라"고 명했다. 그들이 다니엘을 굴에서 올린즉 그 몸이 조금도 상하지 않았다. 그것은 모든 사람이 확인한 바이었다. 다니엘이 사자굴에서 살아난 것은 그가 하나님을 의뢰했기 때문이었다.

〔24-27절〕 왕이 명을 내려 다니엘을 참소한[비난한] 사람들을 끌어오게 하고 그들을 그 처자들과 함께 사자굴에 던져 넣게 하였더니 그들이 굴 밑에 닿기 전에 사자가 곧 그들을 움켜서 그 뼈까지도 부서뜨렸더라. 이에 다리오 왕이 온 땅에 있는 모든 백성과 나라들과 각 방언하는 자들에게 조서를 내려 가로되 원컨대 많은 평강이 너희에게 있을지어다. 내가 이제 조서를 내리노라. 내 나라 관할 아래 있는 사람들은 다 다니엘의 하나님 앞에서 떨며 두려워할지니 그는 사시는 하나님이시요 영원히 변치 않으실 자시며 그 나라는 망하지 아니할 것이요 그 권세는 무궁할 것이며 그는 구원도 하시며 건져내기도 하시며 하늘에서든지 땅에서든지 이적과 기사를 행하시는 자로서 다니엘을 구원하여 사자의 입에서 벗어나게 하셨음이니라 하였더라.

악한 동료들은 무서운 보응을 받았다. 또 다리오 왕은 그 나라의 모든 백성들에게 조서를 내려 그의 모든 백성들이 다니엘의 하나님 앞에서 떨며 두려워하라고 말하였다. 또 그는 다니엘의 하나님께서 살아계신 하나님이시며 그의 나라가 망하지 않을 것이며 그의 권세가 무궁할 것이며 그는 구원하시는 하나님이시며 기적을 행하시는 자라고 증거했다. 다니엘에게 주신 기적적 구원도 놀랍지만, 하나님께서 이방 왕에게 주신 하나님에 대한 깨달음과 그 증거도 놀랍다. 실상 외적 기적보다 더 귀한 것은 생각의 깨달음과 변화이며 거기에 근거한 하나님 믿음과 경외함이다. 이것은 하나님의 은혜이었다.

〔28절〕 **이 다니엘이 다리오 왕의 시대와**[혹은 시대, 즉] **바사 사람 고레스 왕의 시대에 형통하였더라.**

다리오는 세속 문헌에 나오는 구바루(Gubaru)의 다른 이름이었거

다니엘 6장: 사자굴 기적

나, 혹은 고레스의 다른 이름이었을 것이다. '형통'이라는 말은 평안을 얻고 승리하고 번영함을 포함한다. 경건한 다니엘은 형통하였다. 그는 고난을 당했으나 하나님께서 그에게 좋은 결과를 주셨다.

본장의 교훈을 정리해보자. 첫째로, 다니엘은 바벨론에 포로로 잡혀와 사는 동안 경건하게 살았다. 그는 총리로서의 그의 업무에 있어서 흠 잡을 것이 없는 충성된 자이었다(4-5절). 그는 매우 바쁘고 피곤했을 일상생활 속에서 경건했다. 그는 특히 왕의 조서에 어인이 찍힌 것을 알고도 위축되지 않았고 자기 집에 돌아가서 그의 방에서 예루살렘을 향해 창을 열어놓은 채 전에 하던 대로, 변함 없이 날마다 하루 세 번씩 무릎을 꿇고 하나님께 기도하며 감사했다. 본장에 '그의 하나님'(10절), '너의 항상 섬기는 네 하나님'(16, 20절), '나의 하나님'(22절), '자기 하나님'(23절), '다니엘의 하나님'(26절) 등의 표현은 그가 개인적으로 하나님을 힘써 섬겼음을 증거한다. 다니엘의 경건은 우리에게 본이 된다. 우리는 평소에 어떤 환경 속에서도 하나님을 경외하고 힘써 섬겨야 한다.

둘째로, 경건한 다니엘은 동료들의 질투를 받고 죽음에 이를 모함을 받았다. 동료들은 다니엘을 죽이기 위해 한 법을 고안했고 다니엘이 그 법에 저촉되었음을 발견하고 왕에게 고발했다. 그들은 왕을 압박하고 재촉하여 다니엘을 사자굴에 던져 넣게 했고 그 굴은 인봉되었다. 다니엘은 죽음을 피할 수 없이 되었고 그의 경건은 헛된 것 같았다. 이처럼 경건한 성도도 악한 세상에서 각가지 고난과 죽음의 위기를 당한다.

셋째로, 그러나 하나님께서는 경건한 다니엘을 도우셨고 죽음에서 건져주셨다. 하나님께서는 천사를 보내셔서 사자들의 입을 막으셨다. 다니엘은 기적적으로 구원을 얻었다. 이방의 다리오 왕은 조서를 내려 다니엘의 하나님을 찬송하며 증거했고, 그것은 하나님께 큰 영광이 되었다. 경건한 다니엘은 형통했다. 경건한 성도는 섭리자 하나님의 도우심으로 형통할 것이다. 디모데전서 4:8, "육체의 연습은 약간의 유익이 있으나 경건은 범사에 유익하니 금생과 내생에 약속이 있느니라."

7장: 네 짐승의 이상(異像)

〔1-3절〕 바벨론 왕 벨사살 원년에 다니엘이 그 침상에서 꿈을 꾸며 뇌속으로 이상(異像, visions)을 받고 그 꿈을 기록하며 그 일의 대략을 진술하니라. 다니엘이 진술하여 가로되 내가 밤에 이상을 보았는데 하늘의 네 바람이 큰 바다로 몰려 불더니 큰 짐승 넷이 바다에서 나왔는데 그 모양이 각각 다르니.

7장부터는 다니엘이 꾼 꿈과 본 이상(異像)을 통한 하나님의 계시들이다. 7장은 네 짐승의 이상에 관한 것이다. 그 이상은 세계 역사의 한 부분을 보이는 하나님의 계시적 내용이다. 그것은 상징적 언어로 되었다. 짐승은 인간 나라를 상징했다. 나라는 무지하고 도덕성이 없고 사나운 짐승과 같다. 바다는 요동치는 세상을 상징한다. 네 짐승은 그 모양이 각각 달랐다. 나라는 나라마다 그 특징이 있다.

〔4절〕 첫째는 사자와 같은데 독수리의 날개가 있더니 내가 볼 사이에 그 날개가 뽑혔고 또 땅에서 들려서 사람처럼 두 발로 서게 함을 입었으며 또 사람의 마음을 받았으며.

사자 같은 첫째 짐승은 바벨론 제국를 상징했다고 보인다. 독수리 날개는 힘과 민첩함을 보이고 그 날개가 뽑힌 것은 그 제국의 몰락을 상징할 것이다. 바벨론 미술품들에서는 날개 있는 사자 조각이 종종 발견된다고 한다. 칼빈의 묵상대로, 두 발로 서게 되고 사람의 마음을 받은 것은 사람의 본심을 회복함을 가리키는 것 같다.

〔5절〕 다른 짐승 곧 둘째는 곰과 같은데 그것이 몸 한편을 들었고 그 입의 잇사이에는 세 갈빗대가 물렸는데 그에게 말하는 자가 있어 이르기를 일어나서 많은 고기를 먹으라 하였으며.

곰 같은 둘째 짐승은 잔인하고 무자비한 메대-파사 제국을 상징했다고 본다. 몸 한편을 든 것은 먹이를 덮치려는 모습이며 세 갈빗대를 문 것은 넘치는 정복욕을 보인다. 사실상, 그 제국은 바벨론, 리디

다니엘 7장: 네 짐승의 이상(異像)

아(소아시아 서쪽 지역), 애굽 등을 정복하였다.

〔6절〕 그 후에 내가 또 본즉 다른 짐승 곧 표범과 같은 것이 있는데 그 등에는 새의 날개 넷이 있고 그 짐승에게 또 머리 넷이 있으며 또 권세를 받았으며.

표범 같은 세 번째 짐승은 헬라 제국을 상징했다고 보인다. 새의 네 날개는 신속함을 보인다. 네 개의 머리는 제국의 네 부분을 가리킬 것이다. 헬라 제국은 후에 캐산더(헬라, 마케도냐), 리시마쿠스(트레이스, 비두니아, 소아시아), 실루커스(수리아, 바벨론, 인도), 프톨레미(애굽)의 네 왕국으로 나뉘었다.

〔7-8절〕 내가 밤 이상 가운데 그 다음에 본 넷째 짐승은 무섭고 놀라우며 또 극히 강하며 또 큰 철 이가 있어서 먹고 부서뜨리고 그 나머지를 발로 밟았으며 이 짐승은 전의 모든 짐승과 다르고 또 열 뿔이 있으므로 내가 그 뿔을 유심히 보는 중 다른 작은 뿔이 그 사이에서 나더니 먼저 뿔 중에 셋이 그 앞에 뿌리까지 뽑혔으며 이 작은 뿔에는 사람의 눈 같은 눈이 있고 또 입이 있어 큰 말을 하였느니라.

무섭고 극히 강하고 큰 철 이가 있는 네 번째 짐승은 로마 제국을 상징했다고 본다. 로마 제국은 극히 강력한 파괴력을 가진 제국이었다. 열 뿔은 로마 제국에서 일어날 열 왕을 가리킨다고 보인다. 그러면 그것은 가이사 아구스도로부터 시작하여 디베료, 칼리굴라, 글라우디오, 네로, 갈바, 오토, 비텔리오, 베스파시안, 디도 등 열 명일 것이다. 또 작은 뿔은 열한 번째 왕인 도미티안을 가리킬 것이다. 눈은 지혜를, 입의 큰 말은 자기 생각의 강한 주장을 상징할 것이다.

〔9-10절〕 내가 보았는데 왕좌가[보좌들이](NASB, NIV) 놓이고 옛적부터 항상 계신 이가 좌정하셨는데 그 옷은 희기가 눈 같고 그 머리털은 깨끗한 양의 털 같고 그 보좌는 불꽃이요 그 바퀴는 붙는 불이며 불이 강처럼 흘러 그 앞에서 나오며 그에게 수종하는 자는 천천이요 그 앞에 시위한 자는 만만이며 심판을 베푸는데 책들이 펴 놓였더라.

이것은 영원자존하신 여호와 하나님의 심판대의 광경이라고 보인다. 심판하시는 하나님께서는 거룩하시며 위엄이 있으시다. 수없이 많은 천사들이 심판자 하나님을 수종 들고 있었다. 하나님의 심판은 책에 기록된 대로, 사람들의 행위대로 정확하게 이루어질 것이다.

〔11-12절〕 그때에 내가 그 큰 말하는 작은 뿔의 목소리로 인하여 주목하여 보는 사이에 짐승이 죽임을 당하고 그 시체가 상한 바 되어 붙는 불에 던진 바 되었으며 그 남은 모든 짐승은 그 권세를 빼앗겼으나 그 생명은 보존되어 정한 시기가 이르기를 기다리게 되었더라.

이것은 로마 제국의 멸망과 다른 모든 세상 나라들의 멸망을 보인다. 그러나 최종적 심판은 아직 미래에 속할 것이다.

〔13-14절〕 내가 또 밤 이상 중에 보았는데 인자(人子) 같은 이가 하늘 구름을 타고 와서 옛적부터 항상 계신 자에게 나아와 그 앞에 인도되매 그에게 권세와 영광과 나라를 주고 모든 백성과 나라들과 각 방언 하는 자로 그를 섬기게 하였으니 그 권세는 영원한 권세라. 옮기지 아니할 것이요 그 나라는 폐하지 아니할 것이니라.

인자(人子) 같은 이는 예수 그리스도를 가리켰다고 보인다. 사복음서에서는 '하나님의 아들'이라는 명칭이 30회 사용된 것에 비하여, '인자(人子, 사람의 아들)'라는 말은 84회 사용되었다. 그가 하늘 구름을 타고 오시는 것은 그의 신적 영광을 나타낸다고 본다. 아버지께서는 그에게 권세와 영광과 나라를 주실 것이다. 마태복음 28:18, "하늘과 땅의 모든 권세를 내게 주셨으니." 메시아의 왕권과 심판권은 그의 초림(初臨)으로 시작되었고 그의 재림(再臨)으로 완성될 것이다. 예수 그리스도의 왕권은 영원하시고 그의 나라는 영원하실 것이다.

〔15-18절〕 나 다니엘이 중심에 근심하며 내 뇌 속에 이상(異像)이 나로 번민케 한지라. 내가 그 곁에 모신 자 중 하나에게 나아가서 이 모든 일의 진상을 물으매 그가 내게 고하여 그 일의 해석을 알게 하여 가로되 그 네 큰 짐승은 네 왕이라. 세상에 일어날 것이로되 지극히 높으신 자의 성도들이 나라를 얻으리니 그 누림이 영원하고 영원하고 영원하리라.

네 큰 짐승은 세상에 일어날 네 왕을 가리키며 그러나 결국에는 지

다니엘 7장: 네 짐승의 이상(異像)

극히 높으신 자의 성도들이 나라를 얻을 것이며 그 누림이 영원하고 영원하고 영원할 것이다. 그 네 짐승은 바벨론, 메대-파사, 헬라, 로마 제국을 가리켰다고 보며, 네 번째 나라, 즉 로마 제국 시대에 메시아께서 강림하실 것이며 그때에 성도들이 얻을 하나님의 영원한 나라가 시작될 것이다. 그것은 다니엘 2:44의 예언과도 일치한다. 다니엘 2:44, "이 열왕의 때에 하늘의 하나님께서 한 나라를 세우시리니 이것은 영원히 망하지도 아니할 것이요 그 국권이 다른 백성에게로 돌아가지도 아니할 것이요 도리어 이 모든 나라를 쳐서 멸하고 영원히 설 것이라." 주 예수 그리스도께서는 오셔서 하나님의 나라를 선포하셨고 신약교회를 세우셨다. 신약교회는 하나님의 나라의 시작이다.

〔19-25절〕 이에 내가 넷째 짐승의 진상을 알고자 하였으니 곧 그것은 모든 짐승과 달라서 심히 무섭고 그 이는 철이요 그 발톱은 놋이며 먹고 부서뜨리고 나머지는 발로 밟았으며 또 그것의 머리에는 열 뿔이 있고 그 외에 또 다른 뿔이 나오매 세 뿔이 그 앞에 빠졌으며 그 뿔에는 눈도 있고 큰 말하는 입도 있고 그 모양이 동류보다 강하여 보인 것이라. 내가 본즉 이 뿔이 성도들로 더불어 싸워 이기었더니 옛적부터 항상 계신 자가 와서 지극히 높으신 자의 성도를 위하여 신원(伸寃)하셨고[억울함을 푸셨고] 때가 이르매 성도가 나라를 얻었더라. 모신 자가 이처럼 이르되 넷째 짐승은 곧 땅의 넷째 나라인데 이는 모든 나라보다 달라서 천하를 삼키고 밟아 부서뜨릴 것이며 그 열 뿔은 이 나라에서 일어날 열 왕이요 그 후에 또 하나가 일어나리니 그는 먼저 있던 자들과 다르고 또 세 왕을 복종시킬 것이며 그가 장차 말로 지극히 높으신 자를 대적하며 또 지극히 높으신 자의 성도를 괴롭게 할 것이며 그가 또 때와 법을 변개코자 할 것이며 성도는 그의 손에 붙인 바 되어 한 때와 두 때와 반 때를 지내리라.

넷째 짐승은 땅의 넷째 나라인데 그 나라는 모든 나라보다 달라서 천하를 삼키고 밟아 부서뜨릴 것이며 그 열 뿔은 그 나라에서 일어날 열 왕이며 그 후 또 일어날 자는 장차 말로 지극히 높으신 자를 대적하며 또 지극히 높으신 자의 성도를 괴롭게 할 것이며 성도는 그의

다니엘 7장: 네 짐승의 이상(異像)

손에 붙인 바 되어 한 때와 두 때와 반 때를 지낼 것이다.

넷째 짐승은 로마 제국을 가리키며 한 작은 뿔은 열한 번째 왕인 도미티안 황제(주후 81-96년)를 가리켰다고 본다. 그는 말세에 나타날 적그리스도의 표상이었다. 그는 말로 하나님을 대적하며 성도들을 박해하는 자일 것이며, 성도들은 그의 손에 붙인 바 되어 한 때와 두 때와 반 때를 지낼 것이다. 한 때와 두 때와 반 때는 문자적으로 3년 반을 가리키는 것 같다. 그러나 그것은 박해의 시작, 박해의 강화, 박해의 그침을 상징했을지도 모른다(칼빈, 박윤선).

〔26-28절〕 그러나 심판이 시작된즉 그는 권세를 빼앗기고 끝까지 멸망할 것이요 나라와 권세와 온 천하 열국의 위세가 지극히 높으신 자의 성민에게 붙인 바 되리니 그의 나라는 영원한 나라이라. 모든 권세 있는 자가 다 그를 섬겨 복종하리라 하여 그 말이 이에 그친지라. 나 다니엘은 중심이 번민하였으며 내 낯빛이 변하였으나 내가 이 일을 마음에 감추었느니라.

하나님의 심판이 시작되자 넷째 짐승은 권세를 빼앗기고 끝까지 멸망할 것이다. 나라와 권세와 온 천하 열국의 위세는 지극히 높으신 자의 성민(聖民)에게 붙인 바 될 것이다. 그의 나라는 영원한 나라이다. 모든 권세 있는 자가 다 하나님을 섬겨 복종할 것이다.

다니엘 7장의 해석에는 어려움이 있다. 역사상 로마 시대에 메시아께서 강림하셨고 하나님의 나라가 시작되었다. 그러나 그때 그가 로마 제국을 심판하셨고 하나님의 나라가 완성되었는가? 그렇지 않다. 그러나 세례 요한이 예수 그리스도에 대해 "손에 키를 들고 자기의 타작 마당을 정하게 하사 알곡은 모아 곡간에 들이고 쭉정이는 꺼지지 않는 불에 태우시리라"고 말했듯이(마 4:12), 세상 나라들의 심판과 하나님의 나라의 건립은 예수 그리스도의 초림으로 시작되고 그의 재림으로 완성된다고 보아야 할 것이다. 복음 전파는 이미 심판의 시작이다. 요한복음 3:18, "저를 믿는 자는 심판을 받지 아니하는 것이요 믿지 아니하는 자는 하나님의 독생자의 이름을 믿지 아니하므

다니엘 7장: 네 짐승의 이상(異像)

로 벌써 심판을 받은 것이니라." 마침내 세상 나라가 우리 주와 그 그리스도의 나라가 되어 그가 세세토록 왕노릇하실 것이다(계 11:15).

본장의 교훈을 정리해보자. 첫째로, 열국들의 역사는 하나님의 섭리 아래 있다. 세계 역사와 미래는 하나님의 섭리의 손안에 있다. 그러므로 우리는 하나님을 의지하며 그의 하시는 일을 바라보아야 한다.

둘째로, 작은 뿔, 곧 도미티안 황제는 말세에 나타날 적그리스도의 표상이다. 작은 뿔은 성도들로 더불어 싸워 이길 것이며 지극히 높으신 자의 성도들을 괴롭게 할 것이며 성도들은 그의 손에 붙인 바 되어 한 때와 두 때와 반 때를 지낼 것이다. 장차 적그리스도의 출현과 예수 그리스도를 믿는 성도들에 대한 박해가 있을 것이다. 요한계시록은 장차 적그리스도가 나타나 성도들을 박해할 것이라고 예언하였다(계 13:4-7).

셋째로, 그러나 하나님의 심판이 이루어질 것이며 하나님의 나라는 완성될 것이다. 22절, "옛적부터 항상 계신 자가 와서 지극히 높으신 자의 성도를 위하여 신원(伸寃)하셨고 때가 이르매 성도가 나라를 얻었더라." 26-27절, "그러나 심판이 시작된즉 그는 권세를 빼앗기고 끝까지 멸망할 것이요 나라와 권세와 온 천하 열국의 위세가 지극히 높으신 자의 성민(聖民)에게 붙인 바 되리니 그의 나라는 영원한 나라이라." 다니엘 2:44는 로마 시대에 하나님께서 그의 나라를 세우실 것을 예언하였다. 하나님의 열국 심판과 하나님 나라의 건립은 예수 그리스도의 초림으로 시작되고 그의 재림으로 완성될 것이다. 하나님의 복음이 전파되고 영혼들이 구원 얻고 교회가 설립되는 것은 어떤 의미에서 이미 세상 나라가 멸망하기 시작한 것이다. 물론 최종적 멸망은 아직 미래에 있다. 주께서 재림하실 때 그것이 이루어질 것이다. 그러나 이미 하나님 나라는 세워지기 시작하였고 세상 나라는 망하기 시작하였다. 우리는 개인과 역사의 섭리자이신 하나님만 의지하고 소망하고 하나님의 뜻대로만 순종하며 거룩하게 살아가야 한다. 특히, 고난 중에도 낙망치 말고 믿음과 인내를 가지고 천국만 소망해야 한다(마 24:13; 계 13:10; 14:12).

다니엘 8장: 숫양과 숫염소의 이상(異像)

8장: 숫양과 숫염소의 이상(異像)

〔1-4절〕 나 다니엘에게 처음에 나타난 이상(異像, vison) 후 벨사살 왕 3년에 다시 이상(異像)이 나타나니라. 내가 이상(異像)을 보았는데 내가 그것을 볼 때에 내 몸은 엘람도(道) 수산 성에 있었고 내가 이상(異像)을 보기는 을래 강변에서니라. 내가 눈을 들어 본즉 강가에 두 뿔 가진 숫양이 섰는데 그 두 뿔이 다 길어도 한 뿔은 다른 뿔보다도 길었고 그 긴 것은 나중에 난 것이더라. 내가 본즉 그 숫양이 서와 북과 남을 향하여 받으나 그것을 당할 짐승이 하나도 없고 그 손에서 능히 구할 이가 절대로 없으므로 그것이 임의로 행하고 스스로 강대하더라.

을래 강은 수산 성 부근의 강이다. 숫양은 뒤에 해석된 대로 메대-파사 제국을 가리켰다(20절). 나중에 난 더 긴 뿔은 파사 제국을 가리킬 것이다. 메대-파사 제국은 서쪽으로 바벨론과 북쪽으로 소아시아와 남쪽으로 애굽을 향해 세력을 확장하였다.

〔5-8절〕 내가 생각할 때에 한 숫염소가 서편에서부터 와서 온 지면에 두루 다니되 땅에 닿지 아니하며 그 염소 두 눈 사이에는 현저한 뿔이 있더라. 그것이 두 뿔 가진 숫양 곧 내가 본 바 강가에 섰던 양에게로 나아가되 분노한 힘으로 그것에게로 달려가더니 내가 본즉 그것이 숫양에게로 가까이 나아가서는 더욱 성내어 그 숫양을 쳐서 그 두 뿔을 꺾으나 숫양에게는 그것을 대적할 힘이 없으므로 그것이 숫양을 땅에 엎드러뜨리고 짓밟았으나 능히 숫양을 그 손에서 벗어나게 할 이가 없었더라. 숫염소가 스스로 심히 강대하여 가더니 강성할 때에 그 큰 뿔이 꺾이고 그 대신에 현저한 뿔 넷이 하늘 사방을 향하여 났더라.

'땅에 닿지 않음'은 그의 움직임이 굉장히 빠름을 나타내는 것 같다. 숫염소는 뒤에 해석된 대로 서쪽 지역의 헬라 제국을 가리키고 (21절) 그 현저한 뿔은 그 첫째 왕인 알렉산더 대왕을 가리킨다. 그것이 두 뿔 가진 숫양의 두 뿔을 꺾었다. 그러나 그 숫염소가 강성할 때에 그 큰 뿔이 꺾이고 뿔 넷이 하늘 사방을 향하여 났듯이, 알렉산

다니엘 8장: 숫양과 숫염소의 이상(異像)

더 대왕이 죽은 후 그 제국은 그의 네 장군들에 의해 서쪽의 캐산더 왕국(헬라와 마케도냐 지역), 동쪽의 실루커스 왕국(수리아, 바벨론, 인도 지역), 북쪽의 리시마쿠스 왕국(소아시아, 트레이스, 비두니아 지역), 남쪽의 프톨레미 왕국(애굽 지역) 등 넷으로 나뉘었다.

[9-12절] 그 중 한 뿔에서 또 작은 뿔 하나가 나서 남편과 동편과 또 영화로운 땅을 향하여 심히 커지더니 그것이 하늘 군대에 미칠 만큼 커져서 그 군대와 별 중에 몇을 땅에 떨어뜨리고 그것을 짓밟고 또 스스로 높아져서 군대의 주재를 대적하며 그에게 매일 드리는 제사를 제하여 버렸고 그의 성소를 헐었으며 범죄함을 인하여 백성과 매일 드리는 제사가 그것에게 붙인 바 되었고 그것이 또 진리를 땅에 던지며 자의로 행하여 형통하였더라.

숫염소의 네 뿔 중 하나는 수리아 지역의 실루커스 왕국을 가리키고 거기에서 난 작은 뿔은 실루커스의 제8대 왕인 악명 높았던 안티오커스 4세를 가리킨다. 그는 자신을 신의 화신(化身)이라고 불렀으므로 '에피파네스'라는 별명이 붙었다. 그 당시의 역사를 쓴 마카비 1서에 보면, 안티오커스 왕은 예루살렘과 유다 도시들에 다음과 같은 칙령을 내렸다: 유대인들은 이교도들의 관습을 따를 것, 성소 안에서 제사 드리지 말 것, 안식일과 절기들을 지키지 말 것, 이교의 제단과 신당을 세울 것, 돼지와 부정한 동물들을 제물로 잡아 바칠 것, 남자 아이들에게 할례를 주지 말 것, 모든 종류의 음란과 모독의 행위로 스스로를 더럽힐 것(마카비 1서 1:44-50). 이와 같이, 그는 하나님을 대적하고 하나님의 백성 이스라엘을 박해한 매우 악한 왕이었다.

[13-14절] 내가 들은즉 거룩한 자가 말하더니 다른 거룩한 자가 그 말하는 자에게 묻되 이상(異像)에 나타난 바 매일 드리는 제사와 망하게 하는 죄악에 대한 일과 성소와 백성이 내어준 바 되며 짓밟힐 일이 어느 때까지 이를꼬 하매 그가 내게 이르되 2,300주야(晝夜)까지니 그때에 성소가 정결하게 함을 입으리라 하였느니라.

2,300주야(晝夜)는 2,300일 즉 약 6년 반을 가리킨다. 그것은 주전 171년 안티오커스 4세가 유대의 대제사장 오니아스 3세를 죽인 때로

다니엘 8장: 숫양과 숫염소의 이상(異像)

부터 주전 167년 예루살렘 성전을 더럽힌 때를 거쳐 주전 164년 그 왕이 마침내 죽은 때까지 약 6년 반을 가리킨 것 같다. 안티오커스 4세가 죽음으로 예루살렘 성전은 다시 깨끗하게 되었다.

〔15-19절〕 나 다니엘이 이 이상(異像)을 보고 그 뜻을 알고자 할 때에 사람 모양 같은 것이 내 앞에 섰고 내가 들은즉 을래 강 두 언덕 사이에서 사람의 목소리가 있어 외쳐 이르되 가브리엘아, 이 이상(異像)을 이 사람에게 깨닫게 하라 하더니 그가 나의 선 곳으로 나아왔는데 그 나아올 때에 내가 두려워서 얼굴을 땅에 대고 엎드리매 그가 내게 이르되 인자야, 깨달아 알라. 이 이상(異像)은 정한 때 끝에 관한 것이니라. 그가 내게 말할 때에 내가 얼굴을 땅에 대고 엎드리어 깊이 잠들매 그가 나를 어루만져서 일으켜 세우며 가로되 진노하시는 때가 마친 후에 될 일을 내가 네게 알게 하리니 이 이상(異像)은 정한 때 끝에 관한 일임이니라.

가브리엘은 하나님의 뜻을 전달하는 천사다. '정한 때 끝'은 '환난의 정한 때 끝'을 말한다. 하나님께서는 모든 일을 작정하셨다.

〔20-22절〕 네가 본 바 두 뿔 가진 숫양은 곧 메대와 바사 왕들이요 털이 많은 숫염소는 곧 헬라 왕이요 두 눈 사이에 있는 큰 뿔은 곧 그 첫째 왕이요 이 뿔이 꺾이고 그 대신에 네 뿔이 났은즉 그 나라 가운데서 네 나라가 일어나되 그 권세만 못하리라.

두 뿔 가진 숫양은 메대와 바사의 왕들을 가리켰고 또 털이 많은 숫염소는 헬라 왕들을 가리켰다. 그 두 눈 사이에 있는 큰 뿔은 그 첫째 왕인 알렉산더를 가리키고, 이 뿔이 꺾이고 그 대신에 네 뿔, 즉 네 나라가 일어나는데, 그 네 나라는 알렉산더 왕이 죽은 후에 나뉠 네 나라를 가리켰다. 그러나 그 나라들은 처음 나라만 못할 것이다.

〔23-25절〕 이 네 나라 마지막 때에 패역자들이 가득할 즈음에 한 왕이 일어나리니 그 얼굴은 엄장하며[험악하며] 궤휼[음모]에 능하며 그 권세가 강할 것이나 자기의 힘으로 말미암은 것이 아니며 그가 장차 비상하게 파괴를 행하고 자의로 행하여 형통하며 강한 자들과 거룩한 백성을 멸하리라. 그가 꾀를 베풀어 제 손으로 궤휼[거짓]을 이루고 마음에 스스로 큰 체하며 또 평화한 때에 많은 무리를 멸하며 또 스스로 서서 만왕의 왕을 대적할 것

다니엘 8장: 숫양과 숫염소의 이상(異像)

이나 그가 사람의 **손을 말미암지 않고 깨어지리라.**

실루커스 왕국의 안티오커스 4세는 동료들의 도움으로 권력을 얻었다. 그는 하나님을 대적하는 적그리스도적 인물이었다. 그러나 그는 예언된 대로 사람의 손으로 말미암지 않고 내장이 뒤틀리고 구더기가 들끓었고 살이 썩어 비참하게 죽었다(마카비 2서 9:5, 9, 28).

〔26-27절〕 이미 말한 바 주야에 대한 이상이 확실하니 너는 그 이상을 간수하라. 이는 여러 날 후의 일임이니라. 이에 나 다니엘이 혼절하여(니예시 [נֶהְיֵיתִי])[기운이 다 빠져] 수일을 앓다가 일어나서 왕의 일을 보았느니라. 내가 그 이상(異像)을 인하여 놀랐고 그 뜻을 깨닫는 사람도 없었느니라.

본장의 교훈을 정리해보자. 첫째로, 본장은 메대-파사 제국과 헬라 제국에 대한 예언, 헬라 제국의 첫 번째 왕이 죽은 후 그 나라가 넷으로 나뉘어질 것, 그 중 한 나라에서 무서운 폭군이 등장할 것 등을 구체적으로 예언하였고, 그 예언들은 3, 4백년 후 그대로 이루어졌다. 그것이 성경의 예언이다. 예언은 그대로 이루어진다. 신약성경에 예언된 종말의 예언들, 특히 예수 그리스도의 재림과 천국과 지옥에 대한 예언도 그대로 성취될 것이다. 우리는 성경의 예언들이 구체적으로 주어지고 구체적으로 성취됨을 깨닫고 성경의 예언들을 다 믿고 소망해야 한다.

둘째로, 안티오거스 4시 때 있을 무서운 박해가 예언되었디. 그는 적그리스도의 예표이었다. 주 예수님의 재림 직전에도 성도들에게 환난과 박해가 있을 것이다(마 24:9-10; 행 14:22). 적그리스도가 나타날 것이며 마지막 대박해의 때가 올 것이다(계 13:7, 15-18). 그러므로 우리는 세상에서 박해가 있음을 알고 고난을 각오하며 대비해야 한다.

셋째로, 악한 박해자의 멸망도 예언되었다. 주 예수께서 재림하실 때도 성경에 예언된(살후 2:8; 계 13장) 적그리스도는 잡혀 산 채로 유황 불못에 던지울 것이다(계 19:19-20). 그러므로 우리는 몸만 죽일 수 있는 사람들을 두려워하지 말고 오직 몸과 영혼을 함께 지옥에 멸하시는 하나님을 두려워해야 하고(마 10:28), 영광의 천국만 소망해야 한다.

9장: 다니엘의 기도와 70이레

〔1-2절〕 메대 족속 아하수에로의 아들 다리오가 갈대아 나라 왕으로 세움을 입던 원년 곧 그 통치 원년에 나 다니엘이 서책으로 말미암아 여호와의 말씀이 선지자 예레미야에게 임하여 고하신 그 연수를 깨달았나니 곧 예루살렘의 황무함이 70년 만에 마치리라 하신 것이니라.

〔3-6절〕 내가 금식하며 베옷을 입고 재를 무릅쓰고 주 하나님께 기도하며 간구하기를 결심하고 내 하나님 여호와께 기도하며 자복하여 이르기를 크시고 두려워할[두려우신] 주 하나님, 주를 사랑하고 주의 계명을 지키는 자를 위하여 언약을 지키시고 그에게 인자를 베푸시는 자시여, 우리는 이미 범죄하여 패역하며 행악하며 반역하여 주의 법도와 규례를 떠났사오며 우리가 또 주의 종 선지자들이 주의 이름으로 우리의 열왕과 우리의 방백과 열조와 온 국민에게 말씀한 것을 듣지 아니하였나이다.

다리오 왕 원년에 다니엘은 선지자 예레미야의 책에 예루살렘의 황무함이 70년 만에 마치리라는 예언을 깨닫고 하나님 앞에 이스라엘 자손들의 범죄함과 패역함과 악행과 반역을 고백하며 간구했다.

〔7-8절〕 주여, 공의는 주께로 돌아가고 수욕(羞辱)[부끄러움]은 우리 얼굴로 돌아옴이 오늘날과 같아서 유다 사람들과 예루살렘 거민들과 이스라엘이 가까운 데 있는 자나 먼데 있는 자가 다 주께서 쫓아 보내신 각국에서 수욕(羞辱)[부끄러움]을 입었사오니 이는 그들이 주께 죄를 범하였음이니이다. 주여, 수욕(羞辱)[부끄러움]이 우리에게 돌아오고 우리의 열왕과 우리의 방백과 열조에게 돌아온 것은 우리가 주께 범죄하였음이니이다 마는.

다니엘은 그들이 각국에서 당한 부끄러움이 그들의 범죄의 결과임을 거듭하여 인정했다. 그는 "이는 그들이 주께 죄를 범하였음이니이다," "우리가 주께 범죄하였음이니이다"라고 말했다. 그들이 당하는 환경적 불행과 부끄러움은 그들의 죄에 대한 하나님의 징벌이었다.

〔9-11절〕 주 우리 하나님께는 긍휼과 사유하심이 있사오니 이는[비록] (KJV, NIV) 우리가 주께 패역하였음이오며[패역하였고] 우리 하나님 여호와의

목소리를 청종치 아니하며 여호와께서 그 종 선지자들에게 부탁하여 우리 앞에 세우신 율법을 행치 아니하였음이니이다[아니하였을지라도](KJV, NIV). 온 이스라엘이 주의 율법을 범하고 치우쳐 가서 주의 목소리를 청종치 아니하였으므로 이 저주가 우리에게 내렸으되 곧 하나님의 종 모세의 율법 가운데 기록된 맹세대로 되었사오니 이는 우리가 주께 범죄하였음이니이다.

다니엘은 비록 이스라엘 백성이 패역하고 하나님의 목소리를 청종치 않았을지라도 주 우리 하나님께는 긍휼과 용서하심이 있으시다고 말하며 하나님의 긍휼을 의지한다. 또 그는 온 이스라엘 백성이 하나님의 율법을 범하고 치우쳐 갔고 범죄했기 때문에 하나님의 저주가 그들에게 임하였고 그들이 고통을 당하고 있다고 다시 고백한다.

〔12-15절〕주께서 큰 재앙을 우리에게 내리사 우리와 및 우리를 재판하던 재판관을 쳐서 하신 말씀을 이루셨사오니 온 천하에 예루살렘에 임한 일 같은 것이 없나이다. 모세의 율법에 기록된 대로 이 모든 재앙이 이미 우리에게 임하였사오나 우리는 우리의 죄악을 떠나고 주의 진리를 깨닫도록 우리 하나님 여호와의 은총을 간구치 아니하였나이다. 이러므로 여호와께서 이 재앙을 간직하여 두셨다가 우리에게 임하게 하셨사오니 우리의 하나님 여호와는[께서는] 행하시는 모든 일이 공의로우시나 우리가 그 목소리를 청종치 아니하였음이니이다. 강한 손으로 주의 백성을 애굽 땅에서 인도하여 내시고 오늘과 같이 명성을 얻으신 우리 주 하나님이여, 우리가 범죄하였고 악을 행하였나이다.

다니엘은 계속하여 하나님께서 그들에게 내리신 큰 재앙은 이미 그들에게 경고하셨던 율법의 내용대로 된 것이고 그러므로 이 일에 있어서 하나님께서는 공의로우시다고 말한다. 그는 또 그들이 하나님의 목소리를 청종치 않았고 범죄하고 악을 행하였고 또 하나님의 징벌에도 불구하고 그들이 그 죄악을 떠나지 않았고 하나님의 진리를 깨닫도록 하나님의 은총을 간구하지 않았다고 고백하였다.

〔16-19절〕주여, 내가 구하옵나니 주[께서]는 주의 공의를 좇으사 주의 분노를 주의 성 예루살렘, 주의 거룩한 산에서 떠나게 하옵소서. 이는 우리의 죄와 우리의 열조의 죄악을 인하여 예루살렘과 주의 백성이 사면에 있는

자에게 수욕을 받음이니이다. 그러하온즉 우리 하나님이여, 지금 주의 종의 기도와 간구를 들으시고 주를 위하여 주의 얼굴빛을 주의 황폐한 성소에 비취시옵소서. 나의 하나님이여, 귀를 기울여 들으시며 눈을 떠서 우리의 황폐된 상황과 주의 이름으로 일컫는 성을 보옵소서. 우리가 주의 앞에 간구하옵는 것은 우리의 의를 의지하여 하는 것이 아니요 주의 큰 긍휼을 의지하여 함이오니 주여, 들으소서. 주여, 용서하소서. 주여, 들으시고 행하소서. 지체치 마옵소서. 나의 하나님이여, 주 자신을 위하여 하시옵소서. 이는 주의 성과 주의 백성이 주의 이름으로 일컫는 바 됨이니이다.

다니엘은 그들과 그들 열조의 죄 때문에 그의 공의의 징벌로 수욕을 당하는 예루살렘 성을 향해 하나님께서 분노를 거두시고 황폐한 성소에 그의 긍휼의 얼굴빛을 비추시기를 간구한다. 또 그는 자신들의 의를 의지하여 간구하는 것이 아니고 하나님의 크신 긍휼을 의지하여 간구한다고 말하며 또 그는 하나님의 성(城)과 그의 백성에게 있는 하나님 이름을 인하여 그들을 긍휼히 여기시기를 간구한다.

[20-24절] 내가 이같이 말하여 기도하며 내 죄와 및 내 백성 이스라엘의 죄를 자복하고 내 하나님의 거룩한 산을 위하여 내 하나님 여호와 앞에 간구할 때 곧 내가 말하여 기도할 때에 이전 이상 중에 본 그 사람 가브리엘이 빨리 날아서 저녁 제사를 드릴 때 즈음에 내게 이르더니 내게 가르치며 내게 말하여 가로되 다니엘아, 내가 이제 네게 지혜와 총명을 주려고 나왔나니 곧 네가 기도를 시작할 즈음에 명령이 내렸으므로 이제 네게 고하러 왔느니라. 너는 크게 은총을 입은 자라. 그런즉 너는 이 일을 생각하고 그 이상을 깨달을지니라. 네 백성과 네 거룩한 성을 위하여 70이레로 기한을 정하였나니 허물이 마치며 죄가 끝나며 죄악이 영속(永贖)되며 영원한 의가 드러나며 이상과 예언이 응하며 또 지극히 거룩한 자가 기름부음을 받으리라.

하나님께서는 천사 가브리엘을 다니엘에게 보내주셔서 그의 기도의 응답으로 하나님의 뜻을 알려주셨다. 그것은 70이레에 대한 예언이었다. 70이레는 이스라엘 백성과 예루살렘 성을 위해 하나님께서 작정하신 기간이었다. '이레'라는 말 (쇠부아 שָׁבוּעַ)은 '주간'을 가리킨다. '70이레'(쇠부임 쉬브임 שִׁבְעִים שָׁבֻעִים)는 '70주간'이라는 뜻이다. 그것은 70x7년, 즉 490년이라는 뜻이든지(칼빈, 헹스텐버그), 혹은 상징적 숫자일 것이다(카일, 루폴드, 영). 그 작정된 기간 안에 "허물이 마치며 죄가 끝나며 죄악이 영속(永贖)되며 영원한 의(義)가 드러나며 이상과 예언이 응할 것"이다. 이것은 그리스도의 속죄사역과 그로 인한 의(義)를 가리킨다고 본다(히 9:12; 10:10, 14; 롬 10:4). 또 그때 "지극히 거룩한 자가 기름부음을 받을 것"이다. '지극히 거룩한 자'는, 천년왕국의 성전(개블라인)이나 새 예루살렘 성전의 지성소(카일, 루돌프)를 가리킨다기보다 그리스도(영, 박윤선)를 가리킨다고 본다. 대제사장 아론은 '지극히 거룩한 자'로 불렸다(대상 23:13). 그리스도께서는 지극히 거룩한 자이시다(눅 1:35; 행 3:14; 4:30).

〔25절〕 **그러므로 너는 깨달아 알지니라. 예루살렘을 중건(重建)하라는 영(令)이 날 때부터 기름부음을 받은 자 곧 왕이** 일어나**기까지 일곱 이레와 62이레가 지날 것이요 그때 곤란한 동안에 성이 중건(重建)되어 거리와 해자(垓字)**(성밖으로 둘러 판 못, 즉 성 외곽 방어물)**가 이룰 것이며.**

예루살렘 성을 중건(重建)하라는 칙령은 파사 왕 아닥사스다 1세 통치 기간(주전 464-424년) 중 총독 느헤미야에게 예루살렘 성 중건할 권한을 주어 고국을 방문케 한 때, 곧 주전 445년에 내려졌다고 보인다. 유다 백성이 예루살렘 성을 중건할 때 악한 자들의 방해가 많겠고 거리와, 해자(垓字)(성밖으로 둘러 판 못), 즉 성 외곽 방어물을 만들 것이다. 그때부터 기름부음을 받은 자 곧 왕 메시아가 일어나기까지 일곱 이레와 62이레, 즉 합하여 69이레가 지날 것이다. 일곱 이레는 예루살렘 성의 중건 이후 어느 정도의 안정된 기간을 가리킬 것이다. 62이레를 합하여 69이레, 즉 483년은 음력이므로 양력으로 469년 혹은 470년이 된다(음력은 1년이 354 내지 355일임). 그러면 69이레가 지난 때는 주후 26년 즈음이 되며 그것은 예수께서 공생애를 시작하신 때라고 본다(예수께서 주전 4년경에 탄생하셨다고 보면).

〔26절〕 **62이레 후에 기름부음을 받은 자가 끊어져 없어질 것이며 장차**

다니엘 9장: 다니엘의 기도와 70이레

한 왕의 백성이 와서 그 성읍과 성소를 훼파하려니와 그의 종말은 홍수에 엄몰됨 같을 것이며 또 끝까지 전쟁이 있으리니 황폐할 것이 작정되었느니라.

 62이레 후에 기름부음을 받은 자가 끊어져 없어질 것이라는 말은 그때 메시아의 죽음이 있을 것이라는 뜻이라고 본다. 또 "장차 한 왕의 백성이 와서 그 성읍과 성소를 훼파하려니와 그의 종말은 홍수에 엄몰됨 같을 것이며 또 끝까지 전쟁이 있으리니 황폐할 것이 작정되었느니라"는 예언은 주후 70년에 있었던 예루살렘 성의 멸망을 가리킬 것이다. 유대인 역사가 요세푸스에 의하면, 로마 군대를 이끌고 온 디도 장군은 유대인들의 격렬한 저항으로 인해 1년 이상 전쟁을 계속하면서 수많은 사람을 죽였다. 예루살렘 성이 포위된 동안 110만명이 죽었고 97,000명이 종으로 팔렸다. 예루살렘 성전은 여지없이 무너졌고 성읍은 파괴되었다(박윤선, 다니엘 주석, 175쪽에서 재인용함).

 〔27절〕 그가 장차 많은 사람으로 더불어 한 이레 동안의 언약을 굳게 정하겠고 그가 그 이레의 절반에 제사와 예물을 금지할 것이며 또 잔포하여 미운 물건이 날개를 의지하여 설 것이며 또 이미 정한 종말까지 진노가 황폐케 하는 자에게 쏟아지리라 하였느니라.

 본문은 해석하기 어려워 보인다. "그가 장차 많은 사람으로 더불어 한 이레 동안의 언약을 굳게 정하겠고 그가 그 이레의 절반에 제사와 예물을 금지할 것"라는 말씀은 그리스도의 사역에 대한 예언이라고 보인다(매튜 풀, 박윤선, 이병규). 예수 그리스도께서는 자기 백성과 새 언약을 굳게 세우셨다. 그 이레의 절반 즉 3년 반은 그의 공생애 기간을 가리킬 것이다. 그가 제사와 예물을 금지할 것이라는 예언은 그의 십자가 대속 사역으로 구약의 제사 제도가 폐지될 것을 보인다. 또 "잔포하여 미운 물건이 날개를 의지하여 설 것이며 또 이미 정한 종말까지 진노가 황폐케 하는 자에게 쏟아지리라"는 원문은, "가증한 것들의 확산 때문에 그가 그것을 황폐케 하리니 작정된 완전한 멸망이 황폐한 것에 쏟아질 때까지니라"고 번역할 수 있다(KJV). '가증한 것들의 확산'은 예수 그리스도를 믿지 않는 자들이 예루살렘 성전에서 제사를 드리는 것을 가리키는 것 같다. 여기의 '그'는 예루살렘을 황폐케 하기 위해 올 인물, 즉 로마의 디도 장군을 가리켰다고 보인다. 이 본문은 주후 70년의 예루살렘 성의 멸망을 예언한다고 본다.

본장의 교훈을 정리해보자. 첫째로, 다니엘은 이스라엘 백성이 멸망하여 70년 포로생활을 하는 것이 하나님의 공의의 징벌이었음을 인정하고 하나님의 긍휼의 회복을 간구했다. 우리는 하나님의 징계를 받을 때 우리의 의와 선행을 내세우며 불평하지 말고 우리의 죄악됨과 하나님의 공의로운 심판을 겸손히 인정하고 오직 하나님의 긍휼만을 의지하며 구원과 회복을 간구해야 한다(9, 18절). 죄인들의 소망은 하나님의 긍휼뿐이다. 우리는 오직 하나님의 은혜와 긍휼만 항상 의지해야 한다.

둘째로, 하나님께서는 이스라엘의 회복을 위해 70이레(490년)로 작정하셨다(24절). 그것은 메시아 사역을 예언한 것으로 보인다. 세상 만사는 하나님의 작정대로 이루어진다. 오늘날 우리 개인의 삶도, 세계 역사도 하나님의 작정하신 대로 이루어질 것이다. 우리는 하나님의 주권적 작정과 주권적 섭리를 믿어야 하고, 우리 개인이나 가정, 교회나 국가, 그리고 온 세계를 향해 행하시는 그의 일들을 주목해야 한다.

셋째로, 예수 그리스도께서는 영원한 속죄와 의를 이루셨다. 24절, "네 백성과 네 거룩한 성을 위하여 칠십 이레로 기한을 정하였나니 허물이 마치며 죄가 끝나며 죄악이 영속(永贖)되며 영원한 의가 드러나며 이상과 예언이 응하며 또 지극히 거룩한 자가 기름부음을 받으리라." 이 예언은 예수 그리스도의 십자가 대속 사역과 그 의를 가리켰다. 그의 때문에 우리는 의롭다 하심을 얻었다. 그러나 예수 그리스도의 사역은 구원과 멸망을 나눌 것이다. 예수 그리스도께서는 그를 믿는 모든 자들에게 죄사함과 의롭다 하심과 영생을 주신다. 그러나 그를 거절하고 믿지 않고 죄 가운데 사는 모든 사람들은 정죄되고 멸망할 것이다.

10장: 큰 전쟁에 관한 이상(異像)

〔1-3절〕 바사 왕 고레스 3년에 한 일이 벨드사살이라 이름한 다니엘에게 나타났는데 그 일이 참되니 곧 큰 전쟁에 관한 것이라. 다니엘이 그 일을 분명히 알았고 그 이상(異像)을 깨달으니라. 그때에 나 다니엘이 세 이레 동안을 슬퍼하며 세 이레가 차기까지 좋은 떡을 먹지 아니하며 고기와 포도주를 입에 넣지 아니하며 또 기름을 바르지 아니하니라.

'큰 전쟁'은 본장에 이어 11장에 기록되어 있는 북방 왕과 남방 왕의 전쟁을 가리킨다. 다니엘이 받은 이상(異像)은 이 일과 함께 장차 이스라엘 백성에게 닥칠 큰 환난의 일에 관한 것이다. 다니엘은 그 일을 분명히 알았고 그 이상(異像)을 깨달았고 책에 기록하였다.

〔4-6절〕 정월 24일에 내가 힛데겔[티그리스](NASB, NIV)이라 하는 큰 강가에 있었는데 그때에 내가 눈을 들어 바라본즉 한 사람이 세마포 옷을 입었고 허리에는 우바스 정금 띠를 띠었고 그 몸은 황옥 같고 그 얼굴은 번갯빛 같고 그 눈은 횃불 같고 그 팔과 발은 빛난 놋[청동]과 같고 그 말소리는 무리의 소리와 같더라.

다니엘이 본 사람은 구약시대에 때때로 자신의 영광을 나타내신 그리스도이시라고 본다. 허리에 정금 띠를 띠신 것은 그의 왕적 권위를 보이고, 얼굴이 번갯빛 같으신 것은 그의 영광을 보이며 그의 눈이 횃불 같으신 것은 그의 두려운 통찰력을 나타낸다. 그의 팔과 발이 빛난 청동과 같으신 것은 그의 심판의 힘을 보이고, 그의 말소리가 무리의 소리 같으신 것은 그의 큰 위엄을 보인다. 그는 요한계시록에 증거된 그리스도의 모습과 비슷하다. 거기에 보면, 인자 같은 이가 발에 끌리는 옷을 입고 가슴에 금띠를 띠고 그 머리와 털의 희기가 흰 양털 같고 눈 같으며 그의 눈은 불꽃같고 그의 발은 풀무에 단련한 빛난 주석 같고 그의 음성은 많은 물소리와 같았다(계 1:13-15).

〔7-9절〕 이 이상(異像)은 나 다니엘이 홀로 보았고 나와 함께한 사람들

다니엘 10장: 큰 전쟁에 관한 이상(異像)

은 이 이상(異像)은 보지 못하였어도 그들이 크게 떨며 도망하여 숨었었느니라. 그러므로 나만 홀로 있어서 이 큰 이상(異像)을 볼 때에 내 몸에 힘이 빠졌고 나의 아름다운 빛이 변하여 썩은 듯하였고[나의 활기 있는 얼굴빛이 창백해졌고] 나의 힘이 다 없어졌으나 내가 그 말소리를 들었는데 그 말소리를 들을 때에 내가 얼굴을 땅에 대고 깊이 잠들었었느니라.

다니엘은 이 이상(異像)을 혼자 보았고 그와 함께한 자들은 그것을 보지 못하였으나 크게 떨며 도망하여 숨었었다. 하나님께서 보이신 계시는 초자연적 현상을 동반한 객관적 사건이었지만, 그 계시 내용은 다니엘에게만 알려졌다. 그것은 회심하기 전 바울이 다메섹 길에서 그리스도를 만났던 경험과 비슷하였다. 그때도 같이 가던 사람들은 소리만 듣고 아무도 보지 못하여 말을 못하고 섰었다(행 9:7).

〔10-12절〕한 손이 있어 나를 어루만지기로 내가 떨더니 그가 내 무릎과 손바닥이 땅에 닿게 일으키고 내게 이르되 은총을 크게 받은[사랑을 크게 받은, 매우 귀히 여김을 받은] 사람 다니엘아, 내가 네게 이르는 말을 깨닫고 일어서라. 내가 네게 보내심을 받았느니라. 그가 내게 이 말을 한 후에 내가 떨며 일어서매 그가 내게 이르되 다니엘아, 두려워하지 말라. 네가 깨달으려 하여 네 하나님 앞에 스스로 겸비케 하기로 결심하던 첫날부터 네 말이 들으신 바 되었으므로 내가 네 말로 인하여 왔느니라.

다니엘에게 말한 자는 천사 가브리엘이었을 것이다.

〔13-14절〕그런데 바사국 군(君)(prince)이 21일 동안 나를 막았으므로 내가 거기 바사국 왕들과 함께 머물러 있더니 군장 중 하나 미가엘이 와서 나를 도와주므로 이제 내가 말일(末日)[마지막 날에]에 네 백성의 당할 일을 네게 깨닫게 하러 왔노라. 대저 이 이상(異像)은 오래 후의 일이니라.

'바사국 군(君)'은 바사국을 지배하는 악한 천사를 가리킨다고 본다. 그가 가브리엘 천사의 계시 전달의 일을 21일 동안이나 방해하였으나 군장(君長)들 즉 전투하는 대장 천사들 중의 하나인 미가엘이 와서 그를 도와주므로 가브리엘은 그 방해를 이기고 무사히 다니엘에게 왔다고 보인다. 본문은 몇 가지 진리를 보인다. 첫째, 영의 세계에 싸움이 있다. 둘째, 세상 권세의 배후에 악한 영이 활동하고 있다. 셋째, 악한 영은 하나님의 일을 방해하고 때때로 그 일을 지연시키기도 한다. 넷째, 군장(君長)들 중 하나인 미가엘이 하나님의 천사들을 도와 하나님의 일을 성취한다. 다섯째, 하나님의 일들은 악한 영들의 방해가 있어도 실패하지 않으며 결국 다 이루어진다.

〔15-17절〕 그가 이런 말로 내게 이를 때에 내가 곧 얼굴을 땅에 향하고 벙벙하였더니 인자(人子)와 같은 이가 있어 내 입술을 만진지라. 내가 곧 입을 열어 내 앞에 섰는 자에게 말하여 가로되 내 주여, 이 이상(異像)을 인하여 근심이 내게 더하므로 내가 힘이 없어졌나이다. 내 몸에 힘이 없어졌고 호흡이 남지 아니하였사오니 내 주의 이 종이 어찌 능히 내 주로 더불어 말씀할 수 있으리이까?

이 '인자와 같은 이'는 앞에서 영광스런 모습으로 나타나셨던 분 곧 예수 그리스도이실 것이다.

〔18-19절〕 또 사람의 모양 같은 것 하나가 나를 만지며 나로 강건케 하여 가로되 은총을 크게 받은 사람이여, 두려워하지 말라. 평안하라. 강건하라. 강건하라. 그가 이같이 내게 말하매 내가 곧 힘이 나서 가로되 내 주께서 나로 힘이 나게 하셨사오니 말씀하옵소서.

이 '사람의 모양 같은 이'도 위에 나타나신 예수 그리스도이실 것이다. 주 예수 그리스도께서는 우리에게 힘과 강건함을 주신다.

〔20-21절〕 그가 이르되 내가 어찌하여 네게 나아온 것을 네가 아느냐? 이제 내가 돌아가서 바사 군(君)과 싸우려니와 내가 나간 후에는 헬라 군(君)이 이를 것이라. 오직 내가 먼저 진리의 글에 기록된 것으로 네게 보이리라. 나를 도와서 그들을 대적하는 자는 너희 군(君) 미가엘뿐이니라.

본문은 주 예수 그리스도께서 친히 영적 싸움을 싸우심을 보인다. 이 세상은 지금도 영적 전쟁 중이다. 그러나 역사는 하나님께서 작정하신 대로 진행될 것이다. 하나님께서는 바사 나라가 멸망할 것이며 헬라 나라가 권세를 얻을 것을 보이셨다. 군장(君長) 천사인 미가엘은 예수 그리스도를 도와 하나님의 일을 이룰 것이다.

다니엘 10장: 큰 전쟁에 관한 이상(異像)

본장의 교훈을 정리해보자. 첫째로, 천사 미가엘과 악령들 간의 싸움이 있다. 우리는 지금도 세상에 영적 전쟁이 일어나고 있음을 알아야 한다. 요한계시록 12:7, "하늘에 전쟁이 있으니 미가엘과 그의 사자들이 용으로 더불어 싸울새 용과 그의 사자들도 싸우나." 우리도 사탄이나 악한 영들과 더불어 싸운다. 에베소서 6:12, "우리의 씨름은 혈과 육에 대한 것이 아니요 정사와 권세와 이 어두움의 세상 주관자들과 하늘에 있는 악의 영들에게 대함이라." 우리는 마음의 눈을 열어 세상의 모든 일들 배후에서 일어나고 있는 이 영적 전쟁을 인식하고 대처해야 한다.

둘째로, 우리는 세상 권세자들의 배후에는 악한 영들이 있고 사탄과 악한 영들이 하나님의 일을 방해함을 알아야 한다. 세상 나라들은 단순히 세상 위정자들의 생각과 판단으로 운영되는 것이 아니고, 그 배후에 악한 영들이 있다. 그들은 본장에 나오는 '바사국 군(國君)' 혹은 '바사 군(君)'과 '헬라 군(君)' 등이다. 그들은 하나님의 일들을 방해하며 악한 영향을 끼친다. 우리는 그 사실을 인식하고 기도해야 한다. 우리는 우리 자신이 이 영적 싸움에서 이기도록 의와 진리로, 믿음과 소망으로, 또 하나님의 말씀과 기도로 잘 무장하고 잘 싸워야 하며, 또 하나님의 일들을 방해하는 사탄과 악한 영들이 제압되도록 기도해야 한다. 또 우리는 세상 나라가 너무 악화되지 않도록 하나님의 긍휼을 구해야 한다.

셋째로, 우리는 하나님의 일들이 결국 다 이루어짐을 알아야 한다. 하나님의 일들이 때때로 지연되기도 하지만, 그것까지도 우리에게는 유익하다. 왜냐하면 우리는 그런 때에 하나님께 더욱 기도하게 되며 우리 자신의 부족을 깨닫고 회개하며 인내하며 하나님만 의지하게 되기 때문이다. 그러나 하나님께서는 그가 만세 전에 계획하신 모든 일들을 그의 뜻대로 실패 없이 다 이루실 것이다. 시편 115:3, "우리 하나님께서는 하늘에 계셔서 원하시는 모든 것을 행하셨나이다." 모든 것이 하나님께로서 나오고 하나님으로 말미암고 하나님께로 돌아간다(롬 11:36). 그러므로 우리는 하나님의 주권적 작정과 섭리를 믿고 확신해야 한다.

11장: 북방 왕과 남방 왕의 전쟁

1-27절, 북방 왕과 남방 왕의 전쟁

[1절] 내가 또 메대 사람 다리오 원년에(주전 539년경) 일어나 그를 돕고 (마카지크 מַחֲזִיק)[강건케 하고, 붙들고] 강하게 한(마오즈 מָעוֹז)[피난처와 보호자가 된] 일이 있었느니라.

주께서는 메대 사람 다리오 원년 즉 주전 539년경에 일어나셔서 다리오 왕을 도우셨다. 주께서 다리오를 강건케 하셨고 보호자가 되셨다는 뜻이다. 본문은 주께서 다리오를 도와 바벨론을 멸망하게 하셨음을 뜻하는 것 같다. 이 다리오는 파사 왕 고레스이거나 혹은 그와 동맹하여 바벨론을 쳤던 메대의 장군 고바루를 가리킬 것이다.

[2절] 이제 내가 참된 것을 네게 보이리라. 보라, 바사에서 또 세 왕이 일어날 것이요 그 후의 넷째는 그들보다 심히 부요할 것이며 그가 그 부요함으로 강하여진 후에는 모든 사람을 격동시켜 헬라국을 칠 것이며.

주께서는 다니엘에게 앞으로 참으로 일어날 일들에 대해 보여주셨다. 우선, 파사 나라에서 세 왕이 일어날 것이다. 그 세 왕은 역사상 고레스, 캄비세스 2세, 다리오 1세를 가리킬 것이다. 그 후에 앞의 셋보다 심히 부요하고 그 부요함으로 강해진 후 모든 사람을 격동시켜 헬라국을 칠 네 번째 왕은 에스더서에 나오는 아하수에로(크셀크세스) 왕을 가리킬 것이다. 크테시아스의 글에 의하면, 그는 80만명의 육군을 가졌고 1,200척의 배를 가진 해군을 두었고, 헤로도토스에 의하면, 530만명의 군대를 가졌다고 한다(매튜 풀, 성경주석, II, 842). 그의 부요함과 강대함을 짐작할 수 있다. 헬라와 로마의 역사에 언급된 대로, 그는 이 군대를 동원해 헬라를 침공했으나 살라미에서 패전했고 이로써 파사는 점차 약화되었다고 한다.

[3-4절] 장차 한 능력 있는 왕이 일어나서 큰 권세로 다스리며 임의로

다니엘 11장: 북방 왕과 남방 왕의 전쟁

행하리라. 그러나 그가 강성할 때에 그 나라가 갈라져 천하 사방에 나뉠 것이나 그 자손에게로 돌아가지도 아니할 것이요 또 자기가 주장하던 권세대로도 되지 아니하리니 이는 그 나라가 뽑혀서 이 외의 사람들에게로 돌아갈 것임이니라.

장차 일어나 큰 권세로 다스리며 임의로 행할 한 능력 있는 왕은 헬라의 알렉산더 대왕을 가리킨다고 본다. 그는 주전 331년 파사를 정복했다. 그러나 알렉산더의 통치는 오래가지 못했고 그 나라는 그의 네 장군들에 의해 네 왕국으로 나눠졌다. 그 넷은 서쪽에 캐산더 왕국(헬라, 마게도냐 지역), 북쪽에 리시마쿠스 왕국(트레이스, 비두니아, 소아시아 지역), 동쪽에 실루커스 왕국(수리아, 바벨론, 인도 지역), 남쪽에 프톨레미 왕국(애굽 지역)이었다.

[5-6절] 남방의 왕은 강할 것이나 그 군들 중에 하나는 **그보다 강하여 권세를 떨치리니 그 권세가 심히 클 것이요 몇 해 후에 그들이 서로 맹약하리니 곧 남방 왕의 딸이 북방 왕에게 나아가서 화친하리라. 그러나 이 공주의 힘이 쇠하고 그 왕은 서지도 못하며 권세가 없어질 뿐 아니라 이 공주와 그를 데리고 온 자와 그를 낳은 자와 그때에 도와주던 자가 다 버림을 당하리라.**

본장은 위의 네 왕국 중에서 남쪽 프톨레미 왕국과 북쪽 실루커스 왕국 간의 갈등과 싸움을 자세히 예언하였나. 300년 내지 400년 후의 일들에 대한 하나님의 예언은 참으로 놀랍다. 남방의 왕은 프톨레미 1세이고 그 장군들 중 강한 권세를 가진 자는 프톨레미의 부하 실루커스를 가리키는 것 같다. 실루커스는 본래 바벨론의 안티고누스에게서 도망와 프톨레미 1세와 일시적으로 연합했으나 세력이 강해지자 그를 떠나갔다고 한다. 몇 해 후, 남방 왕 프톨레미 필라델푸스의 딸 베레니스가 북방 왕 안티오커스 2세의 후처가 되면서 그 두 나라는 서로 평화 조약을 맺었다. 그러나 베레니스와 그의 아이는 본처 라오디스에 의해 피살되었고 또 안티오커스 2세 자신도 피살되었다.

[7-9절] 그러나 **이 공주의 본족에서 난 자 중에 하나가 그의 위(位)를**

이어 북방 왕의 군대를 쳐러 와서 그의 성에 들어가서 그들을 쳐서 이기고 그 신들과 부어만든 우상들과 그 은과 금의 아름다운 기구를 다 노략하여 애굽으로 가져갈 것이요 몇 해 동안은 그가 북방 왕을 치지 아니하리라. 북방 왕이 **남방 왕의 나라로 쳐들어갈 것이나 자기 본국으로 물러가리라.**

베레니스의 남동생 유엘게테스가 프톨레미 3세가 되었을 때, 그는 북방 왕의 군대를 쳐러 와서 그의 성에 들어가서 그들을 쳐서 이기고 그 신들과 부어만든 우상들과 그 은과 금의 아름다운 기구를 다 노략하여 애굽으로 가져갔다. 그는 실루커스 왕국에서 금 4,000달란트와 우상 2,500개를 가져갔다고 한다(박윤선, 다니엘서, 191쪽). 또 그는 몇 해 동안 북방 왕을 치지 않았다. 북방 왕 실루커스 콜리니쿠스는 남방 왕을 침공했지만 실패하였고 자기 본국으로 물러갔다.

〔10-12절〕 그 아들들이 전쟁을 준비하고 [그 중 하나가] **심히 많은 군대를 모아서 물의 넘침같이 나아올 것이며 그가 또 와서** 남방 왕의[자신의](원문) **견고한 성까지 칠 것이요 남방 왕은 크게 노하여 나와서 북방 왕과 싸울 것이라. 북방 왕이 큰 무리를 일으킬 것이나 그 무리가 그의 손에 붙인 바 되리라. 그가 큰 무리를 사로잡은 후에 그 마음이 스스로 높아져서 수만 명을 엎드러뜨릴 것이나 그 세력은 더하지 못할 것이요.**

실루커스 콜리니쿠스의 아들들 실루커스와 안디오커스는 전쟁을 준비했으나 실루커스는 일찍 죽었고 안디오커스가 심히 많은 군대를 모아서 물의 넘침같이 나아와 남방 왕을 칠 것이며 '자신의 견고한 성까지'(원문, KJV, NASB, NIV) 칠 것이다. '그 자신의 견고한 성'은 본래 자신들의 것이었으나 프톨레미 왕에게 빼앗겼던 수리아 국경 지역의 견고한 성들을 가리켰을 것이다.

남방 왕 프톨레미 필로파토르는 크게 노하여 나와 북방 왕과 싸웠다. 북방 왕이 큰 무리를 일으켰으나 그 무리가 남방 왕의 손에 붙인 바 되었다. 그는 큰 무리를 사로잡은 후에 그 마음이 스스로 높아져서 수만 명을 엎드러뜨릴 것이나 그 세력은 더하지 못하였다.

〔13-14절〕 **북방 왕은 돌아가서 다시 대군을 전보다 더 많이 준비하였다**

가 몇 때 곧 몇 해 후에 대군과 많은 물건을 거느리고 오리라. 그때에 여러 사람이 일어나서 남방 왕을 칠 것이요 네 백성 중에서도 강포한 자가 스스로 높아져서 이상을 이루려 할 것이나 그들이 도리어 넘어지리라.

북방 왕 안디오커스 3세(안디오커스 대왕)는 돌아가서 다시 대군을 전보다 더 많이 준비했고 몇 년 후 대군과 많은 물건을 거느리고 왔다. 그 전쟁은 주전 205년부터 12년간 계속되었다. 안디오커스 3세는 안디오커스 에피파네스의 부친이다. 그때에 여러 나라 사람들이 합세하여 남방 왕을 쳤다. 유다 백성 중에서도 강포한 자들은 스스로 높아져서 이상을 이루려 했다. 그러나 그들은 실패하였다.

〔15-16절〕 이에 북방 왕은 와서 토성을 쌓고 견고한 성읍을 취할 것이요 남방 군대는 그를 당할 수 없으며 또 그 택한 군대라도 그를 당할 힘이 없을 것이므로 오직 와서 치는 자가 임의로 행하리니 능히 그 앞에 설 사람이 없겠고 그가 영화로운 땅에 설 것이요 그 손에 멸망이 있으리라.

북방 왕은 와서 토성을 쌓고 견고한 성읍들을 취하였고 남방 군대는 그를 당할 수 없었고 정예 부대라도 그를 당할 힘이 없었다. 북방 왕은 와서 임의로 행하였고 능히 그 앞에 설 사람이 없었다. 또 그는 영화로운 땅, 즉 유대 땅에 섰고 그 손에 멸망시키는 권세가 있었다.

〔17절〕 그가 결심하고 전국의 힘을 다하여 이르렀다가 그와 화친할 것이요 또 여자의 딸을 그에게 주어 그 나라를 패망케 하려 할 것이나 이루지 못하리니 그에게 무익하리라.

북방 왕 안디오커스 3세는 결심하고 전국의 힘을 다하여 남방 나라에 이르렀고 그와 동맹을 맺었다. 그는 자기 딸 클레오파트라 1세를 남방 왕 프톨레미 필로파토르에게 주어 그 나라를 패망케 하려 했다. 그러나 그는 그 뜻을 이루지 못하였다. 그의 딸 클레오파트라는 도리어 자기 남편과 결탁하여 그 아버지를 배척하였다고 한다.

〔18-19절〕 그 후에 그가 얼굴을 섬들로 돌이켜 많이 취할 것이나 한 대장이 있어서 그의 보이는 수욕을 씻고 그 수욕을 그에게로 돌릴 것이므로 그가 드디어 그 얼굴을 돌이켜 자기 땅 산성들로 향할 것이나 거쳐 넘어지

고 다시는 보이지 아니하리라.

　북방 왕 안디오커스 3세는 섬들, 즉 지중해 연안 국가들로 돌이켜 많이 취했다. 그러나 '한 대장'이 나타났다. 그는 로마의 장군인 루시우스 스키피오이었다. 그는 주전 190년 마그네시아에서 안디오커스 3세를 패배시켰다. 이로써 그의 강포한 침략 행위는 그쳤다.

　[20-21절] 그 위(位)를 이을 자가 토색하는 자로 그 나라의 아름다운 곳으로 두루 다니게 할 것이나 그는 분노함이나 싸움이 없이 몇 날이 못되어 망할 것이요 또 그 위(位)를 이을 자는 한 비천한 사람(니브제 הנִבְזֶה)[비열한 자, 경멸할 만한 자]이라. 나라 영광을 그에게 주지 아니할 것이나 그가 평안한 때를 타서 궤휼로 그 나라를 얻을 것이며.

　그 왕위를 이을 자, 곧 안디오커스 3세의 장자 실루커스 필로파토르는 그의 부하 헬리오도루스를 시켜서 전국을 돌아다니며 세금을 끌어 모으게 했다. 그는 심지어 유다의 예루살렘에까지 가서 성전의 보물을 빼앗아 오게 했다(마카비하 3:7). 그러나 실루커스 필로파토르는 분노함이나 싸움이 없이 몇 날이 못되어 망했다. 왜냐하면 그는 자기의 부하 헬리오도루스에 의해 피살되었기 때문이다.

　그 후에 그 왕위를 이을 자는 실루커스 필로파토르의 동생인 안디오커스 4세(에피파네스)이었다. 그는 비천한 자이었고 비열하고 경멸할 만한 자이었다. 사람들이 그에게 나라의 영광을 주지 않았으나, 그는 평안한 때를 틈타서 거짓과 속임으로 그 나라를 취하였다.

　[22-24절] 넘치는 물 같은 군대가 그에게 넘침을 입어 패할 것이요 동맹한 왕도 그렇게 될 것이며 그와 약조한 후에 그는 거짓을 행하여 올라올 것이요 적은 백성을 거느리고 강하게 될 것이며 그가 평안한 때에 그 도의 가장 기름진 곳에 들어와서 그 열조와 열조의 조상이 행하지 못하던 것을 행할 것이요 그는 노략하며 탈취한 재물을 무리에게 흩어주며 모략을 베풀어 얼마 동안 산성들을 칠 것인데 때가 이르기까지 그리하리라.

　실루커스 필로파토르를 시해한 그의 신하 헬리오도루스는 군대를 거느리고 안디오커스 에피파네스를 대항했으나 그에게 패했고 동맹한 왕도 그렇게 되었다. 안디오커스 에피파네스는 세력을 잡았다.

〔25-27절〕 그가 그 힘을 떨치며 용맹을 발하여 큰 군대를 거느리고 남방 왕을 칠 것이요 남방 왕도 심히 크고 강한 군대를 거느리고 맞아 싸울 것이나 능히 당하지 못하리니 이는 그들이 모략을 베풀어 그를 침이니라. 자기의 진미를 먹는 자가 그를 멸하리니 그 군대가 흩어질 것이요 많은 자가 엎드러져 죽으리라. 이 두 왕이 마음에 서로 해하고자 하여 한 밥상에 앉았을 때에 거짓말을 할 것이라. 일이 형통하지 못하리니 이는 작정된 기한에 미쳐서 그 일이 끝날 것임이니라.

북방 왕 안디오커스 에피파네스는 주전 169년 큰 군대를 거느리고 남방 왕 프톨레미 6세를 쳤고 그를 패배시켰다. 두 나라간 평화 조약은 헛되게 되었고 일은 형통하지 못하였다. 그러나 사람들의 마음의 모략이 무엇이든지 간에 하나님의 뜻이 굳게 서며 이루어질 것이다.

본문은 북방 왕(수리아 실루커스 왕국의 왕)과 남방 왕(프톨레미 왕국의 왕)의 갈등과 전쟁에 관한 놀라운 예언들이다. <u>본문은 하나님께서 세상 나라의 장래의 일들을 다 작정하시고 아시고 이루심을 증거한다.</u> 27절, "일이 형통하지 못하리니 이는 작정된 기한에 미쳐서 그 일이 끝날 것임이니라." 시편 115:3, "우리 하나님께서는 하늘에 계셔서 원하시는 모든 것을 행하셨나이다." 시편 135:6, "여호와께서 무릇 기뻐하시는 일을 천지와 바다와 모든 깊은 데서 다 행하셨도다." 이사야 46:10, "내가 종말을 처음부터 고하며 아직 이루지 아니한 일을 옛적부터 보이고 이르기를 나의 모략이 설 것이니 내가 나의 모든 기뻐하는 것을 이루리라 하였노라." 하나님께서는 우리 개인의 삶과 나라의 일들과 세계역사의 주관자이시다. 그는 세상의 모든 일을 작정하시고 예언하시고 성취하신다. 그러므로 우리는 세상의 일시적 부귀 영광과 권세를 사랑하며 의지하지 말고, 오직 영원하신 하나님만 의지하고 사랑하며 하나님의 나라와 권세와 영광만 소망해야 한다. 하나님의 나라와 그 영광만 영원하다. 또 우리는 우리나라를 위해 또 위정자들을 위해 기도해야 한다.

28-45절, 북방 왕의 대 박해

[28-30절] 북방 왕은 많은 재물을 가지고 본국으로 돌아가리니 그는 마음으로 거룩한 언약을 거스르며 임의로 행하고 본토로 돌아갈 것이며 작정된 기한에 그가 다시 나와서 남방에 이를 것이나 이번이 그 전번만(카리쇼나 웨카아카로나 וְכָרִאשֹׁנָה וְכָאַחֲרֹנָה)[전번이나 다음 번만](KJV) 못하리니 이는 깃딤의 배들이 이르러 그를 칠 것임이라. 그가 낙심하고 돌아가며 거룩한 언약을 한(恨)하고 임의로 행하며 돌아가서는 거룩한 언약을 배반하는 자를 중히 여길 것이며.

본문은 북방 왕인 실루커스 왕국의 안디오커스 4세에 대한 놀라운 예언이다. 그는 많은 재물을 가지고 본국으로 돌아갈 것이나 남방 왕과 맺은 거룩한 언약을 마음으로 어길 것이다. 그는 하나님의 작정된 기한에 다시 나와서 남방에 이를 것이지만, 이번은 그 전번이나 다음 번만 못할 것이다. 깃딤 즉 당시 로마의 영토이었던 구브로 섬의 배들이 이르러 그를 칠 것이기 때문이다. 안디오커스 4세는 로마 군대의 간섭으로 후퇴했고 낙심하고 돌아가며 거룩한 언약을 미워하고 행하며 거룩한 언약을 배반하는 자들을 중히 여길 것이다.

[31-32절] 군대는 그의 편에 서서 성소(聖所) 곧 견고한 곳(함마오즈 הַמָּעוֹז)[안전한 곳]을 더럽히며 매일 드리는 제사를 폐하며 멸망케 하는 미운 물건(핫쉭쿠츠 메쇼멤 הַשִּׁקּוּץ מְשֹׁמֵם)[섬뜩케 하는 가증한 물건](BDB)을 세울 것이며 그가 또 언약을 배반하고 악행하는 자를 궤휼로[아첨하는 말들로] 타락시킬 것이나 오직 자기의 하나님을 아는 백성은 강하여 용맹을 발하리라(야카지쿠 וְעָשׂוּ)[힘을 나타내리라].

군대는 성소 곧 안전한 곳을 더럽히며 매일 드리는 제사를 폐하며 '섬뜩케 하는 가증한 물건'을 세울 것이다. 안디오커스 4세(에피파네스)는 군대를 성전 남쪽에 주둔시키고 예루살렘 성벽을 헐고 제우스(주피터) 신상을 성전의 지성소에 세우고 돼지를 제물로 드리게 했다. 또 그는 안식일과 절기 준수와 할례를 사형으로 금하고 또 발견된 모든 성경 사본을 파괴시켰다. 또 그는 언약을 배반하고 악행하는 자를 아첨하는 말들로 타락시켰다. 그러나 자기 하나님을 아는 백성들은 강하여 힘을 나타낼 것이다.

[33-35절] 백성 중에 지혜로운 자가 많은 사람을 가르칠 것이나 그들이 칼날과 불꽃과 사로잡힘과 약탈을 당하여 여러 날 동안 쇠패하리라[넘어질 것이라](KJV, NASB, NIV). **그들이 쇠패할**[넘어질] **때에 도움을 조금 얻을 것이나 많은 사람은 궤휼로**[아첨하는 말들로] **그들과 친합(親合)**[연합]**할 것이며 또 그들 중 지혜로운 자 몇 사람이 쇠패하여 무리로 연단되며 정결케 되며 희게 되어 마지막 때까지 이르게 하리니**[몇 사람이 무리로 연단되며 정결케 되며 희게 되게 하려고 마지막 때까지 힘쓰다가 넘어지리니] **이는 작정된 기한이 있음이니라.**

백성 중에 지혜로운 자들은 많은 사람을 가르칠 것이다. 그러나 그들은 여러 날 동안 칼날과 불꽃과 사로잡힘과 약탈에 넘어질 것이다. 그들은 넘어질 때 도움을 조금 얻을 것이다. 그것은 아마 유대인들 중에 마타디아와 그의 아들 유다로 말미암아 조직된 마카비 군대의 도움을 가리킬 것이다. 그러나 많은 사람은 아첨하는 말들로 그 박해자들과 연합할 것이다. 유대인들 중에는 두 부류가 있었다. 한 부류는 안디오커스 4세(에피파네스) 왕에게 굴복한 자들 즉 배교자들이었고, 또 다른 한 부류는 박해를 받으면서도 담대히 끝까지 믿음을 지키고 충성한 자들이었다. 당시의 기록을 보면, 나이 많은 서기관 엘르아살은 돼지고기 먹기를 거부하다가 채찍에 맞아 죽었고, 또 우상에 절하기를 거부한 한 여인과 일곱 아들들은 연이어 죽임을 당하였다.

[36-37절] 이 왕이 자기 뜻대로 행하며 스스로 높여 모든 신보다 크다 하며 비상한 말로 신들의 신을 대적하며 형통하기를 분노하심이 쉴[이루어질] **때까지 하리니 이는 그 작정된 일이 반드시 이룰 것임이니라. 그가 모든 것보다 스스로 크다 하고 그 열조의 신들과 여자의 사모하는 것을 돌아보지**[존중하지] **아니하며 아무 신이든지 돌아보지**[존중하지] **아니할 것이나.**

북방 왕은 자기 뜻대로 행하며 자신을 높여 모든 신들보다 크다 하며 비상한 말로 신들의 신인 여호와 하나님을 대적하며 형통하기를 하나님의 분노하심이 이루어질 때까지 할 것이다. 왜냐하면 그 작정된 일이 반드시 이루어질 것이기 때문이다. 모든 일은 하나님의 작정된 바이다. 그 북방 왕은 자신을 모든 것보다 크다고 여기고 그 열조의 신들과 여자의 사모하는 것을 존중하지 아니하며 아무 신이든지 존중하지 아니할 것이다. '여자의 사모하는 것'은 여인들이 섬기던 어떤 우상을 가리키는 것 같다(BDB). 안디오커스 4세(에피파네스) 왕은 화폐에 자기의 얼굴을 새기고 자신을 제우스 신이라고 불렀다.

〔38-39절〕그 대신에 세력의 신을 공경할 것이요 또 그 열조가 알지 못하던 신에게 금은 보석과 보물을 드려 공경할 것이며 그는 이방신을 힘입어 크게 견고한 산성들을 취할 것이요 무릇 그를 안다 하는 자에게는 영광을 더하여 여러 백성을 다스리게도 하며 그에게서 뇌물을 받고 땅을 나눠주기도 하리라〔그는 그가 인정했고 영광을 더할 이방신들을 힘입어 크게 견고한 산성들을 칠 것이며 또 그들로 여러 백성을 다스리게 하며 이익을 위해 땅을 나눠주리라〕.

'세력의 신'은 제우스(주피터)를 가리킬 것이다.

〔40-43절〕마지막 때에 남방 왕이 그를 찌르리니 북방 왕이 병거와 마병과 많은 배로 회리바람처럼 그에게로 마주 와서 그 여러 나라에 들어가며 물이 넘침같이 지나갈 것이요 그가 또 영화로운 땅에 들어갈 것이요 많은 나라를 패망케 할 것이나 오직 에돔과 모압과 암몬 자손의 존귀한 자들은 그 손에서 벗어나리라. 그가 열국에 그 손을 펴리니 애굽 땅도 면치 못할 것이므로 그가 권세로 애굽의 금은과 모든 보물을 잡을 것이요 리비아 사람과 구스 사람이 그의 시종이 되리라〔그를 따르리라〕.

영화로운 땅은 유대 땅을 가리킨다고 본다.

〔44-45절〕그러나 동북에서부터 소문이 이르러 그로 번민케 하므로 그가 분노하여 나가서 많은 무리를 다 도륙하며[죽이며] 진멸코자 할 것이요 그가 장막 궁전을 바다와 영화롭고 거룩한 산 사이에 베풀 것이나 그의 끝이 이르리니 도와줄 자가 없으리라.

다니엘 11장: 북방 왕과 남방 왕의 전쟁

동쪽과 북쪽에서부터 오는 소문은 파르티아와 아르메니아의 반란 소식이었다. 또 그는 그의 장막 궁전을 지중해 바다와, 영화롭고 거룩한 산 즉 유대 땅 시온산 사이에 베풀 것이다. 그러나 그의 끝이 이를 것이며 도와줄 자가 없을 것이다. 안디오커스 4세는 내장에 벌레가 먹어 몸에서 악취를 내면서 임종을 맞이하였다고 한다.

본문의 교훈을 정리해보자. <u>첫째로, 무서운 박해자가 나타날 것이다.</u> 31절, "군대는 그의 편에 서서 성소 곧 안전한 곳을 더럽히며 매일 드리는 제사를 폐하며 멸망케 하는 미운[섬뜩케 하는 가증한] 물건을 세울 것이며." 안디오커스 4세(에피파네스)는 유대인들에게 무서운 박해자이었다. 그는 성소를 더럽혔고 가증한 우상을 세웠고 성도들을 박해하였고 자신을 신격화했다. 교회시대는 성도들이 박해를 당한 시대이었다. 특히 주님의 재림 전에 대 박해가 있을 것이다(마 24:9-10). 안디오커스 4세(에피파네스)는 말세에 나타날 적그리스도의 예표이었다. 주 예수 그리스도의 재림 직전에도 무서운 독재자와 박해자가 나타날 것이다 (살후 2:3-8; 계 13:1-8). 우리는 현재 누리는 신앙의 자유와 평안을 하나님께 감사하며 박해를 대비해야 하고 믿음과 인내를 훈련해야 한다.

<u>둘째로, 박해의 시대에 변절자들이 있을 것이지만, 신실한 성도들도 있을 것이다</u>(32-35절). 신약시대의 마지막 때에도 그럴 것이다. 우리는 박해의 때에 변절자가 되지 말고 죽을 때까지 주 예수 그리스도를 믿는 믿음을 지키고 인내하며 충성해야 한다. 요한계시록 2:10, "네가 죽도록 충성하라. 그리하면 내가 생명의 면류관을 네게 주리라." 13:10, "성도들의 인내와 믿음이 여기 있느니라." 14:12, "성도들의 인내가 여기 있나니 저희는 하나님의 계명과 예수[예수님에 대한] 믿음을 지키는 자니라."

<u>셋째로, 박해는 오직 하나님의 작정된 기간 안에 있다.</u> 29절, "작정된 기한에." 35절, "이는 작정된 기한이 있음이니라." 모든 일이 하나님의 작정 안에 있다(36절). 또 그 박해자는 결국 망하고 말 것이다(45절).

12장: 마지막 때의 예언

〔1절〕 그때에 네 민족을 호위하는 대군 미가엘이 일어날 것이요 또 환난이 있으리니 이는 개국 이래로 그때까지 없던 환난일 것이며 그때에 네 백성 중 무릇 책에 기록된 모든 자가 구원을 얻을 것이라.

그리스도께서는 대군 천사, 즉 군대장관 천사 미가엘이 이스라엘 민족을 호위한다고 말씀하셨다. 천사들은 성도들을 돕는 자들이다 (히 1:14). 주께서는 그를 따르는 작은 제자 하나라도 그의 천사들이 하늘에서 하늘에 계신 하나님 아버지의 얼굴을 늘 뵈옵는다고 말씀하셨다(마 18:10). 천사들은 교회와 성도들을 섬기는 자들이다.

또 이스라엘 민족에게는 큰 환난이 작정되어 있다. 그것은 수리아 실루커스 왕국의 왕 안디오커스 4세의 대 박해를 가리켰다고 보인다. 그것은 말세의 대 환난의 예표이었다. 주께서는 마지막 날 그의 재림 직전의 큰 환난에 대하여 "창세로부터 지금까지 이런 환난이 없었고 후에도 없으리라"고 말씀하셨다(마 24:21). 그러나 그 대 환난의 때에 이스라엘 백성 중에 책에 기록된 모든 사람들이 구원을 얻을 것이다. 환난은 있어도 하나님의 택하신 백성, 즉 하나님의 생명책에 기록된 모든 사람들은 멸망치 않고 구원을 얻을 것이다.

〔2-3절〕 땅의 티끌 가운데서 자는 자 중에 많이 깨어 영생을 얻는 자도 있겠고 수욕을 받아서 무궁히 부끄러움을 입을 자도 있을 것이며 지혜 있는 자는 궁창의 빛과 같이 빛날 것이요 많은 사람을 옳은 데로 돌아오게 한 자는 별과 같이 영원토록 비취리라.

'자는 자'는 죽은 자들을 가리키며 '깬다'는 말은 부활을 가리키는 비유이다. 모든 죽은 자들은 어느 날 깨어날 것이다. 본문은 두 종류의 부활을 말한다. 하나는 영생을 얻는 자들의 부활이고, 다른 하나는 무궁한 부끄러움을 입을 자들의 부활이다. 이것은 신약성경의 교리와 일치한다. 주 예수께서는 "무덤 속에 있는 자가 다 그의 음성을 들을 때가 오나니 선한 일을 행한 자는 생명의 부활로, 악한 일을 행한 자는 심판의 부활로 나오리라"고 말씀하셨다(요 5:28-29). 또 사도 바울도 "저희의 기다리는 바 하나님께 향한 소망을 나도 가졌으니 곧 의인과 악인의 부활이 있으리라 함이라"고 고백하였다(행 24:15).

지혜 있는 자가 궁창의 빛과 같이 빛나며 많은 사람을 옳은 데로 돌아오게 한 자는 별과 같이 영원토록 비취리라는 말씀은 의인들의 영광스런 부활을 가리켰다고 본다. 그들은 하나님의 뜻대로 의와 선을 위하여 살았고 다른 이들에게 하나님의 복음을 전한 자들이었다. 그들은 장차 해와 달과 별들과 같이 빛날 것이다. 주께서도 곡식과 가라지의 비유를 설명하신 후 "그때에 의인들은 자기 아버지 나라에서 해와 같이 빛나리라"고 말씀하셨다(마 13:43).

〔4절〕 **다니엘아, 마지막 때까지 이 말을 간수하고 이 글을 봉함하라. 많은 사람이 빨리 왕래하며 지식이 더하리라.**

이 예언은 마지막 때까지 감춰질 말씀이다. 주 예수님의 재림 직전에도 대 환난이 있고 죽은 자들의 부활이 있을 것이다. 또 그때에는 많은 사람들이 빨리 왕래하며 지식이 더할 것이다. 오늘날은 교통과 통신이 빠르고 지식이 많은 시대(빅 데이터 시대)이다. 우리가 사는 시대는 확실히 주 예수 그리스도의 재림이 매우 가까운 시대이다.

〔5-7절〕 **나 다니엘이 본즉 다른 두 사람이 있어 하나는 강 이편 언덕에 섰고 하나는 강 저편 언덕에 섰더니** 그 중에 하나가 **세마포 옷을 입은 자 곧 강물 위에 있는 자에게 이르되 이 기사의 끝이 어느 때까지냐**[때까지니이까] **하기로 내가 들은즉 그 세마포 옷을 입고 강물 위에 있는 자가 그 좌우 손을 들어 하늘을 향하여 영생하시는 자를 가리켜 맹세하여 가로되 반드시 한 때 두 때 반 때를 지나서 성도의 권세가 다 깨어지기까지니 그렇게 되면 이 모든 일이 다 끝나리라 하더라.**

강물 위에 있는 세마포 옷 입은 자(10:5-6)는 이제까지 다니엘에게 예언의 말씀을 주신 예수 그리스도이실 것이다. 그가 그 좌우의 손을 들어 하늘을 향하여 영생하시는 자를 가리켜 맹세하며 말씀하신 것은 그의 말씀하신 내용이 확실하다는 것을 나타낸다. '한 때 두 때 반 때'는 문자적으로는 3년 반을 가리키지만, 그것은 상징적으로 박해의 시작과 박해의 강화와 박해의 그침을 표현한 것 같다(단 7:25). 성도들에게 박해가, 그것도 극심한 박해가 있을 것이다. 그러나 그것은 일정 기간 동안의 박해이며 마침내 그 박해의 끝이 올 것이다.

〔8-10절〕 내가 듣고도 깨닫지 못한지라. 내가 가로되 내 주여, 이 모든 일의 결국이 어떠하겠삽나이까? 그가 가로되 다니엘아, 갈지어다. 대저 이 말은 마지막 때까지 간수하고 봉함할 것임이니라. 많은 사람이 연단을 받아 스스로 정결케 하며 희게 할 것이나 악한 사람은 악을 행하리니 악한 자는 아무도 깨닫지 못하되 오직 지혜 있는 자는 깨달으리라.

이 예언은 마지막 때까지 감춰질 내용이다. 인류는 두 부류로 나뉠 것이다. 의인들은 고난 중에도 지혜와 깨달음을 가지고 단련을 받아 점점 거룩해지고 죄악된 일들을 멀리할 것이지만, 악인들은 지혜와 깨달음이 없고 계속 악을 행할 것이다. 그러므로 주께서는 요한계시록에서 대 환난에 대하여 예언하신 후에 22:10-11에서 "이 책의 예언의 말씀을 인봉하지 말라. 때가 가까우니라. 불의를 하는 자는 그대로 불의를 하고 더러운 자는 그대로 더럽고, 의로운 자는 그대로 의를 행하고 거룩한 자는 그대로 거룩되게 하라"고 말씀하셨다.

〔11-13절〕 매일 드리는 제사를 폐하며 멸망케 할 미운 물건[섬뜩한 가증한 물건]을 세울 때부터 1,290일을 지낼 것이요 기다려서 1,335일까지 이르는 그 사람은 복이 있으리라. 너는 가서 마지막을 기다리라. 이는 네가 평안히 쉬다가 끝날에는 네 업을 누릴 것임이니라.

"매일 드리는 제사를 폐하며 섬뜩한 가증한 물건을 세우는 것"은 수리아 실루쿠스 왕국의 안디오쿠스 4세(에피파네스) 왕이 예루살렘 성전 지성소에 제우스 신상을 세운 것을 가리켰다고 보인다. 그때가 주전 167년경이었다. 1,290일은 3년 6, 7개월인데, 그것은 안디오커스가 죽은 주전 163년까지의 기간을 가리킨 것 같다. 또 주께서는 그때로부터 한 달 반, 즉 1,335일까지 기다리는 자가 복되다고 말씀하셨다. 그것은 우리에게 인내를 교훈하신 것이라고 본다. 주께서는 종말 징조에 대해 예언하신 후에도 "끝까지 견디는 자는 구원을 얻으리라"고 말씀하셨다(마 24:13). 또 사도 요한도 마지막 대 박해의 시대에 대해 예언한 후 "성도들의 인내가 여기 있나니 저희는 하나님의 계명과 예수님에 대한 믿음을 지키는 자니라"고 말하였다(계 14:12).

본장의 교훈을 정리해보자. <u>첫째로, 장차 대 환난과 대 박해의 때가 올 것이다.</u> 주께서는 장차 "민족이 민족을, 나라가 나라를 대적하여 일어나겠고 처처에 기근과 지진이 있으리니 이 모든 것이 재난의 시작이니라," "이는 그때에 큰 환난이 있겠음이라. 창세로부터 지금까지 이런 환난이 없었고 후에도 없으리라"고 말씀하셨다(마 24:7-8, 21). 사도 요한은 적그리스도의 이상(異像)에서 그가 42개월간 사탄의 권세를 받아 성도들을 박해할 것을 예언했다(계 13:1-9). 그러므로 우리는 주 예수님의 재림 직전에 대 환난과 대 박해가 있을 것을 각오해야 한다.

<u>둘째로, 마지막 날에 두 종류의 부활이 있을 것이다.</u> 하나는 영원한 수욕을 당할 자들의 부활이고 또 다른 하나는 복된 영생에 이를 자들의 부활이다. 주께서도 "이를 기이히 여기지 말라. 무덤 속에 있는 자가 다 그의 음성을 들을 때가 오나니 선한 일을 행한 자는 생명의 부활로, 악한 일을 행한 자는 심판의 부활로 나오리라"고 말씀하셨다(요 5:28-29). 우리는 의인들의 영광스런 부활과 복된 천국과 영생을 소망해야 한다.

<u>셋째로, 성도의 고난은 한 때와 두 때와 반 때의 고난이다</u>(7절). 성도들은 고난 중에 연단을 받아 더욱 거룩해지고 정결케 될 것이다(10절). 성도들은 1,335일을 기다리는 자가 되어야 한다. 끝까지 참는 자는 구원을 얻을 것이다. 우리는 끝까지 참고 인내하며 천국을 기다려야 한다.

저자 소개

연세대학교 문과대학 철학과 졸업 (B.A.).
총신대학 신학연구원[신학대학원] 졸업 (M.Div. equiv.).
미국, Faith Theological Seminary 졸업 (Th.M. in N.T.).
미국, Bob Jones University 대학원 졸업 (Ph.D. in Theology).
계약신학대학원 교수 역임, 합정동교회 담임목사.
[역서] J. 그레셤 메이천, 신약개론, 신앙이란 무엇인가? 등 다수.
[저서] 구약성경강해 1, 2, 신약성경강해, 조직신학, 기독교교리개요, 기독교 윤리, 현대교회문제, 자유주의 신학의 이단성, 에큐메니칼운동 비평, 현대교회문제자료집, 기독교신앙입문, 천주교회비평 등.

에스겔 다니엘 강해

2008년 7월 19일 에스겔 1판
2008년 10월 31일 다니엘 1판
2019년 10월 1일 에스겔 다니엘 2판
2024년 9월 6일 에스겔 다니엘 3판

저 자 김효성
발행처 옛신앙 출판사
          Old-time Faith Press
          www.oldfaith.net
          서울 마포구 합정동 364-1
          합정동교회 내
          02-334-8291, 9874
          oldfaith@oldfaith.net
          등록번호: 제10-1225호

ISBN 978-89-98821-99-9 03230   값: 6,000원

옛신앙출판사는 이익을 추구하지 않으며 출판권은 저자에게 있습니다.

♣ '**옛신앙**'이란, 옛부터 하나님의 선지자들과 주 예수 그리스도의 사도들이 가졌던 신앙, 오직 정확 무오(正確無誤)한 하나님 말씀인 신구약 성경에만 근거한 신앙, 오늘날 배교(背敎)와 타협의 풍조에 물들지 않는 신앙을 의미합니다.

"여호와께서 이같이 말씀하시되 '너희는 길에 서서 보며 **옛적 길** 곧 **선한 길**이 어디인지 알아보고 그리로 행하라. 너희 심령이 평강을 얻으리라' 하나, 그들의 대답이 '우리는 그리로 행치 않겠노라' 하였으며"(렘 6:16).

옛신앙 출판사 서적 안내

1. 김효성, **현대교회문제**. [7판]. 198쪽. 4,000원.
2. 김효성, **자유주의 신학의 이단성**. [2판]. 170쪽. 4,000원.
3. 김효성, **교회연합운동 비평**. [2판]. 146쪽. 4,000원.
4. 김효성, **복음주의 비평**. [2판]. 166쪽. 4,000원.
5. 김효성, **천주교회 비평**. [2판]. 97쪽. 3,000원.
6. 김효성, **이단종파들**. [6판]. 70쪽. 700원.
7. 김효성, **공산주의 비평**. [6판]. 44쪽. 2,000원.
8. 김효성, **조직신학**. [2판]. 627쪽. 6,000원.
9. 김효성, **기독교 교리개요**. [10판]. 96쪽. 2,500원.
10. 김효성, **기독교 윤리**. [7판]. 240쪽. 5,000원.
11. 김효성, **신약성경 전통본문 옹호**. 166쪽. 4,000원.
12. 김효성, **기독교 신앙입문**. [11판]. 34쪽. 2,000원.
14. 김효성, **창세기 강해**. [4판]. 356쪽. 7,000원.
15. 김효성, **출애굽기 강해**. [3판]. 205쪽. 4,000원.
16. 김효성, **레위기 강해**. [3판]. 164쪽. 4,000원.
17. 김효성, **민수기 강해**. [3판]. 179쪽. 4,000원.
18. 김효성, **신명기 강해**. [2판]. 184쪽. 4,000원.
19. 김효성, **여호수아 사사기 룻기 강해**. [3판]. 216쪽. 4,000원.
20. 김효성, **사무엘서 강해**. [3판]. 233쪽. 5,000원.
21. 김효성, **열왕기 강해**. [3판]. 217쪽. 5,000원.
22. 김효성, **역대기 강해**. [3판]. 255쪽. 6,000원.
23. 김효성, **에스라 느헤미야 에스더 강해**. [3판]. 132쪽. 4,000원.
24. 김효성, **욥기 강해**. [3판]. 190쪽. 4,000원.
25. 김효성, **시편 강해**. [3판]. 703쪽. 10,000원.
26. 김효성, **잠언 강해**. [3판]. 623쪽. 10,000원.
27. 김효성, **전도서 강해**. [3판]. 84쪽. 3,000원.
28. 김효성, **아가서 강해**. [3판]. 88쪽. 3,000원.
29. 김효성, **이사야 강해**. [3판]. 406쪽. 8,000원.
30. 김효성, **예레미야 및 애가 강해**. [3판]. 360쪽. 7,000원.
31. 김효성, **에스겔 다니엘 강해**. [2판]. 293쪽. 6,000원.
32. 김효성, **소선지서 강해**. [2판]. 318쪽. 6,000원.
33. 김효성, **마태복음 강해**. [2판]. 340쪽. 6,000원.
34. 김효성, **마가복음 강해**. [4판]. 224쪽. 5,000원.
35. 김효성, **누가복음 강해**. [3판]. 363쪽. 7,000원.
36. 김효성, **요한복음 강해**. [3판]. 281쪽. 5,000원.
37. 김효성, **사도행전 강해**. [3판]. 236쪽. 4,000원.
38. 김효성, **로마서 강해**. [3판]. 145쪽. 4,000원.
39. 김효성, **고린도전서 강해**. [3판]. 120쪽. 4,000원.
40. 김효성, **고린도후서 강해**. [3판]. 100쪽. 3,000원.
41. 김효성, **갈라디아서 에베소서 강해**. [2판]. 169쪽. 4,000원.
42. 김효성, **빌립보서 골로새서 강해**. [2판]. 143쪽. 4,000원.
43. 김효성, **데살로니가전후서 빌레몬서 강해**. [2판]. 92쪽. 3,000원.
44. 김효성, **디모데전후서 디도서 강해**. [2판]. 164쪽. 4,000원.
45. 김효성, **히브리서 강해**. [3판]. 109쪽. 3,000원.
46. 김효성, **야고보서 베드로전후서 강해**. [2판]. 145쪽. 4,000원.
47. 김효성, **요한1,2,3서 유다서 강해**. [2판]. 104쪽. 3,000원.
48. 김효성, **요한계시록 강해**. [2판]. 173쪽. 4,000원.

☆ 주문: oldfaith.net/07books.htm   전화: 02-334-8291
☆ 계좌: 우리은행 1005-604-140217 합정동교회